商务部十二五规划教材

中国国际贸易学会十二五规划教材

税法理论与实务

主编 贺 芳 钟红霞

中国商务出版社

图书在版编目（CIP）数据

税法理论与实务 / 贺芳，钟红霞主编 .—北京：
中国商务出版社，2012.5
商务部十二五规划教材　中国国际贸易学会十二五规划教材
ISBN 978-7-5103-0706-5

Ⅰ.①税…　Ⅱ.①贺…　②钟…　Ⅲ.①税法-中国-高等学校-教材　Ⅳ.①D922.22

中国版本图书馆 CIP 数据核字（2012）第 102083 号

商务部十二五规划教材
中国国际贸易学会十二五规划教材

税法理论与实务
SHUIFA LILUN YU SHIWU

主编　贺　芳　钟红霞

出　　版：中国商务出版社
发　　行：北京中商图出版物发行有限责任公司
社　　址：北京市东城区安定门外大街东后巷 28 号
邮　　编：100710
电　　话：010—64269744　64218072（编辑一室）
　　　　　010—64266119（发行部）
　　　　　010—64263201（零售、邮购）
网　　址：www.cctpress.com
邮　　箱：cctp@cctpress.com
照　　排：嘉年华文排版公司
印　　刷：北京密兴印刷有限公司
开　　本：787 毫米×980 毫米　1/16
印　　张：22.25　字　数：372 千字
版　　次：2012 年 5 月第 1 版　2012 年 5 月第 1 次印刷
书　　号：ISBN 978-7-5103-0706-5
定　　价：38.00 元

编 委 会

丛书参编院校（排名不分先后）

常州机电职业技术学院　　　九江职业大学

辽宁科技学院　　　　　　　辽宁公安司法管理干部学院

扬州环境资源职业技术学院　沧州职业技术学院

江苏省武进职业教育中心校　无锡城市职业技术学院

江苏食品职业技术学院　　　常州信息职业技术学院

泰州师范高等专科学校　　　江苏省扬州商务高等职业学校

东营职业学院　　　　　　　常州工程职业技术学院

江苏电大武进学院　　　　　武汉交通职业学院

鸡西大学　　　　　　　　　池州职业技术学院

苏州信息职业技术学院　　　日照职业技术学院

江西财经职业学院

本书执行编委

主　编　　贺　芳　辽宁科技学院

　　　　　钟红霞　常州机电职业技术学院

副主编　　姚玉兵　沧州职业技术学院

　　　　　吴红虹　池州职业技术学院

　　　　　李跃进　扬州商务高等职业学院

　　　　　李辉秋　九江职业大学

　　　　　张瞳光　鸡西大学

　　　　　刘丽林　辽宁公安司法管理干部学院

　　　　　朱　飞　武汉交通职业学院

　　　　　饶竹芸　江西财经职业学院

前　　言

依法纳税是每个纳税人应尽的义务，每个纳税人都应依照税收法律规定及时、足额地缴纳税款。随着改革开放步伐的加快，我国的税收法律、法规在不断地进行修改和补充，新的法规也在不断地出台。2008年1月1日，新的企业所得税法全面实施，2009年1月1日，消费型增值税在全国开始实施，2011年9月1日，个人所得税也实行了改革，工资薪金所得税率变为3%～45%，固定扣除费用由2000元增加到3500元等。为了满足高等院校教学需要，并使更多的人学习和掌握最新的税法知识，我们编写了此书。

本书共分为11章，分别为税法总论、增值税、消费税、营业税、关税、企业所得税、个人所得税、资源类税法、财产税、行为目的税以及税收征收管理法。全面系统地介绍了我国现行各税种的主要法律规定以及税款的计算与缴纳等各项具体规定。在阐明基本理论和基础知识的基础上，注重分析各种税收法律政策精神以及现行税法的重点和难点问题，并列举了大量的实例，操作性强。

本书具有以下特点：

1. 与时俱进。本书以截稿日止的最新税法规定为依据，将最新的税收法规融入到各个税种的计算和缴纳之中。

2. 深入浅出。本书在编写上体现了由浅入深，由一般到特殊，由理论到实践的规律，在法规讲解的基础上，列举了大量的实例，力求做到简明易懂、理论与实践相结合，突出实务性。

3. 体系完整。本书在章前设定了学习目标，章后还有配套练习题，力求使读者全面深入地理解和掌握我国的税收法律、法规，培养实际操作能力。

本书第一、二、三、四章由贺芳老师编写，第五章由钟红霞老师编写，第六章由姚玉兵老师编写，第七章由吴红虹老师编写，第八章由李跃进老师编写，第九章由李辉秋老师编写，第十章由张瞳光老师编写，第十一章由刘丽林老师编写。本书案例评析工作由朱飞老师完成。同时感谢吴红、饶竹芸、王云姣、符媚、张浩、戴玲萍、杨智慧、李筠、石韦柳、兰艳君、刘小燕、彭青、罗建光、曹魏、冯水莲、黄思、冷君玲、李婉婷、葛静、范方飞、侯允杰、孟娟、孙美玲、杜静、柴晓、吕东亮、刘佳、谢辉姣、畅晓梅、吕晶、殷宗杰、张龙、刘星、李晓宇、剧仲红、周亚、李晓辉、张雅静、张丛、邢莉红、张少敏、常慧颖、宋兴民等老师和同学在稿件编校过程中所做的工作。

　　本书可作为经济学类、公共管理类和工商管理类专业本科、专科教材，同时可作为成人院校、职业技术学院学生及科研人员、财税干部、企业管理人员的学习研究用书。

　　书中疏漏和纰缪之处，敬请读者批评指正。

编　者

2012 年 5 月

目录

第一章　税法总论 …………………………………………………… 1

　第一节　税法的概念、调整对象、原则 ………………………… 1

　第二节　税法的分类和构成要素 ………………………………… 5

　第三节　税法体系和效力 ………………………………………… 14

　练习题 …………………………………………………………… 17

第二章　增值税 …………………………………………………… 19

　第一节　增值税概述 ……………………………………………… 19

　第二节　增值税的基本法律规定 ………………………………… 26

　第三节　应纳税额的计算 ………………………………………… 34

　第四节　增值税的征收管理 ……………………………………… 50

　第五节　增值税专用发票的使用和管理 ………………………… 56

　练习题 …………………………………………………………… 62

第三章　消费税 …………………………………………………… 68

　第一节　消费税概述 ……………………………………………… 68

　第二节　消费税的基本法律规定 ………………………………… 71

　第三节　消费税的计税依据 ……………………………………… 80

　第四节　消费税应纳税额的计算 ………………………………… 85

　练习题 …………………………………………………………… 98

第四章　营业税 ································· 105

第一节　营业税概述 ························· 105

第二节　营业税的基本法律规定 ··············· 106

第三节　营业税的计算和征收 ················· 113

练习题 ·································· 132

第五章　关税 ·································· 135

第一节　关税概述 ·························· 135

第二节　关税的基本法律规定 ················· 137

第三节　关税的计算和征收 ·················· 141

练习题 ·································· 152

第六章　企业所得税 ······························ 155

第一节　企业所得税概述 ···················· 155

第二节　企业所得税的基本法律规定 ············ 156

第三节　企业所得税的计税依据——应纳税所得额 ··· 159

第四节　资产的税务处理 ···················· 171

第五节　应纳税额的计算 ···················· 177

第六节　企业所得税的征收管理 ··············· 182

练习题 ·································· 189

第七章　个人所得税 ······························ 195

第一节　个人所得税概述 ···················· 195

第二节　个人所得税的基本法律规定 ············ 199

第三节　个人所得税应纳税额的计算 ············ 208

第四节　个人所得税的征收管理 ··············· 224

练习题 ·································· 231

第八章　资源类税法 ······························ 236

第一节　资源税 ··························· 236

第二节　土地增值税 ························ 241

第三节　城镇土地使用税 ···················· 247

练习题 ·································· 252

第九章　财产税 ································· 256

第一节　房产税 ······························· 256

第二节　契税 ······························· 261

第三节　车船税 ······························· 267

练习题 ······························· 271

第十章　行为目的税 ································· 273

第一节　城市维护建设税 ······················· 273

第二节　印花税 ······························· 277

第三节　车辆购置税 ··························· 289

第四节　耕地占用税法 ························· 295

练习题 ······························· 297

第十一章　税收征收管理法 ························· 302

第一节　税收征收管理法概述 ··················· 302

第二节　税务登记 ··························· 304

第三节　账簿、凭证管理 ····················· 307

第四节　纳税申报管理 ······················· 309

第五节　税款征收 ··························· 312

第六节　税务检查 ··························· 319

第七节　法律责任 ··························· 321

练习题 ······························· 328

练习题参考答案 ································· 329

参考文献 ································· 344

第一章 税法总论

学习目标

◆ 了解税收的概念及特点；
◆ 理解税法的原则；
◆ 掌握税法的分类、税法构成要素以及我国现行税法体系的构成。

第一节 税法的概念、调整对象、原则

一、税收

税法与税收密不可分，税法是税收的法律表现形式，税收则是税法所确定的具体内容。因此，了解税收的本质与特征是非常必要的。

税收是政府为了满足社会公共需要，凭借政治权力，强制、无偿地取得财政收入的一种形式。它的特征主要表现在以下三个方面。

1. 强制性

国家以社会管理者的身份，用法律、法规等形式对征收税收加以规定，并按法律强制征税。

2. 无偿性

国家征税后，税款即成为财政收入，不再归还纳税人，也不支付任何报酬。

3. 固定性

征税之前，以法的形式预先规定了课税对象、课税额度和课税方法等。

税收三性是一个完整的统一体，它们相辅相成、缺一不可。其中，无偿性是核心，强制性是保障，固定性是对强制性和无偿性的一种规范和

约束。

二、税法的概念

税法是国家制定的用以调整国家与纳税人之间在征纳税方面的权利与义务关系的法律规范的总称。它是国家及纳税人依法征税、依法纳税的行为准则，其目的是保障国家利益和纳税人的合法权益，维护正常的税收秩序，保证国家的财政收入。

三、税法的调整对象

税法的调整对象是税收关系。税收关系是指税收利益在各个相关主体之间进行分配时所产生的各种关系的总称，其核心内容就是税收利益的分配。或者说，税收关系就是国家、税务机关、税务管理相对人之间在税收利益分配中所产生的各种关系。

（一）国家与税务机关之间的授权关系

国家与税务机关之间的授权关系是税法首要的调整对象。

（1）税收是国家凭借政治权力或公共权力对社会产品进行分配的形式，只有国家才拥有税收利益的所有权。但在现实生活中，真正代表国家行使各种权力的是国家机关，其中履行征税职能的就是税务机关。税务机关的征税权是由国家授予的。这种授权关系主要包括国家与税务机关之间在税种开征与停征决定权、税率调整与税目增减决定权、减免税决定权和税收监督权等方面的权限分工与责权关系等。

（2）国家授予税务机关的征税权并不是国家税收权力的全部，对于某些与征税有关的制裁权，如部分强制执行权、最终裁决权等，以及税收的使用权，国家自己保留或授予其他国家机关。税务机关的征税权来源于国家，是一种权力而非权利，因而税务机关对征税权非经国家许可不能自由处置——即进行自由的转让或放弃，否则税务机关就要承担相应的责任。

（二）税务机关与纳税人之间的征纳关系

税务机关与纳税人之间的税收征纳关系是税收关系中最直观的一面，也是税法最主要的调整对象，其核心内容就是税务机关如何从纳税人手中获得税收利益。

一方面，税务机关（征税人）依法取得国家授权，代表国家对负有纳税义务的当事人行使税收征管权力，通过行使税务行政执法权力，既体现出代表国家行政税收征管权力的权力主体身份，又以此作为向国家履行特定义务的具体表现，从而真正发挥在国家与纳税人之间不可缺少、不可替代的"中介"与"桥梁"作用，使整个国家的税收征纳法律关系得以正常发生与进行。另一方面，纳税人通过向税务机关（征税人）缴纳应缴的税款而履行其对国家应尽的纳税义务。纳税人在整个税收征纳法律关系中是重要的"另一极"，离开了纳税人的纳税活动，税务机关（征税人）的征收活动将成为"无的之矢"，国家税收将成为"无源之水"，非但连税务机关（征税人）的存在成为不可能，就连国家也会缺失其存在的财政基础。这是整个税收法律关系的基础，是税收法律制度建立、完善、运作、实施的基本点。

在这一法律关系中，双方当事人地位平等，均依法享有权利主体的法律地位与身份、资格。平等地建立起法律关系，通过各自权利的行使和义务的承担，分别担负起各自主体的职责：税务机关（征税人）可依法查处纳税人的偷税、欠税等违反税法的行为；纳税人也有权依法提出申诉、上诉、控告、检举揭发等，与税务机关及其工作人员的渎职、侵权、贪污受贿、营私舞弊等不法、违法犯罪行为进行斗争，依法维护自己的合法权益。

（三）其他税收关系

除了上述两种主要的税收关系外，税收关系还包括中央政府与地方政府之间的税权归属关系、税务机关与委托代征人的行政委托关系、其他行政机关或机构与税务机关的行政协助关系、代扣代缴义务人与纳税人之间的代扣代缴关系等。严格地讲，这些关系都是上述两种主要税收关系的衍生关系，但与其性质不同，特别是不具有鲜明的强制特征。

四、税收法律的基本原则

一般认为，现代税收的基本原则有四个，即税收公平原则、税收效率原则、税收法定原则和实质课税原则。

（一）税收公平原则

税收公平原则是指国家征税应使各个纳税人的税负与其负担能力相适应，并使纳税人之间的负担水平保持平衡。税收公平包括横向公平和纵向公平两方面的内容。

1. 横向公平

横向公平又称"水平公平"，是指具有相同或接近纳税能力的人应缴纳数额相同或接近的税收。具有相同或接近纳税能力的人在税收制度中应受到相同待遇。

2. 纵向公平

纵向公平又称"垂直公平",是指纳税能力不相同或接近的人应缴纳数额不同的税收,纳税能力强的多纳税,纳税能力差的少纳税。政府在设计和执行税收制度时,要考虑到对所得多者多征税,所得少者少征税,无所得者不征税。

税收公平原则通常被认为是税收制度制定和实施的首要原则,要求税收必须普遍课征和平等课征,只有这样,才能实现税收的横向公平和纵向公平,解决收入分配不公等社会问题,促进经济发展和社会稳定。

衡量税收是否公平的标准一般有以下两个:

(1)受益标准。受益标准也称"受益说",是按纳税人从政府提供服务中所享受的利益多少来确定自己应纳税款,受益多者多纳税,受益少者少纳税,未受益者不纳税。这种观点只能解决部分税收公平,难以解决全部税收公平。

(2)能力标准。能力标准也称"能力说",是按纳税人的纳税能力来确定其应纳税额的多少,纳税能力强的多纳税,纳税能力弱的少纳税,无纳税能力的不纳税。这种观点比较合理,也易于实行。衡量纳税人的纳税能力,可以其收入、支出和财产作为标准,以所得作为标准更具客观性和可行性。

(二)税收效率原则

税收效率原则是指国家征税必须有利于资源的有效配置和经济机制的有效运行,必须有利于提高税收效率。税收效率具体包括税收的经济效率和税收的行政效率两方面的内容。

1. 税收的经济效率

税收的经济效率是指税收制度的制定和实施要体现资源的有效配置和经济机制的有效运行。在现实经济生活中,税收对资源配置和经济机制运行会产生负面影响,导致二者某种程度上的效率损失,税收经济效率原则实施起来具有一定的难度。

2. 税收的行政效率

税收的行政效率是指税收制度的制定和实施要以较少的征纳费用取得较多的税收收入。税收的行政效率,主要通过税收的经济成本来衡量。税收的经济成本包括两方面的内容:一是直接征税成本,指税务机关为获得一定数量的税收收入而付出的代价,即税收征管过程中发生的一切费用;二是指纳税人围绕纳税所支付的除税款以外的从属费用和额外负担。在其他条件不变的情况下,税收的经济成本越大,税收的行政效率就越低。

税收的公平原则与效率原则是一对矛盾体。公平原则强调量能负担,可能干扰生产和消费决策,影响经济发展,破坏税收效率;而效率原则强调税收应尽量避免对经济产生干扰，实现资源有效配置和经济增长，这就有可能拉开贫富之间的差距，从而破坏公平原则。处理好公平与效率之间的矛盾，对一国的经济发展和社会安定具有重要意义。在处理这个矛盾时，既要考虑社会经济的稳定发展，又要考虑到贫富之间差距不能过分拉大，必须兼顾公平与效率，或侧重公平，兼顾效率；或侧重效率，兼顾公平，绝不能片面追求公平或效率。

（三）税收法定原则

税收法定原则又称为税收法定主义，是指税法主体的权利义务必须由法律加以规定，税法的各类构成要素皆必须且只能由法律予以明确。税收法定主义贯穿税收立法和执法的全部领域，其内容包括税收要件法定原则和税务合法性原则。税收要件法定原则是指有关纳税人、课税对象、课税标准等税收要件必须以法律形式做出规定，且有关课税要素的规定必须尽量明确。税务合法性原则是指税务机关按法定程序依法征税，不得随意减征、停征或免征，无法律依据不征税。

（四）实质课税原则

实质课税原则是指应根据客观事实确定是否符合课税要件，并根据纳税人的真实负担能力决定纳税人的税负，而不能仅考虑相关外表和形式。

第二节　税法的分类和构成要素

一、税法的分类

税法体系中按各税法的立法目的、征税对象、权限划分、适用范围、职能作用的不同，可分为不同类型的税法。

（一）按照税法的基本内容和效力的不同，可分为税收基本法和税收普通法

税收基本法是税法体系的主体和核心，在税法体系中起着税收母法的作用。其基本内容一般包括：税收制度的性质、税务管理机构、税收立法与管理权限、纳税人的基本权利与义务、税收征收范围（税种）等。我国目前还没有制定统一的税收基本法，随着我国税收法制建设的发展和完善，将研究制定税收基本法。税收普通法是根据税收基本法的原则，对税收基本法规定的事项分别立法实施的法律，如个人所得税法、税收征收管理法等。

（二）按照税法的职能作用的不同，可分为税收实体法和税收程序法

税收实体法主要是指确定税种立法，具体规定各税种的征收对象、征收范围、税目、税率、纳税地点等。例如《中华人民共和国外商投资企业和外国企业所得税法》、《中华人民共和国个人所得税法》就属于税收实体法。税收程序法是指税务管理方面的法律，主要包括税收管理法、纳税程序法、发票管理法、税务机关组织法、税务争议处理法等。《中华人民共和国税收征收管理法》就属于税收程序法。

（三）按照税法征收对象的不同，可分为五种

1. 对流转额课税的税法

主要包括增值税、营业税、消费税、关税等税法。这类税法的特点是与商品生产、流通、消费有密切联系。对什么商品征税，税率多高，对商品经济活动都有直接的影响，易于发挥对经济的宏观调控作用。

2. 对所得额课税的税法

主要包括企业所得税和个人所得税等税法。其特点是可以直接调节纳税人收入，发挥其公平税负、调整分配关系的作用。

3. 对财产、行为课税的税法

主要是对财产的价值或某种行为课税。包括房产税、车船税、印花税、契税等税法。

4. 对自然资源课税的税法

主要是为保护和合理使用国家自然资源而课征的税。我国现行的资源税、土地增值税和城镇土地使用税等税种均属于资源课税的范畴。

5. 特定目的税类

包括固定资产投资方向调节税（暂缓征收）、筵席税、城市维护建设税、车辆购置税、耕地占用税和烟叶税，主要是为了达到特定目的，对特定对象和特定行为发挥调节作用。

（四）按照税收收入归属和征管管辖权限的不同，可分为中央（收入）税法和地方（收入）税法

中央税一般由中央政府统一征收管理。地方税一般由各级地方政府负责征收管理。现行的工商税收按税种划分为中央税、中央与地方共享税、地方税三类。

中央税包括消费税、关税、车辆购置税和海关代征的增值税等。

中央和地方共享税是指同经济发展直接相关的主要税种，具体包括增值税、企业所得税、个人所得税、证券交易印花税。

地方税具体包括营业税、资源税、土地增值税、印花税、城市维护建设税、土地使用税、房产税、车船税等。

（五）按照主权国家行使税收管辖权的不同，可分为国内税法、国际税法、外国税法等

国内税法一般是按照属人或属地原则，规定一个国家的内部税收制度。国际税法是指国家间形成的税收制度，主要包括双边或多边国家间的税收协定、条约和国际惯例等。外国税法是指外国各个国家制定的税收制度。

二、税法的构成要素

税法一般是由纳税人、征税对象、税目、税率、纳税时间、纳税环节、纳税地点、税收特别措施等要素构成。其中纳税人、征税对象和税率称为税收三要素。以下就税法要素予以分述。

（一）纳税义务人

1. 纳税义务人

纳税义务人即税法规定的直接负有缴纳税款义务的单位或个人。无论征收什么税，其税负总要由有关的纳税人来承担。因此，国家每开征一种税都要规定这种税的纳税人，以便落实税收任务和法律责任。税种不同纳税人亦不同。

纳税人包括自然人、法人和非法人组织。不同税种的纳税人是由课税对象的性质决定的。如消费税的纳税人是在我国境内从事生产、委托加工和进口应税消费品的单位和个人，企业所得税的纳税人是在我国境内实行独立经济核算的企业或组织。过去，我们总是按照经济性质的不同，把纳税人分为国有企业、集体企业、外商投资企业、私营企业，或是按国籍不同把纳税人分为国内的和国外的等。显然，这种区别对待政策，不利于在要求公平竞争的市场经济社会中建立公平的税收制度和实行宏观经济调控政策，所以从1994年起我国已开始改变以往区别对待的做法。

2. 负税人

纳税人和负税人是两个既有区别又有联系的概念。负税人是指实际或最终承担税款的单位和个人。在同一税种中，纳税人与负税人可以是一致的，也可以是不一致的。一般来说，直接税的纳税人与负税人是一致的，如个人所得税，纳税人与负税人都是取得应税收入的个人；间接税的纳税人与负税人是不一致的，如消费税，纳税人是企业，负税人是消费者。

3. 代扣代缴义务人和代收代缴义务人

与纳税人紧密联系的两个概念是代扣代缴义务人和代收代缴义务人。前者是指虽不承担纳税义务，但依照有关规定，在向纳税人支付收入、结算货款、收取费用时有义务代扣代缴其应纳税款的单位和个人。如出版社代扣作者稿酬所得的个人所得税等。如果代扣代缴义务人按规定履行了代扣代缴义务，税务机关将支付一定的手续费。反之，未按规定代扣代缴税款，造成应纳税款流失或将已扣缴的税款私自截留挪用、不按时缴入国库，一经税务机关发现，将要承担相应的法律责任。代收代缴义务人是指虽不承担纳税义务，但依照有关规定，在向纳税人收取商品或劳务收入时，有义务代收代缴其应纳税款的单位和个人。如消费税条例规定，委托加工的应税消费品，由受托方在向委托方交货时代收代缴委托方应该缴纳的消费税。

（二）征税对象

征税对象又称课税对象、征税客体，指税法规定对什么征税，是征纳税双方权利义务共同指向的客体或标的物，是区别一种税与另一种税的重要标志。如消费税的征税对象是消费税条例所列举的应税消费品，房产税的征税对象是房屋等。征税对象是税法最基本的要素，因为它体现着征税的最基本界限，决定着某一种税的基本征税范围，同时，征税对象也决定了各个不同税种的名称。如消费税、土地增值税、个人所得税等，这些税种因征税对象不同，性质不同，税名也就不同。征税对象按其性质的不同，通常可划分为流转额、所得额、财产、资源、特定行为等五大类，通常也因此将税收分为相应的五大类即流转税或称商品和劳务税、所得税、财产税、资源税和特定行为税。

（三）计税依据

计税依据又称"税基"，是据以计算征税对象应纳税款的直接数量依据，它解决对征税对象课税的计算问题，是对课税对象的量的规定。它在税收中具有重要的地位和作用，直接制约着税额的大小，如果其他条件不变，扩大计税依据会增加税额，缩小计税依据会减少税额。计税依据同征税对象的关系是：征税对象是指征税的标的物，计税依据却是在标的物已经确定的前提下，对标的物据以计算税款的依据或标准。如企业所得税应纳税额的基本计算方法是应纳税所得额乘以适用税率，其中，应纳税所得额是据以计算所得税应纳税额的数量基础，为所得税的税基。计税依据按照计量单位的性质划分，有两种基本形态：价值形态和物理形态。价值形态包括应纳税所得额、销售收入、营业收入等，物理形态包括面积、体积、容积、重量等。以价值形态作为税基，又称为从价计征，即按征税对象的货币价值计算，如生产销售化妆品应纳消费税税额是由化妆品的销售收入乘以适用税率计算产生，其税基为销售收入，属于从价计征的方法。另一种是从量计征，即直接按征税对象的自然单位计算，如城镇土地使用税应纳税额是由占用土地面积乘以每单位面积应纳税额计算产生，其税基为占用土地的面积，属于从量计征的方法。

（四）税目

税目，是征税对象的具体化。对于那些征税对象比较单一的税种，税法不需要再规定税目。但是也有些税种的征税对象包括的范围较广，内容复杂，税法规定的征税对象只能解决征税标的物的一般外延范围，为便于征收，明确纳税义务，税法还必须对该征税对象的范围具体化，其结果就是税目。税目的确定进一步明确了征税范围，使人们对税法规定的征税范围一目了然。哪些项目需要纳税，哪些项目不需要纳税，以及不同项目的税率差别等问题都是通过确定税目得以解决的。因此规定税目是立法技术上的需要。但同时，确定税目也是贯彻一定时期国家税收政策的需要，其最终目的是为了确定差别税率，这就是为什么税法中税目必定与税率同时出现在"税目税率表"中的原因。

（五）税率

税率是税法规定应纳税额与征税对象或计税依据之比，或是一定数量的应税客体的纳税数量。税率在税种要素中所解决的是"征多少税"问题，即它是计算税额的尺度，直接制约着应纳税额的大小，反映着税收负担水平的高低。

税率的具体形式多种多样，不同形式的税率又有不同的用途。但总体而言有三大类：一是以纳税的绝对量形式规定的固定征收额度，即定额税率；二是以百分比形式规定的比例税率；三是由一组按数额大小顺序排列的比例税率组成的累进税率。

1. 定额税率

定额税率即按征税对象确定的计算单位，直接规定一个固定的税额。目前采用定额税率的有资源税、城镇土地使用税、车船税等。

2. 比例税率

比例税率即对同一征税对象，不分数额大小，规定相同的征收比例。我国的增值税、营业税、城市维护建设税、企业所得税等采用的是比例税率。

比例税率在适用中又可分为三种具体形式。

（1）单一比例税率，是指对同一征税对象的所有纳税人都适用同一比例税率。

（2）差别比例税率，是指对同一征税对象的不同纳税人适用不同的比例征税。我国现行税法又分别按产品、行业和地区的不同将差别比例税率划分为以下三种类型：一是产品差别比例税率，即对不同产品分别适用不同的比例税率，同一产品采用同一比例税率，如消费税、关税等；二是行业差别比例税率，即对不同行业分别适用不同的比例税率，同一行业采用同一比例税率，如营业税等；三是地区差别比例税率，即区分不同的地区分别适用不同的比例税率，同一地区采用同一比例税率，如我国城市维护建设税等。

（3）幅度比例税率，是指对同一征税对象，税法只规定最低税率和最高税率，各地区在该幅度内确定具体的适用税率。

比例税率具有计算简单、税负透明度高、有利于保证财政收入、有利于纳税人公平竞争、不妨碍商品流转额或非商品营业额扩大等优点，符合税收效率原则。但比例税率不能针对不同的收入水平实施不同的税收负担，在调节纳税人的收入水平方面难以体现税收的公平原则。

3. 累进税率

累进税率即征税对象按数额（或相对率）大小分成若干等级，每一等级规定一个税率，税率依次提高；每一纳税人的征税对象则依所属等级同时适用几个税率分别计算，将计算结果相加后得出应纳税额。

累进税率一般在所得课税中使用，可以充分体现对纳税人收入多的多征、收入少的少征、无收入的不征的税收原则，从而有效地调节纳税人的收入，正确处理税收负担的纵向公平问题。累进税率在适用中又可分为三种具体形式：全额累进税率、超额累进税率和超率累进税率。

（1）全额累进税率

全额累进税率，是把征税对象的数额划分为若干等级，对每个等级分别规定相应税率，当税基超过某个级距时，课税对象的全部数额都按提高后级距的相应税率征税（见表1—1）。

表1—1　某三级全额累进税率

级　　数	全月应纳税所得额（元）	税率（%）
1	5000 以下	10
2	5000～10 000（含）	20
3	10 000（含）以上	30

运用全额累进税率的关键是查找每一纳税人应税收入在税率表中所属的级次，找到了收入级次，与其对应的税率便是该纳税人所适用的税率，全部税基乘以适用税率即可计算出应缴税额。例如，某纳税人某月应纳税所得额为 8000 元，按上表所列税率，适用第二级次，其应纳税额为 $8000 \times 20\% = 1600$（元）。

全额累进税率计算方法简便，但税收负担不合理，特别是在划分级距的临界点附近，税负呈跳跃式递增，甚至会出现税额增加超过课税对象数额增加的不合理现象，不利于鼓励纳税人增加收入。

（2）超额累进税率

超额累进税率是指把征税对象按数额的大小分成若干等级，每一等级规定一个税率，税率依次提高，但每一纳税人的征税对象则依所属等级同时适用几个税率分别计算，将计算结果相加后得出应纳税款（见表 1－2）。

表 1－2 某三级超额累进税率表

级数	全月应纳税所得额（元）	税率（%）	速算扣除数
1	5000 以下	10	0
2	5000～10 000（含）	20	500
3	10 000（含）以上	30	1500

【例题 1－1】假设某人某月应纳税所得额为 8000 元，税率如表 1－2 所列，其应纳税额可以分步计算：

第一级的 5000 元适用 10% 税率，应纳税额为 $5000 \times 10\% = 500$（元）。

第二级的 3000 元（8000－5000）适用 20% 的税率，应纳税额为 $3000 \times 20\% = 600$（元）。

其该月应纳税额＝$5000 \times 10\% + 3000 \times 20\% = 1100$（元）。

目前，个人所得税采用这种税率。

在级数较多的情况下，分级计算、然后相加的方法比较烦琐。为了简化计算，也可采用速算法。速算法的原理是，基于全额累进计算的方法比较简单，可将超额累进计算的方法转化为全额累进计算的方法。对于同样的课税对象数量，按全额累进方法计算出的税额比按超额累进方法计算出的税额多，即有重复计算的部分，这个多征的常数叫速算扣除数。用公式表示为：

速算扣除数＝按全额累进方法计算的税额－按超额累进方法计算的税额

公式移项得：

按超额方法计算的应纳税额＝按全额累进方法计算的税额－速算扣除数

速算扣除数可以按照下列公式计算：

第一级的速算扣除数＝0

某一级的速算扣除数＝上一级的最高所得额×（本级税率－上一级的税率）＋上一级的速算扣除数

以表1－2的数据为例，第一级的速算扣除数＝0。

第二级速算扣除数＝5000×（20%－10%）＋0＝500（元）。

第三级速算扣除数＝10 000×（30%－20%）＋500＝1500（元）。

接上例某人某月应纳税所得额为8000元，如果直接用8000元乘以所对应级次的税率20%则对于第一级次的5000元应纳税所得额就出现了5000×（20%－10%）的重复计算的部分。因为这5000元仅适用10%的税率，而现在全部用了20%的税率来计算，故多算了10%，这就是应该扣除的所谓速算扣除数。如果用简化的计算，则

8000元月应纳税所得额应纳所得税＝8000×20%－500＝1100（元）。

（3）超率累进税率

超额累进税率即以征税对象数额的相对率划分若干级距，分别规定相应的差别税率，相对率每超过一个级距的，对超过的部分就按高一级的税率计算征税。目前采用这种税率的是土地增值税。

（六）纳税环节

纳税环节主要是针对商品课税的税种所作的规定。纳税环节是指某一税种法上规定的征税对象（商品）从生产、流通到进出口或消费的流转过程中应当纳税的环节。如流转税在生产和流通环节纳税、所得税在分配环节纳税等。纳税环节的确定关系到征税对象要被征几道税、税负由谁承担、征收的税款能否及时入库以及纳税人是否便利纳税等问题。

（七）税收特别措施

1. 税收优惠措施——减税免税

减税是指税法规定的对纳税人应纳税额少征一部分。免税是指税法规定对纳税人应纳税额的全部免于征收。之所以会出现减免税的情况，是因为税制是按照一般情况来确定的，但在实际经济活动中总有些特殊情况，需要税法有一些优惠措施。

起征点是指开始征税的起点，即未达起征点的不征税，达到起征点的，全额计征。

免征额是免于征税的数额，免征额部分不征税，只就超过免征额的部分计税。

【例题1－2】某人3月份营业额为3000元，假定税法规定营业税的起征

点为 800 元，税率为 5％，则其应该缴纳的营业税为多少？

　　　应纳税额＝3000×5％＝150（元）

【例题 1—3】 甲的工资收入为 4000 元，假定税法规定个人所得税的免征额为 3500 元，对应税率为 3％，则其应该缴纳的个人所得税为多少？

　　　应纳税额＝（4000－3500）×3％＝15（元）

　　2.税收重课措施——附加和加成

在税收制度中，与税收减免优惠相反的措施是税收重课措施，它通过附加和加成以加重纳税人的税负。

税收附加也称地方附加，它是地方政府按照国家规定的比例随同正税一起征收的属于国家财政资金的一种收入形式。正税是指国家正式开征并纳入预算内的各种税收收入。税收附加由地方财政单独管理并按规定的范围使用，不得自行变更。税收附加的计算方法是以正税税款为依据，按规定的附加率计算附加额。

加成征收是指根据税法规定的税率征税以后，再以应纳税额为依据加征一定成数的税额。加征一成即相当于应纳税额的百分之十，加征成数一般规定在一成至十成之间。

【例题 1—4】 乙为某公司进行装潢设计，取得劳务报酬 50 000 元，税法规定：劳务报酬在 4000 元以下的，免征额为 800 元，劳务报酬在 4000 元以上的，免征额为 20％，劳务报酬的所得税率为 20％，但对应纳税所得额超过 20 000～50 000 的部分加征五成，对超过 50 000 以上的部分加征十成，计算乙应该缴纳的个人所得税。

　　　应纳税所得额＝50 000×（1－20％）＝40 000（元）

　　　应纳税额＝40 000×20％＋（40 000－20 000）×（20％×50％）

　　　　　　＝10 000（元）

（八）纳税期限和纳税地点

纳税期限是指税法规定的关于税款缴纳时间方面的限定。税法关于纳税期限的规定，有三个概念：一是纳税义务发生时间。纳税义务发生时间，是指应税行为发生的时间。如《增值税暂行条例》规定采取预收货款方式销售货物的，其纳税义务发生时间为货物发出的当天。二是纳税期限。纳税人每次发生纳税义务后，不可能马上去缴纳税款。税法规定了每种税的纳税期限，即每隔固定时间汇总一次纳税义务的时间。如《增值税暂行条例》规定，增值税的具体纳税期限分别为 1 日、3 日、5 日、10 日、15 日、1 个月或者 1 个季度。纳税人的具体纳税期限，由主管税务机关根据纳税人应纳税额的大小分别核定；不能按照固定期限纳税的，可以按次纳税。三是缴库期限，即税法规定的纳税期满后，纳税人将应纳税款缴入国库的期限。如《增值税暂行条例》规定，纳税人以 1 个月或者 1 个季度为 1 个纳税期的，自期满之日起 15 日内申报纳税；以 1 日、3 日、5 日、10 日或者 15 日为 1 个纳税期的，自期满之日起 5 日内预缴税款，于次月 1 日起 15 日内申报纳税并结清上月应纳税款。

纳税地点是指纳税人申报缴纳税款的地点。明确规定纳税地点，一是为了增强税收征管，避免对同一应税收入、应税行为重复征税或漏征税款；二是为了确保各地政府按规定取得收入。

（九）罚则
罚则主要是指对纳税人违反税法的行为采取的处罚措施。

（十）附则
附则一般都规定与该法紧密相关的内容，比如该法的解释权、生效时间等。

第三节　税法体系和效力

一、我国税法体系
税法体系是指由不同税收法律规范相互联系构成的统一整体。完备的税法体系应符合以下要求：

（1）税法的指导思想、基本原则和基本概念是统一的；

（2）不同税收法律规范之间应存在纵向的效力从属关系，即层次较低的税收法律规范不违背层次较高的税收法律规范；

（3）同一层次的不同税收法律规范之间应有横向的内在关联关系，即应相互联系、相互配合、协调一致。

我国税法体系应在宪法统领下按照五个层次构建。

第一层，税收基本法，或称税法通则。它主要解决我国税法的基本原则、税收立法和征收管理权限、税收主体的基本权利义务、税收管理体制等基本问题。现已有许多有识之士提出了税收基本法的立法构想，相信出台只是时日问题。

第二层，税收具体法，包括单行税法和税收征管法。单行税法是对每种税的基本征纳办法作出具体法律规定，通常开征一种税就应颁布一部单行税法，而我国现在除所得税法外，绝大多数单行税法还仅仅是行政条例甚至是暂行条例，这种状况亟待改变。税收征收管理法是税务机关进行税收征收管理的法律依据，2001 年 4 月 28 日第九届全国人大常委会第二十一次会议修订通过的《税收征管法》为加强税收征管、保障国家税收收入、保护纳税人合法权益起了重要作用。

第三层，税法的实施细则。实施细则是为了易于理解和便于遵守，对单行税法及税收程序法基本内容所作的具体、详细的解释性规定，它必须依据正法的存在而存在，不得违背正法的规定和立法意图。我国税法实施细则分国务院针对税收法律制定的实施细则和财政部针对国务院税收法规制定的实施细则。

第四层，税收行政规章。这通常是根据税法和实施细则所作的更为具体、周密的规定或解释。我国已有的税法中税收行政规章占据相当大的比例，其特点是灵活、适时，但缺乏严谨性和权威性。

第五层，税收地方性法规。在分税制情况下，地方人大及其常委会应具有依法就某些地方税制定地方性法规的权利。

我国的现行税制就其实体法而言，是 1949 年新中国成立后经过几次较大的改革逐步演变而来的，按其性质和作用大致分为五类：

（1）流转税类。包括增值税、消费税、营业税和关税。主要在生产、流通或者服务业中发挥调节作用。

（2）资源税类。包括资源税、土地增值税和城镇土地使用税。主要是对因开发和利用自然资源差异而形成的级差收入发挥调节作用。

（3）所得税类。包括企业所得税、个人所得税。主要是在国民收入形成后，对生产经营者的利润和个人的纯收入发挥调节作用。

（4）特定目的税类。包括固定资产投资方向调节税（暂缓征收）、筵席税、城市维护建设税、车辆购置税、耕地占用税和烟叶税，主要是为了达到特定目的，对特定对象和特定行为发挥调节作用。

（5）财产和行为税类。包括房产税、车船税、印花税、契税，主要是对某些财产和行为发挥调节作用。

上述税种中的关税由海关负责征收管理，其他税种由税务机关负责征收管理。耕地占用税和契税，1996 年以前由财政机关的农税部门征收管理，1996 年财政部农税管理机构划归国家税务总局领导，部分省市机构相应划转，这些税种就改由税务部门负责征收，部分省市仍由财政机关负责征收。

上述种税，除企业所得税、个人所得税是以国家法律的形式发布实施外，其他各税种都是经全国人民代表大会授权立法，由国务院以暂行条例的形式发布实施的。这 19 个税收法律、法规组成了我国的税收实体法体系。

除税收实体法外，我国对税收征收管理适用的法律制度，是按照税收管理机关的不同而分别规定的：

（1）由税务机关负责征收的税种的征收管理，按照全国人大常委会发布实施的《税收征收管理法》执行。

（2）由海关机关负责征收的税种的征收管理，按照《海关法》及《进出口关税条例》等有关规定执行。

上述税收实体法和税收征收管理的程序法的法律制度构成了我国现行税法体系。

二、税法的效力

（一）税法的空间效力

税法的空间效力是指税法在特定地域内发生的效力。按照域内效力原则，由一个主权国家制定的税法，必然适用于该国家主权管辖的全部领域，包括领陆、领水、领空，原则上也包括其延伸领土，即驻外使馆和领域外的本国船舶及飞机。以上结论，是将税法作为一个整体而言的，如作具体分析，有些税法的效力并不及于该国的全部领域。

（二）税法的时间效力

税法的时间效力是指税法何时开始生效、何时终止效力和有无溯及力的问题。由于税法属于成文法，因此其时间效力总是能够确定的。

1. 税法的生效

不同国家、不同法律部门处理法律生效的方式不同，就税法而言，其生效时间分为以下几种类型：

（1）税法通过一段时间后开始生效实施。

（2）税法自通过之日起生效。

（3）税法公布后授权执行机关自行确定实施日期。

除上述三种情况外，也有个别税法先实施后颁布的。

2. 税法的失效

税法的失效表明其法律约束力的终止，各个国家基本上都采用明示废止的方式，通常有以下三种类型：

（1）以新税法代替旧税法。这是最常见的税法失效宣布方式，即以在新税法中规定的生效日期为旧税法的失效日期。

（2）直接宣布废止某项税收法律、法规。

（3）税法本身规定终止生效的日期。

（三）税法对人的效力

税法对人的效力即指税法对什么人适用，能管辖哪些人的问题。由于税法的空间效力、时间效力最终都要归结到对人的效力，因此对人的效力十分重要。在处理税法对人的效力时，国际上通行的税收管辖权原则包括：

（1）属人主义原则。凡是本国的公民或居民，不管其身属国内还是国外，都要受本国税法的管辖。

（2）属地主义原则。凡是本国领域内的法人和自然人，不管其身份如何，都适用本国税法。

（3）属人、属地相结合的原则。凡是居住在本国领域内的本国公民、外籍人员，在本国注册登记的法人，或虽未在我国设立机构，但有来源于本国收入的外国企业、公司，一律适用居住国的税法；在本国领域外居住的本国公民，有来源于本国收入的外国人，也要适用本国税法。为充分保障国家税收利益的实现，目前世界上绝大多数国家都采用这一原则，我国亦不例外。

此外，鉴于我国的特殊情况，中央政府制定的税法，除有来自内地收入的情况外，对香港、澳门、台湾地区的法人和自然人不具效力；同时，我国境内享有外交豁免权的法人或自然人不受我国税法的管辖，或者说我国税法对其没有约束效力。

练 习 题

一、单选题

1. 下列各税种中，不能由地方政府制定实施细则的是（　　）。
   A. 城市维护建设税　　　　　　　　B. 房产税
   C. 车船税　　　　　　　　　　　　D. 消费税

2. 假设某人取得一项收入，其应纳税所得额为 38 000 元；若规定计税依据不超过 20 000 的部分，20%；超过 20 000～30 000 元的部分，24%，超过 30 000～40 000 元的部分，30%；超过 40 000 元的部分，40%。则该人应纳税额为（　　）元。
   A. 8800　　　　　　B. 12 280　　　　　　C. 19 200　　　　　　D. 18 880

3. 王某 2009 年 3 月份取得收入 7800 元，若规定免征额为 2000 元，采用超额累进税率，应税收入 2000 元以下的，适用税率为 5%；应税收入 2000～5000 元的，适用税率为 10%；应税收入 5000～10 000 元的，适用税率为 15%。则王某应纳税额为（　　）元。

A. 525   B. 520   C. 545   D. 570

4. 我国税收法律关系权利主体中，纳税义务人的确定原则是（   ）。

    A. 国籍原则   B. 属地原则

    C. 实际住所原则   D. 属地兼属人原则

5. 在税法的构成要素中，区分不同税种的主要标志的要素是（   ）。

    A. 纳税义务人   B. 征税对象   C. 税率   D. 税目

6. 个人所得税中"工资、薪金"采用的是（   ）。

    A. 比例税率   B. 超额累进税率

    C. 定额税率   D. 超率累进税率

二、多选题

1. 下列各项中，表述正确的有（   ）。

    A. 税目是各个税种所规定的具体征税项目

    B. 税法和刑法有着密切的联系，税法和刑法对于违反税法都规定了处罚条款

    C. 对于累进税率，一般情况下，课税数额越大，适用税率越高

    D. 征税对象就是税收法律关系中征纳双方权利、义务所指的物品

2. 下面关于我国税收立法的公平原则说法正确的有（   ）。

    A. 负担能力大的应多纳税，负担能力小的应少纳税或不纳税

    B. 客观环境优越而取得超额收入或级差收益者应多纳税，反之少纳税

    C. 不同地区、不同行业间及多种经济成分之间的实际税负必须绝对公平

    D. 这个公平是一个相对公平的概念

3. 比例税率是指对同一征税对象，不分数额大小，规定相同的征收比例，其在适用中又可以分为的具体形式有（   ）。

    A. 单一比例税率   B. 差别比例税率

    C. 幅度比例税率   D. 双重比例税率

第二章 增 值 税

学习目标

◆ 了解增值税的含义、特点、类型及增值税专用发票的管理；
◆ 理解增值税纳税义务人、征税范围、税率、税收优惠及征收管理等基本法律规定；
◆ 掌握一般纳税人应纳税额的计算、小规模纳税人应纳税额的计算、进口货物增值税的计算以及增值税出口退税的计算。

第一节　增值税概述

一、增值税的概念

增值税是对生产、销售商品或提供劳务过程中实现的增值额征收的一个税种。现行增值税法的基本规范，是 2008 年 11 月 10 日国务院颁布的《中华人民共和国增值税暂行条例》。

增值额是纳税人在一定时期内销售货物或提供劳务过程中新创造的价值，也就是一定时期销售货物或提供劳务所取得收入减去购进货物或接受劳务时所支付的金额的差额。对增值额的概念，可从以下两个方面来理解：

（1）从微观方面看，增值额是商品或劳务的某一生产者或经营者在生产经营过程中新增加的价值。用减法表示，它相当于产出减投入的余额，即 $(C+V+M)-C$。在现实生活中，产出表现为销售收入额或经营收入额，投入表现为外购商品或劳务的支付金额，增值额表现为销售收入额或经营收入额减去外购商品或劳务已付金额的余额。用加法表示，它相当于工资加盈利之和。在现实生活中，盈利具体分解为租金、利息和利润。增值额表现为工资与租金、利息、利润之和，即 V+M。

（2）从宏观方面看，增值额是商品在全部生产经营过程中新增加的价值。它等于商品的各个生产者和经营者新增加价值的总和，同时等于商品进入最终消费时的价值额。例如，某商品的最后销售额为 1000 元。假定这 1000 元是经过以下生产和流通环节逐步形成的（见表 2—1）。

表 2—1   某商品各环节的销售额

环　节	进　价	增　值	售　价
原材料生产	0	200	200
半成品生产	200	250	450
产成品生产	450	300	750
商品批发	750	150	900
商品零售	900	100	1000

可见，该商品的最后销售额 1000 元正是这个商品在五个生产经营环节中创造的增值额之和，即 200+250+300+150+100＝1000 元。

需要指出的是，在实行增值税时，一个国家据以征税的增值额并不完全等同于理论上的增值额，其原因在于：国家在具体税收制度设计上，都以本国的经济发展水平和国家财政收入需要为客观基础，经济发展水平较低的国家，从财政收入需要出发，可能把扣除范围定得窄一些，从而使应税增值额相应扩大；经济发展水平较高的国家，可能会把扣除范围定得宽一些，从而缩小了应税增值额。因此，严格来讲，增值税是以法定增值额为课税对象征收的一种税。

二、增值税的类型

作为增值税课税对象的增值额，在各国增值税制度中，受诸多因素的影响，其内涵和外延不尽一致。一般来说，用于生产商品或劳务的外购投入物品包括：①原材料及辅助材料；②燃料、动力；③包装物品；④低值易耗品；⑤劳务；⑥固定资产。各国增值税制度通常允许将第①至⑤项列入扣除项目，从商品或劳务的销售额中予以扣除。但对第⑥项即外购固定资产价值的扣除处理，因国情而异，有的允许全额抵扣，有的允许部分抵扣，有的则不予抵扣，由此，各国增值税可以分为以下三种类型。

1. 生产型增值税

在计算增值税时，只允许将上述①至⑤项列为扣除项目，而不允许将外购固定资产的价款（包括年度折旧）从商品或劳务的销售额中抵扣。其增值额的计算公式为：

增值额＝销售收入－外购商品及劳务支出（付现成本）

＝折旧＋工资＋利润＋其他增值性收入

由于作为增值税税基的增值额相当于国民生产总值，所以这种增值税被称为"生产型增值税"。

2. 收入型增值税

在计算增值税时，除允许将上述①至⑤项列为扣除项目外，还允许将当期固定资产折旧从商品和劳务的销售额中予以扣除。其增值额的计算公式为：

增值额＝销售额－外购商品及劳务支出（付现成本）－折旧

＝工资＋利润＋其他增值性收入

由于作为增值税税基的增值额相当于国民生产净值或国民收入，所以这种增值税被称为"收入型增值税"。

3. 消费型增值税

在计算增值税时，除允许将上述①至⑤项列为扣除项目外，还允许从商品和劳务的销售额中扣除当期购进固定资产总额。其增值额的计算公式为：

增值额＝销售额－全部外购商品及劳务支出

＝工资＋利润＋其他增值性收入

由于这种增值税不对资本投入品课税，而只是对消费品课税，故称"消费型增值税"。

综上所述不难看出，作为增值税税基的增值额，在不同国家范围大小不一，而实际征收中遇到的情况又远比上述规定复杂。因此，上述增值额的含义仅仅是一个税收上的概念，真正作为增值税计税依据的增值额，必须通过其法律依据——增值税法规才能确定。

我国从 2009 年 1 月 1 日起实行消费型增值税。

三、增值税的计税方法

一般地说，增值税的计算有四种基本方法。

(一) 直接相加法

直接相加法亦称"税基相加法"。理论公式为：

应纳税额＝(工资＋盈利)×税率

在实际生活中,盈利具体表现为租金、利息、利润等增值项目。

应纳税额＝(工资＋租金、利息、利润等增值项目之和)×税率

(二) 间接相加法

间接相加法亦称"税额相加法"。理论公式为：

应纳税额＝工资×税率＋盈利×税率

在实际生活中，由盈利的具体表现形式所决定：

应纳租金、利息、利润等

税额＝工资×税率＋增值项目之和×税率

（三）直接减除法

直接减除法亦称"税基减除法"或"扣额法"。理论公式为：

应纳税额＝（产出－投入）×税率

在实际生活中，产出表现为销售收入金额，投入表现为购入商品支付金额。

应纳税额＝（销售收入金额－购入商品支付金额）×税率

（四）间接减除法

间接减除法亦称"税额减除法"或"扣税法"。理论公式为：

应纳税额＝产出×税率－投入×税率

在实际生活中，由产出和投入的具体表现形式所决定：

应纳税额＝销售收入金额×税率－购入商品支付金额×税率

其中，"销售收入金额×税率"为销项税额；"购入商品支付金额×税率"为进项税额。

应纳税额＝销项税额－进项税额

在上述四种方法中，直接相加法和间接相加法均以会计核算为基础。实行这两种方法，首先要根据理论上的增值项目确定实际计税的增值项目。由于纳税人实行的会计核算制度不同，实际计税的增值项目的确定很难与理论上的增值项目相吻合，而且很难在纳税人与税务部门之间达成共识。同时，在应税商品与免税商品以及不同税率商品同时并存的情况下，为计算商品的应纳税额，还须按税率高低对商品进行分类，并进而按税率高低设置商品的销售账户和原料的购入账户。这不仅会遇到商品分类的困难，而且与会计核算账户设置的惯例不一致。直接减除法同样以会计核算为基础，因而同样具有两种加法的上述缺陷。此外，直接减除法还要求准确区分已税投入和未税投入，进而要求在购入商品的发票上注明已税商品与未税商品，以保证只有付了税的商品准予扣除，未付税的商品不予扣除。这种方法增加会计核算的难度和复杂性。相反，间接减除法直接计算每笔交易的应纳税额，摆脱了会计核算的约束，避免了由此产生的一系列缺陷。目前实行增值税的国家大都实行间接减除法。我国的增值税也采用间接减除法。

四、增值税的特点和作用

(一) 增值税的特点

增值税主要包括以下特点。

1. 征税范围广泛，税源充裕

作为增值税税基的增值额遍及社会经济的各部门、各行业和各企业。任何单位和个人不论是从事矿产开发、工业制造，还是销售货物或提供劳务，只要在生产经营活动中创造了商品和劳务的增值额，就有承担增值税的义务，征收面非常普遍。我国现行的增值税已覆盖从工业生产到商业经营等所有的货物销售和部分劳务提供的广阔领域。

2. 道道征税，税不重征

增值税对所有的商品生产经营环节，不论多少，均应按照增值税的规定征税。同时，增值税只对销售额中属于本生产经营环节创造的尚未征过税的那部分价值征税，而对销售额中由其他单位创造并已经征过增值税的那部分价值不征税，从而避免了一般流转税按销售额全值征税所产生的重复征税问题。

3. 同一商品，同一税负

增值税不因生产经营环节的变化而影响税收负担。同一种商品，只要最后销售额相同，不论经过多少生产经营环节，其应纳的增值税额是相同的。这是因为，一种商品的总税负是由各个生产经营环节的分税负累加而成的。也就是说，增值税对商品各个环节征税税额之和同该商品最后销售环节的销售额全值乘以增值税税率得出的税额是一致的。因此，不论在何种情况下，增值税能使同一商品同一税负。

4. 税收负担具有转嫁性

增值税后一阶段纳税人总是前一阶段纳税人已缴税款的负担者，商品和劳务的买者总是销售者已纳税款的归宿。当税负随商品流转移至最终销售环节时，消费者便成为增值税的最终归宿。

5. 实行税款抵扣制度

在计算企业主应纳税款时，要扣除商品在以前生产环节已负担的税款，以避免重复征税。从世界各国来看，一般都实行凭购货发票进行抵扣。

6. 实行比例税率

从实行增值税制度的国家看，普遍实行比例税制，以贯彻征收简便易行的原则。由于增值额对不同行业和不同企业、不同产品来说性质是一样的，原则对增值额应采用单一比例税率。但为了贯彻一些经济社会政策也会对某些行业或产品实行不同的政策，因而引入增值税的国家一般都规定基本税率和优惠税率或称低税率。

7. 实行价外税制度

在计税时，作为计税依据的销售额中不包含增值税税额，这样有利于形成均衡的生产价格，并有利于税负转嫁的实现。这是增值税与传统的以全部流转额为计税依据的流转税或商品课税的一个重要区别。

因此，增值税在西方国家被视为一种典型的间接税，税收负担具有转嫁性。

（二）增值税的作用

具体来说，增值税的作用如下。

1. 避免重复征税，促进专业化协作生产的发展

如果对商品在生产经营各环节按全部价值征税，那么商品价值中的同一部分就会被多次征税，也就不可避免地产生重复征税。重复征税使商品的生产经营分工越细，税收负担越重，这与专业化协作生产发展的要求相违背。为避免重复征税，既可以只在商品生产经营的某一环节按全部价值征税，也可以在商品生产经营的各环节只按新增价值征税。采取前一种办法，虽然能够避免重复征税，但无法平衡各环节的税收负担，对专业化协作生产的发展仍然不利；采取后一种办法，即实行增值税，既解决了重复征税的问题，同时又不会因为生产经营环节的变化而造成税收负担上的不平衡，从而有利于促进专业化生产的发展。

2. 便于出口退税，扩大商品出口

出口退税可以使商品以不含税价格进入国际市场，增强在国际市场上的竞争力，扩大出口规模。为实行出口退税，需要准确计算出口商品在国内各生产经营环节总共缴纳了多少税，以保证既不因少退税而削弱出口商品的竞争力，又不因多退税而构成商品倾销，遭到其他国家的反倾销报复。实行对商品在各生产经营环节按全部价值征税的制度，无法知道一件商品及其每一个组成部分在出口前各经历了多少个环节，每个环节上的各项税基有多大，税率有多高，要准确计算商品的全部已纳税款是不可能的。实行增值税制度，根据商品各生产经营环节增值额之和等于商品进入最终消费时的价值额的原理，只要各生产经营环节上的税率相同，就可根据商品进入最终消费时的价值额，准确计算出商品在出口前的各生产经营环节的纳税总额，从而实现准确退税。

3. 防止避税，稳定财政收入

避税是在不违反税法规定的前提下通过调整生产经营方式来减轻或解除税收负担的行为。避税的方法各式各样，在对商品在各生产经营环节按全部价值征税的情况下，各专业化协作厂商通过组织合并，可以减少作为税基的外销价额，从而减少应纳税款。

在实行增值税的情况下，除非生产经营规模发生变化，否则，无论厂商是分解还是合并，总的增值额均保持不变，应纳税款也不随之增加或减少，财政收入是稳定的。

五、增值税的沿革

增值税最早是由法国于 20 世纪 40 年代末 50 年代初创立的。实行增值税之前，法国实行的是对商品在各生产经营环节按全部价值征收的"营业税"。这种税的突出弊端是重复征税，不利于专业化协作生产的发展。1948 年，法国开始在生产环节实行按增加价值即从商品全部价值中扣除购进原材料、零部件或半成品所付价款的余额征收的"生产税"，取得了预期效果。1954 年，进一步将扣除范围扩大到包括购入的固定资产，将征税范围推广到商业批发环节，并将"生产税"改称为"增值税"。随后，又逐步将征税范围在纵向上推广到商业零售环节，在横向上推广到农业、服务业等部门，形成了一套完整的增值税制度。随着法国增值税的成功实行，从 20 世纪 70 年代开始，增值税以其独有的特点在全世界被推广采用。目前，世界上约有 100 余个国家和地区实行了增值税。

我国从 1979 年开始，借鉴国外的增值税经验，对机器机械和农业机具两个行业及部分日用机械产品，在部分城市试点征收增值税。1983 年起，对机器机械及其零配件、农业机具及其零配件以及缝纫机、自行车和电风扇 3 种产品，在全国范围内统一试行增值税。1984 年，全国人大常委会授权国务院颁布了《中华人民共和国增值税条例（草案）》，增值税的征税范围也在原有基础上扩大到包括机动船舶、轴承、钢坯、钢材、印染绸缎及其他印染机织丝织品、西药等 12 类产品。自此以后，增值税的征税范围进一步扩大。1986 年起，对纺织品和日用机械、日用电器、电子产品及搪瓷制品、保温瓶实行增值税。1987 年起，先是对服装、化学纤维、中成药、兽药，继而对轻工产品、玻璃及其制品、元钉、其他工业品实行增值税。1988 年起，对建筑材料、有色金属产品和部分矿产品实行增值税。1989 年起，以工业企业的工业性加工、转售原材料等原征收营业税的项目改征增值税。1993 年年底，适应建立社会主义市场经济的要求，伴随税收制度的又一次重大改革，国务院颁布了《中华人民共和国增值税暂行条例》，财政部下发了《中华人民共和国增值税暂行条例实施细则》，并决定从 1994 年 1 月 1 日起实施。为进一步完善税制，国务院决定全面实施增值税转型改革，修订《中华人民共和国增值税暂行条例》（以下简称《增值税暂行条例》），在 2008 年 11 月 5 日经国务院第 34 次常务会议审议通过，11 月 10 日以国务院令第 538 号公布，于 2009 年 1 月 1 日起施行。2008 年 12 月 15 日，财政部、国家税务总局制定了《中华人民共和国增值税暂行条例实施细则》（以下简称《增值税暂行条例实施细则》），以财政部、国家税务总局第 50 号令发布。

第二节　增值税的基本法律规定

一、纳税义务人

在中国境内销售货物或者提供加工、修理修配劳务以及进口货物的单位和个人，为增值税的纳税人。这里的"单位"是指国有企业、集体企业、私营企业、股份制企业、其他企业和行政单位、事业单位、军事单位、社会团体和其他单位；"个人"是指个体经营者和其他个人。企业租赁或承包给他人经营的，以承租人或承包人为纳税人。

中华人民共和国境外的单位或者个人在境内提供应税劳务，在境内未设有经营机构的，以其境内代理人为扣缴义务人；在境内没有代理人的，以购买方为扣缴义务人。

为简化征税手续，节约征税成本，按照实行增值税各国的通常做法，我国增值税的纳税人根据生产经营规模大小和会计核算健全与否两条标准，分为小规模纳税人和一般纳税人。

（一）小规模纳税人

小规模纳税人是指年销售额在规定标准以下，并且会计核算不健全，不能按规定报送有关税务资料的增值税纳税人。所称会计核算不健全是指不能正确核算增值税的销项税额、进项税额和应纳税额。

根据《增值税暂行条例》及《增值税暂行条例实施细则》的规定，小规模纳税人的认定标准是：

（1）从事货物生产或者提供应税劳务的纳税人，以及以从事货物生产或者供应税劳务为主，并兼营货物批发或者零售的纳税人，年应征增值税销售额（以下简称应税销售额）在 50 万元以下（含本数，下同）的；"以从事货物生产或者提供应税劳务为主"是指纳税人的年货物生产或者提供应税劳务的销售额占年应税销售额的比重在 50％以上。

（2）对上述规定以外的纳税人，年应税销售额在 80 万元以下的。

（3）年应税销售额超过小规模纳税人标准的其他个人按小规模纳税人纳税。

（4）非企业性单位、不经常发生应税行为的企业可选择按小规模纳税人纳税。

对小规模纳税人由主管税务机关依税法规定的标准认定。只要小规模企业的会计核算健全，即该企业有会计，有账册，能够正确计算进项税额、销项税额和应纳税额，并能按规定报送有关税务资料，年应税销售额不低于 30 万元的，可以认定为增值税一般纳税人。从 1998 年 7 月 1 日起，凡年应税销售额在 180 万元（现为 80 万元）以下的小规模商业企业、企业性单位，以及以从事货物批发或零售为主，并兼营货物生产或提供应税劳务的企业、企业性单位，无论财务核算是否健全，一律不得认定为增值税一般纳税人。

（二）一般纳税人

一般纳税人是指年应征增值税销售额（以下简称年应税销售额，包括一个公历年度内的全部应税销售额），超过《增值税暂行条例实施细则》规定的小规模纳税人标准的企业和企业性单位（以下简称企业）。

下列纳税人不属于一般纳税人：

（1）年应税销售额未超过小规模纳税人标准的企业（以下简称小规模企业）。

（2）个人（除个体经营者以外的其他个人）。

（3）非企业性单位。

（4）不经常发生增值税应税行为的企业。

但是年应税销售额未超过标准的商业企业以外的其他小规模企业，会计核算健全，能准确核算并提供销项税额、进项税额的，可申请办理一般纳税人认定手续。

纳税人总机构与分支机构实行统一核算，其总机构年应税销售额超过小规模纳税人标准，但分支机构是除商业企业以外的其他企业，年应税销售额未超过小规模纳税人标准的，其分支机构可申请办理一般纳税人认定手续。

为了加强对加油站成品油销售的增值税征收管理，从 2002 年 1 月 1 日起，对从事成品油销售的加油站，无论其年应税销售额是否超过 180 万元（现为 80 万元），一律按增值税一般纳税人征税。

（三）一般纳税人的资格认定管理办法

（1）2009年应税销售额超过新标准的小规模纳税人，未申请办理一般纳税人认定手续的，应按销售额依照增值税税率计算应纳税额，不得抵扣进项税额，也不得使用增值税专用发票。

（2）一般纳税人资格认定的权限，在县（市、区）国家税务局或者同级别的税务分局。

（3）年应税销售额未超过财政部、国家税务总局规定的小规模纳税人标准以及新开业的纳税人，可以向主管税务机关申请一般纳税人资格认定。

（4）纳税人自认定机关认定为一般纳税人的次月起（新开业纳税人自主管税务机关受理申请的当月起），按一般纳税人的计税方法计算应纳税额，并按照规定领购、使用增值税专用发票。

（5）除国家税务总局另有规定外，纳税人一经认定为一般纳税人后，不得转为小规模纳税人。

二、征税对象

增值税的征税范围为在中华人民共和国境内销售货物或者提供加工、修理修配劳务以及进口货物。其具体征税对象如下。

（一）销售货物

1. 一般销售货物

这里的"货物"是指除土地、房屋和其他建筑物等不动产之外的有形动产，包括电力、热力、气体在内；"销售货物"是指有偿转让货物的所有权；"有偿"包括从购买方取得货币、货物或其他经济利益；"在中国境内销售货物"是指所销售的货物的起运地或所在地在境内。

2. 特殊销售行为

（1）货物期货（包括商品期货和贵金属期货），应当征收增值税，在期货的实物交割环节纳税。

（2）银行销售金银的业务，应当征收增值税。

（3）典当业的死当物品销售业务和寄售业代委托人销售寄售物品的业务，均应征收增值税。

（4）集邮商品（如邮票、首日封、邮折等）的生产以及邮政部门以外的其他单位和个人销售的，均征收增值税。

（5）邮政部门发行报刊，征收营业税；其他单位和个人发行报刊，征收增值税。

（6）电力公司向发电企业收取的过网费，应当征收增值税，不征收营业税。

3. 视同销售货物

一般来说，对销售货物征收增值税要以货物所有权的有偿转让为前提。在实际经营活动中，单位或个体经营者经常出现下列行为，它们虽不具备销售货物的一般特征，也不属于货物销售的特殊形式，但由于其实质与销售货物相同，为了方便和加强税收管理，平衡税收负担，防止逃税和避税，也视同销售货物征收增值税：

（1）将货物交付其他单位或者个人代销；

（2）销售代销货物；

（3）设有两个以上机构并实行统一核算的纳税人，将货物从一个机构移送至其他机构用于销售，但相关机构设在同一县（市）的除外；

（4）将自产或者委托加工的货物用于非增值税应税项目；

（5）将自产、委托加工的货物用于集体福利或者个人消费；

（6）将自产、委托加工或者购进的货物作为投资，提供给其他单位或者个体工商户；

（7）将自产、委托加工或者购进的货物分配给股东或者投资者；

（8）将自产、委托加工或者购进的货物无偿赠送其他单位或者个人。

4. 混合销售行为

混合销售行为是指纳税人的一项销售行为既涉及货物又涉及非应税劳务。非应税劳务是指不属于应纳增值税而属于应纳营业税的交通运输业、建筑业、金融保险业、邮电通信业、文化体育业、娱乐业、服务业税目征收范围的劳务。例如，锅炉厂销售锅炉，同时负责将锅炉运到使用单位并收取一定的运输费。前者属于销售货物，后者属于销售非应税劳务，二者同时发生，并从同一个受让者取得价款，即为混合销售行为。装卸搬运单位在提供装卸搬运劳务的同时，为方便顾客打包而出售一些麻袋、麻绳、纸箱、木箱等包装物，也属于混合销售行为。

对于混合销售行为，根据行为人的行业属性，实行不同的征税办法。从事货物的生产、批发或零售的企业、企业性单位及个体经营者，以及以从事货物的生产、批发或零售为主并兼营非应税劳务的企业、企业性单位及个体经营者，其混合销售行为视为销售货物，征收增值税；其他单位和个人的混合销售行为，视为销售非应税劳务，不征收增值税，而征营业税。其中，"以从事货物的生产、批发或零售为主并兼营非应税劳务"是指在纳税人的年应税货物销售额与非增值税劳务营业额的合计数中，年应税货物销售额超过

50％，非增值税劳务营业额不到50％。纳税人的销售行为是否属于混合销售行为，由国家税务总局所属征收机关确定。

5. 兼营非增值税应税劳务行为

纳税人兼营非增值税应税项目的，应分别核算货物或者应税劳务的销售额和非增值税应税项目的营业额；未分别核算的，由主管税务机关核定货物或者应税劳务的销售额。

（二）提供应税劳务

纳入增值税征税范围的劳务是指加工、修理修配劳务。其中：加工是指受托加工货物，即委托方提供原料及主要材料，受托方按照委托方的要求制造货物并收取加工费的业务。修理修配是指受托对损伤或丧失功能的货物进行修复，使其恢复原状和功能的业务。提供加工、修理修配劳务是指有偿提供加工、修理修配劳务。有偿包括从购买方取得货币、货物或其他经济利益。在中国境内提供应税劳务，是指应税劳务发生在境内。但单位或个体经营者聘用的员工为本单位或雇主提供加工、修理修配劳务，不在征税之列。

在以货物为主征收增值税的情况下对加工和修理修配劳务征收增值税，主要是为了平衡委托加工或修理修配货物与外购货物以及受托加工或修理修配劳务与自行生产之间的税收负担。从委托方来看，利用委托加工或修理修配获得的货物与外购的货物并无实质性差别。外购的货物含有增值税，利用委托加工或修理修配获得的货物也应包含增值税。从受托方来看，受托加工或修理修配与自行生产之间也无实质性差别。自行生产要缴纳增值税，受托加工或修理修配也应缴纳增值税。

（三）进口货物

进口货物主要是指直接从境外进口的货物，同时包括从境内保税工厂、保税仓库、保税区运往其他地区的货物。对进口货物征收增值税，目的是为了平衡进口货物与国产货物的税收负担。目前世界各出口国对出口货物均实行退税制度。这种进口国的进口货物已不再含税，若不对其征税，则会使其冲击国内市场，抑制国产货物的生产与销售。为平衡进口货物与国产货物的税收负担，保护国内市场，需要对进口货物征收增值税。

三、税率

（一）基本税率

增值税的基本税率体现着增值税的基本征收水平，适用于一般商品与劳务。具体地说：纳税人销售或者进口货物，除实行低税率和零税率者外，均适用 17% 的基本税率；纳税人提供加工、修理修配劳务，也适用 17% 的基本税率。

（二）低税率

增值税的低税率是增值税优惠政策的重要体现，适用范围主要是物质、文化生活必需用品和农业生产用品。具体地说，纳税人销售或者进口下列货物，适用 13% 的低税率：

（1）粮食、食用植物油、鲜奶。

（2）自来水、暖气、冷气、热水、煤气、石油液化气、天然气、沼气、居民用煤炭制品。

（3）图书、报纸、杂志。

（4）饲料、化肥、农药、农机、农膜。

（5）国务院及其有关部门规定的其他货物，如音像制品（自 2007 年 1 月 1 日起）、电子出版物（自 2007 年 1 月 1 日起）、二甲醚（自 2008 年 1 月 1 日起）等。

自 2009 年 1 月 1 日起，将部分金属矿、非金属矿采选产品的增值税税率由原来的 13% 低税率恢复到 17%，如铜矿砂及其精矿（非黄金价值部分）、镍矿砂及其精矿（非黄金价值部分）、纯氯化钠、未焙烧的黄铁矿、石英、云母粉、天然硫酸钡（重晶石）等。

纳税人兼营不同税率的货物或者劳务的，应当分别核算不同税率货物或者劳务的应税销售额。未分别核算销售额的，从高适用税率。

（三）零税率

增值税的零税率是指商品的增值税税负为零的一种制度。实行零税率，首先使商品的销项税额为零，进而使销项税额减去进项税额之后的应纳税额为负。这意味着政府不仅不向销售者征税，而且应当向销售者退税。退税额等于负的应纳税额。因此，零税率制度的实质就是退税的制度，它与免税是有区别的。

零税率的适用范围仅限于出口的货物（国务院另有规定的除外），以及输往海关管理的保税工厂、保税仓库和保税区的货物。其目的是使商品以不含税价格进入国际市场，增强在国际市场的竞争力，以便扩大商品的出口。

纳税人兼营不同税率的货物或者应税劳务，应当分别核算不同税率货物或者应税劳务的销售额。未分别核算销售额的，从高适用税率。

（四）征收率

1. 小规模纳税人的征收率

增值税对小规模纳税人采用简易征收办法，对小规模纳税人适用的税率称为征收率。

自 2009 年 1 月 1 日起，小规模纳税人增值税征收率由过去的 6% 和 4% 一律调整为 3%，不再设置工业和商业两档征收率。征收率的调整，由国务院决定。

2. 一般纳税人生产特定货物适用的征收率

（1）一般纳税人销售自产的下列货物，可选择按照简易办法依照 6% 征收率计算缴纳增值税：

① 县级及县级以下小型水力发电单位生产的电力。小型水力发电单位，是指各类投资主体建设的装机容量为 5 万千瓦以下（含 5 万千瓦）的小型水力发电单位。

② 建筑用和生产建筑材料所用的砂、土、石料。

③ 以自己采掘的砂、土、石料或其他矿物连续生产的砖、瓦、石灰（不含黏土实心砖、瓦）。

④ 用微生物、微生物代谢产物、动物毒素、人或动物的血液或组织制成的生物制品。

⑤ 自来水。

⑥ 商品混凝土（仅限于以水泥为原料生产的水泥混凝土）。

一般纳税人选择简易办法计算缴纳增值税后，36 个月内不得变更。

（2）一般纳税人销售货物属于下列情形之一的，暂按简易办法依照 4% 征收率计算缴纳增值税：

① 寄售商店代销寄售物品（包括居民个人寄售的物品在内）；

② 典当业销售死当物品；

③ 经国务院或国务院授权机关批准的免税商店零售的免税品。

3. 销售自己使用过的固定资产和旧货的征收率

（1）一般纳税人销售自己使用过的固定资产和旧货

一般纳税人销售自己使用过的属于《增值税暂行条例》第十条规定不得抵扣且未抵扣进项税额的固定资产，按简易办法依 4% 征收率减半征收增值税。计算公式为：

$$应纳税额＝含税销售额÷(1＋4\%)×4\%×50\%$$

【例题 2—1】某企业（一般纳税人）2009 年 8 月 16 日销售一台旧机器设

备，取得销售收入 60 000 元，该设备系 2004 年 5 月购入，计算该项销售行为应纳增值税。

应纳增值税＝60 000/(1＋4%)×4%×50%

一般纳税人销售自己使用过的除固定资产以外的物品，应当按照适用税率征收增值税。计算公式为：

销项税额＝含税售价/(1＋17%)×17%

自 2009 年 1 月 1 日起，纳税人销售自己使用过的固定资产（以下简称已使用过的固定资产），应区分不同情形征收增值税：

第一，销售自己使用过的 2009 年 1 月 1 日以后购进或者自制的固定资产，按照适用税率征收增值税。

第二，2008 年 12 月 31 日以前未纳入扩大增值税抵扣范围试点的纳税人，销售自己使用过的 2008 年 12 月 31 日以前购进或者自制的固定资产，按照 4%征收率减半征收增值税。

第三，2008 年 12 月 31 日以前已纳入扩大增值税抵扣范围试点的纳税人，销售自己使用过的在本地区扩大增值税抵扣范围试点以前购进或者自制的固定资产，按照 4%征收率减半征收增值税；销售自己使用过的在本地区扩大增值税抵扣范围试点以后购进或者自制的固定资产，按照适用税率征收增值税。

（2）小规模纳税人销售自己使用过的固定资产和旧货

小规模纳税人（除其他个人外，下同）销售自己使用过的固定资产，减按 2%征收率征收增值税。计算公式为：

应纳税额＝含税销售额÷(1＋3%)×2%

【例题 2－2】某商业零售企业为增值税小规模纳税人，2009 年 9 月销售自己使用过的旧车一辆，取得收入 45 000 元。计算该企业 9 月份应缴纳的增值税。

应纳增值税＝45 000÷(1＋3%)×2%＝873.79（元）

小规模纳税人销售自己使用过的除固定资产以外的物品，应按 3%的征收率征收增值税。计算公式为：

应纳税额＝含税销售额÷(1＋3%)×3%

（3）纳税人销售旧货，按照简易办法依照 4%征收率减半征收增值税。计算公式为：

应纳税额＝含税销售额÷(1＋4%)×4%×50%

所称旧货，是指进入二次流通的具有部分使用价值的货物（含旧汽车、旧摩托车和旧游艇），但不包括自己使用过的物品。

一般纳税人销售自己使用过的物品和旧货，适用按简易办法依 4%征收率减半征收增值税政策的，按下列公式确定应纳税额：

$$应纳税额＝含税销售额÷(1＋4\%)×4\%×50\%$$

第三节 应纳税额的计算

一、一般纳税人应纳税额的计算

一般纳税人销售货物或者提供应税劳务，应纳税额为当期销项税额抵扣当期进项税额后的余额。计算公式为：

$$应纳税额＝当期销项税额－当期进项税额$$

（一）销项税额的计算

销项税额是纳税人销售货物或应税劳务，按照销售额和规定的税率计算并向购买方收取的增值税额。计算公式为：

$$销项税额＝不含税的销售额×税率$$

$$不含税的销售额＝含税的销售额/(1＋增值税率)$$

计算增值税的销项税额，关键是确定销售额。

1. 销售额构成的一般规定

销售额是纳税人销售货物或者提供应税劳务向购买方收取的全部价款和价外费用。所谓"价外费用"是指价外向购买方收取的各种费用，包括手续费、补贴、基金、集资费、返还利润、奖励费、违约金（延期付款利息）、包装费、包装物租金、储备费、优质费、运输装卸费、代收款项、代垫款项及其他各种性质的价外收费，但不包括下列项目：

（1）纳税人向购买方收取的增值税销项税额。销项税额是纳税人向购买方收取的，不包含在纳税人的销售额内。如果纳税人在销售货物或应税劳务时采用销售额与销项税额合并定价的方法，将销项税额并入销售额，应在计税时将含税销售额换算为不含税销售额。换算公式为：

$$不含税的销售额＝含税的销售额/(1＋增值税率)$$

（2）纳税人受托加工应征消费税的消费品所代收代缴的消费税。

（3）纳税人向购货方收取的同时符合以下条件的代垫运费：第一，承运部门的运费发票开具给购货方的；第二，纳税人将该项发票转交给购货方的。除此之外，凡价外费用，无论其会计制度如何核算，均应并入销售额计算应纳税额。

（4）销售货物的同时代办保险等而向购买方收取的保险费，以及向购买方收取的代购买方缴纳的车辆购置税、车辆牌照费。

（5）同时符合以下条件代为收取的政府性基金或者行政事业性收费：

① 由国务院或者财政部批准设立的政府性基金，由国务院或者省级人民政府及其财政、价格主管部门批准设立的行政事业性收费；

② 收取时开具省级以上财政部门印制的财政票据；

③ 所收款项全额上缴财政。

2. 销售额构成的特殊规定

（1）纳税人采取折扣方式销售货物（即折扣销售，它是指销货方在销售货物或应税劳务时，因购货方购货数量较大等原因而给予购货方的价格优惠），如果销售额和折扣额在同一张发票上分别注明的，可按折扣后的销售额征收增值税；如果将折扣额另开发票，不论其在财务上如何处理，均不得从销售额中减除折扣额。折扣销售仅限于货物价格的折扣，如果销货者将自产、委托加工和购买的货物用于实物折扣的，则该实物款额不能从货物销售额中减除，且该实物应按增值税条例"视同销售货物"中的"赠送他人"计算征收增值税。

销售折扣是指销货方在销售货物或应税劳务后，为了鼓励购货方及早偿还货款而协议许诺给予购货方的一种折扣优待。

销售折扣发生在销货之后，是一种融资性质的理财费用，因此，销售折扣不得从销售额中减除。

销售折让是指货物销售后，由于其品种、质量等原因购货方未予退货，但销货方需给予购贷方的一种价格折让。销售折让与销售折扣相比较，虽然都是在货物销售后发生的，但因为销售折让是由于货物的品种和质量引起销售额的减少，因此，对销售折让可以折让后的货款为销售额。

【例题 2—3】某新华书店销售图书一批，每册零售价为 20 元，共计 1000 册，由于购买方购买数量多，按七折优惠价格成交，并将折扣部分与销售额同开在一张发票上。10 日内付款 2% 折扣，购买方如期付款。计算其销项税额。

计税销售额 $=20\times70\%\times1000/(1+13\%)=12\ 389.38$（元）

销项税额 $=12\ 389.38\times13\%=1610.62$（元）

（2）纳税人采取以旧换新方式销售货物，应按新货物的同期销售价格确定销售额，不得扣减旧货物的收购价格。但对金银首饰以旧换新业务，可以按销售方实际收取的不含增值税的全部价款征收增值税。

【例题 2—4】某企业为增值税一般纳税人，生产某种电机产品，本月采用以旧换新方式促销，销售该电机产品 618 台，每台旧电机产品作价 260 元，按照出厂价扣除旧货收购价实际取得不含税销售收入791 040元。计算其销项税额。

销项税额＝(791 040＋618×260)×17％＝161 792.4（元）

【例题2－5】某首饰商城为增值税一般纳税人，2008年5月采取"以旧换新"方式向消费者销售金项链2000条，新项链每条零售价0.25万元，旧项链每条作价0.22万元，每条项链取得差价款0.03万元，计算其销项税额。

销项税额＝2000×0.03÷(1＋17％)×17％＝8.72（万元）

(3) 纳税人采取还本销售方式销售货物，不得从销售额中减除还本支出。

(4) 纳税人采取以物易物方式销售货物，双方均以各自发出的货物核算销售额并计算销项税额，同时以各自收到的货物核算购货额并计算进项税额。在以物易物活动中，应分别开具合法的票据，如收到的货物不能取得相应的增值税专用发票或其他合法票据的，不能抵扣进项税额。

例如，甲企业为机器设备生产企业，乙企业为钢材生产企业，现在甲企业将市场售价为50万元的机器设备换取乙企业售价为50万元的钢材。双方各自向对方开具增值税专用发票。则：

甲企业：销项税额——8.5万元；进项税额——8.5万元

乙企业：销项税额——8.5万元；进项税额——8.5万元

(5) 纳税人为销售货物而出租出借包装物收取的押金，单独记账核算的，时间在1年以内又未逾期的，不并入销售额征收增值税。但对逾期未收回包装物不再退还的押金，应并入销售额，按所包装货物的适用税率征收增值税。从1995年6月1日起，对销售除啤酒、黄酒外的其他酒类产品而收取的包装物押金，无论是否返还以及会计上如何核算，均应并入当期销售额征税。对销售啤酒、黄酒所收取的押金，按上述一般押金的规定处理。

此外，包装物押金作为价外费用都是含税的，在并入销售额时应转换为不含税的。

【例题2－6】某饮料厂为一般纳税人。2011年4月1日向某小卖部销售果汁饮料，开具普通发票上注明金额16 500元；同时收取单独核算的包装物押金1000元，计算该饮料厂4月份应确认的销项税额。

由于押金没有逾期，故不并入销售额，

因此销项税额＝16 500÷(1＋17％)×17％＝2397.44（元）

【例题2－7】某酒厂半年前销售啤酒收取的包装物押金2万元、白酒的包装物押金3万元，本月逾期均不再返还。

由于白酒包装物押金由于收取的时候就纳税了，因此逾期的时候不再须要纳税，但收取的已逾期的啤酒包装物押金2万元须纳税。

销项税＝2÷（1＋17％）×17％＝0.29（万元）

（6）销售自己使用过的固定资产

一般纳税人销售自己使用过的属于《增值税暂行条例》第十条规定不得抵扣且未抵扣进项税额的固定资产，按简易办法依4％征收率减半征收增值税。计算公式为：

应纳税额＝含税销售额÷（1＋4％）×4％×50％

一般纳税人销售自己使用过的除固定资产以外的物品，应当按照适用税率征收增值税。计算公式为：

销项税额＝含税售价/（1＋17％）×17％

自2009年1月1日起，纳税人销售自己使用过的固定资产（以下简称已使用过的固定资产），应区分不同情形征收增值税：

第一，销售自己使用过的2009年1月1日以后购进或者自制的固定资产，按照适用税率征收增值税。

第二，2008年12月31日以前未纳入扩大增值税抵扣范围试点的纳税人，销售自己使用过的2008年12月31日以前购进或者自制的固定资产，按照4％征收率减半征收增值税。

第三，2008年12月31日以前已纳入扩大增值税抵扣范围试点的纳税人，销售自己使用过的在本地区扩大增值税抵扣范围试点以前购进或者自制的固定资产，按照4％征收率减半征收增值税；销售自己使用过的在本地区扩大增值税抵扣范围试点以后购进或者自制的固定资产，按照适用税率征收增值税。

3. 销售额的确定

纳税人销售货物或者应税劳务的价格明显偏低并无正当理由的，或者有视同销售行为而无销售额的，则由主管税务机关确定其销售额。确定的顺序及方法为：

（1）按纳税人最近时期同类货物的平均销售价格确定；

（2）按其他纳税人最近时期同类货物的平均销售价格确定；

（3）按组成计税价格确定。组成计税价格的公式为：

组成计税价格＝成本×（1＋成本利润率）

征收增值税的货物，同时又征收消费税的，其组成计税价格中应加上消费税税额。其组成计税价格公式为：

组成计税价格＝成本×（1＋成本利润率）＋消费税税额

或：

组成计税价格＝成本×（1＋成本利润率）÷（1－消费税税率）

公式中的成本是指：销售自产货物的为实际生产成本，销售外购货物的为实际采购成本，公式中的成本利润率由国家税务总局确定，一般为 10%。但属于应从价定率征收消费税的货物，其组成计税价格公式中的成本利润率，为国家税务总局确定的成本利润率。

【例题 2—8】某企业为增值税一般纳税人，2000 年 5 月生产加工一批新产品 450 件，每件成本价 380 元（无同类产品市场价格），全部售给本企业职工，取得不含税销售额 171 000 元。计算销项税额。

销项税额＝450×380×(1+10%)×17%＝31 977（元）

4. 销售额的调整

纳税人因销货退回或折让退还给购买方的销售额，应从发生销货退回或折让当期的销售额中扣减，以当期的销售净额计算销项税额。

（二）进项税额的确定

进项税额是指纳税人购进货物或接受应税劳务所支付或负担的增值税税额。

1. 准予从销项税额中抵扣的进项税额

（1）纳税人购进货物或者应税劳务，从销售方取得的增值税专用发票上注明的增值税额。

（2）纳税人进口货物，从海关取得的完税凭证上注明的增值税额。

（3）购进免税农业产品的进项税额，按买价依照 13% 的扣除率计算。计算公式为：

进项税额＝买价×扣除率

① 其中，买价包括纳税人购进免税农业产品支付给农业生产者的价格（经主管税务机关批准使用的收购凭证上注明的价款）和按规定代收代缴的农业特产税。

② 对烟叶税纳税人按规定缴纳的烟叶税，准予并入烟叶产品的买价计算增值税的进项税额，并在计算缴纳增值税时予以抵扣。即购进烟叶准予抵扣的增值税进项税额，按照规定的烟叶收购金额和烟叶税及法定扣除率计算。烟叶收购金额包括纳税人支付给烟叶销售者的烟叶收购价款和价外补贴，价外补贴统一暂按烟叶收购价款的 10% 计算。计算公式如下：

烟叶收购金额＝烟叶收购价款×(1+10%)

烟叶税应纳税额＝烟叶收购金额×税率（20%）

准予抵扣的进项税额＝(烟叶收购金额＋烟叶税应纳税额)×13%

【例题 2—9】某卷烟厂 2010 年 6 月收购烟叶生产卷烟，收购凭证上注明价款 50 万元，并向烟叶生产者支付了价外补贴。计算该卷烟厂 6 月份收购烟叶可抵扣的进项税额。

烟叶进项税额=（收购金额＋烟叶税）×13％＝50×（1＋10％）×（1＋20％）×13％＝8.58（万元）

（4）一般纳税人外购应税货物以及销售应税货物所支付的运输费用（不并入销售额的代垫运费除外），根据运费结算单据（普通发票）所列运费金额（指运费和建设基金）依7％的扣除率计算进项税额准予扣除。但随同运费支付的装卸费、保险费等其他杂费不得计算扣除进项税额；购买或销售免税货物（购进免税农业产品除外）所发生的运输费用，也不得计算进项税额抵扣。

【例题2—10】 一般纳税人从农业生产者手中购进免税农产品，收购凭证上注明是50 000元，支付运费，取得了货运发票，注明是2000元，计算进项税额。

进项税=50 000×13％＋2000×7％＝6640（元）

采购成本=50 000×87％＋2000×93％＝45 360（元）

混合销售行为和兼营的非应税劳务，按规定应当征收增值税的，该混合销售行为所涉及的非应税劳务和兼营的非应税劳务所用购进货物的进项税额，凡符合条例规定允许扣除的，准许从销项税额中抵扣。

2. 不得从销项税额中抵扣的进项税额

（1）用于非增值税应税项目、免税项目、集体福利或者个人消费的购进货物或者应税劳务的进项税额。

其中，"非应税项目"是指提供非应纳增值税劳务、转让无形资产、销售不动产和固定资产在建工程等。纳税人新建、改建、修缮、装饰建筑物，无论会计制度规定如何核算，均属于固定资产在建工程。

（2）非正常损失购进货物的进项税额。

非正常损失是指在生产经营过程中正常损耗外的损失，包括：自然灾害损失，因管理不善造成货物被盗窃、发生霉烂变质等的损失，其他非正常损失。

（3）非正常损失的在产品、产成品所耗用的购进货物或者应税劳务的进项税额。

（4）国务院财政、税务主管部门规定的纳税人自用消费品。

纳税人自用的应征消费税的摩托车、汽车、游艇，其进项税额不得从销项税额中抵扣。

（5）纳税人购进应税货物或应税劳务，未按照规定取得并保存增值税扣税凭证，或者增值税扣税凭证上未按照规定注明增值税额及其他有关事项的，其进项税额不得从销项税额中抵扣。

（6）一般纳税人会计核算不健全或者不能够准确提供税务资料以及不申请办理一般纳税人认定手续的，不得抵扣进项税额。

（7）小规模纳税人不得抵扣进项税额。

【例题 2—11】某商业企业月初购进一批饮料，取得专用发票上注明价款80 000 元，税金 13 600 元，货款已支付，另支付运输企业运输费 1000 元（有货票）。月末将其中的 5％作为福利发放给职工，计算可以抵扣的进项税。

当月可以抵扣的进项税＝(13 600＋1000×7％)×95％＝12 986.5（元）

3. 进项税额的转出

（1）纳税人因进货退出或折让而收回的增值税税额，应从发生进货退出或折让当期的进项税额中扣减。

（2）纳税人发生条例规定不允许抵扣而已经抵扣进项税额的行为，应将该项购进货物或应税劳务的进项税额从当期发生的进项税额中扣减。具体方法如下：

第一，按原抵扣进项税额转出

① 即以票抵税（增值税专用发票或海关进口增值税专用缴款书）的转出公式为：

进项税额转出＝采购成本×税率（17％或 13％）

② 计算抵税

A. 用收购发票或销售发票抵扣进项税额的农产品：

进项税额转出＝农产品采购成本/(1－13％)×13％

【例题 2—12】某市卷烟生产企业 8 月末盘点时，发现由于管理不善库存的外购已税烟丝 15 万元（含运输费用 0.93 万元）霉烂变质。

损失烟丝应转出的进项税额＝(15－0.93)×17％＋0.93÷(1－7％)×7％
＝2.46（万元）

B. 所含运费进项税额转出＝采购成本中所含运费/(1－7％)×7％

【例题 2—13】某企业由于管理不善发生火灾，损失了一批小麦，该批小麦系从农民手中购进，账面成本为 86 500 元（包括运费成本 640 元）。

进项税额转出＝(86 500－640)÷(1－13％)×13％＋640÷(1－7％)×7％
＝12 877.83（元）

第二，按当期实际成本计算应扣减的进项税额

无法准确确定该项进项税额的，按当期实际成本（即买价＋运费＋保险费＋其他有关费用）计算应扣减的进项税额。公式为：

进项税额转出数额＝当期实际成本×税率

第三，利用公式计算抵扣

纳税人兼营免税项目或非应税项目（不包括固定资产在建工程）而无法准确划分不得抵扣的进项税额的，按下列公式计算不得抵扣的进项税额：

不得抵扣的进项税额＝当月全部进项税额×当月免税项目销售额和非应税项目营业额的合计/当月全部销售额和营业额的合计

【例题2—14】某制药厂为增值税一般纳税人，3月份销售应税药品取得含税收入117万元，销售免税药品50万元，当月购入生产用原材料一批，取得增值税专用发票上注明税款8.5万元，应税药品与免税药品无法划分耗料情况，计算该制药厂当月应纳增值税。

$$不得抵扣的进项税额＝8.5×\frac{50}{117/1.17+50}=2.83（万元）$$

$$应纳税额＝117/1.17×17\%－(8.5－2.83)=11.33（万元）$$

当期销项税额小于当期进项税额不足抵扣的部分，可以结转下期继续抵扣，不能办理退税。

（三）应纳税额的计算

应纳税额＝当期销项税额－当期进项税额

为了保证增值税额及时、足额、准确地上缴，税法对销售货物或应税劳务应计入当期销项税额以及抵扣的进项税额的时间做了限定，规定销项税额不许滞后，进项税额不允许提前。

1. 计算销项税额的时间限定

（1）采取直接收款方式销售货物，不论货物是否发出，均为收到销售款或者取得索取销售款凭据的当天。

（2）采取托收承付和委托银行收款方式销售货物，为发出货物并办妥托收手续的当天。

（3）采取赊销和分期收款方式销售货物，为书面合同约定的收款日期的当天，无书面合同的或者书面合同没有约定收款日期的，为货物发出的当天。

（4）采取预收货款方式销售货物，为货物发出的当天，但生产销售生产工期超过12个月的大型机械设备、船舶、飞机等货物，为收到预收款或者书面合同约定的收款日期的当天。

（5）委托其他纳税人代销货物，为收到代销单位的代销清单或者收到全部或者部分货款的当天。未收到代销清单及货款的，为发出代销货物满180天的当天。

（6）销售应税劳务，为提供劳务同时收讫销售款或者取得索取销售款的凭据的当天。

（7）纳税人发生视同销售货物行为中第（3）至第（8）项的，为货物移送的当天；

2．进项税额抵扣的时间限定

（1）2010年1月1日以后开具的增值税专用发票、公路内河货物运输业统一发票和机动车销售统一发票，应在开具之日起180日内到税务机关办理认证，并在认证通过的次月申报期内，申报抵扣进项税额。

（2）实行海关进口增值税专用缴款书"先比对后抵扣"管理办法的增值税一般纳税人取得2010年1月1日以后开具的海关缴款书，应在开具之日起180日内向主管税务机关申请稽核比对。

未实行海关缴款书"先比对后抵扣"管理办法的增值税一般纳税人取得2010年1月1日以后开具的海关缴款书，应在开具之日起180日后的第一个纳税申报期结束以前，向主管税务机关申报抵扣进项税额。

【例题2—15】 某工业企业（一般纳税人）主要生产销售各种型号机械设备。2007年9月份发生如下业务：

（1）本月发出7月份以预收货款方式销售给某机电设备销售公司的机械设备3台，每台不含税售价30 000元。另向购买方收取装卸费3510元。

（2）企业采取分期收款方式销售给某单位大型机械设备1台，金额为245 700元。合同规定9月、10月、11月3个月每月付款81 900元。

（3）当年4月初委托某商场代销10台小型机械设备，协议规定，商场按每台含税售价25 000元对外销售，并按该价格与企业结算。产品已发给商场，到本月止未收到代销清单。

（4）外购原材料1批，增值税专用发票上注明的进项税额为6800元，货款已经支付，防伪税控发票尚未认证。

要求：计算应缴纳的增值税。

①应纳销项税额=[3×30 000+3510÷(1+17%)]×17%=15 810（元）

②应纳销项税额=81 900÷(1+17%)×17%=11 900（元）

③应纳销项税额=25 000÷(1+17%)×17%×10=36 324.79（元）

④企业购进货物必须在认证后，才能申报折扣。该笔进项税额暂时不能抵扣。

企业应纳增值税额=15 810+11 900+36 324.79=64 034.79（元）

3．一般纳税人应纳税额计算实例

【例题2—16】 某机械厂为增值税一般纳税人，生产甲、乙两种产品，采用直接收款结算方式销售货物，2010年3月发生下列经济业务：

（1）开出增值税专用发票，销售甲产品50台，单价为8000元，并交给购货方，已取得销货款，但货物尚未运到购货方。

（2）把 20 台乙产品分配给投资者，单位成本为 6000 元，没有同类产品价格。

（3）基本建设工程领用外购材料 1000 千克，不含税单价为 50 元，共 50 000 元。

（4）改建、扩建幼儿园领用外购材料 200 千克，不含税单价为 50 元，共 10 000 元，扩建幼儿园领用乙产品 1 台。

（5）本月丢失钢材 8 吨，不含税购进价为 2000 元/吨，作待处理损失处理。

（6）本月发生购进货物的全部进项税额为 70 000 元。购进货物增值税税率均为 17%。

要求：根据上述资料，计算本月增值税销项税额、本月应转出的进项税额以及本月应纳增值税。

销项税额 $=[50\times8000+6000\times(1+10\%)\times21]\times17\%=91\,562$（元）

本月进项税额转出 $=(50\,000+10\,000+2000\times8)\times17\%=12\,920$（元）

本月应缴增值税 $=91\,562-(70\,000-12\,920)=34\,482$（元）

二、小规模纳税人销售货物或者应税劳务应纳税额的计算

小规模纳税人销售货物或者应税劳务，按照销售额和规定的征收率，实行简易办法计算应纳税额，不得抵扣进项税额。计算公式为：

应纳税额＝销售额×征收率

小规模纳税人销售货物或者应税劳务的销售额，比照一般纳税人的规定办理。对销售货物或应税劳务采用销售额和应纳税额合并定价方法的，要分离出不含税的销售额，其计算方法为：

销售额＝含税销售额/（1＋征收率）

小规模纳税人销售货物或者应税劳务的征收率为 3%。征收率的调整由国务院决定。

【例题 2-17】某商店为小规模纳税人，2010 年 3 月购进各种零配件价值 5000 元，销售方开具的增值税专用发票上注明的税额是 850 元。该商店当月普通发票上的销售额为 80 000 元，另外销售鸡蛋的零售额为 8050 元，计算该商店当月应纳增值税税额。

应纳税额 $=(80\,000+8050)/(1+3\%)\times3\%=2564.56$（元）

三、进口货物应纳税额的计算

纳税人进口应税货物，一律按照组成计税价格和规定的税率计算应纳税额，不得抵扣任何进项税额。计算公式为：

应纳税额＝组成计税价格×税率

组成计税价格＝关税完税价格＋关税＋消费税

＝完税价格×（1＋关税税率）/（1－消费税率）

【例题 2－18】某商场 10 月进口货物一批，经海关核定，该批货物完税价格为 60 万元，货物报关后，商场按规定缴纳了进口环节的增值税并取得了海关开具的完税凭证。假定该批进口货物在国内全部销售，取得不含税销售额 80 万元。

货物进口关税税率 15％，增值税税率 17％。计算进口环节应缴纳增值税的税额以及计算国内销售环节应缴纳增值税税额。

应缴纳进口关税＝60×15％＝9（万元）

进口环节应纳增值税的组成计税价格＝60＋9＝69（万元）

进口环节应缴纳增值税的税额＝69×17％＝11.73（万元）

国内销售环节的销项税额＝80×17％＝13.6（万元）

国内销售环节应缴纳增值税税额＝13.6－11.73＝1.87（万元）

四、出口货物退税的计算

出口货物退（免）税是指对出口货物已承担或应承担的增值税和消费税等间接税实行退还或者免征的，其目的在于鼓励各国出口货物的公平竞争。我国的出口货物退（免）税是指在国际贸易业务中，对我国报关出口的货物退还或免征其在国内各生产和流转环节按税法规定缴纳的增值税和消费税，即对增值税出口货物实行零税率，对消费税出口货物免税。增值税出口货物的零税率，从税法上理解有两层含义：一是对本道环节生产或销售货物的增值部分免征增值税；二是对出口货物前道环节所含的进项税额进行退付。

（一）出口货物退（免）税基本政策

根据出口企业的不同形式和出口货物的不同种类，目前我国的出口货物税收政策分为以下三种形式。

1. 出口免税并退税

出口免税是指对货物在出口销售环节不征增值税、消费税，这是把货物出口环节与出口前的销售环节都同样视为一个征税环节；出口退税是指对货物在出口前实际承担的税收负担，按规定的退税率计算后予以退还。适用这一政策的情形有：

（1）生产企业自营出口或委托外贸企业代理出口的自产货物。

（2）有出口经营权的外贸企业收购后直接出口或委托其他外贸企业代理出口的货物。

（3）下列特定出口的货物：

下列货物由于在销售方式、消费环节、结算办法的特殊性，以及国际间的特殊情况，国家特准退还或免征其增值税和消费税。这些货物主要有：

① 对外承包工程公司运出境外用于对外承包项目的货物。

② 对外承接修理修配业务的企业用于对外修理修配的货物。

③ 外轮供应公司、远洋运输供应公司销售给外轮、远洋国轮而收取外汇的货物。

④ 企业在国内采购并运往境外作为在国外投资的货物等。

2. 出口免税不退税

出口免税与上述第（1）项含义相同。出口不退税是指适用这个政策的出口货物因在前一道生产、销售环节或进口环节是免税的，因此，出口时该货物的价格中本身就不含税，也无须退税。

（1）下列企业出口的货物，除另有规定外，给予免税，但不予退税：

① 属于生产企业的小规模纳税人自营出口或委托外贸企业代理出口的自产货物。

② 外贸企业从小规模纳税人购进并持普通发票的货物出口，免税但不予退税。但对规定列举的 12 类出口货物考虑其占出口比重较大及其生产、采购的特殊因素，特准退税。

③ 外贸企业直接购进国家规定的免税货物（包括免税农产品）出口的，免税但不予退税。

需要说明的是，上述"除另有规定外"是指上述企业出口的货物如属于税法列举规定的限制或禁止出口的货物，则不能免税，当然更不能退税。

（2）下列出口货物，免税但不予退税：

① 来料加工复出口的货物，即原材料进口免税，加工自制的货物出口不退税。

② 避孕药品和用具、古旧图书，内销免税，出口也免税。

③ 出口卷烟：有出口卷烟权的企业出口国家出口卷烟计划内的卷烟，在生产环节免征增值税、消费税，出口环节不办理退税。其他非计划内出口的卷烟照章征收增值税和消费税，出口一律不退税。

④ 军品以及军队系统企业出口军需工厂生产或军需部门调拨的货物免税。

⑤ 国家规定的其他免税货物，如农业生产者销售的自产农业产品、饲料、农膜等。

出口享受免征增值税的货物，其耗用的原材料、零部件等支付的进项税额，包括准予抵扣的运输费用所含的进项税额，不能从内销货物的销项税额中抵扣，应计入产品成本处理。

3. 出口不免税也不退税

出口不免税是指对国家限制或禁止出口的某些货物的出口环节视同内销环节，照常征税；出口不退税是指对这些货物出口不退还出口前其所负担的税款。适用这个政策的主要是税法列举限制或禁止出口的货物，如天然牛黄、麝香等。

除经批准属于进料加工复出口贸易以外，下列出口货物不免税也不退税：

(1) 国家计划外出口的原油（自 1999 年 9 月 1 日起国家计划内出口的原油恢复按 13％的退税率退税）；

(2) 援外出口货物（自 1999 年 1 月 1 日起，对一般物资援助项下出口货物，仍实行出口不退税政策；对利用中国政府的援外优惠贷款和合作项目基金方式下出口的货物，比照一般贸易出口，实行出口退税政策）；

(3) 国家禁止出口的货物，包括天然牛黄、麝香、铜及铜基合金（出口电解铜自 2001 年 1 月 1 日起按 17％的退税率退还增值税）等。

(二) 出口货物的退税率

根据《增值税暂行条例》规定，企业产品出口后，税务部门应按照出口商品的进项税额为企业办理退税，由于税收减免及其国家经济政策等原因，商品的进项税额往往不等于实际负担的税额，如果按出口商品的进项税额退税，就会产生少征多退的问题，于是就有了计算出口商品应退税款的比率——出口退税率。

出口货物的退税率，是出口货物的实际退税额与退税计税依据的比例。现行出口货物的增值税退税率有 17％、15％、14％、13％、11％、9％、8％、6％、5％等。

(三) 出口货物应退税额的计算

出口货物只有在适用既免税又退税的政策时，才会涉及如何计算退税的问题。出口退税的计算方法有两种：第一，"免、抵、退"方法，主要适用于自营和委托出口自产货物的生产企业；第二，"先征后退"方法，主要适用于收购货物出口的外（工）贸企业。

1. "免、抵、退" 税的计算方法

税法规定,自 2002 年 1 月 1 日起,生产企业自营或委托外贸企业代理出口自产货物,除另有规定外,增值税一律实行免、抵、退税管理办法。

"免、抵、退" 方法适用于具有实际生产能力的生产企业(一般纳税义务人)自营或委托外贸企业代理出口自产货物,除另有规定外,增值税一律实行免、抵、退税管理办法。增值税小规模纳税义务人出口货物实行免税办法。生产企业自产货物属于应征消费税的货物,实行免征消费税的办法。实行免、抵、退税管理办法的免税是指对生产企业出口的自产货物免征本企业生产、销售环节的增值税;抵税是指生产企业出口自产货物所耗用的原材料、零部件、燃料和动力等所含应予退还的进项税额,抵顶内销货物的应纳税额;退税是指生产企业出口的自产货物在当月内抵顶的进项税额大于应纳税额时,对未抵顶完的部分予以退税。实行 "免、抵、退" 方法的计算过程如下。

(1)出口货物免税。

(2)计算出口环节当期应纳税额。

出口环节当期应纳税额=当期内销货物的销项税额-(当期进项税额-当期免、抵、退税不得免征和抵扣税额)-上期留抵税额

当期免、抵、退税不得免征和抵扣的税额是指在征税率不等于退税率的情况下,征税率大于退税率所形成的征税额。

当期免、抵、退税不得免征和抵扣的税额=出口货物离岸价格×外汇人民币牌价×(出口货物征税率-出口货物退税率)-免、抵、退税不得免征和抵扣的税额抵减额

出口货物离岸价(FOB)以出口发票计算的离岸价格为准。出口发票不能如实反映实际离岸价的,企业必须按照实际离岸价向主管国税机关进行申报,并由主管国税机关予以核定。

免、抵、退税不得免征和抵扣的税额抵减额=免税购进的原材料价格×(出口货物征税率-出口货物退税率)

免税购进原材料包括从国内购进免税原材料和进料加工免税进口的料件,其中,进料加工免税进口的料件的价格为组成计税价格,其计算公式为:

进料加工免税进口的料件的组成计税价格=货物到岸价格+关税+消费税

如果当期没有免税购进的原材料价格,前述公式中的免、抵、退税不得免征和抵扣的税额抵减额,以及后面公式中的免、抵、退税额抵减额就不用计算。

要注意的是:当出口环节当期应纳税额等于正数,即出口环节当期应纳税额大于零时,按照现行增值税征收管理制度进行申报纳税;当出口环节当

期应纳税额等于负数,即出口环节当期应纳税额小于零时,与本期免、抵、退税额比较,按其中数额较小的进行退税。在国内流转环节也有可能出现应纳税额为负数的情况,在我国现行税制下,不可以申请退税,但允许结转下期继续抵扣。

(3) 计算免、抵、退税额。

免、抵、退税额＝出口离岸价格×外汇人民币牌价×出口货物退税率－免、抵、退税额抵减额

其中:

免、抵、退税额抵减额＝免税购进原材料价格×出口货物退税率

(4) 计算当期应退税额和免抵税额。

如果当期留抵税额≤当期免、抵、退税额,则:

当期应退税额＝当期期末留抵税额

当期免抵税额＝当期免、抵、退税额－当期应退税额

当期期末留抵税额＝0

如果当期留抵税额＞当期免、抵、退税额,则:

当期应退税额＝当期免、抵、退税额

当期免抵税额＝0

期末留抵税额＝当期留抵税额－当期免、抵、退税额

当期期末留抵税额根据当期"增值税纳税申报表"中"期末留抵税额"确定。

【例题 2－19】某自营出口的生产企业为增值税一般纳税人,适用的增值税税率 17%,退税率 15%。2010 年 1 月的生产经营情况如下:

(1) 外购原材料、燃料取得增值税专用发票,注明支付价款 850 万元、增值税额 144.5 万元,材料、燃料已验收入库;

(2) 外购动力取得增值税专用发票,注明支付价款 150 万元、增值税额 25.5 万元,其中 20% 用于企业基建工程;

(3) 以外购原材料 80 万元委托某公司加工货物,支付加工费取得增值税专用发票,注明价款 30 万元、增值税额 5.1 万元,支付加工货物的运输费用 10 万元并取得运输公司开具的普通发票。

(4) 内销货物取得不含税销售额 300 万元,支付销售货物运输费用 18 万元并取得运输公司开具的普通发票;

(5) 出口销售货物取得销售额 500 万元。

要求:采用"免、抵、退"法计算企业 2010 年 1 月份应纳(或应退)的增值税。

① 进项税额：

进项税额合计＝144.5＋25.5×80％＋5.1＋(10＋18)×7％＝171.96 (万元)

② 免抵退税不得免征和抵扣税额＝500×(17％－15％)＝10 (万元)

③ 应纳税额＝300×17％－(171.96－10)＝－110.96 (万元)

④ 出口货物"免抵退"税额＝500×15％＝75 (万元)

⑤ 应退税额＝75 (万元)

⑥ 留抵下月抵扣税额＝110.96－75＝35.96 (万元)

2. 先征后退计算方法

(1) 外贸企业（收购货物）出口的应退税额的计算公式为：

外贸企业的应退税额＝外贸收购货物不含增值税的购进金额×退税率

外贸收购货物不含增值税的购进金额是指外贸企业购进出口货物增值税专用发票上所注明的进项金额。

(2) 外贸企业收购小规模纳税义务人出口货物应退税额。特别准予退税的从小规模纳税义务人处购进货物，开具普通发票的退税额计算公式为：

本期应退税额＝普通发票注明的含税销售额÷(1＋征收率)×退税率

凡从小规模纳税义务人购进税务机关代开增值税专用发票的出口货物，退税额按以下公式计算：

本期应退税额＝增值税专用发票注明的金额×退税率

以上两式的退税率为6％或5％。

(3) 外贸企业委托生产企业加工出口货物应退税额。外贸企业委托生产企业加工收回后报关出口的货物，按购进国内原辅材料的增值税专用发票上注明的进项金额，按原辅材料的退税率计算原辅材料应退税额。支付的加工费，凭受托方开具货物的退税率计算加工费的应退税额。其计算公式为：

本期应退税额＝增值税专用发票注明的购进原辅材料的金额×购进原辅材料适用的退税率＋增值税专用发票注明的加工费×加工费适用的退税率

【例题 2－20】某进出口公司 2005 年 6 月购进牛仔布委托加工成服装出口，取得牛仔布增值税发票一张，注明计税金额 10 000 元（退税税率13％）；取得服装加工费计税金额 2000 元（退税税率17％），该企业的应退税额。

应退税额＝10 000×13％＋2000×17％＝1640 (元)

第四节　增值税的征收管理

一、税收优惠

(一)《增值税暂行条例》中的免税项目

(1) 农业生产者销售的自产农产品。

(2) 避孕药品和用具。

(3) 古旧图书。古旧图书,是指向社会收购的古书和旧书。

(4) 直接用于科学研究、科学试验和教学的进口仪器、设备。

(5) 外国政府、国际组织无偿援助的进口物资和设备。

(6) 由残疾人的组织直接进口供残疾人专用的物品。

(7) 销售的自己使用过的物品。自己使用过的物品,是指其他个人自己使用过的物品。

(二) 其他免税项目

在《增值税暂行条例》及其《实施细则》颁布后,财政部、国家税务总局经国务院批准,对一些项目又作了免税规定,主要包括:

(1) 对资源综合利用、再生资源、鼓励节能减排等方面的主要规定。

① 对再生水、以废旧轮胎为全部生产原料生产的胶粉、翻新轮胎、污水处理劳务等免征增值税。

② 对销售以工业废气为原料生产的高纯度二氧化碳产品、以垃圾为燃料生产的电力或者热力(包括利用垃圾发酵产生的沼气生产销售的电力或者热力)、以煤炭开采过程中伴生的舍弃物油母页岩为原料生产的页岩油等自产货物实行增值税即征即退的政策。

③ 对销售以退役军用发射药为原料生产的涂料硝化棉粉、以煤矸石、煤泥、石煤、油母页岩为燃料生产的电力和热力、利用风力生产的电力等自产货物实现的增值税实行即征即退50%的政策。

④ 对销售自产的综合利用生物柴油实行增值税先征后退政策;自2009年1月1日起至2010年12月31日,对纳税人销售的以三剩物、次小薪材、农作物秸秆、蔗渣等4类农林剩余物为原料自产的综合利用产品由税务机关实行增值税即征即退办法,具体退税比例2009年为100%,2010年为80%;在2010年年底以前,对符合条件的增值税一般纳税人销售再生资源缴纳的增值税实行先征后退政策。

（2）对宣传文化事业实行增值税优惠的规定：

① 自 2009 年 1 月 1 日起至 2010 年 12 月 31 日，实行下列增值税先征后退政策：

对下列出版物在出版环节实行增值税 100% 先征后退的政策：中国共产党和各民主党派的各级组织的机关报纸和机关期刊，各级人大、政协、政府、工会、共青团、妇联、科协、老龄委的机关报纸和机关期刊，新华社的机关报纸和机关期刊，军事部门的机关报纸和机关期刊。专为少年儿童出版发行的报纸和期刊，中小学的学生课本。少数民族文字出版物。盲文图书和盲文期刊。经批准在内蒙古、广西、西藏、宁夏、新疆五个自治区内注册的出版单位出版的出版物。其他列名的图书、报纸和期刊。

对下列印刷、制作业务实行增值税 100% 先征后退的政策：对少数民族文字出版物的印刷或制作业务；列名的新疆维吾尔自治区印刷企业的印刷业务。

② 自 2009 年 1 月 1 日起至 2010 年 12 月 31 日，对下列新华书店实行增值税免税或先征后退政策：

对全国县（含县级市、区、旗，下同）及县以下新华书店和农村供销社在本地销售的出版物免征增值税。对新华书店组建的发行集团或原新华书店改制而成的连锁经营企业，其县及县以下网点在本地销售的出版物，免征增值税。县（含县级市、区、旗）及县以下新华书店包括地、县（含县级市、区、旗）两级合而为一的新华书店，不包括位于市（含直辖市、地级市）所辖的区中的新华书店。对新疆维吾尔自治区新华书店和乌鲁木齐市新华书店销售的出版物实行增值税 100% 先征后退的政策。

（3）自 2008 年 6 月 1 日起，纳税人生产销售和批发、零售有机肥产品免征增值税。

纳税人兼营免税、减税项目的，应当分别核算免税、减税项目的销售额；未分别核算销售额的，不得免税、减税。纳税人销售货物或者应税劳务适用免税规定的，可以放弃免税，依照《增值税暂行条例》的规定缴纳增值税。放弃免税后，36 个月内不得再申请免税。

（4）对农民专业合作社的增值税政策。

① 对农民专业合作社销售本社成员生产的农业产品，视同农业生产者销售自产农业产品免征增值税。

② 对农民专业合作社向本社成员销售的农膜、种子、种苗、化肥、农药、农机，免征增值税。

（5）免税店销售免税品的增值税政策。

纳税人在机场、港口、车站、陆路边境等出境口岸海关隔离区（以下简称海关隔离区）设立免税店销售免税品，以及在城市区域内设立市内免税店销售免税品，但购买者必须在海关隔离区提取后直接出境的征收增值税问题规定如下：

① 海关隔离区是海关和边防检查划定的专供出国人员出境的特殊区域，在此区域内设立免税店销售免税品和市内免税店销售但在海关隔离区内提取免税品，由海关实施特殊的进出口监管，在税收管理上属于国境以内关境以外。因此，对于海关隔离区内免税店销售免税品以及市内免税店销售但在海关隔离区内提取免税品的行为，不征收增值税。对于免税店销售其他不属于免税品的货物应照章征收增值税。

上述所称免税品具体是指免征关税、进口环节税的进口商品和实行退（免）税（增值税、消费税）进入免税店销售的国产商品。

② 纳税人兼营应征增值税货物或劳务和免税品的，应分别核算应征收增值税货物或劳务和免税品的销售额。未分别核算或者不能准确核算销售额的，其免税品与应征收增值税货物或劳务一并征收增值税。

③ 纳税人销售免税品一律开具出口发票，不得使用防伪税控专用器具开具增值税专用发票或普通发票。纳税人经营范围仅限于免税品销售业务的，一律不得使用增值税防伪税控专用器具。已发售的防伪税控专用器具及增值税专用发票、普通发票一律收缴。收缴的发票按现行有关发票作废规定处理。

（6）除经中国人民银行和对外贸易经济合作部（现为商务部）批准经营融资租赁业务的单位所从事的融资租赁业务外，其他单位从事的融资租赁业务，租赁的货物的所有权转让给承租方，征收增值税，租赁的货物的所有权未转让给承租方，不征收增值税。

（7）转让企业全部产权涉及的应税货物的转让，不属于增值税的征税范围，不征收增值税。

（8）对从事热力、电力、燃气、自来水等公用事业的增值税纳税人收取的一次性费用，凡与货物的销售数量有直接关系的，征收增值税；凡与货物的销售数量无直接关系的，不征收增值税。

（9）纳税人代有关行政管理部门收取的费用，凡同时符合以下条件的，不属于价外费用，不征收增值税：

① 经国务院、国务院有关部门或省级政府批准；

② 开具经财政部门批准使用的行政事业收费专用票据；

③ 所收款项全额上缴财政或虽不上缴财政但由政府部门监管，专款专用。

（10）纳税人销售货物的同时代办保险而向购买方收取的保险费，以及从事汽车销售的纳税人向购买方收取的代购买方缴纳的车辆购置税、牌照费，不作为价外费用征收增值税。

(11) 纳税人销售软件产品并随同销售一并收取的软件安装费、维护费、培训费等收入，应按照增值税混合销售的有关规定征收增值税，并可享受软件产品增值税即征即退政策。

对软件产品交付使用后，按期或按次收取的维护、技术服务费、培训费等不征收增值税。

纳税人受托开发软件产品，著作权属于受托方的征收增值税，著作权属于委托方或属于双方共同拥有的不征收增值税。

(12) 印刷企业接受出版单位委托，自行购买纸张，印刷有统一刊号(CN)以及采用国际标准书号编序的图书、报纸和杂志，按货物销售征收增值税。

(13) 对增值税纳税人收取的会员费收入不征收增值税。

(14) 按债转股企业与金融资产管理公司签订的债转股协议，债转股原企业将货物资产作为投资提供给债转股新公司的，免征增值税。

(15) 各燃油电厂从政府财政专户取得的发电补贴不属于增值税规定的价外费用，不计入应税销售额，不征收增值税。

(16) 广播电影电视行政主管部门（包括中央、省、地市及县级）按照各自职能权限批准从事电影制片、发行、放映的电影集团公司（含成员企业）、电影制片厂及其他电影企业取得的销售电影拷贝收入、转让电影版权收入、电影发行收入以及在农村取得的电影放映收入免征增值税和营业税。

出口图书、报纸、期刊、音像制品、电子出版物、电影和电视完成片按规定享受增值税出口退税政策。

(17) 在 2010 年 12 月 31 日前，对属于增值税一般纳税人的动漫企业销售其自主开发生产的动漫软件，按 17% 的税率征收增值税后，对其增值税实际税负超过 3% 的部分，实行即征即退政策。

(18) 为了鼓励科学研究和技术开发，促进科技进步，经国务院批准，对外资研发中心进口科技开发用品免征进口税收，对内外资研发机构采购国产设备全额退还增值税。通知执行期限为 2009 年 7 月 1 日至 2010 年 12 月 31 日。

(19) 自 2009 年 1 月 1 日起至 2009 年 9 月 30 日，对民族贸易县内县级及其以下的民族贸易企业和供销社企业（以下简称民贸企业）销售货物（除石油、烟草外）继续免征增值税。自 2009 年 10 月 1 日起，上述免征增值税政策停止执行，对民贸企业销售货物照章征收增值税。自 2009 年 1 月 1 日起至 2010 年 12 月 31 日，对国家定点生产企业销售自产的边销茶及经销企业销售的边销茶免征增值税。

（20）对"三北地区"的供热企业，自 2009 年至 2010 年供暖期期间，对供热企业向居民个人（以下称居民）供热而取得的采暖费收入继续免征增值税。向居民供热而取得的采暖费收入，包括供热企业直接向居民收取的、通过其他单位向居民收取的和由单位代居民缴纳的采暖费。

二、增值税的起征点

增值税起征点的适用范围限于个人。增值税起征点的幅度规定如下：

（1）销售货物的，为月销售额 2000～5000 元；

（2）销售应税劳务的，为月销售额 1500～3000 元；

（3）按次纳税的，为每次（日）销售额 150～200 元。

国家税务总局各直属分局在上述规定的幅度内，根据实际情况确定本地区适用的起征点，并报国家税务总局备案。对个人纳税人而言，其销售额没有达到起征点的，免征增值税；超过起征点的，应按其全部销售额依法计算缴纳增值税。

三、纳税义务发生时间

增值税的纳税义务发生时间，是根据会计核算中确定本期收益和费用的权责发生制或应收应付制原则，按照征税对象本身的运动方式及纳税人选取的结算方式分别规定的。销售货物或者应税劳务的纳税义务发生时间可以分为一般规定和具体规定。

（一）一般规定

（1）纳税人销售货物或者应税劳务，其纳税义务发生时间为收讫销售款项或者取得索取销售款项凭据的当天；先开具发票的，为开具发票的当天。

（2）纳税人进口货物，其纳税义务发生时间为报关进口的当天。

（3）增值税扣缴义务发生时间为纳税人增值税纳税义务发生的当天。

（二）具体规定

纳税人收讫销售款项或者取得索取销售款项凭据的当天，按销售结算方式的不同，具体分为：

（1）采取直接收款方式销售货物，不论货物是否发出，均为收到销售款或者取得索取销售款凭据的当天。

（2）采取托收承付和委托银行收款方式销售货物，为发出货物并办妥托收手续的当天。

（3）采取赊销和分期收款方式销售货物，为书面合同约定的收款日期的当天，无书面合同的或者书面合同没有约定收款日期的，为货物发出的当天。

（4）采取预收货款方式销售货物，为货物发出的当天，但生产销售生产工期超过 12 个月的大型机械设备、船舶、飞机等货物，为收到预收款或者书面合同约定的收款日期的当天。

（5）委托其他纳税人代销货物，为收到代销单位的代销清单或者收到全部或者部分货款的当天。未收到代销清单及货款的，为发出代销货物满 180 天的当天。

（6）销售应税劳务，为提供劳务同时收讫销售款或者取得索取销售款的凭据的当天。

（7）纳税人发生本《实施细则》第四条第（三）项至第（八）项所列视同销售货物行为，为货物移送的当天。

四、纳税期限

增值税的纳税期限可根据纳税人的不同情况和应纳税额的大小等因素，由主管税务机关分别核定。具体规定如下：

增值税的纳税期限分别为 1 日、3 日、5 日、10 日、15 日、1 个月或者 1 个季度。

纳税人的具体纳税期限，由主管税务机关根据纳税人应纳税额的大小分别核定；不能按照固定期限纳税的，可以按次纳税。以 1 个季度为纳税期限的规定仅适用于小规模纳税人。小规模纳税人的具体纳税期限，由主管税务机关根据其应纳税额的大小分别核定。

纳税人以 1 个月或者 1 个季度为 1 个纳税期的，自期满之日起 15 日内申报纳税；以 1 日、3 日、5 日、10 日或者 15 日为 1 个纳税期的，自期满之日起 5 日内预缴税款，于次月 1 日起 15 日内申报纳税并结清上月应纳税款。

扣缴义务人解缴税款的期限，依照前两款规定执行。

纳税人进口货物，应当自海关填发进口增值税专用缴纳书之日起 15 日内缴纳税款。

五、纳税地点

1. 固定业户的纳税地点

（1）固定业户应当向其机构所在地的主管税务机关申报纳税。总机构和分支机构不在同一县（市）的，应当分别向各自所在地的主管税务机关申报纳税；经国务院财政、税务主管部门或者其授权的财政、税务机关批准，可以由总机构汇总向总机构所在地的主管税务机关申报纳税。

（2）固定业户到外县（市）销售货物或者应税劳务，应当向其机构所在地的主管税务机关申请开具外出经营活动税收管理证明，并向其机构所在地的主管税务机关申报纳税；未开具证明的，应当向销售地或者劳务发生地的主管税务机关申报纳税；未向销售地或者劳务发生地的主管税务机关申报纳税的，由其机构所在地的主管税务机关补征税款。

2. 非固定业户的纳税地点

非固定业户销售货物或者应税劳务，应当向销售地或者劳务发生地的主管税务机关申报纳税；未向销售地或者劳务发生地的主管税务机关申报纳税的，由其机构所在地或者居住地的主管税务机关补征税款。

3. 进口货物的纳税地点

进口货物应当由进口人或其代理人向报关地海关申报纳税。

4. 扣缴义务人应当向其机构所在地或者居住地的主管税务机关申报缴纳其扣缴的税款。

第五节　增值税专用发票的使用和管理

我国现行增值税实行凭发票注明税款进行抵扣的制度。增值税专用发票不仅是纳税人从事经济活动的重要商事凭证，而且也是记载销货方销项税额和购货方进项税额的凭证。正由于增值税专用发票非常重要，因而国家税务总局专门制定了《增值税专用发票使用规定》（自 1994 年 1 月 1 日起施行），全国人大常委会也于 1995 年 10 月 30 日专门发布了《关于惩治虚开、伪造和非法出售增值税专用发票犯罪的决定》。此外，《中华人民共和国税收征收管理法》在 1995 年首次修改时，专门增加了增值税专用发票的规定。

为适应增值税专用发票管理需要，规范增值税专用发票使用，进一步加强增值税征收管理，在广泛征求意见的基础上，国家税务总局对原《增值税专用发票使用规定》进行了修订，并自 2007 年 1 月 1 日起施行。

专用发票，是指增值税一般纳税人（以下简称一般纳税人）销售货物或者提供应税劳务开具的发票，是购买方支付增值税额并可按照增值税有关规定据以抵扣增值税进项税额的凭证。一般纳税人应通过增值税防伪税控系统（以下简称防伪税控系统）使用专用发票。使用，包括领购、开具、缴销、认证纸质专用发票及其相应的数据电文。

一、专用发票的开票限额

专用发票实行最高开票限额管理。最高开票限额，是指单份专用发票开具的销售额合计数不得达到的上限额度。

最高开票限额由一般纳税人申请，税务机关依法审批。最高开票限额为10万元及以下的，由区县级税务机关审批；最高开票限额为100万元的，由地市级税务机关审批；最高开票限额为1000万元及以上的，由省级税务机关审批。防伪税控系统的具体发行工作由区县级税务机关负责。

税务机关审批最高开票限额应进行实地核查。批准使用最高开票限额为10万元及以下的，由区县级税务机关派人实地核查；批准使用最高开票限额为100万元的，由地市级税务机关派人实地核查；批准使用最高开票限额为1000万元及以上的，由地市级税务机关派人实地核查后将核查资料报省级税务机关审核。

二、专用发票的领购使用

增值税专用发票仅限于增值税的一般纳税人领购使用，增值税的小规模纳税人和非增值税纳税人不得使用。

一般纳税人凭发票领购簿、IC卡和经办人身份证明领购专用发票。一般纳税人有下列情形之一的，不得领购开具专用发票：

（1）会计核算不健全，不能向税务机关准确提供增值税销项税额、进项税额、应纳税额数据及其他有关增值税税务资料的。

上述其他有关增值税税务资料的内容，由省、自治区、直辖市和计划单列市国家税务局确定。

（2）有《税收征管法》规定的税收违法行为，拒不接受税务机关处理的。

（3）有下列行为之一，经税务机关责令限期改正而仍未改正的：

① 虚开增值税专用发票。

② 私自印制专用发票。

③ 向税务机关以外的单位和个人买取专用发票。

④ 借用他人专用发票。

⑤ 未按本规定第十一条开具专用发票。

⑥ 未按规定保管专用发票和专用设备。有下列情形之一的，为未按规定保管专用发票和专用设备：

A. 未设专人保管专用发票和专用设备；

B. 未按税务机关要求存放专用发票和专用设备；

C. 未将认证相符的专用发票抵扣联、认证结果通知书和认证结果清单装订成册；

D. 未经税务机关查验，擅自销毁专用发票基本联次。

⑦ 未按规定申请办理防伪税控系统变更发行。

⑧ 未按规定接受税务机关检查。

有上列情形的，如已领购专用发票，主管税务机关应暂扣其结存的专用发票和 IC 卡。

三、专用发票的开具

（一）专用发票的联次

专用发票的基本联次统一规定为三联，各联次必须按以下规定用途使用：

（1）发票联，作为购买方核算采购成本和增值税进项税额的记账凭证；

（2）抵扣联，作为购买方报送主管税务机关认证和留存备查的凭证；

（3）记账联，作为销售方核算销售收入和增值税销项税额的记账凭证。

（二）专用发票的开具范围

一般纳税人销售货物或者提供应税劳务，应向购买方开具专用发票。

商业企业一般纳税人零售的烟、酒、食品、服装、鞋帽（不包括劳保专用部分）、化妆品等消费品不得开具专用发票。

增值税小规模纳税人（以下简称小规模纳税人）需要开具专用发票的，可向主管税务机关申请代开。

销售免税货物不得开具专用发票，法律、法规及国家税务总局另有规定的除外。

（三）专用发票的开具要求

专用发票的开具必须符合以下要求：

（1）项目齐全，与实际交易相符；

（2）字迹清楚，不得压线、错格；

（3）发票联和抵扣联加盖财务专用章或者发票专用章；

（4）按照增值税纳税义务的发生时间开具。

对不符合上列要求的专用发票，购买方有权拒收。

一般纳税人销售货物或者提供应税劳务可汇总开具专用发票。汇总开具专用发票的，同时使用防伪税控系统开具《销售货物或者提供应税劳务清单》，并加盖财务专用章或者发票专用章。

四、开具专用发票后发生退货或开票有误的处理

（1）增值税一般纳税人开具增值税专用发票（以下简称专用发票）后，发生销售退回、销售折让以及开票有误等情况需要开具红字专用发票的，不同情况分别按以下办法处理：

① 因专用发票抵扣联、发票联均无法认证的，由购买方填报开具红字增值税专用发票申请单，并在申请单上填写具体原因以及相对应蓝字专用发票的信息，主管税务机关审核后出具开具红字增值税专用发票通知单。购买方不作进项税额转出处理。

② 购买方所购货物不属于增值税扣税项目范围，取得的专用发票未经认证的，由购买方填报申请单，并在申请单上填写具体原因以及相对应蓝字专用发票的信息，主管税务机关审核后出具通知单。购买方不作进项税额转出处理。

③ 因开票有误购买方拒收专用发票的，销售方须在专用发票认证期限内向主管税务机关填报申请单，并在申请单上填写具体原因以及相对应蓝字专用发票的信息，同时提供由购买方出具的写明拒收理由、错误具体项目以及正确内容的书面材料，主管税务机关审核确认后出具通知单。销售方凭通知单开具红字专用发票。

④ 因开票有误等原因尚未将专用发票交付购买方的，销售方须在开具有误专用发票的次月内向主管税务机关填报申请单，并在申请单上填写具体原因以及相对应蓝字专用发票的信息，同时提供由销售方出具的写明具体理由、错误具体项目以及正确内容的书面材料，主管税务机关审核确认后出具通知单。销售方凭通知单开具红字专用发票。

⑤ 发生销货退回或销售折让的，除按照有关规定进行处理外，销售方还应在开具红字专用发票后将该笔业务的相应记账凭证复印件报送主管税务机关备案。

（2）税务机关为小规模纳税人代开专用发票需要开具红字专用发票的，比照一般纳税人开具红字专用发票的处理办法，通知单第二联交代开税务机关。

（3）为实现对通知单的监控管理，税务总局正在开发通知单开具和管理系统。在系统推广应用之前，通知单暂由一般纳税人留存备查，税务机关不进行核销。红字专用发票暂不报送税务机关认证。

五、专用发票与不得抵扣进项税额的规定

1. 经认证，有下列情形之一的，不得作为增值税进项税额的抵扣凭证，税务机关退还原件，购买方可要求销售方重新开具专用发票。

（1）无法认证。

无法认证，是指专用发票所列密文或者明文不能辨认，无法产生认证结果。

（2）纳税人识别号认证不符。

纳税人识别号认证不符，是指专用发票所列购买方纳税人识别号有误。

（3）专用发票代码、号码认证不符。

专用发票代码、号码认证不符，是指专用发票所列密文解译后与明文的代码或者号码不一致。

2. 有下列情形之一的，暂不得作为增值税进项税额的抵扣凭证经认证，税务机关扣留原件，查明原因，分别情况进行处理。

（1）重复认证。

重复认证，是指已经认证相符的同一张专用发票再次认证。

（2）密文有误。

密文有误，是指专用发票所列密文无法解译。

（3）认证不符。

认证不符，是指纳税人识别号有误，或者专用发票所列密文解译后与明文不一致。

本项所称认证不符不含 1. 的第（2）项、第（3）项所列情形。

（4）列为失控专用发票。

列为失控专用发票，是指认证时的专用发票已被登记为失控专用发票。

3. 对丢失已开具专用发票的发票联和抵扣联的处理。

（1）一般纳税人丢失已开具专用发票的发票联和抵扣联，如果丢失前已认证相符的，购买方凭销售方提供的相应专用发票记账联复印件及销售方所在地主管税务机关出具的丢失增值税专用发票已报税证明单，经购买方主管税务机关审核同意后，可作为增值税进项税额的抵扣凭证。

（2）如果丢失前未认证的，购买方凭销售方提供的相应专用发票记账联复印件到主管税务机关进行认证，认证相符的凭该专用发票记账联复印件及销售方所在地主管税务机关出具的丢失增值税专用发票已报税证明单，经购买方主管税务机关审核同意后，可作为增值税进项税额的抵扣凭证。

（3）一般纳税人丢失已开具专用发票的抵扣联，如果丢失前已认证相符

的，可使用专用发票发票联复印件留存备查。

（4）如果丢失前未认证的，可使用专用发票的发票联到主管税务机关认证，专用发票的发票联复印件留存备查。

（5）一般纳税人丢失已开具专用发票的发票联，可将专用发票抵扣联作为记账凭证，专用发票抵扣联复印件留存备查。

4. 专用发票抵扣联无法认证的，可使用专用发票发票联到主管税务机关认证。专用发票发票联复印件留存备查。

六、专用发票的管理

（一）对专用发票被盗、丢失的处理

纳税人必须严格按有关规定保管和使用专用发票，对违反规定发生被盗、丢失专用发票的纳税人，应依法处以 1 万元以下的罚款；并可视具体情况，对丢失专用发票的纳税人在一定期限内（最长不得超过半年）停止领购专用发票。对遗失的专用发票，如发现非法代开、虚开问题的，该纳税人承担偷税、骗税的连带责任。在中国税务报上刊登"遗失声明"。

（二）对代开、虚开专用发票行为的处理

代开发票是指为与自己没有发生直接购销关系的他人开具发票的行为；虚开发票是指在没有任何购销事实的前提下，为他人、为自己或让他人为自己或介绍他人开具发票的行为。对于上述两种违法行为，一律按票面所列货物的适用税率全额补征税款，并按偷税行为给予处罚。对纳税人取得代开、虚开的专用发票，不得作为合法抵扣凭证抵扣进项税额。代开、虚开发票的行为构成犯罪的，应依法给予刑事处分。

（三）纳税人善意取得虚开的增值税专用发票处理

（1）纳税人善意取得虚开的增值税专用发票指购货方与销售方存在真实交易，且购货方不知取得的增值税专用发票是以非法手段获得的。如能重新取得合法、有效的专用发票，准许其抵扣进项税款；如不能重新取得合法、有效的专用发票，不准其抵扣进项税款或追缴其已抵扣的进项税款。

（2）购货方与销售方存在真实的交易，销售方使用的是其所在省（自治区、直辖市和计划单列市）的专用发票，专用发票注明的销售方名称、印章、货物数量、金额及税额等全部内容与实际相符，且没有证据表明购货方知道销售方提供的专用发票是以非法手段获得的，对购货方不以偷税或者骗取出口退税论处。但应按有关规定不予抵扣进项税款或者不予出口退税；购货方

已经抵扣的进项税款或者取得的出口退税，应依法追缴。

（3）购货方能够重新从销售方取得防伪税控系统开出的合法、有效专用发票的，或者取得手工开出的合法、有效专用发票且取得了销售方所在地税务机关已经或者正在依法对销售方虚开专用发票行为进行查处证明的，购货方所在地税务机关应依法准予抵扣进项税款或者出口退税。

练 习 题

一、单项选择题

1. 某生产白酒企业为增值税一般纳税人，某月销售收入为 140.4 万元（含税），当期发生包装物收取押金为 4.68 万元。该企业本期应申报的销项税额为（　　）万元。

A. 20.4　　　　　　　　　　　　　B. 20.74

C. 21.08　　　　　　　　　　　　　D. 20.7978

2. 某金店（中国人民银行批准的金银首饰经营单位）为增值税一般纳税人，2008 年 5 月采取"以旧换新"方式向消费者销售金项链 20 条，每条新项链的零售价格为 2500 元，每条旧项链作价 800 元，每条项链取得差价款 1700 元；为消费者提供服务取得首饰修理费 2270 元。假定当月没有发生其他购进业务，该金店上述业务应纳增值税税额（　　）元。

A. 4940.17　　　　　B. 5270　　　　　C. 7264.96　　　　　D. 7594.79

3. 某商店（为小规模纳税人）2009 年 5 月采取"以旧换新"方式销售彩电，开出普通发票 38 张，收到货款 80 000 元，并注明已扣除的旧货折价为 30 000 元，则该商店当月应纳的增值税为（　　）元。

A. 3203.88　　　　　　　　　　　　B. 2330.10

C. 3076.92　　　　　　　　　　　　D. 4230.77

4. 商贸企业进口机器一台，关税完税价格为 200 万元，假设进口关税税率为 20%，支付国内运输企业的运输费用 0.2 万元（有货票）；本月售出，取得不含税销售额 350 万元，则本月应纳增值税额（　　）万元。

A. 28.5　　　　　B. 40.8　　　　　C. 18.686　　　　　D. 18.7

5. 下列经营行为属于混合销售行为的是（　　）。

A. 某农村供销社既销售税率为 17% 的家用电器，又销售税率为 13% 的化肥、农药等

B. 某家具厂一方面批发家具，一方面又对外承揽室内装修业务

C. 某建筑公司为某单位盖房，双方议定由建筑公司包工包料

D. 某农业机械厂既生产销售税率为 13% 的农机，又从事加工修理修配业务

6. 某增值税一般纳税人某月外购材料 10 000 千克，每公斤支付价款和税款 2 元和 0.34 元。在运输途中因管理不善被盗 1000 千克。运回后以每 3 千克材料生产成成品 1 盒的工艺生产产品 3000 盒，其中 2200 盒用于直接销售，300 盒用于发放企业职工福利，500 盒因管理不善被盗。那么，该纳税人当月允许抵扣的进项税额应为( )元。

   A. 3400　　　　　 B. 3060　　　　　 C. 2550　　　　　 D. 2244

7. 增值税一般纳税人进口应税消费品，下列组成计税价格公式不正确的是( )。

   A. 组成计税价格＝关税完税价格×(1＋关税税率)÷(1－消费税税率)

   B. 组成计税价格＝关税完税价格＋关税＋消费税

   C. 组成计税价格＝关税完税价格×(1＋关税税率)÷(1＋消费税税率)

   D. 组成计税价格＝(关税完税价格＋关税)÷(1－消费税税率)

8. 某增值税一般纳税人本月销售乙商品一批并用本企业卡车运去，收到货款 99 450 元和运费 5850 元，均开具普通发票。运输中购进油料，取得的防伪专用发票上的税额 408 元（专用发票通过认证），则应纳税额为( )元。

   A. 15 300　　　　 B. 14 450　　　　 C. 14 892　　　　 D. 14 042

9. 某市电视机厂为增值税一般纳税人，2010 年 11 月销售电视机，向某代理商销售 2000 台，由于量大，给对方 5% 折扣，开具增值税专用发票注明单价 2000 元/台，在备注栏注明了折扣额，向某商场销售 100 台，不含税售价 2200 元/台，当月取得进项税专用发票注明的税款为 10 万元（已认证），当月应纳增值税( )万元。

   A. 57.5　　　　　 B. 58　　　　　　 C. 58.34　　　　　 D. 61.74

10. 某批发企业 2010 年 12 月末盘点时发现，上月购进方便面（库存账面成本为 117 500 元，已申报抵扣进项税额），因管理不善发生霉烂，使账面成本减少 50 000 元（包括运费成本 520）；丢失当年第二季度购进未使用的机器设备一台，固定资产账面成本 100 000 元（增值税专用发票上注明的增值税额 17 000 元）。进项税额转出额为( )元。

    A. 8539.14　　　　　　　　　 B. 8536.4

    C. 25 450.74　　　　　　　　 D. 8450.74

11. 某工厂系增值税小规模纳税人，2010 年 1 月销售使用过的旧设备一台，取得价款 8.24 万元，已知该设备 2009 年 1 月购入时的不含税价款为 9 万

元,已计提折旧 2.8 万元,另销售自己使用过的物品,取得价款 1.2 万元。则该工厂应缴纳的增值税为(　　　　)万元。

A. 0 　　　　B. 0.19 　　　　C. 0.24 　　　　D. 1.20

二、多项选择题

1. 按照增值税的规定,下列行为应征收增值税的有(　　　　　　)。

A. 将自产的产品用于办公楼建造

B. 将自产的新产品用于市场推广而免费向消费者发放

C. 将外购的货物用于集体福利

D. 将自产的货物对外投资

2. 按照增值税的纳税义务发生时间的规定,下列说法错误的是(　　　　　)。

A. 采取委托银行收款结算方式的,为发出货物并办妥托收手续的当天

B. 采取直接收款方式销售货物,不论货物是否发出,均为收到销售额或取得索取销售额的凭据,并将提货单交给买方的当天

C. 采取赊销和分期收款结算方式,且无书面合同的,为发出货物的当天

D. 将货物交付给他人代销,为收到受托人送交货款的当天

3. 根据现行增值税的规定,下列混合销售应当征收增值税的有(　　　　　)。

A. 电信部门销售电话并为客户提供电信服务

B. 铝合金厂生产销售铝合金门窗并负责安装

C. 商品零售企业销售货物并负责运输

D. 建材商店销售建材并负责上门安装

4. 某电脑城为增值税一般纳税人,2006 年 10 月销售电脑 280 台,每台零售价格为 7020 元,上月出售的同型号的电脑因质量问题被顾客退回 2 台,当月该型号电脑每台零售价格为 6786 元,电脑城将这两台电脑退给厂家,取得厂家开具的红字增值税专用发票上注明销售额 11 000 元,增值税税额 1870 元;本月购进电脑取得防伪税控系统增值税专用发票上注明的增值税税额为 35 000 元,本月申请并通过了认证(　　　　　)。

A. 该电脑城本月上述业务应纳增值税税额 250 498 元

B. 该电脑城本月上述业务应纳增值税税额 250 430 元

C. 该电脑城因销售退回,应从发生销售退回或折让当期的销项税额中扣除

D. 该电脑城因购进退出,从当期进项税额中扣除,对不扣除,造成不纳或少纳税的,按偷税行为论处

5. 增值税一般纳税人发生的下列业务的支出,允许抵扣进项税额的包括(　　　　　)。

A. 销售货物支付的运输费用和建设费

    B. 外购货物支付的运输费用和建设费

    C. 向小规模纳税人购买农业产品的支出

    D. 向农业生产单位购买免税农产品的支出

6. 根据现行增值税的规定，下列（   ）为增值税小规模纳税人或者可以按小规模纳税人纳税。

    A. 某生产企业年应税销售额为 45 万元

    B. 某商业企业年批发及零售应税销售额为 90 万元

    C. 某生产企业销售自产产品，并兼营设备修理，取得年应税销售额为 40 万元

    D. 偶尔发生应税行为的非企业性单位

7. 下列关于增值税的计税销售额规定，说法正确的有（   ）。

    A. 以物易物方式销售货物，由多交付货物的一方以价差计算缴纳增值税

    B. 以旧换新方式销售货物，以新货物不含增值税的价款计算缴纳增值税（金银首饰除外）

    C. 还本销售方式销售货物，以实际销售额计算缴纳增值税，不得从销售额中减除还本支出

    D. 销售折扣方式销售货物，不得从计税销售额中扣减折扣额

三、判断题

1. 增值税纳税人兼营非应税劳务，应当分别计算应税货物和非应税劳务的销售额或营业额。未分别核算销售额或营业额的，应当从高征收营业税。   （   ）

2. 在计算增值税的应税销售收入时，销售方收取的承运部门将运费发票开具给购货方的运费，不应包括在价外费用中。   （   ）

3. 纳税人将购买的货物无偿赠送他人，因该货物购买时已缴纳增值税，因此，在赠送他人时，可不再计入销售额征税。   （   ）

4. 纳税人采取折扣销售方式销售货物的，如果销售额和折扣额在同一张发票上分别注明的，可按折扣后的余额作为销售额计算增值税；如果将折扣额另开发票，不论其在财务上如何处理，均不得从销售额中减除折扣额。   （   ）

5. 某增值税纳税人用当月外购原材料的 50％加工制造成产品实现销售。则计算其销售产品的应纳增值税时只允许他抵扣外购原材料 50％的进项税额，而不能全部抵扣。   （   ）

6. 纳税人采取以旧换新方式销售金银首饰的，在计算缴纳增值税时，不得从新货物销售额中减除收购旧货物的款项。   （   ）

7. 纳税人以代销方式销售货物，在收到代销清单前已收到全部或部分货款的，其纳税义务发生时间为收到代销单位代销清单的当天。   （   ）

四、计算题

1. 北京市一大型商贸公司为增值税一般纳税人，兼营商品加工、批发、零售和进出口业务，2006 年 11 月相关经营业务如下：

    (1) 进口化妆品一批，支付国外的买价 220 万元、购货佣金 6 万元、经纪费 4 万元；支付运抵我国海关地前的运输费用 20 万元、装卸费用和保险费用 11 万元；支付海关地再运往商贸公司的运输费用 8 万元（取得货运企业的运费发票）、装卸费用和保险费用 3 万元；

    (2) 受托加工化妆品一批，委托方提供的原材料不含税金额 86 万元，加工结束向委托方开具普通发票收取加工费和添加辅助材料的含税金额共计 46.8 万元，该化妆品商贸公司当地无同类产品市场价格；

    (3) 收购免税农产品一批，支付收购价款 70 万元、运输费用 10 万元，当月将购回免税农产品的 30% 用于公司饮食部；

    (4) 购进其他商品，取得增值税专用发票，支付价款 200 万元、增值税 34 万元，支付运输单位运输费用 20 万元，待货物验收入库时发现短缺商品金额 10 万元（占支付金额的 5%），经查实应由运输单位赔偿；

    (5) 将进口化妆品的 80% 重新加工制作成套装化妆品，当月销售给其他商场并开具增值税专用发票，取得不含税销售额 650 万元；直接销售给消费者个人，开具普通发票，取得含税销售额 70.2 万元；

    (6) 销售除化妆品以外的其他商品，开具增值税专用发票，应收不含税销售额 300 万元，由于月末前可将全部货款收回，给所有购货方的销售折扣比例为 5%，实际收到金额 285 万元；

    (7) 取得化妆品的逾期包装押金收入 14.04 万元。

    （注：关税税率 20%；当月购销各环节所涉及的票据符合税法规定，并经过税务机关认证）

    要求：按下列顺序回答问题：

    ①该公司进口环节应缴纳的增值税。

    ②该公司国内销售环节实现的销项税额总和。

    ③该公司国内销售环节准予抵扣的进项税额总和。

    ④计算该公司国内销售环节应缴纳的增值税。

2. 卷烟厂为增值税一般纳税人，2009 年 3 月份发生以下业务：

    (1) 从农民手中收购烟叶，收购凭证上注明收购买价 30 000 元，另外企业自己负担并支付价外补贴。

    另支付运输企业运费 1000 元，装卸费 500 元，并取得了符合规定的运费发票；

（2）将购买的烟叶直接运往位于县城的乙企业，委托其加工烟丝，取得增值税专用发票，注明加工费 5000 元；

（3）某卷烟厂将收回的烟丝的 20％直接销售，取得不含税销售额 35 000 元，80％用于生产 A 牌卷烟，本月销售卷烟 17 箱，取得不含税销售额 416 500 元；

（4）企业职工浴池领用从小规模纳税人购进时取得普通发票的劳保用品，成本 8600 元，领用从一般纳税人购进时取得增值税专用发票和合法的运输发票的煤炭，成本 32 360 元（包括买价 30 000 元，运输成本 1860 元，装卸费 500 元）。（取得的发票均在本月认证并抵扣）

要求：根据上述资料，计算下列问题：

①卷烟厂收购烟叶业务中准予抵扣的进项税额；

②本月应纳增值税的进项税；

③本月的进项税转出额；

④某卷烟厂本月应纳增值税。

3. 某工业企业（增值税一般纳税人），2010 年 10 月的购销业务情况如下：

（1）购进生产原料一批，已验收入库，取得的增值税专用发票上注明的价款、税款分别为 23 万元、3.91 万元，另外还支付运费（有货票）3 万元。

（2）购进钢材 20 吨，已验收入库，取得的增值税专用发票上注明的价款、税款分别为 8 万元、1.36 万元。

（3）直接向农民收购用于生产加工的农产品一批，经税务机关批准的收购凭证上注明的价款 42 万元。

（4）销售产品一批，货已发出并办妥银行托收手续，但是货款未到，向买方开具的专用发票上注明的销售额为 42 万元。

（5）将本月外购 20 吨钢材及库存的同价钢材 20 吨，移送本企业修建产品仓库工程使用。

注：上述增值税专用发票及货票均已比对认证。

要求：

①计算该企业当期的销项税额；

②计算该企业当期允许抵扣的进项税额；

③计算当期该企业应纳增值税税额。

第三章 消 费 税

学习目标

◆ 了解消费税的含义及其特点；

◆ 理解消费税纳税义务人、征税范围、税目、税率及征收管理等基本法律规定；

◆ 掌握消费税的计税依据；

◆ 掌握生产销售应税消费品、自产自用应税消费品、委托加工应税消费品、进口应税消费品应纳税额的计算；掌握已纳消费税额扣除的计算消费税额的减征；

◆ 掌握出口应税消费品的退免税的基本规定以及生产企业、外贸企业出口应税消费品的退免税的计算。

第一节 消费税概述

一、消费税的概念

消费税是指对特定的消费品和消费行为在特定的环节征收的一种流转税。

具体地说，是指对从事生产、委托加工及进口应税消费品的单位和个人，就其销售额或销售量或者销售额与销售量相结合征收的一种流转税。征收消费税的目的主要是为了调节产业结构，限制某些奢侈品、高能耗产品的生产，正确引导消费，保证国家财政收入。

二、消费税的特点

消费税与其他流转税相比，具有其独有的特点。

1. 征收项目的选择性

我国现阶段征收的消费税不是对所有的消费品或消费行为征税，只是作为增值税的补充对特定的消费品征税。其征收范围是根据经济发展水平和居民消费水平，以及国家的消费政策、产业政策和财政需要确定的，列入消费税征收范围的消费品为应税消费品，目前有以下五类：

（1）过度消费会对人类健康、社会秩序、生态环境等方面造成危害的特殊消费品，如烟、酒、鞭炮、焰火等。

（2）奢侈品或非生活必需品，如化妆品、贵重首饰、高档手表等。

（3）不可再生及在生产使用过程中对生态环境可能有破坏的资源类消费品，如成品油、一次性木制筷子、实木地板等。

（4）高能耗的高档消费品，如小汽车、摩托车等。

（5）税基宽广，税源充足，具有一定财政意义的消费品，如汽车轮胎等。

当然，消费税的征收范围不是一成不变的，2006年4月，我国对消费税的征收范围及税率做了一定调整。今后还可能根据经济发展情况和消费结构的变化做适当调整。

2. 征收环节的单一性

一般流转税征收环节有较大的选择余地，我国现行增值税在货物的生产、批发、零售、进口等环节征收，是典型的多环节课征。而消费税实行单一环节课征，即在消费品从生产、流通到消费的全过程中，只选择在某一特定环节征收一次。消费税负担的最终归宿虽然是消费者，但为了加强税源控制，防止税款流失，我国消费税的纳税环节主要确定在生产环节或进口环节，个别消费品为零售环节。

3. 税率设计的差异性

一般税种以取得财政收入为主要职责，不同税目之间税负差别不大，这一点增值税尤其典型。而消费税以调节生产、消费为主要职责，税率是针对不同消费品，甚至同一消费品的不同品种设计的，税率档次较多，不同税目之间的税负水平相差较大。在税率形式的选择上，现行消费税也具有较大的灵活性，既采用比例税率，也采用定额税率，少数品种还同时采用两种税率，即复合税率。

4. 征收目的的调控性

现代税收有为政府筹集财政资金和调控经济运行的双重职责，但不同税种具体职责的侧重点有所不同。而消费税侧重于贯彻政府的产业政策，调节、指导消费，发挥税收的经济杠杆作用。消费税税源广泛，可以取得充足的财政收入。

5. 税收负担的转嫁性

消费税是一种间接税，无论在哪个环节征收，采用何种转嫁形式，税款最终都要转嫁到消费者身上，由消费者负担。列入征税范围的消费品，一般都是高价高税产品，从实质上讲，消费税是对消费者消费支出的征收。我国现行的消费税实行价内税，税款作为价格构成要素计入应税消费品的销售价格，逐步转嫁给消费者，这与增值税采用价外税形式的税负转嫁形成鲜明对比。

三、我国消费税的发展

我国现行的消费税前身是新中国成立初期开征的货物税和特种消费税，在此基础上经过半个多世纪的逐步发展和完善而形成消费税。1950 年颁布了《货物税暂行条例》，规定对烟、纤维、饮食品等 10 大类、51 个项目、1136个细目的产品征收货物税。同年，还开征了特种消费行为税，包含娱乐、筵席、冷食、旅馆 4 个税目，其后随着工商税制改革，特种消费行为税应税项目被并入各税种。但在 1953 年税制改革时特种消费行为税被取消，对电影、娱乐、戏剧三个行业改征文化娱乐税，其他税目则并入营业税。之后，我国1958 年至 1973 年征收的工商统一税，1973 年至 1984 年征收的工商税中相当于货物税的一部分，1984 年至 1993 年征收的产品税和增值税都集中体现了对大量消费品（行为）的课税，但实质上是相当于或其中部分相当于消费税的性质，只不过我国一直未命名消费税。而我国在 1983 年征收的烧油特别税，1988 年开征的筵席税，1989 年对小轿车、彩电开征的特别消费税则具有强烈的消费税色彩。直至 1994 我国实行全面的税制改革时，消费税才正式成为一个独立的税种。1993 年 12 月 13 日国务院颁布《中华人民共和国消费税暂行条例》（以下简称《消费税暂行条例》），从 1994 年 1 月 1 日起正式施行。同年 12 月 25 日，财政部、国家税务总局还发布了《中华人民共和国消费税暂行条例实施细则》（以下简称《消费税暂行条例实施细则》）。在增值税普遍征收的基础上，我国选定了 11 类需要特殊调节的消费品征收消费税，以贯彻国家产业政策和消费政策，从而形成了目前增值税普遍征收、消费税特殊调节、部分征税项目交叉的双层次征税结构。2006 年 4 月 1 日，我国对消费税进行了一次结构性调整，主要是扩大了资源品和奢侈品的范围。这次改革突出了促进环境保护和节约资源、合理引导消费和间接调节收入分配两个重点。

此后，由于 2008 年我国对《增值税暂行条例》做出了重要的修订，同时鉴于增值税和消费税、营业税之间存在较强的相关性，为了保持税种相关政策和征管措施之间的有效衔接，我国又适时地对消费税条例和营业税条例进行了相应修改。新修改的《消费税暂行条例》主要发生了两方面的变化。

（1）将 1994 年以来出台的政策内容调整，更新到新修订的消费税条例中，如：部分消费品（金银首饰、铂金首饰、钻石及钻石饰品）的消费税调整在零售环节征收，对卷烟和白酒增加复合计税办法，调整消费税税目税率等。

（2）与增值税条例衔接，将纳税申报期限从 10 日延长至 15 日，对消费税的纳税地点等规定进行了调整。同时，配合《消费税暂行条例》的修改，我国又于 2008 年 12 月 18 日修订通过了新的《消费税暂行条例实施细则》。

第二节　消费税的基本法律规定

一、纳税义务人

根据《消费税暂行条例》的规定，在中华人民共和国境内生产、委托加工和进口本条例规定的消费品的单位和个人，以及国务院确定的销售应税消费品的其他单位和个人，为消费税的纳税人。这里所说的"单位"是指国有企业、集体企业、私有企业、股份制企业、其他企业和行政单位、事业单位、军事单位、社会团体及其他单位。"个人"是指个体经营者及其他个人。"在中华人民共和国境内"是指生产、委托加工和进口应税消费品的起运地或所在地在境内。具体介绍如下：

（1）生产销售（包括自产自用）应税消费品，以生产销售的单位和个人为纳税人，由生产者向税务机关申报纳税。

（2）生产销售金银首饰、钻石及钻石饰品，以从事金银首饰、钻石及钻石饰品零售业务的单位和个人为纳税人。

（3）委托加工除金银首饰以外的应税消费品，以委托加工的单位和个人为纳税人。为加强税收的源泉控制，简化税收征管手续，除受托方为个人外，由受托方在向委托方交货时代收代缴税款。但委托加工、委托代销金银首饰的，受托方为纳税人。

（4）进口应税消费品，以进口的单位和个人为纳税人，由海关代征进口环节的消费税。自 2009 年 5 月 1 日起，在我国境内从事卷烟批发业务的单位和个人也成为消费税的纳税人。

二、征税范围

消费税的征税对象为应税消费品。消费税的征税范围为：在中华人民共和国境内生产、委托加工和进口消费税暂行条例规定的消费品。

(一) 生产应税消费品

生产应税消费品的销售是消费税征收的主要环节，因消费税具有单一环节征税的特点，在生产销售环节征税以后，货物在流通环节无论再转销多少次，不用再缴纳消费税。生产应税消费品除了直接对外销售应征收消费税外，纳税人将生产的应税消费品换取生产资料、消费资料、投资入股、偿还、债务，以及用于继续生产应税消费品以外的其他方面都应缴纳消费税。

(二) 委托加工应税消费品

委托加工应税消费品是指委托方提供原料和主要材料，受托方只收取加工费和代垫部分辅助材料加工的应税消费品。由受托方提供原材料或其他情形的一律不能视同加工应税消费品。委托加工的应税消费品收回后，再继续用于生产应税消费品销售的，其加工环节缴纳的消费税款可以扣除。

(三) 进口应税消费品

单位和个人进口货物属于消费税征税范围的，在进口环节也要缴纳消费税。为了减少征税成本，进口环节缴纳的消费税由海关代征。

(四) 零售应税消费品

经国务院批准，自 1995 年 1 月 1 日起，金银首饰消费税由生产销售环节征收改为零售环节征收。改在零售环节征收消费税的金银首饰仅限于金基、银基合金首饰以及金、银和金基、银基合金的镶嵌首饰。零售环节适用税率为 5%，在纳税人销售金银首饰、钻石及钻石饰品时征收。其计税依据是不含增值税的销售额。

对既销售金银首饰，又销售非金银首饰的生产、经营单位，应将两类商品划分清楚，分别核算销售额。凡划分不清楚或不能分别核算的并在生产环节销售的，一律从高适用税率征收消费税；在零售环节销售的，一律按金银首饰征收消费税。金银首饰与其他产品组成成套消费品销售的，应按销售额全额征收消费税。

金银首饰连同包装物销售的，无论包装是否单独计价，也无论会计上如何核算，均应并入金银首饰的销售额，计征消费税。

带料加工的金银首饰，应按受托方销售同类金银首饰的销售价格确定计税依据征收消费税。没有同类金银首饰销售价格的，按照组成计税价格计算纳税。

纳税人采用以旧换新（含翻新改制）方式销售的金银首饰，应按实际收取的不含增值税的全部价款确定计税依据征收消费税。

三、税目

现行消费税有十四个税目，有的税目还划分为若干个子目。消费税属于价内税，并实行单一环节征税，主要是在生产、委托加工和进口环节征收，在以后的批发、零售等环节一般不再缴纳消费税。但对金银首饰、钻石及钻石饰品已经改在零售环节征税。具体征税范围及税率如下。

（一）烟

凡是以烟叶为原料加工生产的产品，不论使用何种辅料，均属于本税目的征收范围。包括卷烟（进口卷烟、白包卷烟、手工卷烟和未经国务院批准纳入计划的企业及个人生产的卷烟）、雪茄烟和烟丝。

按照《国家税务总局关于卷烟生产企业购进卷烟直接销售不再征收消费税的批复》（国税函〔2001〕955号）规定，从2001年12月20日起，对既有自产卷烟，同时又委托联营企业加工与自产卷烟牌号、规格相同卷烟的工业企业（以下简称卷烟回购企业），从联营企业购进后再直接销售的卷烟，对外销售时不论是否加价，凡是符合下述条件的，不再征收消费税；不符合下述条件的则征收消费税：

（1）回购企业在委托联营企业加工卷烟时，除提供给联营企业所需加工卷烟牌号外，还须同时提供税务机关已公示的消费税计税价格。联营企业必须按照已公示的调拨价格申报缴税。

（2）回购企业将联营企业加工卷烟回购后再销售的卷烟，其销售收入应与自产卷烟的销售收入分开核算，以备税务机关检查；如不分开核算，则一并计入自产卷烟销售收入征收消费税。

（二）酒及酒精

酒是酒精度在1度以上的各种酒类饮料。酒精又名乙醇，是指用蒸馏或合成方法生产的酒精度在95度以上的无色透明液体。酒类包括粮食白酒、薯类白酒、黄酒、啤酒、果啤和其他酒。酒精包括各种工业酒精、医用酒精和食用酒精。

关于酒的征收范围的确定：①外购酒精生产的白酒，应按酒精所用原料确定白酒的适用税率。凡酒精所用原料无法确定的，一律按照粮食白酒的税率征税。②外购两种以上酒精生产的白酒，一律从高适用税率征税。③以外购白酒加浆降度或外购散酒装瓶出售，以及外购白酒以曲香、香精进行调香、调味生产的白酒，按照外购白酒所用原料确定适用税率。凡白酒所用原料无法确定的，一律按照粮食白酒的税率征税。④以外购的不同品种白酒勾兑的白酒，一律按照粮食白酒的税率征税。⑤对用粮食和薯类、糠麸等多种原料混合生产的白酒，以粮食白酒为酒基的配置酒、泡制酒，以白酒或酒精为酒基，凡酒基所用原料无法确定的配置酒、泡制酒，一律按照粮食白酒的税率征税。⑥对用薯类和粮食以外的其他原料混合生产的白酒，一律按照薯类白酒的税率征税。

对饮食业、商业、娱乐业举办的啤酒屋（啤酒坊）利用啤酒生产设备生产的啤酒，应当征收消费税。

（三）化妆品

本税目征收范围包括各类美容、修饰类化妆品、高档护肤类化妆品和成套化妆品。

美容、修饰类化妆品是指香水、香水精、香粉、口红、指甲油、胭脂、眉笔、唇笔、蓝眼油、眼睫毛以及成套化妆品。

舞台、戏剧、影视演员化妆用的上妆油、卸装油、油彩不属于本税目的征收范围。

高档护肤类化妆品征收范围另行制定。

（四）贵重首饰及珠宝玉石

凡以金、银、白金、宝石、珍珠、钻石、翡翠、珊瑚、玛瑙等高贵稀有物质以及其他金属、人造宝石等制作的各种纯金银首饰及镶嵌首饰和经采掘、打磨、加工的各种珠宝玉石。对出国人员免税商店销售的金银首饰征收消费税。

（五）鞭炮、焰火

各种鞭炮、焰火。体育上用的发令纸、鞭炮药引线，不按本税目征收。

（六）成品油

本税目包括汽油、柴油、石脑油、溶剂油、航空煤油、润滑油、燃料油7个子目。

1. 汽油

汽油是指用原油或其他原料加工生产的辛烷值不小于 66 的可用作汽油发动机燃料的各种轻质油。含铅汽油是指铅含量每升超过 0.013 克的汽油。汽油分为车用汽油和航空汽油。

以汽油、汽油组分调和生产的甲醇汽油、乙醇汽油也属于本税目征收范围。

2. 柴油

柴油是指用原油或其他原料加工生产的凝点或倾点在－50℃～30℃的可用作柴油发动机燃料的各种轻质油和以柴油组分为主、经调和精制可用作柴油发动机燃料的非标油。

以柴油、柴油组分调和生产的生物柴油也属于本税目征收范围。

3. 石脑油

石脑油又叫化工轻油，是以原油或其他原料加工生产的用于化工原料的轻质油。

石脑油的征收范围包括除汽油、柴油、航空煤油、溶剂油以外的各种轻质油。非标汽油、重整生成油、拔头油、戊烷原料油、轻裂解料（减压柴油 VGO 和常压柴油 AGO）、重裂解料、加氢裂化尾油、芳烃抽余油均属轻质油，属于石脑油征收范围。

4. 溶剂油

溶剂油是用原油或其他原料加工生产的用于涂料、油漆、食用油、印刷油墨、皮革、农药、橡胶、化妆品生产和机械清洗、胶粘行业的轻质油。

橡胶填充油、溶剂油原料，属于溶剂油征收范围。

5. 航空煤油

航空煤油也叫喷气燃料，是用原油或其他原料加工生产的用作喷气发动机和喷气推进系统燃料的各种轻质油。

6. 润滑油

润滑油是用原油或其他原料加工生产的用于内燃机、机械加工过程的润滑产品。润滑油分为矿物性润滑油、植物性润滑油、动物性润滑油和化工原料合成润滑油。

润滑油的征收范围包括矿物性润滑油、矿物性润滑油基础油、植物性润滑油、动物性润滑油和化工原料合成润滑油。以植物性、动物性和矿物性基础油（或矿物性润滑油）混合掺配而成的"混合性"润滑油，不论矿物性基础油（或矿物性润滑油）所占比例高低，均属润滑油的征收范围。

7. 燃料油

燃料油也称重油、渣油，是用原油或其他原料加工生产，主要用作电厂发电、锅炉用燃料、加热炉燃料、冶金和其他工业炉燃料。蜡油、船用重油、常压重油、减压重油、180CTS 燃料油、7 号燃料油、糠醛油、工业燃料、4～6 号燃料油等油品的主要用途是作为燃料燃烧，属于燃料油征收范围。

（七）汽车轮胎

汽车轮胎是指用于各种汽车、挂车、专用车和其他机动车上的内、外轮胎。不包括农用拖拉机、收割机、手扶拖拉机的专用轮胎。自 2001 年 1 月 1 日起，子午线轮胎免征消费税，翻新轮胎停止征收消费税。

（八）小汽车

汽车是指由动力驱动，具有四个或四个以上车轮的非轨道承载的车辆。

本税目征收范围包括含驾驶员座位在内最多不超过 9 个座位（含）的，在设计和技术特性上用于载运乘客和货物的各类乘用车和含驾驶员座位在内的座位数在 10～23 座（含 23 座）的在设计和技术特性上用于载运乘客和货物的各类中轻型商用客车。

用排气量小于 1.5 升（含）的乘用车底盘（车架）改装、改制的车辆属于乘用车征收范围。用排气量大于 1.5 升的乘用车底盘（车架）或用中轻型商用客车底盘（车架）改装、改制的车辆属于中轻型商用客车征收范围。

含驾驶员人数（额定载客）为区间值的（如 8～10 人、17～26 人）小汽车，按其区间值下限人数确定征收范围。

电动汽车不属于本税目征收范围。车身长度大于 7 米（含），并且座位在 10～23 座（含）以下的商用客车，不属于中轻型商用客车征税范围，不征收消费税。沙滩车、雪地车、卡丁车、高尔夫车不属于消费税征收范围，不征收消费税。

（九）摩托车

对最大设计车速不超过 50 千米/小时，发动机汽缸总工作容量不超过 50 毫升的三轮摩托车不征收消费税。

（十）高尔夫球及球具

高尔夫球及球具是指从事高尔夫球运动所需的各种专用装备，包括高尔夫球、高尔夫球杆及高尔夫球包（袋）等。

高尔夫球是指重量不超过 45.93 克、直径不超过 42.67 毫米的高尔夫球运动比赛、练习用球；高尔夫球杆是指被设计用来打高尔夫球的工具，由杆头、杆身和握把三部分组成；高尔夫球包（袋）是指专用于盛装高尔夫球及球杆的包（袋）。

本税目征收范围包括高尔夫球、高尔夫球杆、高尔夫球包（袋）。高尔夫球杆的杆头、杆身和握把属于本税目的征收范围。

（十一）高档手表

高档手表是指销售价格（不含增值税）每只在 10 000 元（含）以上的各类手表。

本税目征收范围包括符合以上标准的各类手表。

（十二）游艇

游艇是指长度大于 8 米小于 90 米，船体由玻璃钢、钢、铝合金、塑料等多种材料制作，可以在水上移动的水上浮载体。按照动力划分，游艇分为无动力艇、帆艇和机动艇。

本税目征收范围包括艇身长度大于 8 米（含）小于 90 米（含），内置发动机，可以在水上移动，一般为私人或团体购置，主要用于水上运动和休闲娱乐等非牟利活动的各类机动艇。

（十三）木制一次性筷子

木制一次性筷子，又称卫生筷子，是指以木材为原料经过锯段、浸泡、旋切、刨切、烘干、筛选、打磨、倒角、包装等环节加工而成的各类一次性使用的筷子。

本税目征收范围包括各种规格的木制一次性筷子。未经打磨、倒角的木制一次性筷子属于本税目征税范围。

（十四）实木地板

实木地板是指以木材为原料，经锯割、干燥、刨光、截断、开榫、涂漆等工序加工而成的块状或条状的地面装饰材料。实木地板按生产工艺不同，可分为独板（块）实木地板、实木指接地板、实木复合地板三类；按表面处理状态不同，可分为未涂饰地板（白坯板、素板）和漆饰地板两类。

本税目征收范围包括各类规格的实木地板、实木指接地板、实木复合地板及用于装饰墙壁、天棚的侧端面为榫、槽的实木装饰板。未经涂饰的素板也属于本税目征税范围。

四、税率

消费税采用比例税率和定额税率两种形式，以适应不同应税消费品的实际情况。

消费税根据不同的税目或子目确定相应的税率或单位税额。例如，粮食白酒税率为 20%，摩托车税率为 3% 等；黄酒、啤酒、汽油、柴油等分别按单位重量或单位体积确定单位税额。经整理汇总的消费税税目、税率（税额）

见表 3—1。

表 3—1   消费税税目、税率

税　　目	税　　率
一、烟	
1. 卷烟	
（1）甲类卷烟	56％加 0.003 元/支
（2）乙类卷烟	36％加 0.003 元/支
（3）批发环节	5％
2. 雪茄烟	36％
3. 烟丝	30％
二、酒及酒精	
1. 白酒	20％加 0.5 元/500 克（或者 500 毫升）
2. 黄酒	240 元/吨
3. 啤酒	
（1）甲类啤酒	250 元/吨
（2）乙类啤酒	220 元/吨
4. 其他酒	10％
5. 酒精	5％
三、化妆品	30％
四、贵重首饰及珠宝玉石	
1. 金银首饰、铂金首饰和钻石及钻石饰品	5％
2. 其他贵重首饰和珠宝玉石	10％
五、鞭炮、焰火	15％
六、成品油	
1. 汽油	
（1）含铅汽油	1.40 元/升
（2）无铅汽油	1.00 元/升
2. 柴油	0.80 元/升
3. 航空煤油	0.80 元/升
4. 石脑油	1.00 元/升
5. 溶剂油	1.00 元/升
6. 润滑油	1.00 元/升
7. 燃料油	0.80 元/升
七、汽车轮胎	3％
八、摩托车	
1. 气缸容量（排气量，下同）在 250 毫升（含 250 毫升）以下的	3％
2. 气缸容量在 250 毫升以上的	10％

续 表

税 目	税 率
九、小汽车	
1.乘用车	
（1）气缸容量（排气量，下同）在1.0升（含1.0升）以下的	1%
（2）气缸容量在1.0升以上至1.5升（含1.5升）的	3%
（3）气缸容量在1.5升以上至2.0升（含2.0升）的	5%
（4）气缸容量在2.0升以上至2.5升（含2.5升）的	9%
（5）气缸容量在2.5升以上至3.0升（含3.0升）的	12%
（6）气缸容量在3.0升以上至4.0升（含4.0升）的	25%
（7）气缸容量在4.0升以上的	40%
2.中轻型商用客车	5%
十、高尔夫球及球具	10%
十一、高档手表	20%
十二、游艇	10%
十三、木制一次性筷子	5%
十四、实木地板	5%

说明：自 2009 年 5 月 1 日起，经国务院批准，调整烟产品消费税政策如下：

①甲类卷烟，即每标准条（200 支，下同）调拨价格在 70 元（不含增值税）以上（含 70 元）的卷烟，生产环节（含进口）的税率调整为 56%。

②乙类卷烟，即每标准条调拨价格在 70 元（不含增值税）以下的卷烟，生产环节（含进口）的税率调整为 36%。

③卷烟的从量定额税率不变，即 0.003 元/支。

④将雪茄烟生产环节（含进口）的税率调整为 36%。

⑤在卷烟批发环节加征一道从价税，在中华人民共和国境内从事卷烟批发业务的单位和个人，批发销售的所有牌号规格的卷烟，按其销售额（不含增值税）征收 5% 的消费税。纳税人应将卷烟销售额与其他商品销售额分开核算，未分开核算的，一并征收消费税。纳税人销售给纳税人以外的单位和个人的卷烟于销售时纳税。纳税人之间销售的卷烟不缴纳消费税。卷烟批发企业的机构所在地，总机构与分支机构不在同一地区的，由总机构申报纳税。卷烟消费税在生产和批发两个环节征收后，批发企业在计算纳税时不得扣除已含的生产环节的消费税税款。

第三节　消费税的计税依据

按照现行消费税法的基本规定，消费税计税办法有三种：从价定率、从量定额和复合计税。

适用从价定率计税办法的应税消费品包括：雪茄烟和烟丝、其他酒和酒精、化妆品、贵重首饰及珠宝玉石、鞭炮焰火、汽车轮胎、摩托车、小汽车、高尔夫球及球具、高档手表、游艇、木制一次性筷子、实木地板等。

适用从量定额计税办法的应税消费品包括：黄酒、啤酒、成品油。

适用复合计税办法的应税消费品包括：卷烟、粮食白酒、薯类白酒。

一、从价计征

在从价定率计算方法下，应纳税额等于应税消费品的销售额乘以适用税率，应纳税额的多少取决于应税消费品的销售额和适用税率两个因素。

(一) 销售额的确定

销售额为纳税人销售应税消费品向购买方收取的全部价款和价外费用。销售，是指有偿转让应税消费品的所有权；有偿，是指从购买方取得货币、货物或者其他经济利益；价外费用，是指价外向购买方收取的手续费、补贴、基金、集资费、返还利润、奖励费、违约金、滞纳金、延期付款利息、赔偿金、代收款项、代垫款项、包装费、包装物租金、储备费、优质费、运输装卸费以及其他各种性质的价外收费。但下列项目不包括在内。

1. 同时符合以下条件的代垫运输费用：

(1) 承运部门的运输费用发票开具给购买方的；

(2) 纳税人将该项发票转交给购买方的。

2. 同时符合以下条件代为收取的政府性基金或者行政事业性收费：

(1) 由国务院或者财政部批准设立的政府性基金，由国务院或者省级人民政府及其财政、价格主管部门批准设立的行政事业性收费；

(2) 收取时开具省级以上财政部门印制的财政票据；

(3) 所收款项全额上缴财政。

其他价外费用，无论是否属于纳税人的收入，均应并入销售额计算征税。

实行从价定率办法计算应纳税额的应税消费品连同包装销售的，无论包装是否单独计价，也不论在会计上如何核算，均应并入应税消费品的销售额中征收消费税。如果包装物不作价随同产品销售，而是收取押金，此项押金则不应并入应税消费品的销售额中征税。但对因逾期未收回的包装物不再退还的或者已收取的时间超过 12 个月的押金，应并入应税消费品的销售额，按照应税消费品的适用税率缴纳消费税。

对既作价随同应税消费品销售，又另外收取押金的包装物的押金，凡纳税人在规定的期限内没有退还的，均应并入应税消费品的销售额，按照应税消费品的适用税率缴纳消费税。

对酒类产品生产企业销售酒类产品（黄酒、啤酒除外）而收取的包装物押金，无论押金是否返还与会计上如何核算，均需并入酒类产品销售额中，依酒类产品的适用税率征收消费税。

【例题 3-1】某酒厂为增值税一般纳税人，主要生产粮食白酒和啤酒。2007 年 1 月"主营业务收入"账户反映销售粮食白酒 60 000 斤，取得不含销售额 105 000 元；销售啤酒 150 吨，每吨不含税售价 2900 元。在"其他业务收入"账户反映收取粮食白酒品牌使用费 4680 元；"其他应付款"账户反映本月销售粮食白酒收取包装物押金 9360 元，销售啤酒收取包装物押金 1170 元。该酒厂本月应纳消费税税额（啤酒单位税额 220 元/吨）。

粮食白酒应纳消费税＝60 000×0.5＋105 000×20％＋4680÷1.17×20％＋9360÷1.17×20％＝53 400（元）

啤酒应纳消费税＝150×220＝33 000（元）

该酒厂应纳消费税税额＝53 400＋33 000＝86 400（元）

纳税人销售的应税消费品，以外汇结算销售额的，其销售额的人民币折合率可以选择结算的当天或者当月 1 日的国家外汇牌价（原则上为中间价）。纳税人应在事先确定采取何种折合率，确定后 1 年内不得变更。

（二）含增值税销售额的换算

应税消费品在缴纳消费税的同时，与一般货物一样，还应缴纳增值税。按照《消费税暂行条例实施细则》的规定，应税消费品的销售额，不包括应向购货方收取的增值税税款。如果纳税人应税消费品的销售额中未扣除增值税税款或者因不得开具增值税专用发票而发生价款和增值税税款合并收取的，在计算消费税时，应将含增值税的销售额换算为不含增值税税款的销售额。其换算公式为：

应税消费品的销售额＝含增值税的销售额÷（1＋增值税税率或征收率）

在使用换算公式时，应根据纳税人的具体情况分别使用增值税税率或征收率。如果消费税的纳税人同时又是增值税一般纳税人的，应适用 17％的增值税税率；如果消费税的纳税人是增值税小规模纳税人的，应适用3‰的征收率。

二、从量计征

在从量定额计算方法下，应纳税额等于应税消费品的销售数量乘以单位税额，应纳税额的多少取决于应税消费品的销售数量和单位税额两个因素。

（一）销售数量的确定

销售数量是指纳税人生产、加工和进口应税消费品的数量。具体规定为：

（1）销售应税消费品的，为应税消费品的销售数量。

（2）自产自用应税消费品的，为应税消费品的移送使用数量。

（3）委托加工应税消费品的，为纳税人收回的应税消费品数量。

（4）进口的应税消费品，为海关核定的应税消费品进口征税数量。

（二）计量单位的换算标准

《消费税暂行条例》规定，黄酒、啤酒以吨为税额单位；汽油、柴油以升为税额单位。但是，考虑到在实际销售过程中，一些纳税人会把吨或升这两个计量单位混用，为了规范不同产品的计量单位，以准确计算应纳税额，吨与升两个计量单位的换算标准见表3—2。

表3—2 吨、升换算

1	黄酒	1 吨＝962 升
2	啤酒	1 吨＝988 升
3	汽油	1 吨＝1388 升
4	柴油	1 吨＝1176 升
5	航空煤油	1 吨＝1246 升
6	石脑油	1 吨＝1385 升
7	溶剂油	1 吨＝1282 升
8	润滑油	1 吨＝1126 升
9	燃料油	1 吨＝1015 升

三、从价从量复合计征

现行消费税的征税范围中，只有卷烟、粮食白酒、薯类白酒采用复合计征方法。应纳税额等于应税销售数量乘以定额税率再加上应税销售额乘以比例税率。

生产销售卷烟、粮食白酒、薯类白酒从量定额计税依据为实际销售数量。进口、委托加工、自产自用卷烟、粮食白酒、薯类白酒从量定额计税依据分别为海关核定的进口征税数量、委托方收回数量、移送使用数量。

四、计税依据的特殊规定

（1）卷烟从价定率计税办法的计税依据为调拨价格或核定价格。调拨价格是指卷烟生产企业通过卷烟交易市场与购货方签订的卷烟交易价格。计税调拨价格由国家税务总局按照中国烟草交易中心和各省烟草交易（订货）会2000年各牌号、规格卷烟的调拨价格确定。核定价格是指由税务机关按其零售价倒算一定比例的办法核定计税价格。核定价格的计算公式为：

某牌号规格卷烟消费税计税价格＝该牌号规格卷烟市场零售价格÷（1＋56％）

不进入省和省级以上烟草交易场所交易、没有调拨价格的卷烟，消费税计税价格由省国家税务局按照下列公式核定：

没有调拨价格的某牌号规格卷烟计税价格＝该牌号规格卷烟市场零售价格÷（1＋35％）

实际销售价格高于计税价格和核定价格的卷烟，按实际销售价格征收消费税；实际销售价格低于计税价格和核定价格的卷烟，按计税价格或核定价格征收消费税。

非标准条包装卷烟应当折算成标准包装卷烟的数量，依其实际销售收入计算确定其折算成标准条包装后的实际销售价格，并确定适用的比例税率。

（2）纳税人通过自设非独立核算门市部销售的自产应税消费品，应当按照门市部对外销售额或者销售数量征收消费税。

【例题3—2】 某摩托车生产企业为增值税一般纳税人，6月份将生产的某型号摩托车30辆，以每辆出厂价12 000元（不含增值税）给自设非独立核算的门市部；门市部又以每辆16 380元（含增值税）全部销售给消费者。计算摩托车生产企业6月份应缴纳消费税（摩托车适用消费税税率10％）。

应纳税额＝销售额×税率＝16 380÷（1＋17％）×30×10％＝42 000（元）

（3）纳税人用于换取生产资料和消费资料、投资入股和抵偿债务等方面的应税消费品，应当以纳税人同类应税消费品的最高销售价格作为计税依据计算消费税。

【例题3—3】 某日化公司（一般纳税人）9月发生以下购销业务：

① 9日销售化妆品400盒，每盒不含税单价600元；13日销售化妆品

500 盒，每盒不含税单价 650 元。

② 将 100 盒化妆品当做节日礼品发放职工。

③ 用 200 盒化妆品与某纸业公司换取产品用包装箱。

要求：计算日化公司 9 月份应纳消费税和增值税（消费税税率为 30%）。

① 应纳消费税

计算消费税时，将自产产品用于集体福利用平均售价，但以物易物用最高价

加权平均单价＝(400×600＋500×650)÷(400＋500)＝627.78（元）

销售化妆品应纳消费税＝(400×600＋500×650＋100×627.78＋200×650)×30%

② 应纳增值税

计算增值税时，将自产产品用于集体福利、以物易物用都平均售价，所以，销项税＝(400×600＋500×650＋100×627.78＋200×627.78)×17%＝128 066.78（元）

（4）酒类关联企业间关联交易消费税问题的处理。

根据《中华人民共和国征收管理法实施细则》第三十八条的规定，纳税人与关联企业之间的购销业务，不按照独立企业之间的业务往来作价的，税务机关可以按照下列方法调整其计税收入额或者所的额，核定其应纳税额：

① 按照独立企业之间进行相关或者类似业务活动的价格；

② 按照再销售给无关联关系的第三者的价格所取得的收入和利润水平；

③ 按照成本加合理的费用和利润；

④ 按照其他合理的方法。

对已检查出的酒类生产企业在本次检查年度内发生的利用关联企业关联交易行为规避消费税问题，各省、自治区、直辖市、计划单列市国家税务局可根据本地区被查酒类生产企业与其关联企业之间不同的核算方式，选择以上处理方法调整其酒类产品消费税计税收入额，核定应纳税额，补缴消费税。

白酒生产企业向商业销售单位收取的"品牌使用费"是随着应税白酒的销售而向购货方收取的，属于应税白酒销售价款的组成部分，因此，不论企业采取何种方式或以何种名义收取价款，均应并入白酒的销售额中缴纳消费税。

（5）兼营不同税率应税消费品的税务处理。

纳税人生产销售应税消费品，如果不是单一经营某一税率的产品，而是经营多种不同税率的产品，这就是兼营行为。

纳税人兼营不同税率的应税消费品，应当分别核算不同税率应税消费品的销售额、销售数量。未分别核算销售额、销售数量，或者将不同税率的应税消费品组成成套消费品销售的，从高适用税率。

【例题3-4】某酒厂2008年12月销售粮食白酒12 000斤，售价为5元/斤，随同销售的包装物价格6200元；本月销售礼品盒6000套，售价为300元/套，每套包括粮食白酒2斤、单价80元，干红酒2斤、单价70元。计算该企业12月应纳消费税。（题中的价格均为不含税价格）

纳税人将不同税率应税消费品组成成套消费品销售的，即使分别核算销售额也从高税率计算应纳消费税。

该企业12月应纳消费税＝（12 000×5＋6200）×20％＋12 000×0.5＋6000×300×20％＋6000×4×0.5＝391 240（元）

第四节　消费税应纳税额的计算

一、自产自销应税消费品应纳税额的计算

按照现行消费税法的基本规定，自产自销应税消费品消费税应纳税额的计算分为从价定率、从量定额、从价定率和从量定额复合计税三种方法。具体如下。

（一）从价定率计算方法

在从价定率计算方法下，应纳税额的计算取决于应税消费品的销售额和适用税率两个因素。其基本计算公式为：

应纳税额＝应税消费品的销售额×适用税率

应税消费品的销售额中未扣除增值税税款，发生价款和增值税款合并收取的，在计算消费税时，应换算为不含增值税的销售额。其换算公式为：

应税消费品的销售额＝含增值税的销售额÷（1＋增值税税率或征收率）

【例题3-5】某实木地板生产企业为增值税一般纳税人，2008年3月15日向某大型建材商场销售实木地板一批，开具增值税专用发票，取得不含增值税销售额30万元，税额5.1万元；3月20日向某单位销售实木地板一批，开具普通发票取得含增值税的销售额4.68万元。该实木地板生产企业2008年3月应缴纳的消费税额是多少？（实木地板适用消费税税率为5％）

实木地板的应税销售额＝30＋4.68÷（1＋17％）＝34（万元）

应缴纳的消费税额＝34×5％＝1.7（万元）

（二）从量定额计算方法

在从量定额计算法下，应纳税额的计算取决于应税消费品的销售数量和单位税额两个因素。其基本计算公式为：

应纳税额＝应税消费品的销售数量×单位税额

【例题3-6】某啤酒厂2008年2月销售桶装啤酒1000吨，每吨售价（不含增值税）3500元，取得销售收入350万元。啤酒定额税率为每吨250元，计算该啤酒厂本月应纳消费税税额。

应纳消费税额＝1000×250＝250 000（元）

（三）从价定率和从量定额复合计税办法

其计算公式为：

应纳税额＝应税消费品的销售额×适用税率＋应税消费品的销售数量×单位税额

【例题3-7】某酒厂2007年5月发生以下业务：以外购粮食白酒和自产糠麸白酒勾兑的散装白酒1吨并销售，取得不含税收入3.8万元，货款已收到。计算应纳消费税。

从量计征的消费税＝1×2000×0.5＝1000元＝0.1（万元）   ［注：1吨＝1000公斤＝2000斤］

从价计征的消费税＝3.8×20％＝0.76（万元）

应纳消费税＝0.1＋0.76＝0.86（万元）

二、自产自用应税消费品应纳税额的计算

自产自用是指纳税人生产应税消费品后，不是用于直接对外销售，而是用于连续生产应税消费品，或用于其他方面。这种行为直接影响着消费税的计征，因此，我国消费税制度对此作了详细的规定。

（1）纳税人自产自用的应税消费品，用于连续生产应税消费品的，即指作为生产最终应税消费品的直接材料、并构成最终产品实体的应税消费品，不纳税。

（2）纳税人自产自用的应税消费品，用于其他方面的，于移送使用时纳税。"用于其他方面的"是指把自产的应税消费品用于在建工程、管理部门、非生产机构、提供劳务，以及用于馈赠、赞助、集资、广告、样品、职工福利、奖励等。

（3）自产自用应税消费品销售额及税额的计算。

纳税人自产自用的应税消费品，凡用于其他方面，应当纳税，其销售额

的核算顺序如下：

① 按照纳税人生产的当月同类消费品的销售价格计算纳税；

② 如果当月同类消费品各期销售价格高低不同，应按销售数量加权平均计算；

③ 如果销售价格明显偏低又无正当理由的、无销售价格的或当月无销售或当月未完结，应按照同类消费品上月或最近月份的销售价格计算纳税；

④ 没有同类消费品销售价格的，按照组成计税价格计算纳税。

A. 实行从价定率办法计算纳税的组成计税价格计算公式：

组成计税价格＝（成本＋利润）÷（1－比例税率）

应纳税额＝组成计税价格×比例税率

【例题 3－8】某摩托车厂将一辆自产的摩托车用于职工福利，没有同类产品售价，其成本 5000 元，成本利润率为 6％。组成计税价格为：

组成计税价格＝［5000＋（5000×6％）］÷（1－10％）≈5888.89（元）

(a) 应纳消费税＝5888.89×10％＝588.89（元）

(b) 增值税销项税额＝5888.89×17％＝1001.11（元）

B. 实行从量定额办法计税的，消费税从量征收与售价或组价无关；增值税需组价时，组价公式中的成本利润率按增值税法中规定的 10％确定，组价中应含消费税税金：

应纳消费税＝自产自用数量×定额税率

增值税的组成计税价格＝成本×（1＋10％）＋自产自用数量×定额税率

【例题 3－9】某啤酒厂自产啤酒 10 吨，无偿提供给某啤酒节，已知每吨成本 1000 元，无同类产品售价。

① 应纳消费税＝10×220＝2200（元）

② 应纳增值税＝［10×1000×（1＋10％）＋2200］×17％＝2244（元）

③ 实行复合计税办法计算纳税的组成计税价格计算公式：

组成计税价格＝（成本＋利润＋自产自用数量×定额税率）÷（1－比例税率）

应纳税额＝组成计税价格×比例税率＋自产自用数量×定额税率

【例题 3－10】某酒厂以自产特制粮食白酒 2000 斤用于厂庆庆祝活动，每斤白酒成本 12 元，无同类产品售价。

① 应纳消费税：

从量征收的消费税＝2000×0.5＝1000（元）

从价征收的消费税＝［12×2000×（1＋10％）＋2000×0.5］÷（1－20％）×20％＝6850（元）

　　　应纳消费税＝1000＋6850＝7850（元）

　　② 应纳增值税＝[12×2000×（1＋10%）＋7850]×17%＝5610（元）

　　上述公式中所说的"成本"是指应税消费品的产品生产成本；"利润"是指根据应税消费品的全国平均成本利润率计算的利润。应税消费品全国平均成本利润率由国家税务总局确定。具体见表3—3。

表3—3　平均成本利润率

货物名称	利润率（%）	货物名称	利润率（%）
1. 甲类卷烟	10	11. 贵重首饰及珠宝玉石	6
2. 乙类卷烟	5	12. 汽车轮胎	5
3. 雪茄烟	5	13. 摩托车	6
4. 烟丝	5	14. 高尔夫球及球具	10
5. 粮食白酒	10	15. 高档手表	20
6. 薯类白酒	5	16. 游艇	10
7. 其他酒	5	17. 木制一次性筷子	5
8. 酒精	5	18. 实木地板	5
9. 化妆品	5	19. 乘用车	8
10. 鞭炮、焰火	5	20. 中轻型商用客车	5

三、委托加工应税消费品应纳税额的计算

（一）委托加工应税消费品的确定

　　委托加工的应税消费品是指由委托方提供原料和主要材料，受托方只收取加工费和代垫部分辅助材料加工的应税消费品。对于由受托方提供原材料生产的应税消费品，或者受托方先将原材料卖给委托方，然后再接受加工的应税消费品，以及由受托方以委托方名义购进原材料生产的应税消费品，不论纳税人在财务上是否做销售处理，都不得作为委托加工应税消费品，而应当按照销售自制应税消费品缴纳消费税。

（二）代收代缴税款的规定

　　对于确实属于委托方提供原料和主要材料，受托方只收取加工费和代垫部分辅助材料加工的应税消费品，税法规定，由受托方在向委托方交货时代收代缴消费税。这样，受托方就是法定的代收代缴义务人。如果受托方对委托加工的应税消费品没有代收代缴或少代收代缴消费税，就要按照税收征收管理法的规定，承担代收代缴的法律责任。因此，受托方必须严格履行代收代缴义务，正确计算和按时代缴税款。为了加强对受托方代收代缴税款的管

理，1994 年 5 月，国家税务总局在颁发的《关于消费税若干征税问题的通知》中，对委托个体经营者加工应税消费品纳税问题做了调整，由原定一律由受托方代收代缴税款，改为纳税人委托个体经营者加工应税消费品，一律于委托方收回后在委托方所在地缴纳消费税。以及 2008 年 12 月 15 日财政部、国家税务总局第 51 号令颁布的《消费税暂行条例实施细则》也规定，委托个人加工的应税消费品，由委托方收回后缴纳消费税。

对于受托方没有按规定代收代缴税款的，并不能因此免除委托方补缴税款的责任。在对委托方进行税务检查中，如果发现其委托加工的应税消费品受托方没有代收代缴税款，委托方要补缴税款（对受托方不再重复补税了，但要按税收征收管理法的规定，处以应代收代缴税款 50％ 以上 3 倍以下的罚款）。

对委托方补征税款的计税依据是：如果在检查时，收回的应税消费品已经直接销售的，按销售额计税；收回的应税消费品尚未销售或不能直接销售的（如收回后用于连续生产等），按组成计税价格计税。

委托加工的应税消费品，受托方在交货时已代收代缴消费税，委托方收回后直接销售的，不再征收消费税。

（三）组成计税价格及应纳税额的计算

委托加工的应税消费品，按照受托方的同类消费品的销售价格计算纳税，同类消费品的销售价格是指受托方（即代收代缴义务人）当月销售的同类消费品的销售价格，如果当月同类消费品各期销售价格高低不同，应按销售数量加权平均计算。但销售的应税消费品有下列情况之一的，不得列入加权平均计算：①销售价格明显偏低又无正当理由的；②无销售价格的。如果当月无销售或者当月未完结，应按照同类消费品上月或最近月份的销售价格计算纳税。没有同类消费品销售价格的，按照组成计税价格计算纳税。

（1）实行从价定率办法计算的：

① 受托方有同类消费品销售价格的，其应纳税额的计算公式为：

应纳税额＝同类消费品销售单价×委托加工数量×适用税率

② 受托方没有同类消费品销售价格的，其应纳税额的计算公式为：

应纳税额＝组成计税价格×适用税率

其中：组成计税价格＝（材料成本＋加工费）÷（1－比例税率）

【例题 3－11】某企业委托酒厂加工药酒 10 箱，该药酒无同类产品销售价格，已知委托方提供的原料成本 2 万元，受托方垫付辅料成本 0.15 万元，另收取的加工费 0.4 万元，上述价格均为不含税。计算该酒厂代收的消费税。

酒厂代收消费税＝（20 000＋1500＋4000）÷（1－10％）×10％＝2833（元）

（2）实行复合计税办法计算纳税的：

① 受托方有同类消费品销售价格的，其应纳税额的计算公式为：

应纳税额＝委托加工收回的数量×单位税额＋同类消费品销售单价×委托加工数量×适用税率

② 受托方没有同类消费品销售价格的，其应纳税额的计算公式为：

应纳税额＝委托加工收回的数量×单位税额＋组成计税价格×适用税率

其中：组成计税价格＝（材料成本＋加工费＋委托加工数量×定额税率）÷（1－比例税率）

【例题 3－12】甲酒厂 2009 年 10 月从农业生产者手中收购粮食，共计支付收购价款 60 000 元。甲酒厂将收购的粮食从收购地直接运往异地的乙酒厂生产加工白酒，白酒加工完毕，企业收回白酒 8 吨，取得乙酒厂开具防伪税控的增值税专用发票，注明加工费 25 000 元，代垫辅料价值 15 000 元，加工的白酒当地无同类产品市场价格。

计算：乙酒厂应代收代缴的消费税；应纳增值税。

乙酒厂应代收代缴的消费税＝8×2000×0.5＋[60 000×（1－13％）＋（25 000＋15 000）＋8000]÷（1－20％）×20％＝33 050（元）

乙酒厂应纳增值税＝（25 000＋15 000）×17％＝6800（元）

（3）对于实行从量定额征收的应税消费品，应按纳税人收回的应税消费品的数量和规定的单位税额计算应纳税额。其应纳税额的计算公式为：

应纳税额＝委托加工收回的数量×单位税额

上述组成计税价格公式中有两个重要的专用名词需要解释。

① 材料成本

"材料成本"是指委托方所提供加工材料的实际成本。

委托加工应税消费品的纳税人，必须在委托加工合同上如实注明（或以其他方式提供）材料成本，凡未提供材料成本的，受托方所在地主管税务机关有权核定其材料成本。

② 加工费

《消费税暂行条例实施细则》规定，"加工费"是指受托方加工应税消费品向委托方所收取的全部费用（包括代垫辅助材料的实际成本，不包括增值税税金）。

四、进口应税消费品的应纳税额的计算

进口的应税消费品，于报关进口时缴纳消费税；进口的应税消费品的消费税由海关代征；进口的应税消费品，由进口人或者其代理人向报关地海关申报纳税；纳税人进口应税消费品，按照关税征收管理的相关规定，应当自海关填发海关进口消费税专用缴款书之日起 15 日内缴纳税款。

（一）进口一般货物应纳消费税的计算

1. 实行从价定率办法计算纳税的组成计税价格计算公式

组成计税价格＝（关税完税价格＋关税）÷（1－消费税比例税率）

应纳税额＝组成计税价格×消费税比例税率

【例题 3－13】某商贸公司，2008 年 7 月从国外进口一批应税消费品，已知该批应税消费品的关税完税价格为 90 万元，按规定应缴纳关税 18 万元。假定进口的应税消费品的消费税税率为 10％。请计算该批消费品进口环节应缴纳的消费税税额。

（1）组成计税价格＝（90＋18）÷（1－10％）＝120（万元）

（2）应缴纳消费税税额＝120×10％＝12（万元）

公式中所称"关税完税价格"，是指海关核定的关税计税价格。

2. 实行从量定额计征应纳税额的计算应纳税额的计算公式

应纳税额＝应税消费品数量×消费税定额税率

3. 实行从价定率和从量定额复合计税办法应纳税额的计算应纳税额的计算公式

组成计税价格＝（关税完税价格＋关税＋进口数量×消费税定额税率）÷（1－消费税比例税率）

应纳税额＝组成计税价格×消费税税率＋应税消费品进口数量×消费税定额税额

进口环节消费税除国务院另有规定者外，一律不得给予减税、免税。

（二）进口卷烟应纳消费税额的计算

（1）为统一进口卷烟与国产卷烟的消费税政策，自 2004 年 3 月 1 日起，进口卷烟消费税适用比例税率按以下办法确定。

① 每标准条进口卷烟（200 支）确定消费税适用比例税率的价格＝（关税完税价格＋关税＋消费税定额税率）÷（1－消费税税率）。其中，关税完税价格和关税为每标准条的关税完税价格及关税税额；消费税定额税率为每标准条（200 支）0.6 元（依据现行消费税定额税率折算而成）；消费税税率固定为 30％。

② 每标准条进口卷烟（200 支）确定消费税适用比例税率的价格≥70 元的，适用比例税率为 56%；每标准条进口卷烟（200 支）确定消费税适用比例税率的价格＜70 元的，适用比例税率为 36%。

（2）依据上述确定的消费税适用比例税率，计算进口卷烟消费税组成计税价格和应纳消费税税额。

① 进口卷烟消费税组成计税价格＝（关税完税价格＋关税＋消费税定额税)÷(1－进口卷烟消费税适用比例税率)

② 应纳税额的计算与上述一般公式相同，应纳消费税税额＝进口卷烟消费税组成计税价格×进口卷烟消费税适用比例税率＋消费税定额税，其中，消费税定额税＝海关核定的进口卷烟数量×消费税定额税率消费税定额税率与国内相同，每标准箱为（50 000 支）150 元。

【例题 3 －14】 有进出口经营权的某外贸公司，2009 年 9 月从国外进口卷烟 320 箱（每箱 250 条，每条 200 支），支付买价 2 000 000 元，支付到达我国海关前的运输费用120 000 元、保险费用80 000 元。已知进口卷烟的关税税率为 20%。请计算卷烟在进口环节应缴纳的消费税。

（1）每条进口卷烟消费税适用比例税率的价格＝[(2 000 000＋120 000＋80 000)÷(320×250)×(1＋20%)＋0.6]÷(1－36%)＝52.5 （元）

单条卷烟价格小于 70 元，适用消费税税率为 36%。

（2）320×250＝80 000 （条）

（3）进口卷烟应缴纳的消费税＝80 000×52.36×36% ＋80 000×0.6 ＝1 560 000 （元）

五、已纳消费税扣除的计算

为了避免重复征税，现行消费税规定，将外购应税消费品和委托加工收回的应税消费品继续生产应税消费品销售的，可以将外购应税消费品和委托加工收回应税消费品已缴纳的消费税给予扣除。

（一）外购应税消费品已纳税款的扣除

由于某些应税消费品是用外购已缴纳消费税的应税消费品连续生产出来的，在对这些连续生产出来的应税消费品计算征税时，税法规定应按当期生产领用数量计算准予扣除外购的应税消费品已纳的消费税税款。扣除范围包括：

（1）外购已税烟丝生产的卷烟；

（2）外购已税化妆品原料生产的化妆品；

（3）外购已税珠宝、玉石原料生产的贵重首饰及珠宝、玉石；

（4）外购已税鞭炮、焰火原料生产的鞭炮、焰火；

（5）外购已税汽车轮胎（内胎和外胎）原料生产的汽车轮胎；

（6）外购已税摩托车零件生产的摩托车（如用外购两轮摩托车改装三轮摩托车）；

（7）外购已税杆头、杆身和握把为原料生产的高尔夫球杆；

（8）外购已税木制一次性筷子原料生产的木制一次性筷子；

（9）外购已税实木地板原料生产的实木地板；

（10）外购已税石脑油为原料生产的应税消费品；

（11）外购已税润滑油原料生产的润滑油。

上述当期准予扣除外购应税消费品已纳消费税税款的计算公式为：

当期准予扣除的外购应税消费品已纳税款＝当期准予扣除的外购应税消费品买价×外购应税消费品适用税率

当期准予扣除的外购应税消费品买价＝期初库存的外购应税消费品的买价＋当期购进的应税消费品的买价－期末库存的外购应税消费品的买价

【例题 3－15】某烟厂 4 月外购烟丝，取得增值税专用发票上注明税款为 8.5 万元，期初尚有库存的外购烟丝 2 万元，期末库存烟丝 12 万元，计算该企业本月应纳消费税中可扣除的消费税。

本月外购烟丝的买价＝8.5÷17%＝50（万元）

生产领用部分买价＝2＋50－12＝40（万元）

准予扣除的消费税＝40×30%＝12（万元）

需要说明的是，纳税人用外购的已税珠宝、玉石原料生产的改在零售环节征收消费税的金银首饰（镶嵌首饰），在计税时一律不得扣除外购珠宝、玉石的已纳税款。

对自己不生产应税消费品，而只是购进后再销售应税消费品的工业企业，其销售的化妆品、鞭炮、焰火和珠宝、玉石，凡不能构成最终消费品直接进入消费品市场，而需进一步生产加工的，应当征收消费税，同时允许扣除上述外购应税消费品的已纳税款。

允许扣除已纳税款的应税消费品只限于从工业企业购进的应税消费品和进口环节已缴纳消费税的应税消费品，对从境内商业企业购进应税消费品的已纳税款一律不得扣除。

（二）委托加工收回的应税消费品已纳税款的扣除

委托加工的应税消费品因为已由受托方代收代缴消费税，因此，委托方收回货物后用于连续生产应税消费品的，其已纳税款准予按照规定从连续生产的应税消费品应纳消费税税额中抵扣。按照国家税务总局的规定，从1995年6月1日起，下列连续生产的应税消费品准予从应纳消费税税额中按当期生产领用数量计算扣除委托加工收回的应税消费品已纳消费税税款：

(1) 以委托加工收回的已税烟丝为原料生产的卷烟；

(2) 以委托加工收回的已税化妆品原料生产的化妆品；

(3) 以委托加工收回的已税珠宝、玉石原料生产的贵重首饰及珠宝、玉石；

(4) 以委托加工收回的已税鞭炮、焰火原料生产的鞭炮、焰火；

(5) 以委托加工收回的已税汽车轮胎原料生产的汽车轮胎；

(6) 以委托加工收回的已税摩托车零件生产的摩托车；

(7) 以委托加工收回的已税杆头、杆身和握把为原料生产的高尔夫球杆；

(8) 以委托加工收回的已税木制一次性筷子原料生产的木制一次性筷子；

(9) 以委托加工收回的已税实木地板原料生产的实木地板；

(10) 以委托加工收回的已税石脑油为原料生产的应税消费品；

(11) 以委托加工收回的已税润滑油原料生产的润滑油。

上述当期准予扣除委托加工收回的应税消费品已纳消费税税款的计算公式是：

当期准予扣除的委托加工应税消费品已纳税款＝期初库存的委托加工应税消费品已纳税款＋当期收回的委托加工应税消费品已纳税款－期末库存的委托加工应税消费品已纳税款

需要说明的是，纳税人用委托加工收回的已税珠宝、玉石原料生产的改在零售环节征收消费税的金银首饰，在计税时一律不得扣除委托加工收回的珠宝、玉石原料的已纳消费税税款。

以外购或委托加工收回石脑油为原料生产乙烯或其他化工产品，在同一生产过程中既可以生产出乙烯或其他化工产品等非应税消费品同时又生产出裂解汽油等应税消费品的，外购或委托加工收回石脑油允许抵扣的已纳税款计算公式如下：

(1) 外购石脑油

当期准予扣除外购石脑油已纳税款＝当期准予扣除外购石脑油数量×收率×单位税额×30％

收率＝当期应税消费品产出量÷生产当期应税消费品所有原料投入数量×100％

(2) 委托加工收回的石脑油

当期准予扣除的委托加工成品油已纳税款＝当期准予扣除的委托加工石脑油已纳税款×收率

收率＝当期应税消费品产出量÷生产当期应税消费品所有原料投入数量×100％

以外购或委托加工收回石脑油为原料生产乙烯或其他化工产品的生产企业，应按照上述计算公式分别计算 2003 年、2004 年、2005 年年平均收率，将计算出的年平均收率报主管税务机关备案。

六、税额减征的计算

为保护生态环境，促进替代污染排放汽车的生产和消费，推进汽车工业技术进步，对生产销售达到低污染排放值的小轿车、越野车和小客车减征30％的消费税。计算公式为：

减征税额＝按法定税率计算的消费税额×30％

应征税额＝按法定税率计算的消费税额－减征税额

低污染排放限值是指相当于欧盟指令 94/12/EC、96/69/EC 排放标准（简称"欧洲Ⅱ号标准"）。

【例题 3－16】某汽车制造厂本月生产达到低污染排放值的越野车（消费税税率为 5％）70 辆，当月售出 60 辆，每辆不含税价格为 12 万元，请计算该企业应缴纳消费税。

应纳消费税 ＝ 60×12×5％×(1－30％)＝ 25.2（万元）

七、出口应税消费品退（免）税

(一) 出口应税消费品退税率

出口应税消费品退税的基本原则是"征多少、退多少"。具体地说，计算出口应税消费品应退消费税的税率或单位税额，依照《消费税税目、税率表》执行，即退税率等于征收时的适用税率。这与增值税退税率的规定有明显区别。当出口的货物是应税消费品时，其退还增值税要按规定的退税率计算，而其退还消费税则按应税消费品所适用的消费税税率计算。出口企业应将不同消费税税率的出口应税消费品分开核算和申报，凡划分不清适用税率的，一律从低适用税率计算应退消费税税额。

(二) 出口应税消费品退（免）税

出口应税消费品退（免）消费税有以下三种情况。

1. 出口免税并退税

有出口经营权的外贸企业购进应税消费品直接出口，以及外贸企业受其他外贸企业委托代理出口应税消费品的，享受出口免税并退税。需要说明的是，外贸企业只有受其他外贸企业委托，代理出口应税消费品才可办理退（免）税，外贸企业受其他企业（主要是指非生产性的商贸企业）委托，代理出口应税消费品不予退（免）税。这与出口货物退（免）增值税的规定是一致的。

2. 出口免税但不退税

有出口经营权的生产性企业自营出口或生产企业委托外贸企业代理出口自产的应税消费品，依据其实际出口数量免征消费税，不予办理退还消费税。这里，免征消费税，是指对生产性企业按其实际出口数量免征生产环节的消费税。不予办理退还消费税，是指因已免征生产环节的消费税，该应税消费品出口时，已不含有消费税，所以也无须再办理退还消费税。这与生产性企业自营出口或委托代理出口自产货物退（免）增值税的规定是不一样的。其不同之处在于消费税仅仅在生产企业的生产环节征收，生产环节免税了，出口的应税消费品就不含消费税；而增值税却在货物销售的各个环节征收，生产企业出口货物时，已纳的增值税就须退还。

3. 出口不免税也不退税

除生产企业、外贸企业外的其他企业，具体是指一般商贸企业，这类企业委托外贸企业代理出口应税消费品，一律不予退（免）税。

另外，纳税人销售的应税消费品，如因质量等原因由购买者退回时，经所在地主管税务机关审核批准后，可退还已征收的消费税税款；出口的应税消费品办理退税后，发生退关或者国外退货，进口时已予以免税的，报送出口者必须及时向其所在地主管税务机关申报补缴已退的消费税税款。

纳税人直接出口的应税消费品办理免税后，发生退关或国外退货，进口时已予以免税的，经所在地主管税务机关批准，可暂不办理补税，待其转为国内销售时，再向其主管税务机关申报补缴消费税。

（三）出口应税消费品退税额的计算

对采用比例税率的出口应税消费品，其退税依据是从工厂购进货物时计算征收消费税的价格；对采用定额税率的出口应税消费品，其退税依据是出口报关的数量。计算公式分别为：

应退消费税税额＝出口消费品的工厂的销售额（不含增值税）×比例税率应退消费税税额＝报关出口数量×单位税额

【例题3—17】某外贸公司 2009 年 3 月从生产企业购入化妆品一批，取得增值税专用发票注明价款 25 万元、增值税 4.25 万元，支付购买化妆品的运输费用 3 万元，当月将该批化妆品全部出口取得销售收入 35 万元。计算该外贸公司出口化妆品应退的消费税。

应退消费税＝25×30％＝7.5（万元）

八、消费税的征收

（一）纳税义务发生时间

纳税人销售应税消费品，其纳税义务的发生时间为：采取赊销和分期收款结算方式的，为销售合同规定的收款日期的当天；采取预收货款结算方式的，为发出应税消费品的当天；采取托收承付或委托银行收款方式的，为发出应税消费品并办妥托收手续的当天；采取其他结算方式的，为收讫销售款或者取得索取销售款凭据的当天。纳税人自产自用的应税消费品，其纳税义务的发生时间为移送使用的当天。纳税人委托加工的应税消费品，其纳税义务的发生时间为纳税人提货的当天。纳税人进口的应税消费品，其纳税义务的发生时间为报关进口的当天。

（二）纳税期限

按照《消费税暂行条例》规定，消费税的纳税期限分别为 1 日、3 日、5 日、10 日、15 日、1 个月或者 1 个季度；纳税人的具体纳税期限，由主管税务机关根据纳税人应纳税额的大小分别核定；不能按照固定期限纳税的，可以按次纳税。

纳税人以 1 个月或 1 个季度为一期纳税的，自期满之日起 15 日内申报纳税；以 1 日、3 日、5 日、10 日或者 15 日为一期纳税的，自期满之日起 5 日内预缴税款，于次月 1 日起至 15 日内申报纳税并结清上月应纳税款。

纳税人进口应税消费品，应当自海关填发海关进口消费税专用缴款书之日起 15 日内缴纳税款。如果纳税人不能按照规定的纳税期限依法纳税，将按《税收征收管理法》的有关规定处理。

（三）纳税地点

（1）纳税人销售的应税消费品，以及自产自用的应税消费品，除国家另有规定的外，应当向纳税人核算地主管税务机关申报纳税。

（2）委托个人加工的应税消费品，由委托方向其机构所在地或者居住地主管税务机关申报纳税。除此之外，由受托方向所在地主管税务机关代收代缴消费税税款。

(3) 进口的应税消费品，由进口人或者其代理人向报关地海关申报纳税。

(4) 纳税人到外县（市）销售或者委托外县（市）代销自产应税消费品的，于应税消费品销售后，向机构所在地或者居住地主管税务机关申报纳税。

纳税人的总机构与分支机构不在同一县（市）的，应当分别向各自机构所在地的主管税务机关申报纳税；经财政部、国家税务总局或者其授权的财政、税务机关批准，可以由总机构汇总向总机构所在地的主管税务机关申报纳税。

（四）销货退回

纳税人销售的应税消费品，如因质量等原因由购买者退回时，经所在地主管税务机关审核批准后，可退还已征收的消费税税款。但不能自行直接抵减应纳税款。

练习题

一、单项选择题

1. 甲企业（一般纳税人）从农民手中收购玉米，支付价款 180 万元，委托乙企业（一般纳税人）加工酒精 20 吨，提货时支付加工费 3.51 万元（含税价），乙企业没有同类酒精的销售价格，酒精的消费税税率为 5%。乙企业应代收代缴的消费税是（   ）万元。

   A. 9. 66   B. 8. 54   C. 8. 4   D. 7. 6

2. 某卷烟厂 2009 年 6 月研发生产一种新型卷烟，当月生产 20 箱作为礼品样品用于市场推广，没有同类售价，已知成本为 50 万元，已知卷烟的成本利润率 10%，经税务机关批准，卷烟适用的税率为 56%，则该批卷烟应纳消费税金为（   ）万元。

   A. 70. 68   B. 46. 55   C. 47. 91   D. 45. 20

3. 烟丝加工厂为增值税一般纳税人，2009 年 4 月接受某烟厂委托加工烟丝，烟丝厂自行提供烟叶的成本为 32 000 元，代垫辅助材料 2000 元，加工费支出 50 000 元；烟丝厂上月留抵税额为 3400 元。（烟丝消费税税率为 30%，成本利润率为 5%），加工费专用发票经过认证，下列正确的是（   ）。

   A. 加工厂应纳增值税 5100 元，应代收代缴消费税 28 450 元

B. 加工厂应纳增值税 10 115 元，应纳消费税 15 000 元

C. 加工厂应纳增值税 5100 元，应纳消费税 15 000 元

D. 加工厂本月应纳增值税 18 020 元，应纳消费税 37 800 元

4. 2009 年 3 月，某酒厂将自产的一种新型粮食白酒 5 吨用作职工福利，粮食白酒的成本共计 8000 元，该粮食白酒无同类产品市场销售价格，但已知其成本利润率为 10%，计算该批粮食白酒应缴纳的消费税税额（　　）元。

A. 7200 　　　　B. 4290 　　　　C. 8450 　　　　D. 3450

5. 某市区卷烟厂 3 月份委托某县城烟丝加工厂（一般纳税人）加工一批烟丝，卷烟厂提供的烟叶在委托加工合同上注明成本 80 000 元。烟丝加工完，卷烟厂提货时，加工厂开具专用发票上注明收取的加工费（含代垫辅料成本）12 000 元，增值税 720 元，并代收代缴了消费税。烟丝的消费税税率为 30%，则该烟丝加工厂应代收代缴的消费税是（　　）元。

A. 39 428.57 　　B. 2759.96 　　C. 3986.86 　　D. 2781.60

6. 甲企业（一般纳税人）从农民手中收购烟叶，支付给农业生产者的收购价款 180 万元，烟叶已入库并委托乙企业（一般纳税人）加工烟丝，提货时支付加工费 3.51 万元（含税价），乙企业没有同类烟丝的销售价格，乙企业应代收代缴的消费税是（　　）万元。

A. 89.99 　　　B. 78.65 　　　C. 89.88 　　　D. 91.40

7. 某工业企业为自己不能生产应税消费品的企业，2010 年 10 月从国外购进一批化妆品（消费税率 30%），支付不含税价款 24 万元。经进一步生产加工而将其销售给某商场，取得含增值税收入 35.1 万元。该工业企业应该缴纳消费税（　　）万元。

A. 1.8 　　　　B. 9 　　　　C. 3.33 　　　　D. 0

8. 根据税法规定，下列说法不正确的是（　　）。

A. 应税消费品征收消费税的，其税基不含有增值税

B. 凡是征收增值税的货物都征收消费税

C. 应税消费品征收增值税的，其税基含有消费税

D. 增值税属于价外税，消费税属于价内税

9. 某酒业制造公司生产各种白酒，9 月领用上月外购的酒精继续加工成高档白酒，销售给某外贸企业 5000 斤，开具的增值税专用发票上注明的销售额为 500 万元；已知上月外购的酒精不含税价 185 万元，取得专用发票，本月生产领用外购 80% 酒精。该公司应缴消费税（　　）万元。

A. 100.25 　　B. 147.48 　　C. 130.80 　　D. 154.59

10. 下列应视同销售征收消费税的有（　　）。

A. 将外购已税消费品继续加工成应税消费品

B. 将委托加工收回的应税消费品继续加工成应税消费品

C. 自制应税消费品继续加工成应税消费品

D. 自制应税消费品用于向外单位投资

11. 纳税人委托个体经营者加工应税消费品，消费税应（　　）。

A. 由受托方代收代缴

B. 由委托方在受托方所在地缴纳

C. 由委托方收回后在委托方所在地缴纳

D. 由委托方在受托方或委托方所在地缴纳

12. 广东兴光国际贸易公司为增值税一般纳税人（有进出口权），从摩托车厂购进摩托车 100 辆，直接报关离境出口；购进时取得的增值税专用发票注明的单价是每辆 0.5 万元，支付从摩托车厂到出境口岸的运费 4 万元，装卸费 3 万元，离岸价每辆 0.08 万美元（美元与人民币汇率 1∶8.3）。摩托车消费税税率为 10%，则该公司应退消费税税款为（　　）万元。

A. 5   B. 5.16   C. 5.2   D. 5.97

13. 一化妆品生产企业为增值税一般纳税人，10 月上旬从国外进口一批散装化妆品，关税完税价格为 150 万元，进口关税 60 万元，进口消费税 90 万元，进口增值税 51 万元，本月企业将进口的散装化妆品的 80% 生产加工为成套化妆品 7800 件，对外批发销售 600 件，取得含税销售额 54.48 万元，该企业当月销售高档香水发生不含税销售额 290 万元，该企业国内生产化妆品缴纳的消费税为（　　）万元。

A. 28.97   B. 72   C. 5.78   D. 0

二、多项选择题

1. 下列情形属于出口免税但不退消费税的有（　　）。

A. 有出口经营权的外贸企业受其他外贸企业代理出口的应税消费品

B. 有出口经营权的生产型企业自营出口的应税消费品

C. 有出口经营权的外贸企业购进应税消费品直接出口

D. 生产企业委托外贸企业代理出口自产的应税消费品

2. 某啤酒厂销售啤酒取得不含税价格为 2850 元/吨，同时每吨另收取优质服务费 100 元、手续费 40 元，单独核算包装物押金 50 万元（押金期限 3 个月），则该企业（　　）。

A. 每吨增值税计税销售额 3012.39 元

B. 每吨增值税计税销售额 2969.66 元

C. 每吨消费税税额 250 元

D. 每吨消费税税额 220 元

3. 下列各项中符合委托加工应税消费品消费税处理规定的有（　　　　）。

A. 受托方未代收代缴的，由委托方补缴

B. 受托方无同类消费品销售价格的，应按（材料成本＋加工费）÷（1－消费税税率）计算

C. 委托方收回后直接出售应税消费品，受托方在交货已代收代缴消费税的，不征消费税

D. 委托方收回后直接出售应税消费品，受托方在交货时已代收代缴消费税的，应征消费税

4. 对销售酒类以外的消费品收取的包装物押金，表述正确的有（　　　　）。

A. 包装物作价随同产品销售，另收取押金的，则押金应并入应税消费品的销售额

B. 对因逾期未收回的包装物不再退还的押金，应并入应税消费品的销售额

C. 已收取一年以上的押金，应并入应税消费品的销售额

D. 逾期未退回的包装物押金，视同销售销售额，换算为不含税数额后并入销售额

5. 甲企业 2009 年委托乙企业加工一批粮食白酒和一批黄酒，甲企业提供原材料，实际成本分别为 7000 元（不含税）和 3000 元，支付加工费不含税分别为 2000 元和 1000 元，另开具普通发票收取代垫粮食白酒材料款 500 元，受托方无同类消费品价格，甲企业共收回粮食白酒 1000 公斤，黄酒1000公斤，则下列陈述正确的是（　　　　）。

A. 甲企业收回粮食白酒后直接批发的，不再缴纳消费税

B. 甲企业实际负担的消费税为 3050 元

C. 乙企业代收代缴的消费税为 3846.84 元

D. 乙企业代收代缴的消费税为 3456.84 元

6. 某礼花厂生产各种鞭炮焰火，2006 年 9 月，领用上月外购的烟花继续加工成高档烟花，销售给某外贸企业，开具的增值税专用发票上注明的销售额为 1500 万元；已知上月外购的烟花不含税价 785 万元，取得专用发票，本月生产领用外购 80％烟花。下列陈述正确的是（　　　　）。

A. 烟花执行比例税率

B. 外购烟花连续生产可以全部抵扣已纳消费税

C. 外购烟花连续生产可以按领用生产量计算抵扣已纳消费税

D. 外购部分必须取得专用发票，否则已纳消费税税款不予抵扣

7. 下列项目中，属于消费税不同应税产品纳税环节有（　　　　）。

A. 批发环节　　　　　　　　　　　B. 进口环节

C. 零售环节　　　　　　　　　　　D. 生产销售环节

E. 委托加工环节

三、判断题

1. 消费税具有普遍征收，调节产品结构，引导消费，增加财政收入的作用。
（　　）

2. 税法规定对于自产自用的应税消费品，用于连续生产应税消费品的不征税，体现了税不重征和计税简便的原则。（　　）

3. 果啤生产企业向商业销售单位收取的"品牌使用费"，不论企业采取何种方式或以何种名义收取价款，均应并入果啤的销售额中缴纳消费税。（　　）

4. 消费税的"价外费用"，是指价外收取的基金、集资费、返还利润、补贴、违约金（延期付款利息）和手续费、包装费、储备费、优质费、运输装卸费、代收款项、代垫款项以及其他各种性质的价外收费。这里和增值税的价外费用一致。（　　）

5. 实行从价定率办法的应税消费品连同包装销售的，不论包装是否单独计价，也不论在财务上如何核算，均应并入应税消费品的销售额中征收消费税。（　　）

6. 在现行消费税的征税范围中，除进口卷烟、粮食白酒、薯类白酒之外，其他一律不得采用从价定率和从量定额相结合的混合计税方法。（　　）

7. 组成套装销售的计税依据纳税人将自产的应税消费品与外购或自产的非应税消费品组成套装销售的，以套装产品的销售额（不含增值税）为计税依据。（　　）

8. 某油脂厂自己不生产化妆品，从某化妆品店购入化妆品，加工后外销，则外购化妆品的已纳消费税额允许在计税时扣除。（　　）

9. 外购或委托加工收回的珠宝玉石连续生产应税消费品，在计征消费税时可以扣除外购已税珠宝玉石的买价或委托加工收回应税消费品的已纳消费税税款。（　　）

10. 企业应将不同消费税税率的出口应税消费品分开核算和申报，凡划分不清适用税率的，不得退税。（　　）

11. 如果在检查时，收回的应税消费品已经直接销售，按销售额计税；收回的应税消费品尚未销售或不能直接销售的，按组成计税价格计税，组成计税价格＝（成本＋利润）÷（1－消费税税率）。（　　）

12. 纳税人除委托个体经营者加工应税消费品一律于委托方收回后在委托方所在地缴纳消费税外，其余的委托加工应税消费品均由受托方在向委托方交货时代收代缴消费税。（　　）

四、计算题

1. 某企业为增值税一般纳税人，2008 年 5 月发生以下业务：从农业生产者手中收购玉米 40 吨，每吨收购价 3000 元，共计支付收购价款 120 000 元。企业将收购的玉米从收购地直接运往异地的某酒厂生产加工药酒。药酒加工完毕，企业收回药酒时取得酒厂开具的增值税专用发票，注明加工费 30 000 元、代垫辅助材料款 15 000 元、增值税额 7650 元，加工的药酒当地无同类产品市场价格。本月内企业将收回的药酒批发售出，取得不含税销售额 260 000 元。另外支付给运输单位的销货运输费用 12 000 元，取得普通发票。

   要求：①计算酒厂应代收代缴的消费税；②计算本企业应缴纳的增值税。

2. 某卷烟厂为增值税一般纳税人，2006 年 10 月有关生产经营情况如下：

   (1) 从某烟丝厂购进已税烟丝 200 吨，每吨不含税单价 2 万元，取得烟丝厂开具的增值税专用发票，注明货款 400 万元、增值税 68 万元，烟丝已验收入库。

   (2) 向农业生产者收购烟叶 30 吨，收购凭证上注明支付收购货款 42 万元，另支付运输费用 3 万元，取得运输公司开具的普通发票；烟叶验收入库后，又将其运往烟丝厂加工成烟丝，取得烟丝厂开具的增值税专用发票，注明支付加工费 8 万元、增值税 1.36 万元，卷烟厂收回烟丝时烟丝厂未代收代缴消费税，尚未销售。

   (3) 卷烟厂生产领用外购已税烟丝 150 吨，生产卷烟 20 000 标准箱（每箱 50 000 支，每条 200 支，每条调拨价在 50 元以上），当月销售给卷烟专卖商 18 000 箱，取得不含税销售额 36 000 万元。

   （提示：烟丝消费税率 30%；卷烟消费税比例税率 56%，定额税率 150 元/箱）

   要求：①计算卷烟厂 10 月份应缴纳的增值税；②计算卷烟厂 10 月份应缴纳的消费税。

3. 位于某市一化妆品公司为增值税一般纳税人，2009 年 10 月发生以下各项业务：

   (1) 用生产成本为 70 000 元的 350 盒 A 系列化妆品换取原材料，约定按 A 化妆品当月销售平均不含税价格 250 元/盒进行结算，双方互开专用发票；

   (2) 将 A 化妆品 6000 盒与外购的丝绸中国结组成成套化妆品 6000 套，销售给某商场，每套不含税价 360 元，丝绸中国结的成本为 35 元/只；

   (3) 从国外进口一批化妆品香粉，关税完税价格为 60 000 元；取得海关进口增值税专用缴款书当月已向税务机关申报抵扣。当月将其中的 80% 用于连续生产化妆品；

(4) 本月附带为一个影视制作公司生产上妆油 5000 盒，并全部销售，不含
　　税售价为 60 元/盒；

(5) 本期购进酒精一吨，取得专用发票，注明不含税售价为 70 000 元；

(6) 本期自某药材基地购进一批中药材根茎，收购凭证注明价款 150 000
　　元，支付运费 18 000 元，取得收据。

本期取得电费和水费专用发票，注明税额分别为 25 800 元和 19 800 元。本
期职工食堂和浴室耗用水、电各自占本期购进比例 15%。

(化妆品的利润率是 5%，关税税率为 6%，本期专用发票均通过认证，A
　　化妆品当期最高不含税价格 295 元/盒)

　　根据上述资料计算下列问题：

　　①当期进口化妆品的应缴纳关税；

　　②当期进口化妆品的进口环节应缴纳的增值税；

　　③当期进口化妆品的进口环节应缴纳的消费税；

　　④本期应纳增值税税额；

　　⑤本期实际应向税务机关缴纳的消费税。

4. 某白酒生产企业（以下简称甲企业）为增值税一般纳税人，2009 年 7 月发
生以下业务：

(1) 向某烟酒专卖店销售粮食白酒 20 吨，开具普通发票，取得含税收入
　　200 万元，另收取品牌使用费 50 万元、包装物租金 20 万元。

(2) 提供 10 万元的原材料委托乙企业加工散装药酒 1000 千克，收回时向
　　乙企业支付不含增值税的加工费 1 万元，乙企业已代收代缴消费税。

(3) 委托加工收回后将其中 900 千克散装药酒继续加工成瓶装药酒 1 800
　　瓶，以每瓶不含税售价 100 元通过非独立核算门市部销售完毕。将剩
　　余 100 千克散装药酒作为福利分给职工，同类药酒的不含税销售价为
　　每千克 150 元。

(说明：药酒的消费税税率为 10%，白酒的消费税税率为 20% 加 0.5 元/
　　500 克)

　　要求：根据上述资料，按照下列序号计算回答问题，每问需计算出合计数。

　　①计算本月甲企业向专卖店销售白酒应缴纳消费税。

　　②计算乙企业已代收代缴消费税。

　　③计算本月甲企业销售瓶装药酒应缴纳消费税。

　　④计算本月甲企业分给职工散装药酒应缴纳消费税。

第四章 营 业 税

学习目标

◆ 了解营业税的含义及其特点；
◆ 理解营业税纳税义务人与扣缴义务人、税目、税率、税收优惠及征收管
　理等基本法律规定；
◆ 掌握营业税应纳税额的计算。

第一节　营业税概述

一、营业税的概念

营业税是对在我国境内提供应税劳务、转让无形资产或销售不动产的单
位和个人，就其营业额征收的一种流转税。

营业税是世界各国普遍征收的一种税。从理论上讲，营业税是以纳税人
从事生产经营活动的营业全额为课税对象征收的一种税，但由于其存在重叠
课税的缺点，大部分课税对象已被增值税包括，因此，营业税的征收范围在
不断地缩小。

我国现行营业税的基本法规，现行我国营业税法的基本规范，是 2008 年
11 月 5 日国务院第 34 次常务会议修订通过的《中华人民共和国营业税暂行条
例》和 2008 年 12 月 15 日财政部、国家税务总局第 52 号令发布的《中华人民
共和国营业税暂行条例实施细则》（以下简称《营业税暂行条例》）。

二、营业税的特点

营业税因具有征收对象广泛、多环节课征、平均税负低、征收简便易行

等特点，成为世界各国普遍征收的一种重要的税种。

（1）营业税一般以营业收入全额征税为计税依据，实行多环节课税。

营业税按照商品流转环节或非商品营业环节征税，每经过一个流转环节，就有一次应税行为，即取得一次营业收入，就要以营业收入全额为依据征收一次营业税，不受成本、费用的影响。这样，能够更好地保证国家及时、稳定、可靠地取得财政收入。

（2）按行业设计差别比例税率或幅度比例税率，税负较低。

由于提供应税劳务、转让无形资产和销售不动产的经营特点不同，各种经营业务盈利水平高低也就不同。营业税按行业设计税目和不同税率，使税负更加公平合理。

（3）计算简便，利于征收管理。

营业税对征税范围、征税对象、税率档次规定的界限清楚，税额计算简单明确，不仅减轻了纳税人计算应纳税额的难度，而且便于理解国家的税收政策，保证计算征收的正确性，减少错征、漏征；同时，适应我国公民税法知识普及程度不高的特点，有利于税收工作的开展。

第二节　营业税的基本法律规定

一、营业税的纳税义务人

（一）基本规定

（1）在中华人民共和国境内提供《中华人民共和国营业税暂行条例》规定的劳务、转让无形资产或者销售不动产的单位和个人，为营业税的纳税人，应当缴纳营业税。

（2）提供条例规定的劳务是指属于交通运输业、建筑业、金融保险业、邮电通信业、文化体育业、娱乐业、服务业税目征收范围的劳务。加工和修理修配劳务属于增值税的征税范围，因此不属于营业税的应税劳务。单位或个体工商户聘用的员工为本单位或雇主提供的劳务，也不属于营业税的应税劳务。

上述保险劳务有两个含义：一是指境内保险机构为境内标的物提供的保险，不包括境内保险机构为出口货物提供的保险；二是指境外保险机构以在境内的物品为标的物所提供的保险。

（3）提供应税劳务、转让无形资产或者销售不动产是指有偿提供应税劳务、有偿转让无形资产或者有偿销售不动产的行为。

(4) 在中华人民共和国境内（以下简称境内）提供条例规定的劳务、转让无形资产或者销售不动产，是指：

① 提供或者接受条例规定劳务的单位或者个人在境内；

② 所转让的无形资产（不含土地使用权）的接受单位或者个人在境内；

③ 所转让或者出租土地使用权的土地在境内；

④ 所销售或者出租的不动产在境内。

（二）特殊规定

(1) 铁路运输的纳税人。

① 中央铁路运营业务的纳税人为铁道部；

② 合资铁路运营业务的纳税人为合资铁路公司；

③ 地方铁路运营业务的纳税人为地方铁路管理机构；

④ 铁路专用线运营业务的纳税人为企业或其指定的管理机构；

⑤ 基建临管线铁路运营业务的纳税人为基建临管线管理机构。

(2) 从事水路运输、航空运输、管道运输或其他陆路运输业务并负有营业税纳税义务的单位，为从事运输业务并计算盈亏的单位。从事运输业务并计算盈亏的单位是指具备以下条件：一是利用运输工具，从事运输业务，取得运输收入；二是在银行开设有结算账户；三是在财务上计算营业收入、营业支出、经营利润。

(3) 单位以承包、承租、挂靠方式经营的，承包人、承租人、挂靠人（以下统称承包人）发生应税行为，承包人以发包人、出租人、被挂靠人（以下统称发包人）名义对外经营并由发包人承担相关法律责任的，以发包人为纳税人；否则以承包人为纳税人。

(4) 建筑安装业务实行分包或转包的，分包或转包者为纳税人。

(5) 金融保险业纳税人包括：

① 银行，包括人民银行、商业银行、政策性银行。

② 信用合作社。

③ 证券公司。

④ 金融租赁公司、证券基金管理公司、财务公司、信托投资公司、证券投资基金。

⑤ 保险公司。

⑥ 其他经中国人民银行、中国证监会、中国保监会批准成立且经营金融保险业务的机构等。

（三）扣缴义务人

在现实生活中，有些具体情况难以确定纳税人，因此税法规定了扣缴义务人。营业税的扣缴义务人主要有以下几种：

（1）委托金融机构发放贷款的，其应纳税款以受托发放贷款的金融机构为扣缴义务人。金融机构接受其他单位或个人的委托，为其办理委托贷款业务时，如果将委托方的资金转给经办机构，由经办机构将资金贷给使用单位或个人，由最终将贷款发放给使用单位或个人并取得贷款利息的经办机构代扣委托方应纳的营业税。

（2）纳税人提供建筑业应税劳务时应按照下列规定确定营业税扣缴义务人：

① 建筑业工程实行总承包、分包方式的，以总承包人为扣缴义务人。

② 纳税人提供建筑业应税劳务，符合以下情形之一的，无论工程是否实行分包，税务机关可以建设单位和个人作为营业税的扣缴义务人：

A. 纳税人从事跨地区（包括省、市、县，下同）工程提供建筑业应税劳务的；

B. 纳税人在劳务发生地没有办理税务登记或临时税务登记的。

（3）境外单位或者个人在境内发生应税行为而在境内未设有机构的，其应纳税款以代理人为扣缴义务人；没有代理人的，以受让者或者购买者为扣缴义务人。

（4）单位或者个人进行演出，由他人售票的，其应纳税款以售票者为扣缴义务人，演出经纪人为个人的，其办理演出业务的应纳税款也以售票者为扣缴义务人。

（5）分保险业务，其应纳税款以初保人为扣缴义务人。

（6）个人转让专利权、非专利技术、商标权、著作权、商誉的，其应纳税款以受让者为扣缴义务人。

（7）委托金融机构发放贷款的，其应纳税款以受托发放贷款的金融机构为扣缴义务人；委托方为纳税人。

（8）财政部规定的其他扣缴义务人。

二、营业税的征收对象

营业税的税目是征税范围的具体化，它按照行业、类别的不同分别设置，不同的税目规定了相应的税率。现行营业税共设置了9个税目。

（一）交通运输业

交通运输是指使用运输工具或人力、畜力将货物或旅客送达目的地，使其空间位置得到转移的业务活动。具体包括：

（1）陆路运输是指通过陆路（地上或地下）运送货物或旅客的运输业务，包括铁路运输、公路运输、缆车运输、索道运输及其他陆路运输。

（2）水路运输是指通过江、河、湖、川等天然、人工水道或海洋航道运送货物或旅客的运输业务。尽管打捞不是运输业务，但与水路运输有着密切的关系，所以打捞也可以比照水路运输的办法征税。

（3）航空运输是指通过空中航线运送货物或旅客的运输业务。与航空直接有关的通用航空业务、航空地面服务业务也按照航空运输业务征税。

（4）管道运输是指通过管道设施输送气体、液体、固体物资的运输业务。

（5）装卸搬运是指使用装卸搬运工具或人力、畜力将货物在运输工具之间、装卸现场之间或运输工具与装卸现场之间进行装卸和搬运的业务。搬家公司业务比照装卸搬运征税。

（6）对远洋运输企业从事程租、期租业务和航空运输企业从事湿租业务取得的收入，按"交通运输业"税目征收营业税。

（7）自2005年6月1日起，对公路经营企业收取的高速公路车辆通行费收入统一减按3%的税率征收营业税。

凡属运营业务以及与运营业务有关的各项劳务活动，均属本项目的征税范围。

（二）建筑业

建筑业是指建筑安装工程作业，具体包括：

（1）建筑，是指新建、改建、扩建各种建筑物、构筑物的工程作业，包括与建筑物相连的各种设备或支柱、操作平台的安装或装饰工程作业，以及各种窑炉和金属结构工程作业在内，但自建自用建筑物，其自建行为不属建筑业的征税范围。出租或投资入股的自建建筑物，也不属于建筑业的征税范围。

（2）安装，是指生产设备、动力设备、起重设备、运输设备、传动设备、医疗实施设备及其他各种设备的装配、安装工程作业，包括与设备相连的工作台、梯子、栏杆以装设工作作业和被安装设备的绝缘、防腐、保温、油漆等工程作业。

（3）修缮，是指对建筑物、构筑物进行修补、加固、养护、改善，使之恢复原来的使用价值或延长其使用期限的工程作业。

（4）装饰，是指对建筑物、构筑物进行装饰，使之美观或具有特定用途的工程作业。

（5）其他工程作业，是指上列工程作业以外的各种工程作业，如代办电信工程、水利工程、道路修建、疏浚、钻井（打井）、拆除建筑物或构筑物、平整土地、搭脚手架、爆破等工程作业。

（6）管道煤气初装费业务，是用于管道煤气工程建设和技术改造，在报装环节一次性向用户收取的费用。

（三）金融保险业

金融保险业是指经营金融、保险的业务。

（1）金融业，是指经营货币资金融通活动的业务。包括贷款（人民银行贷款不征税）、融资租赁、金融商品转让、金融经纪业务和其他金融业务。其中，贷款分为外汇转贷业务和一般贷款业务。

（2）保险业，是指通过契约形式集中保户的资金用以补偿保户因自然灾害等意外事故造成的经济损失的一些经济业务。

（3）对我国境内外资金融机构从事离岸银行业务，属于在我国境内提供应税劳务的，征收营业税。离岸银行业务是指银行吸收非居民的资金，服务于非居民的金融活动，包括：外汇存款、外汇贷款、同业外汇拆借、外汇担保等。

（四）邮电通信业

邮电通信业是指专门办理住处传递的业务，包括邮政、电信。

（1）邮政，是指传递实物至住处的业务，包括传递函件或包件、邮汇、报刊发行、邮务物品销售、邮政储蓄以及其他邮政业务。

（2）电信，是指用各种电传设备传输电信号来传递信息的业务，包括电报、电传、电话、电话机安装、电信物品销售及其他电信业务。

（五）文化体育业

文化体育业是指经营文化、体育活动的业务，包括文化业和体育业。

（1）文化业，是指经营文化活动的业务，包括表演、播映、经营游览场所和展览、培训活动等。

（2）体育业，是指举办各种体育比赛和为体育比赛或体育活动提供场所的业务，但不包括以租赁方式为文化活动、体育比赛提供场所的行为。

（六）娱乐业

娱乐业是指为娱乐活动提供场所和服务的业务，包括：经营歌厅、舞厅、卡拉 OK 歌舞厅、音乐茶座、台球、高尔夫球场、保龄球场、游艺场等娱乐场所，以及娱乐场所为顾客进行娱乐活动提供服务的业务，包括娱乐场所为顾客提供饮食服务业务。

（七）服务业

服务业是指利用设备、工具、场所、信息或技能为社会提供服务的业务，包括：代理业、旅店业、饮食业、旅游业、仓储业、租赁业、广告业和其他服务业，但融资租赁业不属于服务业的征税范围。

（1）单位和个人在旅游景点经营索道取得的收入按"服务业"税目"旅游业"项目征收营业税。

（2）对远洋运输企业从事光租业务和航空运输企业从事干租业务取得的收入，按"服务业"税目中的"租赁业"项目征收营业税。

光租业务，是指远洋运输企业将船舶在约定的时间内出租给他人使用，不配备操作人员，不承担运输过程中发生的各种费用，只收取固定租赁费的业务。

干租业务，是指航空运输企业将飞机在约定的时间内出租给他人使用，不配备机组人员，不承担运输过程中发生的各种费用，只收取固定租赁费的业务。

（3）自2002年1月1日起，福利彩票机构发行销售福利彩票取得的收入不征收营业税。对福利彩票机构以外的代销单位销售福利彩票取得的手续费收入应按规定征收营业税。"福利彩票机构"包括福利彩票销售管理机构和与销售管理机构签有电脑福利彩票投注站代理销售协议书并直接接受福利彩票销售管理机构的监督管理的电脑福利彩票投注站。

（4）对社保基金投资管理人、社保基金托管人从事社保基金管理活动取得的收入，依照税法的规定征收营业税。

（5）交通部门有偿转让高速公路收费权行为，属于营业征收范围，应按"服务业"税目中的"租赁"项目征收营业税。

（6）无船承运业务应按照"服务业——代理业"税目征收营业税。

无船承运业务是指无船承运业务经营者以承运人身份接受托运人的货载，签发自己的提单或其他运输单证，向托运人收取运费，通过国际船舶运输经营者完成国际海上货物运输，承担承运人责任的国际海上运输经营活动。

（7）酒店产权式经营业主在约定的时间内提供房产使用权与酒店进行合作经营，如房产产权并未归属新的经济实体，业主按照约定取得的固定收入和分红收入均应视为租金收入，根据有关税收法律、行政法规的规定，应按照"服务业——租赁业"征收营业税。

（8）对港口设施经营人收取的港口设施保安费，应按照"服务业"税目全额征收营业税，同时并入其应纳税所得额中计征企业所得税；缴纳港口设施保安费的外贸进出口货物（含集装箱）的托运人（或其代理人）或收货人（或其代理人）等单位不得在其计算缴纳企业所得税时作税前扣除。

（9）单位和个人受托种植植物、饲养动物的行为，应按照营业税"服务业"税目征收营业税，不征收增值税。

（八）转让无形资产

转让无形资产是指无形资产的使用权或所有权转让给他人的行为，包括转让土地使用权、转让商标权、转让专利权、转让非专利技术、转让著作权、转让商誉。

自 2003 年 1 月 1 日起，以无形资产投资入股，参与接受投资方的利润分配、共同承担投资风险的行为，不征收营业税。在投资后转让其股权的也不征收营业税。

（九）销售不动产

销售不动产是指有偿转让不动产所有权的行为，包括销售建筑物或构筑物、销售其他土地附着物。自 2003 年 1 月 1 日起，以不动产投资入股，参与接受投资方利润分配、共同承担投资风险的行为，不征营业税。在投资后转让其股权的也不征收营业税。

单位或者个人将不动产或者土地使用权无偿赠送其他单位或者个人，视同发生应税行为按规定征收营业税；单位或者个人自己新建（以下简称"自建"）建筑物后销售，其所发生的自建行为，视同发生应税行为按规定征收营业税。

三、税率

（一）营业税税率基本规定

（1）交通运输业、建筑业、邮电通信业、文化体育业，税率为 3%。

（2）服务业、销售不动产、转让无形资产，税率为 5%。

（3）金融保险业税率为 5%。

（4）娱乐业执行 5%～20% 的幅度税率，具体适用的税率，由各省、自治区、直辖市人民政府根据当地的实际情况在税法规定的幅度内决定。

（二）其他相关规定

从 2001 年 5 月 1 日起，对夜总会、歌厅、舞厅、射击、狩猎、跑马、游戏、高尔夫球、游艺、电子游戏厅等娱乐行为一律按 20% 的税率征收营业税。

自 2001 年 10 月 1 日起，对农村信用社减按 5％的税率计征营业税。

自 2004 年 7 月 1 日起，保龄球、台球减按 5％的税率征收营业税，税目仍属于"娱乐业"。

第三节 营业税的计算和征收

一、营业税的计算

纳税人提供应税劳务、转让无形资产或者销售不动产，按照营业额和规定的税率计算应纳税额。其计算公式为：

应纳税额＝营业额×税率

营业税应纳税额的计算取决于计税依据和营业税率。营业税的计税依据是营业额。

纳税人的营业额为纳税人提供应税劳务、转让无形资产或者销售不动产向对方收取的全部价款和价外费用。价外费用包括向对方收取的手续费、基金、集资费、代收款项、代垫款项及其他各种性质的价外收费。凡价外费用，无论会计制度规定如何核算，均应并入营业额计算应纳税额。

作为营业税计税依据的营业额，其构成因不同行业或同一行业的不同经营业务而有所不同，因此，对某些较为特殊的行业或经营业务，需要专门确定其营业额，计算营业税。具体规定按行业分述如下。

（一）交通运输业应纳税额的计算

（1）交通运输业的营业额一般包括客运收入、货运收入、装卸搬运收入、其他运输业务收入和运输票价中包含的保险费收入以及随同票价、运价向客户收取的各种建设基金等。

（2）纳税人将承揽的运输业务分给其他单位或者个人的，以其取得的全部价款和价外费用扣除支付给其他单位或者个人的运输费用后的余额为营业额。

（3）运输企业自境内运送旅客或货物出境，在境外改由其他运输企业承运旅客或货物的，以全程运费减去付给该承运企业的运费后的余额为营业额。

自 2010 年 1 月 1 日起，对中华人民共和国境内（以下简称境内）单位或者个人提供的国际运输劳务免征营业税。国际运输劳务是指：①在境内载运旅客或者货物出境。②在境外载运旅客或者货物入境。③在境外发生载运旅客或者货物的行为。本通知自 2010 年 1 月 1 日起执行，2010 年 1 月 1 日至文到之日已征的应予免征的营业税税额在纳税人以后的应纳营业税税额中抵减或者予以退税。

（4）运输企业从事联运业务，以其实际取得的营业额为计税依据，即以收到的收入扣除支付给以后的承运者的运费、装卸费、换装费等费用后的余额为计税营业额。联运业务是指两个以上运输企业完成旅客或货物从发送地点至到达地点所进行的运输业务，联运的特点是一次购买、一次收费、一票到底。

【例题4—1】公路客运公司与某船公司开展联运业务，由公路客运公司收取从北京到大连的运费20万元，支付给船公司8万元，计算该公路客运公司应缴纳营业税。

应纳营业税＝（200 000－80 000）×3%＝3600（元）

（二）建筑业应纳税额的计算

建筑业的营业额为建筑安装企业承接建筑、安装、修缮、装饰和其他工程作业向建设单位收取的工程价款（即工程造价）及工程价款之外收取的各种费用。工程价款由直接费用、间接费用、计划利润和应交税费四部分组成。工程价款之外收取的费用包括临时设施费、劳动保护费和施工机构迁移费，以及施工企业收取的材料差价款、抢工费、全优工程奖和提前竣工奖等。同时，还应注意以下规定：

（1）建筑业的总承包人将工程分包或者转包给他人，以工程的全部承包额减去付给分包人或者转包人的价款后的余额为营业额。

（2）纳税人提供建筑业劳务（不含装饰劳务）的，其营业额应当包括工程所用原材料、设备及其他物资和动力价款在内，但不包括建设方提供的设备的价款。从事安装工程作业，安装设备价值作为安装工程产值的，营业额包括设备的价款。从事装饰劳务的营业额为取得的全部价款和价外费用，包括人工费、管理费和辅助材料费等，但不包括原料、主料的价款。

【例题4—2】某公司承包某宾馆室内装修工程，装饰、装修劳务费1300万元、辅助材料费用50万元；宾馆自行采购的材料价款2400万元及中央空调设备价款120万元。计算该公司装饰装修劳务收入应缴纳营业税。

应纳营业税＝（1300＋50）×3%＝40.5（万元）

（3）自建行为和单位或个人将不动产无偿赠与他人，由主管税务机关按照相关规定核定营业额。

自建行为是指纳税人自己建造房屋的行为。纳税人自建自用的房屋不纳税；如纳税人（包括个人自建自用住房销售）将自建的房屋对外销售，其自建行为应按建筑业缴纳营业税，再按销售不动产征收营业税。

另外，单位和个人将自建不动产无偿赠送他人，视同销售不动产，也按照上述公式计算营业税。

其中建筑业应纳税额公式为：

应纳税额＝组成计税价格×3％

　　组价＝工程成本×（1＋成本利润率）÷（1－3％）

销售不动产应纳税额公式为：应纳税额＝销售价格×5％

【例题 4－3】 某建筑公司自建楼房一栋竣工，建筑安装总成本 4000 万元，将其 40％售给另一单位，其余自用，总售价 7000 万元，本月预收 5000 万元。（当地营业税成本利润率为 10％）

建筑企业自建不动产自用部分不纳营业税，自建不动产出售部分应交两个税目的营业税：

① 按建筑业营业税＝组价×3％＝｛［4000×40％×（1＋10％）］÷（1－3％）｝×3％＝54.43（万元）

② 按销售不动产营业税＝售价（预收款）×5％＝5000×5％＝250（万元）

自建不动产出售共纳营业税＝54.43＋250＝304.43（万元）

（三）金融保险业应纳税额的计算

1. 金融业的营业额应根据其从事的具体业务分别确定

（1）贷款业务，即将资金贷与他人使用的业务，包括一般贷款和外汇转贷。

一般贷款（即自有资金贷款）应以纳税人发放贷款所取得的利息收入全额为营业额征收营业税。除中国人民银行对金融机构的贷款业务不征收营业税外，其他不论是否为金融机构，只要发生将资金贷与他人使用的行为均应视为发生贷款行为，按贷款业务征收营业税。对金融机构当期实际收到的结算罚款、罚息、加息等收入，应并入营业额征收营业税。典当业的抵押贷款业务，无论其资金来源如何，均按自有资金贷款业务计税，即以经营者取得的利息和其他各种费用等全额为营业额征收营业税。

转贷业务：各银行（不包括中国银行）总行统一从境外借入外汇资金，再通过其所属分支机构贷给用户的，由所属分支机构按向用户所收取的贷款利息，减除支付给境外的借款利息支出后的余额为营业额计算纳税。中国银行总行统一从境外借入外汇资金，再通过其所属的分支机构贷给用户的，由所属分支机构按所收利息全额缴纳营业税，向境外支付的借款利息支出由总行从其营业额中统一减除。

（2）金融商品转让，是指转让外汇、有价证券或非货物期货所有权的行为，包括股票转让、债券转让、外汇转让和其他金融商品转让。该类业务应以卖出价减去买入价后的余额为营业额，即：

营业额＝卖出价－买入价

卖出价是指卖出原价，不得扣除卖出过程中支付的各种费用和税金。买入价是指购入原价，不得扣除购入过程中支付的各种费用和税金。依照财务会计制度规定，购入股票、债券持有期间取得的红利收入可以扣除。非金融机构和个人买卖外汇、有价证券、期货，不征营业税。

【例题 4－4】 某金融企业从事债券买卖业务，2010 年 8 月购入 A 债券购入价 50 万元，B 债券购入价 80 万元，共支付相关费用和税金 1.3 万元；当月又将债券卖出，A 债券售出价 55 万元，B 债券售出价 78 万元，共支付相关费用和税金 1.33 万元。计算该金融企业当月应纳营业税。

应纳营业税＝[(55－50)＋(78－80)]×5%＝0.15（万元）

（3）金融经纪业务和其他金融业务以金融服务手续费等收入为营业额。金融企业从事受托收款业务，如代收电话费、学杂费、交通违章罚款等，以全部收入减去支付给委托方价款后的余额为营业额。

（4）融资租赁业务，是指经主管机关批准可从事融资租赁业务的单位所从事的具有融资性质和所有权转移特点的设备租赁业务。融资租赁业务应以其向承租人收取的全部价款和价外费用（包括残值）减去出租方承担的出租货物的实际成本后的余额，以直线法折算出本期营业额。计算公式为：

本期营业额＝(收取的全部价款和价外费用－实际成本)×本期天数/总天数

上述出租货物的实际成本包括由出租方承担的货物买入价、关税、增值税、消费税、运杂费、安装费、保险费和纳税人为购买出租货物而发生的贷款利息等费用。

【例题 4－5】 一项融资租赁业务，租赁费 500 万元，设备买价 400 万元，租期两年。计算本期（月）营业税。

应纳营业税＝(500－400)×(30÷720)×5%≈0.21（万元）

2. 保险业确定营业额时应注意以下规定

（1）办理初保业务。营业额为纳税人经营保险业务向对方收取的全部价款，即向被保险人收取的全部保险费。

（2）储金业务。保险公司如采用收取储金方式取得经济利益的（即以被保险人所交保险资金的利息收入作为保费收入，保险期满后将保险资金本金返还被保险人），其"储金业务"的营业额，为纳税人在纳税期内的储金平均余额乘以人民银行公布的 1 年期存款的月利率。储金平均余额为纳税期期初储金余额与期末余额之和乘以 50%。

(3) 保险企业已征收过营业税的应收未收保费，凡在财务会计制度规定的核算期限内未收回的，允许从营业额中减除。在会计核算期限以后收回的已冲减的应收未收保费，再并入当期营业额中。

(4) 保险企业开展无赔偿奖励业务的，以向投保人实际收取的保费为营业额。

(5) 中华人民共和国境内的保险人将其承保的以境内标的物为保险标的的保险业务向境外再保险人办理分保的，以全部保费收入减去分保保费后的余额为营业额。境外再保险人应就其分保收入承担营业税纳税义务，并由境内保险人扣缴境外再保险人应缴纳的营业税税款。

例如，中国人民保险公司初保为 1 亿元，分保给澳大利亚的保险公司3000 万元，中国人民保险公司应就 7000 万元缴纳营业税，并代扣代缴澳大利亚的保险公司 3000 万元的营业税，如果发生理赔事项，则中国人民保险公司先行赔付，再向分保人要理赔。

(四) 邮电通信业应纳税额的计算

邮电通信业的营业额一般为收入全额，即邮电部门向用户收取的全部价款和价外费用。但多方合作提供服务的，以收入总额减去付给合作方价款后的余额为营业额。

(1) 电信部门以集中受理方式为集团客户提供跨省的出租电路业务，由受理地区的电信部门按取得的全部价款减除分割给参与提供跨省电信业务的电信部门的价款后的差额为营业额计征营业税；对参与提供跨省电信业务的电信部门，按各自取得的全部价款为营业额计征营业税。

(2) 邮政电信单位与其他单位合作，共同为用户提供邮政电信业务及其他服务并由邮政电信单位统一收取价款的，以全部收入减去支付给合作方价款后的余额为营业额。

(3) 中国移动通信集团公司通过手机短信公益特服号 "8858" 为中国儿童少年基金会接受捐款业务，以全部收入减去支付给中国儿童少年基金会的价款后的余额为营业额。

(4) 电信单位销售的有价电话卡：以按面值确认的收入减去当期财务会计上体现的销售折扣折让后的余额为营业额。

（五）文化体育业

单位或个人进行演出，以全部票价收入或者包场收入减去付给提供演出场所的单位、演出公司或者经纪人的费用后的余额为营业额。

提供演出场所的单位取得的场租收入按照"服务业——租赁业"计税，演出公司或经纪人取得收入按照"服务业——代理业"征税。

（六）娱乐业

娱乐业的营业额为经营娱乐业收取的全部价款和价外费用，包括门票收费、台位费、点歌费、烟酒、饮料、茶水、鲜花、小吃等收费及经营娱乐业的其他各项收费。

（七）服务业

（1）代理业以纳税人从事代理业务向委托方实际收取的报酬为营业额。

（2）电脑福利彩票投注点代销福利彩票取得的任何形式的手续费收入，应照章征收营业税。

（3）广告代理业的营业额为代理者向委托方收取的全部价款和价外费用减去付给广告发布者的广告发布费后的余额，但不得扣除广告制作成本。

（4）对拍卖行向委托方收取的手续费应征收营业税。

（5）旅游企业组织旅游团到中华人民共和国境外旅游，在境外改由其他旅游企业接团，以全程旅游费减去付给该接团企业的旅游费后的余额为营业额。

（6）纳税人从事旅游业务的，以其取得的全部价款和价外费用扣除替旅游者支付给其他单位或者个人的住宿费、餐费、交通费、旅游景点门票和支付给其他接团旅游企业的旅游费后的余额为营业额。

（7）对单位和个人在旅游景区经营旅游游船、观光电梯、观光电车、景区环保客运车所取得的收入应按"服务业——旅游业"征收营业税。

单位和个人在旅游景区兼有不同税目应税行为并采取"一票制"收费方式的，应当分别核算不同税目的营业额；未分别核算或核算不清的，从高适用税率。

（8）对经过国家版权局注册登记，在销售时一并转让著作权、所有权的计算机软件征收营业税。计算机软件产品是指记载有计算机程序及其有关文档的存储介质（包括软盘、硬盘、光盘等）。

（9）境内单位派出本单位的员工赴境外，为境外企业提供劳务服务，不属于在境内提供应税劳务。对境内企业外派本单位员工赴境外从事劳务服务取得的各项收入，不征营业税。

（10）从事物业管理的单位，以与物业管理有关的全部收入减去代业主支付的水、电、燃气以及代承租者支付的水、电、燃气、房屋租金的价款后的余额为营业额。

（11）纳税人从事无船承运业务，以其向委托人收取的全部价款和价外费用扣除其支付的海运费以及报关、港杂、装卸费用后的余额为计税营业额申报缴纳营业税。

纳税人从事无船承运业务，应按照其从事无船承运业务取得的全部价款和价外费用向委托人开具发票，同时应凭其取得的开具给本纳税人的发票或其他合法有效凭证作为差额缴纳营业税的扣除凭证。

（八）销售不动产或受让土地使用权

（1）单位和个人销售或转让其购置的不动产或受让的土地使用权，以全部收入减去不动产或土地使用权的购置或受让原价后的余额为营业额。

（2）单位和个人销售或转让抵债所得的不动产、土地使用权的，以全部收入减去抵债时该项不动产或土地使用权作价后的余额为营业额。

（3）纳税人销售新建成的房地产项目或旧的自建项目，以销售收入全额为营业税计税依据。

（4）2011年1月27日，财政部公布了《关于调整个人住房转让营业税政策的通知》，规定个人将购买不足5年的住房对外销售的，全额征收营业税；个人将购买超过5年（含5年）的非普通住房对外销售的，按照其销售收入减去购买房屋的价款后的差额征收营业税；个人将购买超过5年（含5年）的普通住房对外销售的，免征营业税。

【例题4-6】 某生产企业转让10年前建成的旧生产车间，取得收入1200万元，该车间的原值为1000万元，已提取折旧400万元。还转让一块土地使用权，取得收入560万元，年初取得该土地使用权时支付金额420万元，转让时发生相关费用6万元。

要求：计算该企业应缴纳的营业税。

应缴纳营业税＝1200×5％＋（560－420）×5％＝67（万元）

（九）对于纳税人提供劳务、转让无形资产或销售不动产价格明显偏低而无正当理由的，或者视同发生应税行为而无营业额的，税务机关可按下列顺序确定其营业额

（1）按纳税人最近时期发生同类应税行为的平均价格核定；

（2）按其他纳税人最近时期发生同类应税行为的平均价格核定；

（3）按下列公式核定：

营业额＝营业成本或者工程成本×(1＋成本利润率)÷(1－营业税税率)

公式中的成本利润率，由省、自治区、直辖市税务局确定。

【例题 4—7】某广告公司 2004 年 4 月发生以下业务：取得广告业务收入为 94 万元，营业成本为 90 万元，支付给某电视台的广告发布费为 25 万元，支付给某报社的广告发布费为 18 万元。经主管税务机关审核，认为其广告收费明显偏低，且无正当理由，又无同类广告可比价格，于是决定重新审核其计税价格（核定的成本利润率为 16％）。

要求：计算该广告公司当月应纳营业税税额。

广告业务的计税营业额＝90×(1＋16％)÷(1－5％)＝109.89（万元）

应纳营业税＝(109.89－25－18)×5％＝3.34（万元）

（十）营业额的其他规定

（1）纳税人的营业额计算缴纳营业税后因发生退款减除营业额的，应当退还已缴纳营业税税款或者从纳税人以后的应缴纳营业税税额中减除。

（2）纳税人发生应税行为，如果将价款与折扣额在同一张发票上注明的，以折扣后的价款为营业额；如果将折扣额另开发票的，不论其在财务上如何处理，均不得从营业额中扣除。

电信单位销售的各种有价电话卡，由于其计费系统只能按有价电话卡面值出账并按有价电话卡面值确认收入，不能直接在销售发票上注明折扣折让额，以按面值确认的收入减去当期财务会计上体现的销售折扣折让后的余额为营业额。

（3）单位和个人提供应税劳务、转让无形资产和销售不动产时，因受让方违约而从受让方取得的赔偿金收入，应并入营业额中征收营业税。

（4）单位和个人因财务会计核算办法改变，将已缴纳过营业税的预收性质的价款逐期转为营业收入时，允许从营业额中减除。

（5）劳务公司接受用工单位的委托，为其安排劳动力，凡用工单位将其应支付给劳动力的工资和为劳动力上缴的社会保险（包括养老保险金、医疗保险、失业保险、工伤保险等，下同）以及住房公积金统一交给劳务公司代为发放或办理的，以劳务公司从用工单位收取的全部价款减去代收转付给劳动力的工资和为劳动力办理社会保险及住房公积金后的余额为营业额。

（6）通信线路工程和输送管道工程所使用的电缆、光缆和构成管道工程主体的防腐管段、管件（弯头、三通、冷弯管、绝缘接头）清管器、收发球筒、机泵、加热炉、金属容器等物品均属于设备，其价值不包括在工程的计税营业额中。

其他建筑安装工程的计税营业额也不应包括设备价值，具体设备名单可由省级地方税务机关根据各自实际情况列举。

(7) 中国石油化工集团公司土地租金收入征收营业税的规定。

为了支持石化集团公司调整优化产业结构，又不影响土地所在地营业税收入的转移，自 2004 年 1 月 1 日起，石化集团公司总部直接集中收取的土地租金收入按以下规定缴纳营业税：

① 石化集团公司在全国各地取得的土地租金收入向其土地使用地主管税务机关申报缴纳营业税。

② 石化集团公司可根据实际收取的土地租金，向支付土地租金的石化股份公司有关分（子）公司开具由北京市地方税务局监制的发票。所开发票票面必须载明付款单位全称、土地租用面积、单价、总价金额、开票日期等内容。

③ 石化集团公司总部集中收取的土地租金，减除在各省市已缴纳营业税（凭各省市地方税务局开具的完税凭证）后的租金的余额，作为其在北京计算缴纳营业税的营业额，向北京市地方税务局申报缴纳营业税。

(8) 自 2004 年 12 月 1 日起，营业税纳税人购置税控收款机，经主管税务机关审核批准后，可凭购进税控收款机取得的增值税专用发票，按照发票上注明的增值税税额，抵免当期应纳营业税税额，或者按照购进税控收款机取得的普通发票上注明的价款，依下列公式计算可抵免税额：

$$可抵免税额＝价款÷(1＋17\%)×17\%$$

当期应纳税额不足抵免的，未抵免部分可在下期继续抵免。

(9) 纳税人提供应税劳务向对方收取的全部价款和价外费用，按相关规定可以扣除部分金额后确定营业额的，其扣除的金额应提供下列相关的合法有效凭证：

① 支付给境内单位或者个人的款项，且该单位或者个人发生的行为属于营业税或者增值税征收范围的，以该单位或者个人开具的发票为合法有效凭证；

② 支付的行政事业性收费或者政府性基金，以开具的财政票据为合法有效凭证；

③ 支付给境外单位或者个人的款项，以该单位或者个人的签收单据为合法有效凭证，税务机关对签收单据有疑义的，可以要求其提供境外公证机构的确认证明；

④ 国家税务总局规定的其他合法有效凭证。

(十一) 几种经营行为应纳税额计算的说明

1. 兼营不同税目的应税行为

纳税人兼营不同税目应税行为的，应当分别核算不同税目的营业额，然后按各自的适用税率计算应纳税额；未分别核算的，从高适用税率计算应纳税额。

2. 混合销售行为

从事货物的生产、批发或零售的企业、企业性单位及个体经营者的混合销售行为，视为销售货物，销售额合并征收增值税，不征收营业税；其他单位和个人的混合销售行为，视为提供应税劳务，销售额合并征收营业税。

3. 兼营非应税劳务

纳税人同时经营应交增值税的劳务、货物以及应交营业税的劳务的，应分别核算应交增值税的销售额和应交营业税的销售额。不分别核算或不能准确核算的，由主管税务机关核定其营业额。

纳税人兼营免税、减税项目的，应当单独核算免税、减税项目的营业额；未单独核算营业额的，不得免税、减税。

(十二) 营业税与增值税征税范围的划分

纳税人的下列混合销售行为，应当分别核算应税劳务的营业额和货物的销售额，其应税劳务的营业额缴纳营业税，货物销售额不缴纳营业税；未分别核算的，由主管税务机关核定其应税劳务的营业额。

1. 建筑业务征税问题

基本建设单位和从事建筑安装业务的企业附设的工厂、车间生产的水泥预制构件、其他构件或建筑材料，用于本单位或本企业的建筑工程的，应在移送使用时征收增值税。但对其在建筑现场制造的预制构件，凡直接用于本单位或本企业建筑工程的，征收营业税，不征收增值税。

2. 邮电业务征税问题

(1) 集邮商品的生产征收增值税。邮政部门（含集邮公司）销售集邮商品，应当征收营业税；邮政部门以外的其他单位与个人销售集邮商品，征收增值税。集邮是指收集和保存各种邮票以及与邮政相联系的其他邮品的活动。

集邮商品指邮票、小型张、小本票、明信片、首日封、邮折、集邮簿、邮盘、邮票目录、护邮袋、贴片等。

(2) 邮政部门发行报刊，征收营业税；其他单位和个人发行报刊，征收增值税。

报刊发行是指邮政部门代出版单位收订、投递和销售各种报纸、杂志的业务。

（3）电信单位自己销售电信物品，并为客户提供有关的电信劳务服务的，征收营业税；对单纯销售无线寻呼机、移动电话等不提供有关的电信劳务服务的，征收增值税。电信物品是指电信业务专用或通用的物品，如无线寻呼机、移动电话、电话机及其他电信器材等。

3. 服务业务征税问题

（1）代购代销的征税问题。

代购代销货物本身的经营活动属于购销货物，在其经营过程中，货物实现了有偿转让，应属增值税的征收范围。

营业税对代购代销货物征税，不是针对货物有偿转让这个过程的经营业务，而是对代理者为委托方提供的代购或代销货物的劳务行为征税。这是由代购或代销本身内涵所确定的。

所谓代购货物，是指受托方按照协议或委托方的要求，从事商品的购买，并按发票购进价格与委托方结算（原票转交）。如果受托方在代购货物后按原价与委托方结算，则只需就货物销售征收增值税，而没有征收营业税问题了。但受托方在这个过程中提供了劳务，就需要取得经济利益。因此，受托方要按购进额收取一定的手续费，这就是受托方为委托方提供劳务而取得的报酬，也就是营业税规定要征税的范围。

例如，某机械厂委托金属材料公司代购钢材，事先预付一笔周转金50万元，该金属材料公司代购钢材后按实际购进价格向工厂结算，并将销货方开具给委托方的增值税专用发票原票转交，共计支付价税合计金额46万元，另扣5％的手续费2.3万元，并单独开具发票收取，收取的2.3万元手续费即为营业税征收范围。

如果该公司将增值税专用发票不转交工厂，先购进钢材，增值税专用发票自留，并照原购进发票的原价，另外用本公司的增值税专用发票填开给机械厂，同时再按原协议收取手续费。这种情况下，金属材料公司的所谓代购钢材行为，便成了自营钢材行为，所收取的手续费属于销售货物时所收取的价外费用，应当并入货物的销售额征收增值税。

由此可见，代购货物行为，凡同时具备以下条件的，不论企业的财务和会计账务如何处理，均应征收营业税：第一，受托方不垫付资金；第二，销货方将增值税专用发票开具给委托方，并由受托方将该项发票转交给委托方；第三，受托方按代购实际发生的销售额和增值税税额与委托方结算货款，并另收取手续费。

所谓代销，是指受托方按委托方的要求销售委托方的货物，并收取手续费的经营活动。仅就销售货物环节而言，它与代购一样也属增值税的征收范围。但受托方提供了劳务，就要取得一定的报酬，因而，要收取一定的手续费。营业税是对受托方提供代销货物业务的劳务所取得的手续费征税。掌握代销货物的关键，是受托方以委托方的名义，从事销售委托方的货物的活动，对代销货物发生的质量问题以及法律责任，都由委托方负责。

（2）随汽车销售提供的汽车按揭服务和代办服务业务征收增值税，单独提供按揭、代办服务业务并不销售汽车的，应征收营业税。

（3）燃气公司和生产、销售货物或提供增值税应税劳务的单位，在销售货物或提供增值税应税劳务时，代有关部门向购买方收取的集资费，包括管道煤气集资款（初装费）、手续费、代收款等，属于增值税价外收费，应征收增值税，不征收营业税。

4. 销售自产货物提供增值税应税劳务并同时提供建筑业劳务的征税问题

自 2002 年 9 月 1 日起，纳税人销售自产货物提供增值税应税劳务并同时提供建筑业劳务，依据以下规定执行。9 月 1 日前已按原有关规定征收税款的不再做纳税调整

（1）纳税人以签订建设工程施工总包或分包合同（包括建筑、安装、装饰、修缮等工程总包和分包合同，下同）方式开展经营活动时，销售自产货物、提供增值税应税劳务并同时提供建筑业劳务（包括建筑、安装、修缮、装饰、其他工程作业，下同），同时符合以下条件的，对销售自产货物和提供增值税应税劳务取得的收入征收增值税，提供建筑业劳务收入（不包括按规定应征收增值税的自产货物和增值税应税劳务收入）征收营业税：

① 具备建设行政部门批准的建筑业施工（安装）资质；

② 签订建设工程施工总包或分包合同中单独注明建筑业劳务价款。

凡不同时符合以上条件的，对纳税人取得的全部收入征收增值税，不征收营业税。

以上所称建筑业劳务收入，以签订的建设工程施工总包或分包合同上注明的建筑业劳务价款为准。

纳税人通过签订建设工程施工合同，销售自产货物、提供增值税应税劳务的同时，将建筑业劳务分包或转包给其他单位和个人的，对其销售的货物和提供的增值税应税劳务征收增值税；同时，签订建设工程施工总承包合同的单位和个人，应扣缴提供建筑业劳务的单位和个人取得的建筑业劳务收入的营业税。

自 2006 年 5 月 1 日起，纳税人销售自产建筑防水材料的同时提供建筑业劳务，凡符合《国家税务总局关于纳税人销售自产货物提供增值税劳务并同时提供建筑业劳务征收流转税问题的通知》（国税发［2002］117 号）规定条

件的，按照该文件的有关规定征收增值税、营业税。

（2）扣缴分包人营业税的规定。不论签订建设工程施工合同的总承包人是销售自产货物、提供增值税应税劳务并提供建筑业劳务的单位和个人，还是仅销售自产货物、提供增值税应税劳务不提供建筑业劳务的单位和个人，均应当扣缴分包人或转包人（以下简称分包人）的营业税。

① 如果分包人是销售自产货物、提供增值税应税劳务并提供建筑业劳务的单位和个人，总承包人在扣缴建筑业营业税时的营业额为除自产货物、增值税应税劳务以外的价款。

② 除本条第一款规定以外的分包人，总承包人在扣缴建筑业营业税时的营业额为分包额。

（3）自产货物是指：

①金属结构件，包括活动板房、钢结构房、钢结构产品、金属网架等产品；

② 铝合金门窗；

③ 玻璃幕墙；

④ 机器设备、电子通信设备；

⑤ 国家税务总局规定的其他自产货物。

（4）纳税人是指从事货物生产的单位或个人。

纳税人销售自产货物、提供增值税应税劳务并同时提供建筑业劳务，应向营业税应税劳务发生地地方税务局提供其机构所在地主管国家税务局出具的纳税人属于从事货物生产的单位或个人的证明，营业税应税劳务发生地地方税务局根据纳税人持有的证明按本规定征收营业税。

（5）纳税人按照客户要求，为钻井作业提供泥浆和工程技术服务的行为，应按提供泥浆工程劳务项目，照章征收营业税，不征收增值税。

5. 商业企业向货物供应方收取的部分费用征收流转税问题

自 2004 年 7 月 1 日起，对商业企业向供货方收取的与商品销售量、销售额无必然联系，且商业企业向供货方提供一定劳务的收入。例如，进场费、广告促销费、上架费、展示费、管理费等，不属于平销返利，不冲减当期增值税进项税额，应按营业税的适用税目税率（5％）征收营业税。

商业企业向供货方收取的各种收入，一律不得开具增值税专用发票。

二、税收优惠

（一）起征点

对于经营营业税应税项目的个人，营业税规定了起征点。营业额达到或超过起征点即照章全额计算纳税，营业额低于起征点则免予征收营业税。税法规定的起征点如下：

（1）按期纳税的（除另有规定外）为月营业额 1000～5000 元；

（2）按次纳税的（除另有规定外）为每次（日）营业额 100 元。

各省、自治区、直辖市人民政府所属地方税务机关可以在规定的幅度内，根据当地实际情况确定本地区适用的起征点，并报财政部、国家税务总局备案。

（二）税收优惠规定根据《营业税暂行条例》的规定，下列项目免征营业税

（1）托儿所、幼儿园、养老院、残疾人福利机构提供的育养服务、婚姻介绍、殡葬服务。

（2）残疾人员个人为社会提供的劳务。

（3）学校和其他教育机构提供的教育劳务，学生勤工俭学提供的劳务。学校和其他教育机构是指普通学校以及经地、市级以上人民政府或者同级政府的教育行政部门批准成立、国家承认其学员学历的各类学校。

（4）农业机耕、排灌、病虫害防治、植保、农牧保险以及相关技术培训业务，家禽、牲畜、水生动物的配种和疾病防治。

（5）纪念馆、博物馆、文化馆、美术馆、展览馆、书画院、图书馆、文物保护单位举办文化活动的门票收入，宗教场所举办文化、宗教活动的门票收入。

（三）国务院规定的免税项目

（1）保险公司开展的 1 年期以上返还性人身保险业务的保费收入免征营业税。

返还性人身保险业务是指保期 1 年以上（包括 1 年期），到期返还本利的普通人寿保险、养老金保险、健康保险。

对保险公司开办的普通人寿保险、养老金保险、健康保险的具体险种，凡经财政部、国家税务总局审核并列入免税名单的可免征营业税，未列入免税名单的一律征收营业税。

（2）对单位和个人（包括外商投资企业、外商投资设立的研究开发中心、外国企业和外籍个人）从事技术转让、技术开发业务和与之相关的技术咨询、技术服务业务取得的收入，免征营业税。技术转让是指转让者将其拥有的专利和非专利技术的所有权或使用权有偿转让他人的行为；技术开发是指开发者接受他人委托，就新技术、新产品、新工艺或者新材料及其系统进行研究开发的行为；技术咨询是指就特定技术项目提供可行性论证、技术预测、专题技术调查、分析评价报告等；与技术转让、技术开发相关的技术咨询、技术服务业务是指转让方（或受托方）根据技术转让或开发合同的规定，为帮助受让方（或委托方）掌握所转让（或委托开发）的技术，而提供的技术咨询、技术服务业务。

《财政部、国家税务总局关于贯彻落实〈中共中央、国务院关于加强技术创新，发展高科技，实现产业化的决定〉有关税收问题的通知》（财税字〔1999〕273号）中免征营业税的技术开发、技术转让业务，是指自然科学领域的技术开发和技术转让业务。

（3）个人转让著作权，免征营业税。

（4）将土地使用权转让给农业生产者用于农业生产，免征营业税。

（5）工会疗养院（所）可视为"其他医疗机构"，免征营业税。

（6）凡经中央及省级财政部门批准纳入预算管理或财政专户管理的行政事业性收费、基金，无论是行政单位收取的，还是由事业单位收取的，均不征收营业税。

（7）立法机关、司法机关、行政机关的收费，同时具备下列条件的，不征收营业税：一是国务院、省级人民政府或其所属财政、物价部门以正式文件允许收费，而且收费标准符合文件规定的；二是所收费用由立法机关、司法机关、行政机关自己直接收取的。

（8）社会团体按财政部门或民政部门规定标准收取的会费，不征收营业税。社会团体是指在中华人民共和国境内经国家社团主管部门批准成立的非营利性的协会、学会、联合会、研究会、基金会、联谊会、促进会、商会等民间群众社会组织。社会团体会费是指社会团体在国家法规、政策许可的范围内，依照社团章程的规定收取的个人会员和团体会员的款额。

各党派、共青团、工会、妇联、中科协、青联、台联、侨联收取的党费、会费，比照上述规定执行。

（9）对从原高校后勤管理部门剥离出来而成立的进行独立核算并有法人资格的高校后勤经济实体（以下简称高校后勤实体），经营学生公寓和教师公寓及为高校教学提供后勤服务而获得的租金和服务性收入，免征营业税；但利用学生公寓或教师公寓等高校后勤服务设施向社会人员提供服务而获得的租金和其他各种服务性收入，应按现行规定计征营业税。

对社会性投资建立的为高校学生提供住宿服务并按高教系统统一收费标准收取租金的学生公寓，其取得的租金收入，免征营业税；但利用学生公寓向社会人员提供住宿服务而取得的租金收入，应按现行规定计征营业税。

对设置在校园内的实行社会化管理和独立核算的食堂：向师生提供餐饮服务获得的收入免征营业税，向社会提供餐饮服务获得的收入应按现行规定计征营业税。

（10）对住房公积金管理中心用住房公积金在指定的委托银行发放个人住房贷款取得的收入，免征营业税。

（11）对按政府规定价格出租的公有住房和廉租住房暂免征收营业税，对个人按市场价格出租的居民住房，暂按3％的税率征收营业税。

（四）行业性税收优惠

（1）对于从事国际航空运输业务的外国企业或我国香港、澳门、台湾地区的企业从我国大陆运载旅客、货物、邮件的运输收入，在国家另有规定之前，应按4.65％的综合计征率计算征税。

（2）中国人民保险公司和中国进出口银行办理的出口信用保险业务，不作为境内提供保险，为非应税劳务，不征收营业税。

（3）保险公司的摊回分保费用不征营业税。

（4）人民银行对金融机构的贷款业务，不征收营业税。人民银行对企业贷款或委托金融机构贷款的业务应当征收营业税。

（5）金融机构往来业务暂不征收营业税。金融机构往来是指金融企业联行、金融企业与人民银行及同业之间的资金往来业务取得的利息收入、不包括相互之间提供的服务。

（6）对电影放映单位放映电影取得的票价收入按收入全额征收营业税后，对电影发行单位向放映单位收取的发行收入不再征收营业税，但对电影发行单位取得的片租收入仍应按全额征收营业税。

（7）对金融机构的出纳长款收入，不征收营业税。

（8）企业集团或集团内的核心企业（以下简称企业集团）委托企业集团所属财务公司代理统借统还贷款业务，从财务公司取得的用于归还金融机构的利息不征收营业税；财务公司承担此项统借统还委托贷款业务，从贷款企业收取贷款利息不代扣代缴营业税。

（9）对地方商业银行转贷用于清偿农村合作基金会债务的专项贷款利息收入免征营业税。专项贷款是指由人民银行向地方商业银行提供，并由商业银行转贷给地方政府，专项用于清偿农村合作基金会债务的贷款。

（10）对非营利性医疗机构按照国家规定的价格取得的医疗服务收入，免征营业税。对营利性医疗机构取得的收入，按规定征收各项税收。

但为了支持营利性医疗机构的发展，对营利性医疗机构取得的收入，直接用于改善医疗卫生条件的，自其取得执业登记之日起，3年内对其取得的医疗服务收入免征营业税。

对疾病控制机构和妇幼保健机构等卫生机构按照国家规定的价格取得的卫生服务收入，免征营业税。

（11）对信达、华融、长城和东方资产管理公司接受相关国有银行的不良债权，免征销售转让不动产、无形资产以及利用不动产从事融资租赁业务应缴营业税。对资产公司接受相关国有银行的不良债权取得的利息收入免征营业税。

（12）对纳入全国试点范围的非营利性中小企业信用担保、再担保机构，可由地方政府确定，对其从事担保业务的收入，3年内免征营业税。

（13）转让企业产权的行为不属于营业税征收范围，不应征收营业税。

（14）对社保基金理事会、社保基金投资管理人运用社保基金买卖证券投资基金、股票、债券的差价收入，暂免征收营业税。

（15）对保险分业经营改革过程中，综合性保险公司及其子公司将其所拥有的不动产所有权划转过户到因分业而新设立的财产保险公司和人寿保险公司的行为，不征收营业税。

（16）对中国电信集团公司将江苏、浙江、广东、上海等四省（市）和其他地区电信业务资产重组上市时已缴纳过营业税的预收性质的收入（包括电话初装费收入、工料费收入及电话卡售卡收入等），从递延收入中转出并确认为营业收入时，不再征收营业税。

（17）自2003年8月1日起，对民航总局及地区民航管理机构在开展相关业务时收取并纳入预算管理，实行"收支两条线"的以下8项费用不征收营业税：①民用航空器国籍登记费；②民用航空器权利登记费；③民航经营活动主体和销售代理企业经营许可证工本费；④民航安全检查许可证工本费；⑤安全检查仪器使用合格证工本费；⑥民航从业人员考试费、执照工本费；⑦航空业务权补偿费；⑧适航审查费。

以上收费项目，此前已征税款不再退还，未征税款不再补征。今后凡经财政部、国家发展和改革委员会发文明确调整为服务性收费的，从调整之日起，征收营业税。

（18）保险企业取得的追偿款不征收营业税。所称追偿款，是指发生保险事故后，保险公司按照保险合同的约定向被保险人支付赔款，并从被保险人处取得对保险标的价款进行追偿的权利而追回的价款。

（19）对中国出口信用保险公司办理的出口信用保险业务不征收营业税。

（20）自2004年8月1日起，对军队空余房产租赁收入暂免征收营业税、房产税；此前已征税款不予退还，未征税款不再补征。

（21）住房专项维修基金征免营业税。

（22）对 QFII 委托境内公司在我国从事证券买卖业务取得的差价收入，免征营业税。

（23）单位和个人提供的垃圾处置劳务不属于营业税应税劳务，对其处置垃圾取得的垃圾处置费，不征收营业税。

（24）对在京外国商会按财政部门或民政部门规定标准收取的会费，不征收营业税。对其会费以外各种名目的收入，凡属于营业税应税范围的，一律照章征收营业税。

（25）自 2006 年 1 月 1 日起至 2008 年 12 月 31 日止，对高校后勤实体经营学生公寓和教师公寓及为高校教学提供后勤服务取得的租金和服务性收入，免征营业税。但对利用学生公寓或教师公寓等高校后勤服务设施向社会人员提供服务取得的租金和其他各种服务性收入，按现行规定计征营业税。

对社会性投资建立的为高校学生提供住宿服务并按高教系统统一收费标准收取租金的学生公寓取得的租金收入，免征营业税，但对利用学生公寓向社会人员提供住宿服务取得的租金收入，按现行规定计征营业税。

对设置在校园内的实行社会化管理和独立核算的食堂，向师生提供餐饮服务取得的收入，免征营业税；向社会提供餐饮服务取得的收入，按现行规定计征营业税。

（26）个人向他人无偿赠与不动产，包括继承、遗产处分及其他无偿赠与不动产等三种情况可以免征营业税。

（27）按照现行营业税政策的有关规定，公司从事金融资产处置业务时，出售、转让股权不征收营业税；出售、转让债权或将其持有的债权转为股权不征收营业税；销售、转让不动产或土地使用权，征收营业税。

（28）对中国邮政集团公司及其所属邮政企业为中国邮政储蓄银行及其所属分行、支行代办金融业务取得的代理金融业务收入，自 2008 年 1 月 1 日至 2010 年 12 月 31 日免征营业税。对于法规到达之日前已缴纳的应予免征的营业税，允许从纳税人以后应缴的营业税税款中抵减或予以退税。

（29）自 2008 年 12 月 15 日起，对台湾地区航运公司从事海峡两岸海上直航业务在大陆取得的运输收入，免征营业税。

（30）纳税人将土地使用权归还给土地所有者时，只要出具县级（含）以上地方人民政府收回土地使用权的正式文件，无论支付征地补偿费的资金来源是否为政府财政资金，该行为均属于土地使用者将土地使用权归还给土地所有者的行为，按照国家税务总局关于印发《营业税税目注释（试行稿）》

（国税发［1993］149 号）的通知规定，不征收营业税。

三、营业税的征收

（一）营业税的纳税义务发生时间

营业税的纳税义务发生时间为纳税人收讫营业收入款项或者取得索取营业收入款项凭据的当天。为书面合同确定的付款日期的当天；未签订书面合同或者书面合同未确定付款日期的，为应税行为完成的当天。收讫营业收入款项，是指纳税人应税行为发生过程中或者完成后收取的款项。依据具体项目规定如下：

（1）纳税人转让土地使用权或者销售不动产，采取预收款方式的，其纳税义务发生时间为收到预收款的当天。

（2）纳税人提供建筑业或者租赁业劳务，采取预收款方式的，其纳税义务发生时间为收到预收款的当天。

（3）纳税人将不动产或者土地使用权无偿赠送其他单位或者个人的，其纳税义务发生时间为不动产所有权、土地使用权转移的当天。

（4）纳税人自建建筑物销售，其自建行为的纳税义务发生时间为其销售自建建筑物并收讫营业额或者取得索取营业额凭据的当天。

（5）会员费、席位费和资格保证金纳税义务发生时间为会员组织收讫会员费、席位费、资格保证金和其他类似费用款项或者取得索取这些款项凭据的当天。

（6）营业税扣缴税款义务发生时间为扣缴义务人代纳税人收讫营业收入款项或者取得索取营业收入款项凭据的当天。

（二）营业税的纳税期限

营业税的纳税期限，分别为 5 日、10 日、15 日、1 个月或者 1 个季度。纳税人的具体纳税期限，由主管税务机关根据纳税人应纳税额的大小分别核定；不能按照固定期限纳税的，可以按次纳税。

纳税人以 1 个月或 1 个季度为一期纳税的，自期满之日起 15 日内申报纳税；以 5 日、10 日或者 15 日为一期纳税的，自期满之日起 5 日内预缴税款，于次月 1 日起 15 日内申报纳税并结清上月应纳税款。

扣缴义务人的解缴税款期限，比照上述规定执行。

银行、财务公司、信托投资公司、信用社、外国企业常驻代表机构的纳税期限为 1 个季度。自纳税期满之日起 15 日内申报纳税。

保险业的纳税期限为 1 个月。

（三）营业税的纳税地点

营业税的纳税地点原则上采用属地原则，即纳税人在机构所在地缴纳应纳税款。具体有以下情况：

（1）纳税人提供应税劳务，应当向应税劳务发生地的主管税务机关申报纳税。纳税人从事运输业务的，应当向其机构所在地主管税务机关申报纳税。

（2）纳税人转让土地使用权，应当向土地所在地主管税务机关申报纳税。纳税人转让其他无形资产，应当向其机构所在地的主管税务机关申报纳税。

（3）单位和个人出租土地使用权、不动产的营业税纳税地点为土地、不动产所在地；单位和个人出租物品、设备等动产的营业税纳税地点为出租单位机构所在地或个人居住地。

（4）纳税人销售不动产，应当向不动产所在地主管税务机关申报纳税。

（5）纳税人提供的应税劳务发生在外县（市），应向应税劳务发生地的主管税务机关申报纳税；如未向应税劳务发生地申报纳税的，由其机构所在地或者居住地主管税务机关补征税款。

（6）纳税人承包的工程跨省、自治区、直辖市的，向其机构所在地主管税务机关申报纳税。

（7）扣缴义务人应当向其机构所在地或者居住地的主管税务机关申报缴纳其扣缴的税款。

练 习 题

一、单项选择题

1. 某广告经营公司某月份取得广告业务收入 30 万元，广告代理收入 15 万元，支付给某家工厂广告牌制作费 8 万元，支付给电视台广告发布费 10 万元，收取广告赞助费 2 万元。该公司当月应纳营业税为（　　）万元。

  A. 1. 35　　　　　　　B. 1. 75　　　　　　　C. 1. 85　　　　　　　D. 2. 25

2. 某旅行社 2009 年 3 月组团境内旅游收入 40 万元，替旅游者支付给其他单位的住宿、交通门票、餐费共计 18 万元；组织境外旅游收入 30 万元，付给境外接团企业 16 万元费用。承接境外旅游团入境旅游，该境外旅游团共收费 20 万元，本旅行社取得接团收入 12 万元，其中含代付门票等费用 5 万元。该旅行社本月应纳营业税为（　　）万元。

  A. 4. 1　　　　　　　B. 3. 5　　　　　　　C. 2. 5　　　　　　　D. 2. 15

3. 纳税人提供应税劳务、转让无形资产或销售不动产价格明显偏低而无正当理由的，主管税务机关核定组成计税价格（　　）。

 A. 计税营业成本或工程成本×（1＋成本利润率）÷（1－营业税税率）

 B. 计税营业成本或工程成本×（1＋成本利润率）÷（1＋营业税税率）

 C. 实际营业成本或工程成本×（1＋成本利润率）÷（1－营业税税率）

 D. 实际营业成本或工程成本×（1＋成本利润率）÷（1＋营业税税率）

4. 某金融企业从事债券买卖业务，2009 年 4 月购入 A、B 两种债券，购入价分别为 50 万元和 80 万元，共支付相关费用和税金 1.3 万元；当月又将债券卖出，A 债券售出价 55 万元，B 债券售出价 78 万元，共支付相关费用和税金 1.33 万元。该金融企业当月当纳营业税为（　　）元。

 A. 1185   B. 1500   C. 2500   D. 64 000

二、多项选择题

1. 下列属于应征营业税的保险劳务的是（　　　　）。

 A. 境内保险机构为境内销售货物提供的保险

 B. 境内保险机构为境内出口货物提供的保险

 C. 境外保险机构为境内物品提供的保险

 D. 境外保险机构为境外物品提供的保险

2. 下列应按 3% 征收营业税的有（　　　　）。

 A. 建筑业   B. 邮电通信业

 C. 销售不动产   D. 转让无形资产

3. 按照现行营业税制度规定，下列收入可以直接作为营业税计税依据的有（　　　　）。

 A. 金融经纪业的手续费

 B. 贷款业务利息收入

 C. 拍卖行受托拍卖物品的成交额

 D. 广告代理业向委托方收取的全部价款和价外费用

三、判断题

1. 娱乐业以向顾客收取的各项费用为营业额，包括门票费、台位费、点歌费、烟酒饮料收费及其他收费。   （　　）

2. 个人转让商标权，受让者为单位的，以该单位为扣缴义务人，受让者为个人的，由转让者自己缴纳。   （　　）

3. 家电超市向供货方收取的进场费，应缴纳营业税。   （　　）

4. 汽车按揭、代办服务征营业税。   （　　）

5. 销售建筑物时，连同建筑物所占土地使用权一并转让的，对其销售的建筑物按销售不动产征营业税，对此土地使用权按转让无形资产征收营业税。 （　　）

6. 单位和个人提供营业税应税劳务、转让无形资产和销售不动产发生退款，凡该项退款已征收过营业税的，只能退还已征税款，不可以从纳税人以后的营业额中减除。　　　　　　　　　　　　　　　　（　　）

7. 营业税的折扣销售不得在计征营业税是在营业税中扣减。　　（　　）

8. 某单位 2006 年 2 月取得用于抵债的房屋一幢，作价 20 万元，8 月份将其出售，取得转让收入 30 万元，则该项行为应缴纳营业税 0.5 万元。（　　）

四、计算题

某服务公司主要从事人力资源中介服务，2009 年 2 月份发生以下业务：

(1) 接受某用工单位的委托安排劳动力，取得该单位支付的价款共计 50 万元。其中，40 万元用于支付劳动力的工资和社会保险费，2 万元用于支付劳动力的住房公积金。

(2) 提供人力资源咨询服务取得收入 40 万元。

(3) 提供会议服务取得收入 30 万元。

(4) 在中国境内接受境外企业的远程业务指导（境外企业未派人来华），支付费用 20 万元。

(5) 借款给某单位，按同期银行贷款利率收取资金占用费 10 万元。

(6) 转让接受抵债所得的一处房产，取得收入 800 万元。抵债时该房产作价 500 万元。

要求：根据上述资料，按照下列序号计算回答问题，每问需计算出合计数。

①计算受托安排劳动力业务应缴纳的营业税。

②计算提供人力资源咨询服务应缴纳的营业税。

③计算提供会议服务应缴纳的营业税。

④计算接受境外企业远程业务指导所付费用应代扣代缴的营业税。

⑤计算收取的资金占用费应缴纳的营业税。

⑥计算转让房产应缴纳的营业税。

第五章 关 税

学习目标

◆ 了解关税的概念、特点及其分类；
◆ 理解关税的纳税义务人、税率、原产地标准、税收优惠及其申报等基本
  法律规定；
◆ 掌握关税完税价格及其应纳税额的计算。

第一节 关 税 概 述

一、关税的概念

关税是海关依法对进出国境或关境的货物、物品征收的一种税。国境是指一个国家以边界为界限，全面行使主权的境域，包括领土、领海、领空。关境是指海关征收关税的领域。一般而言，国境和关境是一致的，货物进出国境也就是进出关境。但是，两者的大小也有不一致的情况，这就是存在有关税同盟和自由贸易港、自由贸易区的时候。当国境内设有自由贸易港、自由贸易区或出口加工区时，关境就小于国境。自由贸易港或自由贸易区虽在国境之内，但从征收关税的角度来说，它是在该关境之外，进出自由贸易港（区）的货物可以不征关税。当几个国家结成关税同盟，组成一个共同的关境，实施统一的关税法令和统一的对外税则，这些国家彼此之间货物进出国境不征收关税，这时关境就大于其成员国的各自国境。

现行关税法律规范以全国人民代表大会于 2000 年 7 月修正颁布的《中华人民共和国海关法》为法律依据，以国务院于 2003 年 11 月发布的《中华人民共和国进出口关税条例》，以及由国务院关税税则委员会审定并报国务院批

准作为条例组成部分的《中华人民共和国海关进出口税则》和《中华人民共和国海关入境旅客行李物品和个人邮递物品征收进口税办法》为基本法规，由负责关税政策制定和征收管理的主管部门依据基本法规拟定的管理办法和实施细则为主要内容。

二、关税的特点

1. 纳税上的统一性和一次性

按照全国统一的税则征收关税后，货物就可以在整个关境范围内流通，不再另行征收关税。

2. 征收上的过"关"性

凡进出关境的货物才征收关税，以是否通关为标准。

3. 税率上的复式性

我国关税最新税则采用最惠国税率、协定税率、特惠税率和普通税率。复式税则充分反映了我国关税维护国家主权、平等互利、发展国际贸易往来等特点。

4. 征管上的权威性

海关代表国家向纳税人征收关税。

三、关税的分类

关税的分类是指按一定标准对关税所作的归类。标准不同，所分类别也就不同，主要介绍以下几种分类。

1. 按商品的流向划分

按国际贸易商品的流向分类，关税有进口关税、出口关税和过境关税之分。这是最通常、最广泛的关税分类。

（1）进口关税，即一国海关对进口货物或物品征收的关税。人们通常所说的关税一般都是指进口关税，在各种国际性贸易条约、协定中所说的关税也是指进口关税。

（2）出口关税，即海关对出口货物或物品征收的关税。

（3）过境关税，即对经过本国关境的过境货物征收的关税。过境货物是指外国货物运进一个国家的关境又原样运出的货物。

2. 按征收关税的目的划分

按征收关税的目的不同，可把关税分成财政关税和保护关税两大类。

（1）财政关税，即征收关税的目的主要是为了增加财政收入。一般是选择那些进口数量多、消费量大的非必需品和本国不能生产或不准备生产而又无替代品的消费品为征税对象；税率不能太高，否则就达不到增加财政收入的目的。

（2）保护关税，即征收关税的目的主要是为了保护本国工农业生产和本国经济的发展。征税对象是本国需要发展或国际间竞争性很强的商品。保护关税起源于重商主义时期，在资本主义发展中，保护关税成为保护资本主义工业在竞争中成长发展的一种重要手段。目前，各国所使用的关税主要是保护关税，财政关税已处于次要地位。

3. 其他分类

关税作为一个重要的流转税，除上述两种主要分类以外，还可以根据不同的使用情况或不同的划分标准进行多种分类。

（1）按征税依据的不同，可以分为从价关税、从量关税、复合关税、选择关税和滑动关税等。

（2）按制订关税原则时的涉外关系不同，可分为国定关税、协定关税、自主关税、不自主关税等。

（3）按进口货物国别来源或进口性质不同，可分为普通关税、协定关税、特惠关税、最惠国待遇关税等。

第二节 关税的基本法律规定

一、关税的纳税人

关税的纳税人包括进口货物的收货人、出口货物的发货人、进出境物品的所有人。进出境物品的所有人包括该物品的所有人和推定为所有人的人。对于携带进境的物品，推定其携带人为所有人；对分离运输的行李，推定相应的进出境旅客为所有人；对以邮递方式进境的物品，推定其收件人为所有人；以邮递或其他运输方式出境的物品，推定其寄件人或托运人为所有人。

二、关税的征税范围

关税的征税范围包括国家准予进出境的货物和物品，货物是指贸易性商品，物品是指入境旅客随身携带的行李物品、个人邮递物品、各种运输工具上的服务人员携带进口的自用物品、馈赠物品以及其他方式进境的个人物品。

对从境外采购进口的原产于中国境内的货物，也要征收进口关税。

三、税率

关税税率为差别比例税率，分为进口关税税率、出口关税税率和特别关税。

（一）进口关税税率

进口税则设有最惠国税率、协定税率、特惠税率、普通税率、关税配额税率等税率，而且对进口货物在一定期限可以实行协定税率。

1. 最惠国税率

适用原产于与我国共同适用最惠国待遇条款的 WTO 成员或地区的进口货物，或原产于与我国签订有相互给予最惠国待遇条款的双边贸易协定的国家或地区进口的货物，以及原产于我国境内的进口货物。

2. 协定税率

适用原产于我国参加的含有关税优惠条款的区域性贸易协定有关缔约方的进口货物，协定税率比最惠国税率更加优惠。例如"亚太贸易协定"协定税率，平均优惠幅度约 23%。

3. 特惠税率

适用原产于与我国签订有特殊优惠关税协定的国家或地区的进口货物，特惠税率比最惠国税率更加优惠。如我国对老挝等 41 个最不发达国家的部分商品实行特惠税率。

4. 普通税率

适用于原产于上述国家或地区以外的其他国家或地区的进口货物。按照普通税率征税的进口货物，经国务院关税税则委员会特别批准，可以适用最惠国税率。

5. 关税配额税率

按照国家规定实行关税配额管理的进口货物，关税配额内的，适用关税配额税率，超过配额的部分适用较高税率。

（二）出口关税税率

出口关税税率是对出口货物征收关税而规定的税率。目前我国仅对少数资源性产品需要规范出口秩序的半制成品征收出口关税。与进口关税税率一样，出口关税税率也规定有暂定税率。出口暂定税率优先适用于出口税则中规定的出口关税税率；未订有出口关税税率的货物，不征出口关税。目前，我国仅对 20 种商品征收出口关税，税率也较低。

（三）特别关税

为了应对个别国家对我国出口货物歧视，任何国家或者地区对进口原产于我国的货物征收歧视性关税或者给予其他歧视性待遇的，海关可以对原产于该国或者地区的进口货物征收特别关税。特别关税包括报复性关税、反倾销税与反补贴税、保障性关税。

1. 报复性关税

这是指对违反与我国签订或者共同参加的贸易协定及相关协定，对我国在贸易方面采取禁止、限制、加征关税或者其他影响正常贸易的国家或地区所采取的一种进口附加税。

2. 反倾销税与反补贴税

这是指进口国海关对外国的倾销商品，在征收关税的同时附加征收的一种特别关税。反补贴税其目的在于抵消他国补贴。

3. 保障性关税

这是指当某类货物进口量剧增，对我国相关产业造成巨大威胁或损害时，按照 WTO 有关规则采取的一般保障措施，即在与有实质利益的国家或地区进行磋商后，在一定时期内提高该项商品的进口关税或采取数量限制措施，以保护国内相关产业不受损害。保障措施可以采取提高关税、数量限制等形式，针对正在进口的产品实施，不区分产品来源国家或地区。部分进口货物实行从量定额和从价定率混合使用的复合税率和滑准税率。

（四）税率的运用

（1）进出口货物，应当按照纳税义务人申报进口或者出口之日实施的税率征税。

（2）进口货物到达前，经海关核准先行申报的，应当按照装载此货物的运输工具申报进境之日实施的税率征税。

（3）进出口货物的补税和退税，适用该进出口货物原申报进口或者出口之日所实施的税率，但下列情况除外：

① 按照特定减免税办法批准予以减免税的进口货物，后因情况改变经海关批准转让或出售或移作他用需予补税的，适用海关接受纳税人再次填写报关单申报办理纳税及有关手续之日实施的税率征税。

② 加工贸易进口料、件等属于保税性质的进口货物，如经批准转为内销，应按向海关申报转为内销之日实施的税率征税；如未经批准擅自转为内销的，则按海关查获日期所施行的税率征税。

③ 暂时进口货物转为正式进口需予补税时，应按其申报正式进口之日实

施的税率征税。

④ 分期支付租金的租赁进口货物，分期付税时，适用海关接受纳税人再次填写报关单申报办理纳税及有关手续之日实施的税率征税。

⑤ 溢卸、误卸货物事后确定需征税时，应按其原运输工具申报进口日期所实施的税率征税。如原进口日期无法查明的，可按确定补税当天实施的税率征税。

⑥ 对由于税则归类的改变、完税价格的审定或其他工作差错而需补税的，应按原征税日期实施的税率征税。

⑦ 对经批准缓税进口的货物以后交税时，不论是分期或一次交清税款，都应按货物原进口之日实施的税率征税。

⑧ 查获的走私进口货物需补税时，应按查获日期实施的税率征税。

四、关税的计税方法

关税的计税方法多样，根据进口的货物的类别、原产地以及国家的关税政策，分别采用从价定率征收、从量定额征收和复合关税征税的方法，采用了比例税率、定额税率、复合税率和滑准税率等形式。

五、原产地规定

进出口关税不同税率的适用是以货物的原产地为标准，因此货物的原产地的确定直接关系到进口货物税率的适用，进而影响关税税额的计算。世界贸易组织《原产地规则协议》为能迅速、有效和公正解决有关货物原产地的争端而达成了一个公开、透明的框架性协议。虽然各国具体情况有区别，但各国都按照其基本原则来确定各自的原产地原则。我国政府参照国际惯例，结合我国具体情况，制定了"全部产地生产标准"和"实质性加工标准"两种国际上通用的标准。

（一）全部产地生产标准

全部产地生产标准是指进口货物"完全在一个国家内生产或制造"，生产或制造国即为该货物的原产国。完全在一国生产或制造的进口货物包括：

（1）在该国领土或领海内开采的矿产品。

（2）在该国领土上收获或采集的植物产品。

（3）在该国领土上出生或由该国饲养的活动物及从其所得产品。

（4）在该国领土上狩猎或捕捞所得的产品。

（5）在该国的船只上卸下的海洋捕捞物，以及由该国船只在海上取得的其他产品。

(6) 在该国加工船加工上述第（5）项所列物品所得的产品。

(7) 在该国收集的只适用于作再加工制造的废碎料和废旧物品。

(8) 在该国完全使用上述第（1）～（7）项所列产品加工成的制成品。

（二）实质性加工标准

实质性加工标准是适用于确定有两个或两个以上国家参与生产的产品的原产国的标准，其基本含义是：经过几个国家加工、制造的进口货物，以最后一个对货物进行经济上可以视为实质性加工的国家作为有关货物的原产国。"实质性加工"是指产品加工后，在进出口税则中四位数税号一级的税则归类已经有了改变，或者加工增值部分所占新产品总值的比例已超过30%及以上的。

（三）其他

对机器、仪器、器材或车辆所用零件、部件、配件、备件及工具，如与主件同时进口且数量合理的，其原产地按主件的原产地确定，分别进口的则按各自的原产地确定。

第三节 关税的计算和征收

一、进出口货物的完税价格

（一）进口货物完税价格的确定

1. 进口货物的完税价格和成交价格

进口货物的完税价格由海关以符合规定的成交价格，以及该货物运抵中华人民共和国境内输入地点起卸前的运输及其相关费用、保险费为基础审查确定。

进口货物的成交价格，是指卖方向中华人民共和国境内销售该货物时，买方为进口该货物向卖方实付、应付的，并按照规定调整后的价款总额，包括直接支付的价款和间接支付的价款。

2. 进口货物的成交价格应当符合的前提

（1）买方对进口货物的处置或者使用不受限制，但国内法律、行政法规规定的限制和对货物转售地域的限制，以及对货物价格无实质性影响的限制除外。

（2）货物的价格不得受到使该货物成交价格无法确定的条件或因素的影响。

（3）卖方不得直接或者间接获得因买方转售、处置或者使用进口货物而产生的任何收益，除非能够按照《完税价格办法》有关规定作出调整。

（4）买卖双方之间没有特殊关系，或者虽有特殊关系但未对成交价格产生影响。

3. 应调整计入进口货物完税价格的费用

（1）由买方负担的购货佣金以外的佣金和经纪费。

（2）由买方负担的审查确定完税价格时与该货物视为一体的容器的费用。

（3）由买方负担的包装材料费用和包装劳务费用。

（4）与该货物的生产和向中华人民共和国境内销售有关的，由买方以免费或者以低于成本的方式提供并可以按适当比例分摊的料件、工具、模具、消耗材料及类似货物的价款，以及在境外开发、设计等相关服务的费用。

（5）作为该货物向中华人民共和国境内销售的条件，买方必须支付的、与该货物有关的特许权使用费。

（6）卖方直接或者间接从买方获得的该货物进口后转售、处置或者使用的收益。

4. 不得计入货物完税价格的项目

进口时在货物的价款中列明的下列税收和费用，不计入该货物的完税价格：

（1）厂房、机械、设备等货物进口后进行建设、安装、装配、维修和技术服务的费用。

（2）进口货物运抵境内输入地点起卸后的运输及其相关费用、保险费。

（3）进口关税及其他国内税收。

【例题5-1】甲公司进口一台机器设备，成交价格为404万元人民币，境内运费和保险费共为1.5万元，成交价格中包含有甲公司向其采购代理人支付的购货佣金4万元，进口关税税率为15%，计算甲公司应纳进口关税。

应纳关税＝（404－4）×15%＝60（万元）

【例题5-2】某企业进口设备一批，应付价格100万元，但含进口后的技术服务费5万元，不含购货佣金3万元，不含经纪费5万元、单列的进口后安装费10万元以及由买方负担的包装费2万元，关税税率为20%，则该企业进口设备缴纳关税。

关税＝（100－5＋5＋2）×20%＝20.40（万元）

5. 对买卖双方之间有特殊关系的规定

买卖双方之间有特殊关系的，经海关审定其特殊关系未对成交价格产生影响，或进口货物的收货人能证明其成交价格与同时或大约同时发生的下列任一价格相近，该成交价格海关应当接受：

（1）向境内无特殊关系的买方出售的相同或类似货物的成交价格；

（2）按照使用倒扣价格有关规定所确定的相同或类似货物的完税价格；

（3）按照使用计算价格有关规定所确定的相同或类似货物的完税价格。

海关在使用上述价格作比较时，应当考虑商业水平和进口数量的不同，以及实付或者应付价格的调整规定所列各项目和交易中买卖双方有无特殊关系造成的费用差异。

有下列情形之一的，应当认定买卖双方有特殊关系：买卖双方为同一家族成员；买卖双方互为商业上的高级职员或董事；一方直接或间接地受另一方控制；买卖双方都直接或间接地受第三方控制；买卖双方共同直接或间接地控制第三方；一方直接或间接地拥有、控制或持有对方5％或以上公开发行的有表决权的股票或股份；一方是另一方的雇员、高级职员或董事；买卖双方是：同一合伙的成员。买卖双方在经营上相互有联系，一方是另一方的独家代理、经销或受让人，如果有上述关系的，也应当视为有特殊关系。

6. 进口货物海关估价方法

进口货物的价格不符合成交价格条件或者成交价格不能确定的，海关应当依次以相同货物成交价格方法、类似货物成交价格方法、倒扣价格方法、计算价格方法及其他合理方法确定的价格为基础，估定完税价格。如果进口货物的收货人提出要求，并提供相关资料，经海关同意，可以选择倒扣价格方法和计算价格方法的适用次序。

（1）相同或类似货物成交价格方法

相同或类似货物成交价格方法，即以与被估的进口货物同时或大约同时（在海关接受申报进口之日的前后各45天以内）进口的相同或类似货物的成交价格为基础，估定完税价格。

以该方法估定完税价格时，应使用与该货物相同商业水平且进口数量基本一致的相同或类似货物的成交价格，但对因运输距离和运输方式不同，在成本和其他费用方面产生的差异应当进行调整。在没有上述的相同或类似货物的成交价格的情况下，可以使用不同商业水平或不同进口数量的相同或类似货物的成交价格，但对因商业水平、进口数量、运输距离和运输方式不同，在价格、成本和其他费用方面产生的差异应当作出调整。

以该方法估定完税价格时，应当首先使用同一生产商生产的相同或类似货物的成交价格，只有在没有这一成交价格的情况下，才可以使用同一生产国或地区生产的相同或类似货物的成交价格。如果有多个相同或类似货物的成交价格，应当以最低的成交价格为基础，估定进口货物的完税价格。

上述"相同货物"指与进口货物在同一国家或地区生产的，在物理性质、质量和信誉等所有方面都相同的货物，但表面的微小差异允许存在；"类似货物"指与进口货物在同一国家或地区生产的，虽然不是在所有方面都相同，但却具有相似的特征、相似的组成材料、同样的功能，并且在商业中可以互换的货物。

（2）倒扣价格方法

倒扣价格方法即以被估的进口货物、相同或类似进口货物在境内销售的价格为基础估定完税价格。按该价格销售的货物应当同时符合五个条件，即在被估货物进口时或大约同时销售；按照进口时的状态销售；在境内第一环节销售；合计的货物销售总量最大；向境内无特殊关系方的销售。

以该方法估定完税价格时，下列各项应当扣除：

① 该货物的同等级或同种类货物，在境内销售时的利润和一般费用及通常支付的佣金；

② 货物运抵境内输入地点之后的运费、保险费、装卸费及其他相关费用；

③ 进口关税、进口环节税和其他与进口或销售上述货物有关的国内税。

（3）计算价格方法

计算价格方法即按下列各项的总和计算出的价格估定完税价格。有关项为：

① 生产该货物所使用的原材料价值和进行装配或其他加工的费用；

② 与向境内出口销售同等级或同种类货物的利润、一般费用相符的利润和一般费用；

③ 货物运抵境内输入地点起卸前的运输及相关费用、保险费。

（4）其他合理方法

使用其他合理方法时，应当根据《完税价格办法》规定的估价原则，以在境内获得的数据资料为基础估定完税价格。但不得使用以下价格：

① 境内生产的货物在境内的销售价格；

② 可供选择的价格中较高的价格；

③ 货物在出口地市场的销售价格；

④ 以计算价格方法规定的有关各项之外的价值或费用计算的价格；

⑤ 出口到第三国或地区的货物的销售价格；

⑥ 最低限价或武断虚构的价格。

7. 特殊情况

（1）租赁方式进口的货物中，以租金方式对外支付的租赁货物，在租赁期间以海关审定的租金作为完税价格；留购的租赁货物，以海关审定的留购价格作为完税价格；承租人申请一次性缴纳税款的，经海关同意，按照一般进口货物估价办法的规定估定完税价格。

（2）运往境外加工的货物，出境时已向海关报明并在海关规定的期限内复运进境的，应当以境外加工费和料件费以及复运进境的运输及其相关费用和保险费审查确定完税价格。

【例题5-3】境内一单位将一批货物运往境外加工，出境时向海关报明价值1000美元；支付境外加工费600美元，料件费500美元；支付复运进境的运输费400美元和保险费200美元，当期汇率8.3。该货物适用税率7%，计算该单位应缴纳的进口关税。

运往境外加工的货物，以境外加工费和料件费以及复运进境的运输及其相关费用和保险费确定完税价格。

因此，应纳关税＝（600＋500＋400＋200）×7%×8.3＝987.7（美元）

（3）运往境外修理的机械器具、运输工具或者其他货物，出境时已向海关报明并在海关规定的期限内复运进境的，应当以境外修理费和料件费审查确定完税价格。

【例题5-4】某企业2009年5月将一台账面余值55万元的进口设备运往境外修理，当月在海关规定的期限内复运进境。经海关审定的境外修理费4万元、料件费6万元。假定该设备的进口关税税率为30%，计算该企业应缴纳的关税。

运往境外修理的机械器具、运输工具或者其他货物，出境时已向海关报明并在海关规定的期限内复运出境，应当以境外修理费和料件费审查确定完税价格。

因此，应缴纳的关税＝（4＋6）×30%＝3（万元）

（4）暂时进境货物。

对于经海关批准的暂时进境的货物，应当按照一般进口货物估价办法的规定，估定完税价格。

（5）留购的进口货样等。

对于境内留购的进口货样、展览品和广告陈列品，以海关审定的留购价格作为完税价格。

（6）予以补税的减免税货物。

减税或免税进口的货物需予补税时，应当以海关审定的该货物原进口时的价格，扣除折旧部分价值作为完税价格，计算公式为：

完税价格＝海关审定的该货物原进口时的价格×[1－申请补税时实际已使用的时间（月）÷（监管年限×12）]

【例题5-5】2006年6月1日，某公司经批准进口一台符合国家特定免征关税的科研设备用于研发项目，设备进口时经海关审定的完税价格折合人民币800万元（关税税率为10％），海关规定的监管年限为5年；2008年5月31日，公司研发项目完成后，将已计提折旧200万元的免税设备出售给国内另一家企业。计算该公司应补缴关税。

应补缴关税＝800×（1－2÷5）×10％＝48（万元）

（7）以其他方式进口的货物。

以易货贸易、寄售、捐赠、赠送等其他方式进口的货物，应当按照一般进口货物估价办法的规定，估定完税价格。

（二）出口货物完税价格的确定

出口货物的完税价格，由海关以该货物向境外销售的成交价格为基础审查确定，并应包括货物运至我国境内输出地点装载前的运输及其相关费用、保险费。但其中包含的出口关税税额，应当扣除。

出口货物的成交价格，是指该货物出口销售到我国境外时买方向卖方实付或应付的价格。出口货物的成交价格中含有支付给境外的佣金的，如果单独列明，应当扣除。

出口货物完税价格＝[离岸价（含境内输出地点装载前的运输及其相关费用、保险费）－单独列明的支付给境外的佣金]/（1＋出口税率）

出口货物的成交价格不能确定时，完税价格由海关依次使用下列方法估定：

（1）同时或大约同时向同一国家或地区出口的相同货物的成交价格；

（2）同时或大约同时向同一国家或地区出口的类似货物的成交价格；

（3）根据境内生产相同或类似货物的成本、利润和一般费用、境内发生的运输及其相关费用、保险费计算所得的价格；

（4）按照合理方法估定的价格。

（三）进出口货物完税价格中的运输及相关费用、保险费的计算

1. 以一般陆运、空运、海运方式进口的货物

在进口货物的运输及相关费用、保险费计算中，海运进口货物，计算至该货物运抵境内的卸货口岸；如果该货物的卸货口岸是内河（江）口岸，则应当计算至内河（江）口岸。陆运进口货物，计算至该货物运抵境内的第一口岸；如果运输及其相关费用、保险费支付至目的地口岸，则计算至目的地

口岸。空运进口货物，计算至该货物运抵境内的第一口岸；如果该货物的目的地为境内的第一口岸外的其他口岸，则计算至目的地口岸。

陆运、空运和海运进口货物的运费和保险费，应当按照实际支付的费用计算。如果进口货物的运费无法确定或未实际发生，海关应当按照该货物进口同期运输行业公布的运费率（额）计算运费；按照"货价加运费"两者总额的 3‰ 计算保险费。

2. 以其他方式进口的货物

邮运的进口货物，应当以邮费作为运输及其相关费用、保险费；以境外边境口岸价格条件成交的铁路或公路运输进口货物，海关应当按照货价的 1% 计算运输及其相关费用、保险费；作为进口货物的自驾进口的运输工具，海关在审定完税价格时，可以不另行计入运费。

3. 出口货物

出口货物的销售价格如果包括离境口岸至境外口岸之间的运输、保险费的，该运费、保险费应当扣除。

二、应纳税额的计算

关税税额按计算方法的不同可分为从价计税、从量计税、复合计税和滑准税四类，其计算公式具体如下。

（一）从价计税法

关税税额＝应税进（出）口货物数量×单位完税价格×税率

（二）从量计税法

从量计税法是以进口货物的重量、数量或容积为计税依据而设定的定额税率，目前我国对进口原油、啤酒、胶卷等产品采用此种方法。

关税税额＝应税进（出）口货物数量×单位货物税额

（三）复合计税法

复合计税法是对某种进口商品同时使用从价和从量计征关税的方法，一般先计征从量税，再计征从价。目前我国对录像机、放像机、数字照相机和摄录一体机实行复合税。

关税税额＝应税进（出）口货物数量×单位货物税额＋应税进（出）口货物数量×单位完税价格×税率

（四）滑准税计税法

滑准税计税法是一种关税税率随进口商品价格由高到低而由低至高设置

计征关税的方法，可使进口商品价格越高，其进口关税税率越低；反之，进口商品价格越低，其进口关税税率越高。目前我国对新闻纸实行滑准税。

关税税额＝应税进（出）口货物数量×单位完税价格×滑准税税率

现行税则进（出）口商品从量税、复合税、滑准税税目税率表后注明了滑准税税率的计算公式，该公式是一个与应税进（出）口货物完税价格相关的取整函数。

【例题5-6】 某轿车生产企业为增值税一般纳税人，2009年12月份的生产经营情况如下：

（1）进口原材料一批，支付给国外买价120万元，包装材料8万元，到达我国海关以前的运输装卸费3万元、保险费13万元，从海关运往企业所在地支付运输费7万元；

（2）进口两台机械设备，支付给国外的买价60万元，相关税金3万元，支付到达我国海关以前的装卸费、运输费6万元，保险费2万元，从海关运往企业所在地支付运输费4万元；

其他相关资料：该企业进口原材料和机械设备的关税税率为10%；

要求：根据上述资料，按下列序号回答问题，每问需计算出合计数；

①计算企业12月进口原材料应缴纳的关税；

②计算企业12月进口原材料应缴纳的增值税；

③计算企业12月进口机械设备应缴纳的关税；

④计算企业12月进口机械设备应缴纳的增值税。

答：

①12月进口原材料应缴纳的关税＝（120＋8＋3＋13）×10%＝14.40（万元）

②12月进口原材料应缴纳的增值税＝（120＋8＋3＋13＋14.4）×17%＝26.93（万元）

国内进项税额＝26.93＋7×7%＝27.42（万元）

③12月进口机械设备应缴纳的关税＝（60＋3＋6＋2）×10%＝7.10（万元）

④12月进口机械设备应缴纳的增值税＝（60＋3＋6＋2＋7.1）×17%＝13.28（万元）

国内进项税额＝13.28＋4×7%＝13.56（万元）

三、税收优惠

关税减免分为法定减免税、特定减免税和临时减免税。根据《海关法》

规定，除法定减免税外的其他减免税均由国务院决定。

（一）法定减免税

法定减免税是税法中明确列出的减税或免税。包括：

（1）关税税额在人民币 50 元以下的一票货物，可免征关税。

（2）无商业价值的广告品和货样，可免征关税。

（3）外国支付、国际组织无偿赠送的物资，可免征关税。

（4）进出境运输工具所装载的途中必需的燃料、物料和饮食用品，可予免税。

（5）经海关核准暂时进境或者暂时出境，并在 6 个月内复运出境或者复运进境的货样、展览品、施工机械、工程车辆、工程船舶、供安装设备时使用的仪器和工具、电视或者电影摄制器械、盛装货物的容器以及剧团服装道具，在货物收发货人向海关缴纳相当于税款的保证金或者提供担保后，可予暂时免税。

（6）为境外厂商加工、装配成品和为制造外销产品而进口的原材料、辅料、零件、部件、配套件和包装物料，海关按照实际加工出口的成品数量免征进口关税；或者对进口料、件先征进口关税，再按照实际加工出口的成品数量予以退税。

（7）因故退还的中国出口货物，经海关查实，可予免征进口关税，但已征收的出口关税不予退还。

（8）因故退还的境外进口货物，经海关查实，可予免征出口关税，但已征收的进口关税不予退还。

（9）进口货物如有以下情形，经海关查实，可酌情减免进口关税：

① 在境外运输途中或者在起卸时，遭受损坏或者损失的；

② 起卸后海关放行前，因不可抗力遭受损坏或者损失的；

③ 海关查验时，破漏、损坏或者腐烂，经证明不是保管不慎造成的。

（10）我国缔结或者参加的国际条约规定减征、免征关税的货物、物品，按照规定予以减免关税。

（11）无代价抵偿货物，即进口货物在征税放行后，发现货物残损、短少或品质不良，而由国外承运人、发货人或保险公司免费补偿或更换的同类货物，可以免税。但有残损或质量问题的原进口货物如未退运国外；其进口的无代价抵偿货物应照章征税。

（12）法律规定减征、免征的其他货物。

（二）特定减免税

特定减免税也称政策性减免税。特定减免税的范围包括：

(1) 科教用品。

(2) 残疾人专用品。

(3) 扶贫、慈善性捐赠物资。

(4) 加工贸易产品。

(5) 边境贸易进口物资。

(6) 保税区进出口货物。

(7) 出口加工区进出口货物。

(8) 进口设备。

(9) 特定行业或用途的减免税政策。

(三) 临时减免税

临时减免税是指以上法定和特定减免税以外的其他减免税。

四、关税的征收

(一) 申报与纳税期限

进口货物自运输工具申报进境之日起 14 日内,出口货物在货物运抵海关监管区后装货的 24 小时以前,应由进出口货物的纳税义务人向货物进(出)境地海关申报,海关根据税则归类和完税价格计算应缴纳的关税和进口环节代征税,并填发税款缴款书。纳税义务人应当自海关填发税款缴款书之日起 15 日内,向指定银行缴纳税款。如关税缴纳期限的最后 1 日是周末或法定节假日,则关税缴纳期限顺延至周末或法定节假日过后的第 1 个工作日。逾期缴纳税款的,海关应当自缴款期限届满之日起至缴清税款之日止,按日加收滞纳税款 0.5‰的滞纳金。如果纳税人自海关填发税款缴款书之日起 3 个月仍未缴纳税款,经海关关长批准,海关可以采取强制扣缴、变价抵缴等强制措施。

关税纳税义务人因不可抗力或者在国家税收政策调整的情形下,不能按期缴纳税款的,经海关总署批准,可以延期缴纳税款,但最长不得超过 6 个月。

(二) 纳税地点

关税的缴纳地点,应根据纳税人申报及进出口货物的具体情况确定。

(1) 关境地征收,即口岸征收。这是一种进出口货物在哪里通关,纳税人即在哪里纳税的常见方式。

(2) 主管地征收,即集中征收。这是一种由纳税人所在地的海关(主管地海关)监管其通关,关税也在纳税人所在地缴纳的方式。该方式只适用于集装箱运输。

（三）关税的退还、补征和追征

1. 关税退还

关税退还是关税纳税义务人按海关核定的税额缴纳关税后，因某种原因的出现，海关将实际征收多于应当征收的税额（称为溢征关税）退还给原纳税义务人的一种行政行为。根据《海关法》规定，海关多征的税款，海关发现后应当立即退还。

按规定，有下列情形之一的，进出口货物的纳税义务人可以自缴纳税款之日起 1 年内，书面声明理由，连同原纳税收据向海关申请退税并加算银行同期活期存款利息，逾期不予受理：

（1）因海关误征，多纳税款的。

（2）海关核准免验进几的货物，在完税后，发现有短卸情形，经海关审查认可的。

（3）已征收出口关税的货物，因故未将其运出口，申报退关，经海关查验属实的。

对已征出口关税的出口货物和已征进口关税的进口货物，因货物品种或规格原因（非其他原因）原状复运进境或出境的，经海关查验属实的，也应退还已征关税。海关应当自受理退税申请之日起 30 日内，作出书面答复并通知退税申请人。本规定强调的是，"因货物品种或规格原因，原状复运进境或出境的"。如果属于其他原因且不能以原状复运进境或出境，不能退税。

2. 补征和追征

补征和追征是海关在关税纳税义务人按海关核定的税额缴纳关税后，发现实际征收税额少于应当征收的税额（称为短征关税）时，责令纳税义务人补缴所差税款的一种行政行为。海关法根据短征关税的原因，将海关征收原短征关税的行为分为补征和追征两种。由于纳税人违反海关规定造成短征关税的，称为追征；非因纳税人违反海关规定造成短征关税的，称为补征。区分关税追征和补征的目的是为了区别不同情况适用不同的征收时效，超过时效规定的期限，海关就丧失了追补关税的权力。根据《海关法》规定，进出境货物和物品放行后，海关发现少征或者漏征税款，应当自缴纳税款或者货物、物品放行之日起 1 年内，向纳税义务人补征；因纳税义务人违反规定而造成的少征或者漏征的税款，自纳税义务人应缴纳税款之日起 3 年以内可以追征，并从缴纳税款之日起按日加收少征或者漏征税款万分之五的滞纳金。

练习题

一、单项选择题

1. 某进出口公司 2009 年 3 月 8 日进口一批货物，海关于当日填发缴款书，该纳税人一直没有纳税。海关从（　　）起可对其实施强制扣缴措施。
   A. 3 月 16 日　　　　B. 3 月 23 日　　　　C. 6 月 9 日　　　　D. 6 月 23 日

2. 纳税义务人或他们的代理人应在海关填发税款缴纳证之日起（　　）内，向指定银行缴纳税款。
   A. 15 日　　　　B. 30 日　　　　C. 7 日　　　　D. 10 日

3. 某企业 2009 年将以前年度进口的设备运往境外修理，设备进口时成交价格 58 万元，发生境外运费和保险费共计 16 万元；在海关规定的期限内复运进境，进境时同类设备价格 65 万元；发生境外修理费 12 万元，料件费 9 万元，境外运输费和保险费共计 3 万元，进口关税税率 20%。运往境外修理的设备报关进口时应纳进口环节税金（　　）万元。
   A. 4　　　　B. 6.86　　　　C. 8.48　　　　D. 12.8

4. 2008 年 6 月 1 日，某公司经批准进口一台符合国家特定免征关税的科研设备用于研发项目，设备进口时经海关审定的完税价格折合人民币 800 万元（关税税率为 10%），海关规定的监管年限为 5 年；2009 年 5 月 31 日，公司研发项目完成后，将已计提折旧 200 万元的免税设备出售给国内另一家企业。该公司应补缴关税（　　）万元。
   A. 24　　　　B. 32　　　　C. 48　　　　D. 64

5. 某公司进口一批货物，海关于 2009 年 3 月 1 日填发税款缴款书，但公司迟至 3 月 27 日才缴纳 500 万元的关税。海关应征收关税滞纳金（　　）万元。
   A. 2.75　　　　B. 3　　　　C. 6.5　　　　D. 6.75

6. 某企业 3 年前经批准免税进口了一套机械流水线设备，设备进口时的完税价格为 1000 万元，关税税率为 5%；受金融风暴影响，该企业目前生产停滞，决定将已实际使用 3 年整的流水线出售，海关规定的监管年限为 5 年，转让之日的关税税率为 10%，该企业应补缴关税为（　　）万元。
   A. 10　　　　B. 20　　　　C. 30　　　　D. 40

7. 某进出口公司为增值税一般纳税人，2010 年 3 月份从国外进口一批机器设备共 20 台，每台货价 12 万元人民币，包括运抵我国大连港起卸前的包装、运输、保险和其他劳务费用共计 5 万元；另外销售商单独向该进出口公司收取境内安装费用 5 万元，技术支持费用 7 万元，设备包装材料费 8 万元。

假设该类设备进口关税税率为 50％，境内运费已经取得合法的货物运输企业的发票。该公司应交纳的关税是(　　　)元。

A. 2 540 000　　　　B. 2 320 000　　　　C. 1 850 000　　　　D. 1 240 000

二、多项选择题

1. 下列属于关税纳税义务人的是(　　　)。

A. 进口货物的收货人　　　　　　　B. 出口货物的发货人

C. 邮递出口物品的收件人　　　　　D. 进境物品的携带人

2. 下列(　　　)费用，如能与该货物实付价格区分，不得列入进口关税完税价格。

A. 进口关税及其他国内税收

B. 货物运抵境内输入地点之后的运输费用

C. 买方为购进货物向代表双方利益的经纪人支付的劳务费

D. 机械设备类货物进口后发生的基建、安装、调试、技术指导费用

3. 下列关于出口货物完税价的陈述，正确的是(　　　)。

A. 出口货物的完税价格由海关以该货物向境外销售的成交价格为基础审查确定

B. 出口货物成交价格是指该货物出口销售到中华人民共和国境外时买方向卖方实付或应付的价格

C. 出口货物成交价格中应该含有支付给境外的佣金

D. 出口货物完税价中应该含有出口关税

4. 依据关税的有关规定，下列各项中不应计入完税价格的有(　　　)。

A. 由买方负担的购货佣金

B. 为进口货物而支付的商标权费用

C. 为进口货物而支付的包装劳务费

D. 由买方支付的进口货物在境内的复制权费

5. 我国进口关税计税方法包括(　　　)。

A. 从量定额计税

B. 从价定率计税

C. 核定税额计税

D. 从量定额和从价定率同时采用的复合计税

6. 出口货物的完税价格，由海关以该货物向境外销售的成交价格为基础审查确定，并应包括货物运至我国境内输出地点装载前的(　　　)。

A. 运输及其相关费用　　　　　　　B. 保险费

C. 单独列明支付给境外的佣金　　　D. 出口关税税额

三、判断题

1. 出口货物的完税价格，由海关以该货物向境外销售的成交价格为基础审查确定，并应包括货物运至我国境内输出地点装卸前的运输及其相关费用、保险费及出口关税税额。　　　　　　　　　　　　　　　　　　（　　）

2. 出口货物的销售价格如果包括离境口岸至境外口岸之间的运输、保险费的，该运费、保险费应当扣除。　　　　　　　　　　　　　　　　　　　（　　）

3. 通常情形下，一国关境略小于国境。　　　　　　　　　　　　　　（　　）

四、计算题

1. 北京市某进出口公司从新加坡进口货物一批，货物实际成交价格折合人民币为 1 430 万元（包括单独计价并经海关审查属实的向自己采购代理人支付的买方佣金 30 万元，但不包括买方负担的包装材料费 65 万元），另支付货物运抵我国上海港的运费、保险费等 35 万元。假设该货物适用的关税税率为 20%，增值税税率为 17%，消费税税率为 10%。
   要求：请分别计算该公司（1）应纳关税（2）消费税（3）增值税。

2. 某进出口公司从 A 国进口货物一批，成交价（离岸价）折合人民币 9 000万元（包括单独计价并经海关审查属实的货物进口后装配调试费用 60 万元，向境外自己的采购代理人支付的买方佣金 50 万元）。另支付运费 180万元，保险费 90 万元。货物运抵我国口岸后，该公司在未经批准缓税的情况下，于海关填发税款缴纳证的之日起第 20 天才缴纳税款。假设该货物适用的关税税率为 100%，增值税税率为 17%，消费税税率为 5%。要求：请分别计算该公司应缴的（1）关税（2）关税滞纳金（3）消费税（4）增值税。

3. 商贸公司为增值税一船纳税人，并具有进出口经营权，2010 年 3 月发生相关经营业务如下：
   （1）从国外进口小轿车一辆，支付买价 400 000 元、相关费用 30 000 元，支付到达我国海关前的运输费用 40 000 元、保险费用 20 000 元。
   （2）将生产中使用的价值 500 000 元设备运往国外修理，出境时已向海关报明，支付给境外的修理费用 50 000 元，料件费 100 000 元，并在海关规定的期限内收回了该设备。
   （注：进口关税税率均为 20%，小轿车消费税税率 8%，单位金额"元"）
   要求：按下列顺序回答问题，每问均为共计金额：
   ①计算进口小轿车、修理设备应缴纳的关税；
   ②计算小轿车在进口环节应缴纳的消费税；
   ③计算小轿车、修理设备在进口环节应缴纳的增值税。

第六章　企业所得税

学习目标

◆ 了解企业所得税的概念及其特点；
◆ 企业所得税的纳税义务人、征收对象、税率、税收优惠及其征收管理等基本法律规定；
◆ 理解资产的税务处理；
◆ 掌握应纳税所得额的计算；
◆ 掌握居民企业应纳税额的计算、境外所得抵扣税额的计算、居民企业核定征收应纳税额的计算、非居民企业应纳税额的计算。

第一节　企业所得税概述

一、企业所得税概念

企业所得税是对我国境内企业和其他取得收入的组织的生产经营所得和其他所得所征收的一种税收。它是国家参与企业利润分配的重要手段。

我国现行的《中华人民共和国企业所得税法》，是 2007 年 3 月 16 日第十届全国人民代表大会第五次全体会议通过的，它合并了内、外资企业所得税法，并于 2008 年 1 月 1 日起施行。

二、企业所得税的特点

企业所得税是规范和处理国家与企业分配关系的重要形式。具有与商品劳务税不同的性质，其特点主要有以下四个方面。

1. 将企业划分为居民企业和非居民企业

现行企业所得税将企业划分为居民企业和非居民企业两大类：居民企业

负无限纳税义务，即来源于我国境内、外的所得都要向中国政府缴纳所得税。非居民企业负有限纳税义务，即中国境内的所得向中国政府缴纳所得税。

2. 征税对象为应纳税所得额

企业所得税以应纳税所得额为课税对象，应纳税所得额是按照企业所得税法规的规定，为企业在一个纳税年度内的应税收入总额扣除各项成本、费用、税金和损失后的余额，而不是依据会计制度的规定计算出来的利润总额。

3. 征税以量能负担为原则

企业所得税以企业的生产、经营所得和其他所得为征税对象，所得多的多缴税，所得少的少缴税，没有所得的不缴税，充分体现税收的公平负担原则，而不是像流转税那样只要取得收入就应缴税，不管盈利还是亏损。

4. 实行按年计征、分期预缴的办法

企业所得税以企业一个纳税年度的应纳税所得额为计税依据，平时分月或分季预缴，年度终了后进行汇算清缴，多退少补。

三、企业所得税的立法原则

企业所得税是处理国家与企业利益分配的重要形式，税制制定得是否合理，直接关系到税收收入、企业的竞争环境和国家与企业间的分配关系的规范化，所以企业所得税遵循以下立法原则：

（1）统一税法，公平税制，促进竞争。各种所有制、各种经营方式、各地区、各行业的企业均根据统一的税法纳税，在税负公平的前提下，平等竞争，优胜劣汰。

（2）规范国家与企业的分配关系，促进企业转换经营机制。实行统一、规范的企业所得税，有利于企业转换经营机制，理顺国家和企业的关系，使企业具有活力、自主经营，从而适应市场竞争。

（3）兼顾我国实际，向国际税收惯例靠拢。国际惯例是无论本国企业还是外国企业，均按统一的所得税法征税。

（4）简化税制，提高征管效率。税率设置统一、简捷，允许列支项目的范围、标准具体、可操作性强。

第二节   企业所得税的基本法律规定

一、纳税义务人

企业所得税的纳税义务人是指在中华人民共和国境内的企业和其他取得

收入的组织。《中华人民共和国企业所得税法》第一条规定，除个人独资企业、合伙企业不适用企业所得税法外，凡在我国境内，企业和其他取得收入的组织（以下统称企业）为企业所得税的纳税人，依照本法规定缴纳企业所得税。

企业所得税的纳税人分为居民企业和非居民企业，这是根据企业纳税义务范围的宽窄进行的分类方法，不同的企业在向中国政府缴纳所得税时，纳税义务不同。把企业分为居民企业和非居民企业，是为了更好地保障我国税收管辖权的有效行使。税收管辖权是一国政府在征税方面的主权，是国家主权的重要组成部分。根据国际上的通行做法，我国选择了地域管辖权和居民管辖权的双重管辖权标准，最大限度的维护我国的税收利益。

（一）居民企业

居民企业是指依法在中国境内成立，或者依照外国（地区）法律成立但实际管理机构在中国境内的企业。这里的企业包括国有企业、集体企业、私营企业、联营企业、股份制企业、外商投资企业、外国企业，以及有生产、经营所得和其他所得的其他组织。其中，有生产、经营所得和其他所得的其他组织，是指经国家有关部门批准，依法注册、登记的事业单位、社会团体等组织。由于我国的一些社会团体组织、事业单位在完成国家事业计划的过程中，开展多种经营和有偿服务活动，取得除财政部门各项拨款、财政部和国家价格主管部门批准的各项规费收入以外的经营收入，具有了经营的特点，应当视同企业纳入征税范围。其中，实际管理机构是指对企业的生产经营、人员、账务、财产等实施实质性全面管理和控制的机构。

（二）非居民企业

非居民企业是指依照外国（地区）法律成立且实际管理机构不在中国境内，但在中国境内设立机构、场所的，或者在中国境内未设立机构、场所，但有来源于中国境内所得的企业。

上述所称机构、场所是指在中国境内从事生产经营活动的机构、场所，包括：

（1）管理机构、营业机构、办事机构。

（2）工厂、农场、开采自然资源的场所。

（3）提供劳务的场所。

（4）从事建筑、安装、装配、修理、勘探等工程作业的场所。

（5）其他从事生产经营活动的机构、场所。

非居民企业委托营业代理人在中国境内从事生产经营活动的，包括委托单位或者个人经常代其签订合同，或者储存、交付货物等，该营业代理人视为非居民企业在中国境内设立的机构、场所。

二、征税对象

企业所得税的征税对象是指企业的生产经营所得、其他所得和清算所得。

（一）居民企业的征税对象

居民企业应就来源于中国境内、境外的所得作为征税对象。所得，包括销售货物所得、提供劳务所得、转让财产所得、股息红利等权益性投资所得，以及利息所得、租金所得、特许权使用费所得、接受捐赠所得和其他所得。

（二）非居民企业的征税对象

非居民企业在中国境内设立机构、场所的，应当就其所设机构、场所取得的来源于中国境内的所得，以及发生在中国境外但与其所设机构、场所有实际联系的所得，缴纳企业所得税，非居民企业在中国境内未设立机构、场所的，或者虽设立机构、场所但取得的所得与其所设机构、场所没有实际联系的，应当就其来源于中国境内的所得缴纳企业所得税。

上述所称实际联系，是指非居民企业在中国境内设立的机构、场所拥有的据以取得所得的股权、债权，以及拥有、管理、控制据以取得所得的财产。

三、税率

企业所得税税率是体现国家与企业分配关系的核心要素。税率设计的原则是兼顾国家、企业、职工个人三者利益，既要保证财政收入的稳定增长，又要使企业在发展生产、经营方面有一定的财力保证。既要考虑到企业的实际情况和负担能力，又要维护税率的统一性。

企业所得税实行比例税率。比例税率简便易行，透明度高，不会因征税而改变企业间收入分配比例，有利于促进效率的提高。现行规定如下。

（一）基本税率

基本税率为 25％。适用于居民企业和在中国境内设有机构、场所且所得与机构、场所有关联的非居民企业。

（二）优惠税率

（1）小型微利企业实行 20％的优惠税率。

（2）国家需要重点扶持的高新技术企业实行 15％的优惠税率。

（三）预提所得税率

非居民企业在中国境内未设立机构、场所的，或者虽设立机构、场所但取得的所得与其所设机构、场所没有实际联系的，其来源于中国境内的所得适用 20％的比例税率。现减按 10％的税率征收企业所得税。

第三节　企业所得税的计税依据——应纳税所得额

企业所得税的计税依据是应纳税所得额。按照企业所得税法的规定，应纳税所得额为企业每一个纳税年度的收入总额，减除不征税收入、免税收入、各项扣除，以及允许弥补的以前年度亏损后的余额。应纳税所得额的计算公式为：

应纳税所得额＝收入总额－不征税收入－免税收入－各项扣除－允许弥补的以前年度亏损

其中亏损是指税法中的亏损，而非会计中的亏损。

企业应纳税所得额的计算以权责发生制为原则，属于当期的收入和费用，不论款项是否收付，均作为当期的收入和费用；不属于于当期的收入和费用，即使款项已经在当期收付，均不作为当期的收入和费用。

值得注意的是，应纳税所得额与会计利润是两个不同的概念，应纳税所得额是在会计利润总额的基础上按照税法的规定进行调整之后的数额，其计算公式为：

应纳税所得额＝会计利润总额±纳税调整项目金额

税收调整项目金额包括两方面的内容：一是企业的财务会计处理和税收规定不一致的应予以调整的金额；二是企业按税法规定准予扣除的税收金额。

一、收入总额

企业的收入总额包括以货币形式和非货币形式从各种来源取得的收入。

企业取得收入的货币形式，包括现金、存款、应收账款、应收票据、准备持有至到期的债券投资以及债务的豁免等。

纳税人以非货币形式取得的收入，包括固定资产、生物资产、无形资产、股权投资、存货、不准备持有至到期的债券投资、劳务以及有关权益等，这些非货币资产应当按照公允价值确定收入额，公允价值是指按照市场价格确定的价值。

收入总额包括有销售货物收入、提供劳务收入、转让财产收入、股息、红利等权益性投资收益，以及利息收入、租金收入、特许权使用费收入、接受捐赠收入以及其他收入。

二、不征税收入和免税收入

（一）不征税收入

不征税收入本身即不构成应税收入，具体包括：

（1）财政拨款。是指各级人民政府对纳入预算管理的事业单位、社会团体等组织拨付的财政资金，但国务院和国务院财政、税务主管部门另有规定的除外。

（2）依法收取并纳入财政管理的行政事业性收费、政府性基金。

（3）国务院规定的其他不征税收入，是指企业取得的，由国务院财政、税务主管部门规定专项用途并经国务院批准的财政性资金。

财政性资金，是指企业取得的来源于政府及其有关部门的财政补助、补贴、贷款贴息，以及其他各类财政专项资金，包括直接减免的增值税和即征即退、先征后退、先征后返的各种税收。但不包括企业按规定取得的出口退税款。

① 企业取得的各类财政性资金，除属于国家投资和资金使用后要求归还本金的以外，均应计入企业当年收入总额。国家投资是指国家以投资者身份投入企业、并按有关规定相应增加企业实收资本（股本）的直接投资。

② 对企业取得的由国务院财政、税务主管部门规定专项用途并经国务院批准的财政性资金，准予作为不征税收入，在计算应纳税所得额时从收入总额中减除。

③ 纳入预算管理的事业单位、社会团体等组织按照核定的预算和经费报领关系收到的由财政部门或上级单位拨入的财政补助收入，准予作为不征税收入，在计算应纳税所得额时从收入总额中减除，但国务院和国务院财政、税务部门另有规定的除外。

值得注意的是：企业的不征税收入用于支出所形成的费用，不得在计算应纳税所得额时扣除；企业的不征税收入用于支出所形成的资产，其计算的折旧、摊销不得在计算应纳税所得额时扣除。

（二）免税收入

免税收入本身已构成应税收入但予以免除，具体包括：

（1）国债利息收入。为鼓励企业积极购买国债，支援国家建设项目，税法规定，企业因购买国债所得的利息收入，免征企业所得税。

（2）符合条件的居民企业之间的股息、红利等权益性收益。是指导居民企业直接投资于其他居民企业取得的投资收益。

（3）在中国境内设立机构、场所的非居民企业从居民企业取得与该机构、场所有实际联系的股息、红利等权益性投资收益。该收益都不包括连续持有居民企业公开发行并上市流通的股票不足 12 个月取得的投资收益。

（4）符合条件的非营利组织的收入。

三、收入确认的时间

（1）以分期收款方式销售货物的，按照合同约定的收款日期确认收入的实现。

（2）企业受托加工制造大型机械设备、船舶、飞机，以及从事建筑、安装、装配工程业务或者提供其他劳务等，持续时间超过 12 个月的，按照纳税年度内完工进度或者完成的工作量确认收入的实现。

（3）采取产品分成方式取得收入的，按照企业分得产品的日期确认收入的实现，其收入额按照产品的公允价值确定。

（4）企业发生非货币性资产交换，以及将货物、财产、劳务用于捐赠、偿债、赞助、集资、广告、样品、职工福利或者利润分配等用途的，应当视同销售货物、转让财产或者提供劳务，但国务院财政、税务主管部门另有规定的除外。

（5）利息收入，按照合同约定的债务人应付利息的日期确认收入的实现。

（6）租金收入，按照合同约定的承租人应付租金的日期确认收入的实现。

（7）特许权使用费收入，按照合同约定的特许权使用人应付特许权使用费的日期确认收入的实现。

（8）接受捐赠收入，按照实际收到的捐赠资产的日期确认收入的实现。

（9）股息、红利等权益性投资收益，除国务院财政、税务主管部门另有规定外，按照被投资方作出利润分配决定的日期确认收入的实现。

四、扣除原则和范围

（一）税前扣除项目的原则

企业申报的扣除项目和金额要实、合法。所谓真实是指能提供证明有关支出确属已经实际发生；合法是指符合国家税法的规定，若其他法规规定与税收法规规定不一致，应以税收法规的规定为标准。除税收法规另有规定外，税前扣除一般应遵循以下原则：

（1）权责发生制原则。是指企业费用应在发生的所属期扣除，而不是在实际支付时确认扣除。

（2）配比原则。是指企业发生的费用应当与收入配比扣除。除特殊规定外，企业发生的费用不得提前或滞后申报扣除。

（3）相关性原则。企业可扣除的费用从性质和根源上必须与取得应税收入直接相关。

（4）确定性原则。即企业可扣除的费用不论何时支付，其金额必须是确定的。

（5）合理性原则。符合生产经营活动常规，应当计入当期损益或者有关资产成本的必要和正常的支出。

（二）扣除项目的范围

企业所得税法规定，企业实际发生的与取得收入有关的、合理的支出，包括成本、费用、税金、损失和其他支出，准予在计算应纳税所得额时扣除。在实际中，计算应纳税所得额时还应注意三方面的内容：①企业发生的支出就当区分收益性支出和资本性支出。收益性支出在发生当期直接扣除；资本性支出应当分期扣除或者计入有关资产成本，不得在发生当期直接扣除。②企业的不征税收入用于支出所形成的费用或者财产，不得扣除或者计算对应的折旧、摊销扣除。③除企业所得税法和本条例另有规定外，企业实际发生的成本、费用、税金、损失和其他支出，不得重复扣除。

（1）成本。是指企业在生产经营活动中发生的销售成本、销货成本、业务支出，以及其他耗费。

（2）费用。是指企业每一个纳税年度为生产、经营商品和提供劳务等所发生的销售（经营）费用、管理费用和财务费用。已计入成本的有关费用除外。

（3）税金。是指企业发生的除企业所得税和允许抵扣的增值税以外的企业缴纳的各项税金及其附加。

（4）损失。是指企业在生产经营活动中发生的固定资产和存货的盘亏、毁损、报废损失，转让财产损失，呆账损失，坏账损失，自然灾害等不可抗力因素造成的损失以及其他损失。

企业发生的损失减除责任人赔偿和保险赔款后的余额，依照国务院财政、税务主管部门的规定扣除。

企业已经作为损失处理的资产，在以后纳税年度又全部收回或者部分收回时，应当计入当期收入。

（5）扣除的其他支出。是指除成本、费用、税金、损失外，企业在生产经营活动中发生的与生产经营活动有关的、合理的支出。

（三）扣除项目的标准

在计算应纳税所得额时，下列项目可按照实际发生额或规定的标准扣除。

1. 工资、薪金支出

企业发生的合理的工资、薪金支出准予据实扣除。工资、薪金支出是企业每一纳税年度支付给本企业任职或与其有雇佣关系的员工的所有现金或非现金形式的劳动报酬，包括基本工资、奖金、津贴、补贴、年终加薪、加班工资，以及与任职或者是受雇有关的其他支出。

"合理工资、薪金"，是指企业按照股东大会、董事会、薪酬委员会或相关管理机构制定的工资薪金制度规定实际发放给员工的工资、薪金。税务机关在对工资、薪金进行合理性确认时，可按以下原则掌握：

（1）企业制定了较为规范的员工工资、薪金制度。

（2）企业所制定的工资、薪金制度符合行业及地区水平。

（3）企业在一定时期所发放的工资、薪金是相对固定的，工资、薪金的调整是有序进行的。

（4）企业对实际发放的工资、薪金，已依法履行了代扣代缴个人所得税义务。

（5）有关工资、薪金的安排，不以减少或逃避税款为目的。

2. 职工福利费、工会经费、职工教育经费

企业发生的职工福利费、工会经费、职工教育经费按标准扣除，未超过标准的按实际数扣除，超过标准的只能按标准扣除。

（1）企业发生的职工福利费支出，不超过工资、薪金总额14%的部分准予扣除。

企业职工福利费，包括以下内容：

① 尚未实行分离办社会职能的企业，其内设福利部门所发生的设备、设施和人员费用，包括职工食堂、职工浴室、理发室、医务所、托儿所、疗养院等集体福利部门的设备、设施及维修保养费用和福利部门工作人员的工资、薪金、社会保险费、住房公积金、劳务费等。

② 为职工卫生保健、生活、住房、交通等所发放的各项补贴和非货币性福利，包括企业向职工发放的因公外地就医费用、未实行医疗统筹企业职工医疗费用、职工供养直系亲属医疗补贴、供暖费补贴、职工防暑降温费、职

工困难补贴、救济费、职工食堂经费补贴、职工交通补贴等。

③ 按照其他规定发生的其他职工福利费，包括丧葬补助费、抚恤费、安家费、探亲假路费等。

值得注意的是：企业发生的职工福利费，应该单独设置账册，进行准确核算。没有单独设置账册准确核算的，税务机关应责令企业在规定的期限内进行改正。逾期仍未改正的，税务机关可对企业发生的职工福利费进行合理的核定。

（2）企业拨缴的工会经费，不超过工资、薪金总额2％的部分准予扣除。

（3）除国务院财政、税务主管部门另有规定外，企业发生的职工教育经费支出，不超过工资、薪金总额25％的部分准予扣除，超过部分准予结转以后纳税年度扣除。

上述计算职工福利费、工会经费、职工教育经费的"工资、薪金总额"，是指企业按照上述第1条规定实际发放的工资、薪金总和，不包括企业的职工福利费、职工教育经费、工会经费以及五险一金。属于国有性质的企业，其工资、薪金，不得超过政府有关部门给予的限定数额；超过部分，不得计入企业工资、薪金总额，也不得在计算企业应纳税所得额时扣除。

【例题6－1】某企业"应付职工薪酬"账户各明细栏目反映，支付给职工的工资总额合计2 000 000元；发生职工福利费合计400 000元；发生职工教育经费80 000元；拨缴工会经费64 000元。处理福利费、职工教育经费和工会经费应调整事项。

工资总额2 000 000元，可以税前扣除；

福利费扣除限额为280 000元（2 000 000×14％），实际发生400 000元，超标，应纳税调增120 000元；

职工教育经费扣除限额50 000元（2 000 000×2.5％），实际发生80 000元，超标，纳税调增30 000元；

工会经费扣除限额为40 000元（2 000 000×2％），实际64 000元，超标，纳税调增24 000元。

3. 社会保险费

（1）企业依照国务院有关主管部门或者省级人民政府规定的范围和标准为职工缴纳的"五险一金"，即基本养老保险费、基本医疗保险费、失业保险费、工伤保险费、生育保险费等基本社会保险费和住房公积金，准予扣除。

（2）企业为投资者或者职工支付的补充养老保险费、补充医疗保险费，在国务院财政、税务主管部门规定的范围和标准内，准予扣除。企业依照国家有关规定为特殊工种职工支付的人身安全保险费和符合国务院财政、税务主管部门规定可以扣除的商业保险费准予扣除。

（3）企业参加财产保险，按照规定缴纳的保险费，准予扣除。企业为投资者或者职工支付的商业保险费，不得扣除。

4. 利息费用

企业在生产、经营活动中发生的利息费用，按下列规定扣除。

（1）非金融企业向金融企业借款的利息支出、金融企业的各项存款利息支出和同业拆借利息支出、企业经批准发行债券的利息支出可据实扣除。

（2）非金融企业向非金融企业借款的利息支出，不超过按照金融企业同期同类贷款利率计算的数额的部分可据实扣除，超过部分不许扣除。

【例题 6-2】某居民企业 2009 年发生财务费用 40 万元，其中含向非金融企业借款 500 万元所支付的年利息 30 万元（当年金融企业贷款的年利率为 5%），计算利息税前扣除额。

非金融企业向金融企业借款的利息支出可据实扣除，向非金融企业借款的利息支出，不超过按照金融企业同期同类贷款利率计算的数额的部分可据实扣除，超过部分不许扣除。

因此允许税前扣除的利息额＝40－30＋500×5%＝35（万元）

财务费用调增的应纳税所得额＝40－35＝5（万元）

（3）关联企业利息费用的扣除。

① 标准之一：企业从其关联方接受的债权性投资与权益性投资的比例超过规定标准而发生的利息支出，不得在计算应纳税所得额时扣除。接受关联方债权性投资与其权益性投资比例为：金融企业为 5∶1；其他企业为 2∶1。

② 标准之二：企业从其关联方接受的债资比例未超过规定标准而发生的利息支出，不超过按照金融企业同期同类贷款利率计算的数额的部分可据实扣除，超过部分不允许扣除。

【例题 6-3】金立公司为增值税一般纳税人，注册资本 1200 万元（其中关联方宏大公司的权益性投资 1000 万元）。2009 年金立公司发生财务费用 400 万元，其中向宏大公司借款 2500 万元、支付的利息费用 150 万元，其余为向金融机构借款利息。已知向关联企业借款的年利息率为 6%，金融机构同期贷款利率为 4%。

金立公司 2009 年度企业所得税前应扣除的财务费用＝（400－150）＋1000×2×4%＝250＋80＝330（万元），财务费用的纳税调整额＝400－330＝70（万元）

③ 相关交易活动符合独立交易原则；或者该企业的实际税负不高于境内关联方。

企业自关联方取得的不符合规定的利息收入应按照有关规定缴纳企业所得税。

（4）企业向自然人借款的利息支出。

① 企业向股东或其他与企业有关联关系的自然人借款的利息支出，符合规定条件的，准予扣除。

② 企业向除上述规定以外的内部职工或其他人员借款的利息支出，其借款情况同时符合以下条件的，其利息支出在不超过按照金融企业同期同类贷款利率计算的数额的部分，准予扣除：

A. 企业与个人之间的借贷是真实、合法、有效的，并且不具有非法集资目的或其他违反法律、法规的行为。

B. 企业与个人之间签订了借款合同。

【例题 6—4】某公司经过批准向本企业职工借入生产用资金 60 万元，借用期限 10 个月，支付借款利息 3.5 万元，已知同期银行贷款利率为 5％。该公司 2009 年度可以税前扣除的职工借款利息为多少？

可以税前扣除的职工借款利息＝60×5％÷12×10＝2.5（万元）

5. 借款费用

（1）企业在生产经营活动中发生的合理的不需要资本化的借款费用，准予扣除。

（2）企业为购置、建造固定资产、无形资产和经过 12 个月以上的建造才能达到预定可销售状态的存货发生的借款的，在有关资产购置、建造期间发生的合理的借款费用，应予以资本化，作为资本性支出计入有关资产的成本；有关资产交付使用后发生的借款利息，可在发生当期扣除。

【例题 6—5】某企业 4 月 1 日向银行借款 500 万元用于建造厂房，借款期限 1 年，当年向银行支付了 3 个季度的借款利息 22.5 万元，该厂房于 10 月 31 日竣工结算并投入使用，税前可扣除的利息费用为多少？

固定资产建造尚未竣工决算投产前的利息，不得扣除；竣工决算投产后的利息，可计入当期损益。

因此，税前可扣除的财务费用＝22.5÷9×2＝5（万元）

6. 汇兑损失

企业在货币交易中，以及纳税年度终了时将人民币以外的货币性资产、负债按照期末即期人民币汇率中间价折算为人民币时产生的汇兑损失，除已经计入有关资产成本以及与向所有者进行利润分配相关的部分外，准予扣除。

7. 业务招待费

企业发生的与其生产、经营业务有关的业务招待费支出，按照发生额的 60% 扣除，但最高不得超过当年销售（营业）收入的 5‰。

计算限额的依据——营业收入，指《申报表》附表一第一行"销售（营业）收入合计"。包括：销售货物收入、劳务收入、出租财产收入、转让无形资产使用权收入、视同销售收入等，即会计核算中的"主营业务收入"、"其他业务收入"，再加上视同销售收入。

对从事股权投资业务的企业（包括集团公司总部、创业投资企业等），其从被投资企业所分配的股息、红利以及股权转让收入，可以按规定的比例计算业务招待费扣除限额。

【例题 6-6】 某工业企业 2008 年度全年销售收入为 1000 万元，房屋出租收入 100 万元，提供加工劳务收入 50 万元，变卖固定资产收入 30 万元，视同销售收入 100 万元，当年发生业务招待费 10 万元。计算该企业 2008 年度所得税前可以扣除的业务招待费用。

企业发生的与生产经营活动有关的业务招待费支出，按照发生额的 60% 扣除，但最高不得超过当年销售（营业）收入的 5‰。

营业收入的 5‰＝（1000＋100＋50＋100）×5‰＝6.25（万元）

实际发生额的 60%＝10×60%＝6（万元），可以扣除 6 万元

因此在计算应纳税所得额时按照 6 万元扣除，实际支出的业务招待费 10 万元和税前扣除的业务招待费 6 万元之间的差额 4 万元做纳税调增处理。

8. 广告费和业务宣传费

企业发生的符合条件的广告费和业务宣传费支出，除国务院财政、税务主管部门另有规定外，不超过当年销售（营业）收入 15% 的部分，准予扣除；超过部分，准予结转以后纳税年度扣除。

企业申报扣除的广告费支出应与赞助支出严格区分。企业申报扣除的广告费支出，必须符合下列条件：广告是通过工商部门批准的专门机构制作的；已实际支付费用，并已取得相应发票；通过一定的媒体传播。

广告费、业务招待费计算税前扣除限额的依据是相同的。销售（营业）收入包括销售货物收入、劳务收入、出租财产收入、转让无形资产使用权收入、视同销售收入等。

【例题 6-7】 某企业 2011 年销售收入 3000 万元，发生现金折扣 100 万元；转让技术使用权收入 200 万元，广告费支出 1000 万元，业务宣传费 40 万元，税前允许扣除的广告费是多少？

广告费和业务宣传费扣除标准＝(3000＋200)×15％＝480（万元）

广告费和业务宣传费实际发生额＝1000＋40＝1040（万元），所以税前允许扣除的广告费为480万元

超标准 1040－480＝560（万元）

9. 环境保护专项资金

企业依照法律、行政法规有关规定提取的用于环境保护、生态恢复等方面的专项资金，准予扣除。上述专项资金提取后改变用途的，不得扣除。

10. 保险费

企业参加财产保险，按照规定缴纳的保险费，准予扣除。

11. 租赁费

企业根据生产经营需要租入固定资产支付的租赁费，按照以下方法扣除：

(1) 以经营租赁方式租入固定资产发生的租赁费支出，按照租赁期限均匀扣除。经营性租赁是指所有权不转移的租赁。

(2) 以融资租赁方式租入固定资产发生的租赁费支出，按照规定构成融资租入固定资产价值的部分应当提取折旧费用，分期扣除。融资租赁是指在实质上转移与一项资产所有权有关的全部风险和报酬的一种租赁。

【例题 6－8】 某贸易公司 2009 年 3 月 1 日，以经营租赁方式租入固定资产使用，租期 1 年，按独立纳税人交易原则支付租金 1.2 万元；6 月 1 日以融资租赁方式租入机器设备一台，租期 2 年，当年支付租金 1.5 万元。计算当年企业应纳税所得额时应扣除的租赁费用为多少？

经营租赁租金按租赁期限均匀扣除，融资性租赁的租金不允许扣除。所以，当年企业应纳税所得额时应扣除的租赁费用＝1.2÷12×10＝1（万元）。

12. 劳动保护费

企业发生的合理的劳动保护支出，准予扣除。

13. 公益性捐赠支出

公益性捐赠，是指企业通过公益性社会团体或者县级以上人民政府及其部门，用于《中华人民共和国公益事业捐赠法》内定的公益事业的捐赠。其中公益性社会团体，是指同时符合下列条件的基金会、慈善组织等社会团体：

(1) 依法登记，具有法人资格。

(2) 以发展公益事业为宗旨，且不以营利为目的。

(3) 全部资产及其增值为该法人所有。

(4) 收益和营运结余主要用于符合该法人设立目的的事业。

(5) 终止后的剩余财产不归属任何个人或者营利组织。

（6）不经营与其设立目的无关的业务。

（7）有健全的财务会计制度。

（8）捐赠者不以任何形式参与社会团体财产的分配。

（9）国务院财政、税务主管部门会同国务院民政部门等登记管理部门规定的其他条件。

企业发生的公益性捐赠支出，不超过年度利润总额12％的部分，准予扣除。年度利润总额，是指企业依照国家统一会计制度的规定计算的年度会计利润。但是纳税人直接向受赠人的捐赠，不允许扣除，应作纳税调增。

此外企业通过公益性社会团体或者县级以上人民政府及其部门向汶川地震灾后重建、举办北京奥运会以及上海世博会的捐赠可以全额扣除。

14．有关资产的费用

企业转让各类固定资产发生的费用，允许扣除。企业按规定计算的固定资产折旧费、无形资产和递延资产的摊销费，准予扣除。

15．总机构分摊的费用

非居民企业在中国境内设立的机构、场所，就其中国境外总机构发生的与该机构、场所生产经营有关的费用，能够提供总机构出具的费用汇集范围、定额、分配依据和方法等证明文件，并合理分摊的，准予扣除。

16．资产损失

企业当期发生的固定资产和流动资产盘亏、毁损净损失，由其提供清查盘存资料经主管理税务机关审核后，准予扣除；企业因存货盘亏、毁损、报废等原因不得从销项税金中抵扣的进项税金，应视同企业财产损失，准予与存货损失一起在所得税前按规定扣除。

【例题6－9】某服装厂2010年由于管理不善毁损一批库存布料，账面成本为24.65万元（含运费4.65万元），取得保险公司赔款8万元，企业所得税前允许扣除的损失为多少？

企业因存货盘亏、毁损、报废、被盗等原因不得从增值税销项税额中抵扣的进项税额，可以与存货损失一起在计算应纳税所得额时扣除。

企业可在税前扣除的损失＝24.65＋（24.65－4.65）×17％＋4.65÷（1－7％）×7％－8＝20.4（万元）

17．手续费及佣金支出

企业发生与生产经营有关的手续费及佣金支出，不超过以下规定计算限额以内的部分，准予扣除；超过部分，不得扣除。

（1）财产保险企业按当年全部保费收入扣除退保金等后余额的15％；人

身保险企业按当年全部保费收入扣除退保金等后余额的 10%计算限额。

（2）其他企业：按与具有合法经营资格中介服务机构或个人所签订服务协议或合同确认的收入金额的 5%计算限额。

18. 依照有关法律、行政法规和国家有关税法规定准予扣除的其他项目。如会员费、合理的会议费、差旅费、违约金、诉讼费等。

五、不得扣除的项目

在计算应纳税所得额时，下列支出不得扣除：

（1）向投资者支付的股息、红利等权益性投资收益款项。

（2）企业所得税税款。

（3）税收滞纳金，是指纳税人违反税收法规，被税务机关处以的滞纳金。

（4）罚金、罚款和被没收财物的损失，是指纳税人违反国家有关法律、法规规定，被有关部门处以的罚款，以及被司法机关处以的罚金和被没收财物。但是罚息、违约金、赔偿金等允许扣除。

（5）超过规定标准的捐赠支出。

（6）赞助支出，是指企业发生的与生产经营活动无关的各种非广告性质支出。

（7）未经核定的准备金支出，是指不符合国务院财政、税务主管部门规定的各项资产减值准备、风险准备等准备金支出。

（8）企业之间支付的管理费、企业内营业机构之间支付的租金和特许权使用费，以及非银行企业内营业机构之间支付的利息，不得扣除。

（9）与取得收入无关的其他支出。

六、亏损弥补

亏损是指企业依照企业所得税法和暂行条例的规定，将每一纳税年度的收入总额减除不征税收入、免税收入和各项扣除后小于零的数额。税法规定，企业某一纳税年度发生的亏损可以用下一年度的所得弥补，下一年度的所得不足以弥补的，可以逐年延续弥补，但最长不得超过 5 年。而且，企业在汇总计算缴纳企业所得税时，其境外营业机构的亏损不得抵减境内营业机构的盈利。

【例题 6—10】某企业从 2003—2009 年的会计利润与未弥补亏损前的应纳税所得额如下表所示，请计算该企业 2009 年应纳企业所得税。

年　份	会计利润总额（万元）	应纳税所得额（万元）
2003 年	−220	−150
2004 年	−70	−20
2005 年	−15	20
2006 年	50	70
2007 年	30	−40
2008 年	5	10
2009 年	60	95

　　亏损弥补必须按税法上确定的应纳税所得额确定企业的盈利或亏损，且最长不得超过 5 年。因此 2003 年的亏损，只能用 2004—2008 年的所得弥补，即使 2004 年、2007 年亏损，也要计算在 5 年时间之内。

年　份	应纳税所得额（万元）	弥补亏损	弥补亏损后应纳税所得额（万元）
2003 年	−150		
2004 年	−20		−20
2005 年	20	弥补 2003 年亏损 20 万元	0
2006 年	70	弥补 2003 年亏损 70 万元	0
2007 年	−40		−40
2008 年	10	弥补 2003 年亏损 10 万元 2003 年尚未弥补的 50 万元亏损不能用 2009 年所得弥补	0
2009 年	95	弥补 2004 年亏损 20 万元；弥补 2007 年亏损 40 万元	35

2009 年应纳企业所得税额＝35×25％＝8.75（万元）

第四节　资产的税务处理

　　企业所得税法规定了资产的税务处理，主要是通过对资产进行分类，区别资本性支出和收益性支出，以确定允许扣除项目和不允许扣除项目，从而正确计算应纳税所得额。

　　资产形式主要有固定资产、生物资产、无形资产、长期待摊费用、投资资产、存货等，均以历史成本为计税基础。历史成本是指企业取得该项资产时实际发生的支出。企业持有各项资产期间资产增值或者减值，除国务院财政、税务主管部门规定可以确认损益外，不得调整该资产的计税基础。

一、固定资产的税务处理

固定资产是指企业为生产产品、提供劳务、出租或者经营管理而持有的、使用期限超过 12 个月的非货币性资产，包括房屋、建筑物、机器、机械、运输工具，以及其他与生产经营活动有关的设备、器具、工具等。

（一）固定资产计税基础

（1）外购的固定资产，以购买价款和支付的相关税费以及直接归属于使该资产达到预定用途发生的其他支出为计税基础。

（2）自行建造的固定资产，以竣工结算前发生的支出为计税基础。

（3）融资租入的固定资产，以租赁合同约定的付款总额和承租人在签订租赁合同过程中发生的相关费用为计税基础，租赁合同未约定付款总额的，以该资产的公允价值和承租人在签订租赁合同过程中发生的相关费用为计税基础。

（4）盘盈的固定资产，以同类固定资产的重置完全价值为计税基础。

（5）通过捐赠、投资、非货币性资产交换、债务重组等方式取得的固定资产，以该资产的公允价值和支付的相关税费作为计税基础。

（6）改建的固定资产，除已足额提取折旧的固定资产和租入的固定资产以外的其他固定资产，以改建过程中发生的改建支出增加计税基础。

（二）固定资产折旧的范围

在计算应纳税所得额时，企业按照规定计算的固定资产折旧，准予扣除。下列固定资产不得计算折旧扣除：

（1）房屋、建筑物以外未投入使用的固定资产。

（2）以经营租赁方式租入的固定资产。

（3）以融资租赁方式租出的固定资产。

（4）已提足折旧继续使用的固定资产。

（5）与经营活动无关的固定资产。

（6）单独估价作为固定资产入账的土地。

（7）其他不得计提折旧扣除的固定资产。

（三）固定资产折旧的计提方法

（1）企业应当自固定资产投入使用月份的次月起计提折旧；停止使用的固定资产，应当从停止使用月份的次月起停止计提折旧。

（2）企业应当根据固定资产的性质和使用情况，合理确定固定资产的预计净残值。固定资产的预计净残值一经确定，不得变更。

（3）固定资产按照直线法计算的折旧，准予扣除。

（四）固定资产折旧的计提年限

除国务院财政、税务主管部门另有规定外，固定资产计算折旧的最低年限如下：

（1）房屋、建筑物，为 20 年。

（2）飞机、火车、轮船、机器、机械和其他生产设备，为 10 年。

（3）与生产经营活动有关的器具、工具、家具等，为 5 年。

（4）飞机、火车、轮船以外的运输工具，为 4 年。

（5）电子设备，为 3 年。

从事开采石油、天然气等矿产资源的企业，在开始商业性生产前发生的费用和有关固定资产的折耗、折旧方法，由国务院财政、税务主管部门另行规定。

二、生物资产的税务处理

生物资产是指有生命的动物和植物。生物资产分为消耗性生物资产、生产性生物资产和公益性生物资产。消耗性生物资产，是指为出售而持有的、或在将来收获为农产品的生物资产，包括生长中的农田作物、蔬菜、用材林以及存栏待售的牲畜等。生产性生物资产，是指为产出农产品、提供劳务或出租等目的而持有的生物资产，包括经济林、薪炭林、产畜和役畜等。公益性生物资产，是指以防护、环境保护为主要目的的生物资产，包括防风固沙林、水土保持林和水源涵养林等。

（一）生物资产的计税基础

生产性生物资产按照以下方法确定计税基础：

（1）外购的生产性生物资产，以购买价款和支付的相关税费为计税基础。

（2）通过捐赠、投资、非货币性资产交换、债务重组等方式取得的生产性生物资产，以该资产的公允价值和支付的相关税费为计税基础。

（二）生物资产的折旧方法和折旧年限

生产性生物资产按照直线法计算的折旧，准予扣除。企业应当自生产性生物资产投入使用月份的次月起计算折旧；停止使用的生产性生物资产应当自停止使用月份的次月起停止计算折旧。

企业应当根据生产性生物资产的性质和使用情况，合理确定生产性生物资产的预计净残值。生产性生物资产的预计净残值一经确定，不得变更。

生产性生物资产计算折旧的最低年限如下：

（1）林木类生产性生物资产，为 10 年。

（2）畜类生产性生物资产，为 3 年。

三、无形资产的税务处理

无形资产是指企业长期使用、但没有实物形态的资产，包括专利权、商标权、著作权、土地使用权、非专利技术、商誉等。

（一）无形资产的计税基础

无形资产按照以下方法确定计税基础：

（1）外购的无形资产，以购买价款和支付的相关税费，以及直接归属于使该资产达到预定用途发生的其他支出为计税基础。

（2）自行开发的无形资产，以开发过程中该资产符合资本化条件后至达到预定用途前发生的支出为计税基础。

（3）通过捐赠、投资、非货币性资产交换、债务重组等方式取得的无形资产，以该资产的公允价值和支付的相关税费为计算基础。

（二）无形资产摊销的范围

在计算应纳税所得额时，企业按照规定计算的无形资产摊销费用，准予扣除。

下列无形资产不得计算摊销费用扣除：

（1）自行开发的支出已在计算应纳税所得额时扣除的无形资产。

（2）自创商誉。

（3）与经营活动无关的无形资产。

（4）其他不得计算摊销费用扣除的无形资产。

（三）无形资产的摊销方法及年限

无形资产的摊销采取直线法计算。无形资产的摊销年限不得低于 10 年。作为投资或者受让的无形资产，有关法律规定或者合同约定了使用年限的，可以按照规定或者约定的使用年限分期摊销。外购商誉的支出，在企业整体转让或者清算时准予扣除。

四、长期待摊费用的税务处理

长期待摊费用，是指企业发生的应一个年度以上或几个年度进行摊销的费用。在计算应纳税所得额时，企业发生的下列支出作为长期待摊费用，按照规定摊销的，准予扣除。

（1）已足额提取折旧的固定资产的改建支出。

（2）租入固定资产的改建支出。

（3）固定资产的大修理支出。

（4）其他应当作为长期待摊费用的支出。

企业的固定资产修理支出可在发生当期直接扣除。企业的固定资产改良支出，如果有关固定资产尚未提足折旧，可增加固定资产价值；如有关固定资产已提足折旧，可作为长期待摊费用，在规定的期间内平均摊销。

固定资产的改建支出，是指改变房屋或者建筑物结构、延长使用年限等发生的支出。已足额提取折旧的固定资产的改建支出，按照固定资产预计尚可使用年限分期摊销；租入固定资产的改建支出，按照合同约定的剩余租赁期限分期摊销；改建的固定资产延长使用年限的，除已足额提取折旧的固定资产、租入固定资产的改建支出外，其他的固定资产发生改建支出，应当适当延长折旧年限。

大修理支出，按照固定资产尚可使用年限分期摊销。

企业所得税法所指固定资产的大修理支出，是指同时符合下列条件的支出：

（1）修理支出达到取得固定资产时的计税基础50%以上。

（2）修理后固定资产的使用年限延长2年以上。

其他应当作为长期待摊费用的支出，自支出发生月份的次月起，分期摊销，摊销年限不得低于3年。

五、存货的税务处理

存货，是指企业持有以备出售的产品或者商品、处在生产过程中的在产品、在生产或者提供劳务过程中耗用的材料和物料等。

（一）存货的计税基础

存货按照以下方法确定成本：

（1）通过支付现金方式取得的存货，以购买价款和支付的相关税费为成本。

（2）通过支付现金以外的方式取得的存货，以该存货的公允价值和支付的相关税费为成本。

（3）生产性生物资产收获的农产品，以产出或者采收过程中发生的材料费、人工费和分摊的间接费用等必要支出为成本。

（二）存货的成本计算方法

企业使用或者销售的存货的成本计算方法，可以在先进先出法、加权平均法、个别计价法中选用一种。计价方法一经选用，不得随意变更。

企业转让以上资产，在计算企业应纳税所得额时，资产的净值允许扣除。其中，资产的净值是指有关资产、财产的计税基础减除已经按照规定扣除的折旧、折耗、摊销、准备金等后的余额。

除国务院财政、税务主管部门另有规定外，企业在重组过程中，应当在交易发生时确认有关资产的转让所得或者损失，相关资产应当按照交易价格重新确定计税基础。

六、投资资产的税务处理

投资资产，是指企业对外进行权益性投资和债权性投资而形成的资产。

（一）投资资产的成本

投资资产按以下方法确定投资成本：

（1）通过支付现金方式取得的投资资产，以购买价款为成本。

（2）通过支付现金以外的方式取得的投资资产，以该资产的公允价值和支付的相关税费为成本。

（二）投资资产成本的扣除方法

企业对外投资期间，投资资产的成本在计算应纳税所得额时不得扣除，企业在转让或者处置投资资产时，投资资产的成本准予扣除。

七、税法规定与会计规定差异的处理

税法规定与会计规定差异的处理，是指企业在财务会计核算中与税法规定不一致的，应当依照税法规定予以调整。即企业在平时进行会计核算时，可以按会计制度的有关规定进行账务处理，但在申报纳税时，对税法规定和会计制度规定有差异的，要按税法规定进行纳税调整。

（1）企业不能提供完整、准确的收入及成本、费用凭证，不能正确计算应纳税所得额的，由税务机关核定其应纳税所得额。

（2）企业依法清算时，以其清算终了后的清算所得为应纳税所得额，按规定缴纳企业所得税，所谓清算所得，是指企业清算时的全部资产可变现价值或交易价格减除资产净值、清算费用以及相关税费后的余额。

投资方企业从被投资企业分得的剩余资产，期中相当于从被清算企业累计未分配利润和累计盈余公积中应分得的部分，应当确认为股利所得；剩余资产减除上述股利所得后的余额，超过或者低于投资成本的部分，应当确认为投资资产转让所得或损失。

（3）企业应纳税所得额是根据税收法规计算出来的，它在数额上与依据财务会计制度计算的利润总额往往不一致。因此，税法规定：对企业按照有关财务会计规定计算的利润总额，要按照税法的规定进行必要调整后，才能作为应纳税所得额计算缴纳所得税。

第五节　应纳税额的计算

一、居民企业应纳税额的计算

按照《企业所得税法》的规定，居民企业应纳税额等于应纳税所得额乘以适用税率，减除依照本法关于税收优惠的规定减免和抵免的税额后的余额。基本计算公式为：

应纳税额＝应纳税所得额×适用税率－减免税额－抵免税额

这里需要注意的是，将企业的应纳税所得额乘以适用税率得出的金额，并非企业的应纳税额，还应减去企业享受的可以减免和抵免税额的优惠数额。减免税额是指在企业所得税法中税收优惠里规定的，企业享受的直接减免税额。抵免税额是指在企业所得税法中税收优惠里规定的投资抵免优惠和国际税收抵免。

因此，一般情况下，居民企业应纳税额的多少，主要取决于应纳税所得额、适用税率两个因素。在实践中，应纳税所得额的计算一般有两种基本的计算方法。

1. 直接计算法

在直接计算法下，居民企业每一纳税年度的收入总额减除不征税收入、免税收入、各项扣除及允许弥补的以前年度亏损后的余额为应纳税所得额。计算公式为：

应纳税所得额＝收入总额－不征税收入－免税收入－各项扣除金额－弥补亏损

2. 间接计算法

间接计算法是在会计利润总额的基础上加或减按照税法规定调整的项目

金额后，即为应纳税所得额。计算公式为：

应纳税所得额＝会计利润总额＋纳税调整增加额－纳税调整减少额

税收调整项目金额包括两方面的内容：一是企业的财务会计处理和税收规定不一致的应予以调整的金额；二是企业按税法规定准予扣除的税收金额。

【例题 6—11】 某工业企业为居民企业，假定 2008 年经营业务如下：

产品销售收入为 5600 万元，产品销售成本 4000 万元；其他业务收入 800 万元，其他业务成本 660 万元；取得购买国债的利息收入 40 万元；缴纳非增值税销售税金及附加 300 万元；发生的管理费用 760 万元，其中新技术的研究开发费用为 60 万元、业务招待费用 70 万元；发生财务费用 200 万元；取得直接投资其他居民企业的权益性收益 34 万元（已在投资方所在地按 15％的税率缴纳了所得税）；取得营业外收入 100 万元，发生营业外支出 250 万元（其中含公益性捐赠 38 万元）。

要求：计算该企业 2008 年应纳的企业所得税。

(1) 利润总额＝5600＋800＋40＋34＋100－4000－660－300－760－200－250＝404（万元）

(2) 国债利息收入免征企业所得税，应调减所得额 40 万元

(3) 技术开发费调减所得额＝60×50％＝30（万元）

(4) 按实际发生业务招待费的 60％计算＝70×60％＝42（万元）

按销售（营业）收入的 5‰计算＝(5600＋800)×5‰＝32（万元）

按照规定税前扣除限额应为 32 万元，实际应调增应纳税所得额＝70－32＝38（万元）

(5) 取得直接投资其他居民企业的权益性收益属于免税收入，应调减应纳税所得额 34 万元。

(6) 捐赠扣除标准＝404×12％＝44.5（万元）

实际捐赠额 38 万元小于扣除标准 44.5 万元，可按实际捐赠数扣除，不做纳税调整。

(7) 应纳税所得额＝404－40－30＋38－34＝338（万元）

(8) 该企业 2008 年应缴纳企业所得税＝304×25％＝76（万元）

二、境外所得的税额抵免

对于纳税人同一项所得重复征税，是双重征税。这种现象扩展到国际范围，就形成了国际双重征税的问题。国际双重征税的存在是世界各国普遍重视的，它一方面违背了税负公平原则，增加了纳税人的税收负担；另一方面

又会阻碍跨国资本间的流动。因此，各国政府在企业所得税法律制度中通常都会制定相应地降低或者避免双重征税的措施。税额抵免是指居住国政府对其居民企业来自国内外的所得一律汇总征税，但允许抵扣该居民企业在国外已纳的税额，以避免国际重复征税。税额抵免包括全额抵免和限额抵免。借鉴国际通行做法，我国采用限额抵免的方法，来缓解和消除企业中可能存在的国际重复征税的问题。

（一）税额抵免的范围

税法规定，企业取得的下列所得适用税额抵免的规定。

（1）居民企业来源于中国境外的应税所得。

（2）非居民企业在中国境内设立机构、场所，取得发生在中国境外但与该机构、场所有实际联系的应税所得。

（3）居民企业从其直接或者间接控制的外国企业分得的来源于中国境外的股息、红利等权益性投资收益，外国企业在境外实际缴纳的所得税税额中属于该项所得负担的部分，可以作为该居民企业的可抵免境外所得税税额，在企业所得税税法规定的抵免限额内抵免。直接控制，是指居民企业直接持有外国企业20％以上股份。间接控制，是指居民企业以间接持股方式持有外国企业20％以上股份，具体认定办法由国务院财政、税务主管部门另行制定。

（4）纳税人在与中国缔结避免双重征税协定的国家，按所在国税法及政府规定获得的减免税，经税务机关审核后，视同已缴所得税进行抵免。

（二）税额抵免的基本规定

企业取得的已在境外缴纳的所得税税额，可以从其当期应纳税额中抵免，抵免限额为该项所得依照本法规定计算的应纳税额；超过抵免限额的部分，可以在以后5个年度内，用每年度抵免限额抵免当年应抵税额后的余额进行抵补。

（1）已在境外缴纳的所得税税额是指企业来源于中国境外的所得依照中国境外税收法律及相关规定应当缴纳并已经实际缴纳的企业所得税性质的税款。企业进行税额抵免时，应当提供中国境外税务机关出具的税款所属年度的有关纳税凭证。

（2）抵免限额是指企业来源于中国境外的所得，依照企业所得税法的规定计算的应纳税额。其计算公式为：

抵免限额＝中国境内、境外所得依照企业所得税法和条例规定计算的应纳税总额×来源于某国（地区）的应纳税所得额÷中国境内、境外应纳税所得总额＝来源于某国（地区）的应纳税所得额×我国企业所得税法规定

的税率

公式中有两个需要注意的关键问题：

① "中国境内、境外所得依照企业所得税法和条例规定计算的应纳税总额"是按 25％的法定税率计算的应纳税总额。

② "来源于某国（地区）的应纳税所得额"是来源于同一国家（地区）的不同应税所得的合计，而且是税前利润。如果是税后利润，不能直接用上述公式计算，而需还原成税前利润再运用公式。还原方法为：境外分回的税后利润÷[1－来源国（地区）公司所得税税率]。

（三）税额抵免的扣除方法

依照税法规定，除国务院财政、税务主管部门另有规定外，该抵免限额应当分国（地区）不分项计算，即纳税人在境外已缴纳的所得税税款应按国别（地区）进行抵扣，并应分国（地区）计算抵扣限额。纳税人在境外各国（地区）已缴纳的所得税税款低于计算出的该国（地区）境外所得税款扣除限额的，可以据实扣除其在国外已纳税款；超过扣除限额的，应按计算出的扣除限额进行扣除，其超过部分当年不得扣除，但可以在以后 5 个年度内，用每年度抵免限额抵免当年应抵税额后的余额进行抵补。

【例 6－12】某企业 2008 年度境内应纳税所得额为 100 万元，适用 25％的企业所得税税率。另外，该企业分别在 A、B 两国设有分支机构（我国与 A、B 两国已经缔结避免双重征税协定），在 A 国分支机构的应纳税所得额为 50 万元，A 国企业所得税税率为 20％；在 B 国的分支机构的应纳税所得额为 30 万元，B 国企业所得税税率为 30％。假设该企业在 A、B 两国所得按我国税法计算的应纳税所得额和按 A、B 两国税法计算的应纳税所得额一致，两个分支机构在 A、B 两国分别缴纳了 10 万元和 9 万元的企业所得税。

要求：计算该企业汇总时在我国应缴纳的企业所得税额。

(1) 该企业按我国税法计算的境内、境外所得的应纳税额。

应纳税额＝(100＋50＋30)×25％＝45（万元）

(2) A、B 两国的扣除限额。

A 国扣除限额＝45×[50÷(100＋50＋30)]＝12.5（万元）

B 国扣除限额＝45×[30÷(100＋50＋30)]＝7.5（万元）

或者

A 国扣除限额＝50×25％＝12.5（万元）

B 国扣除限额＝30×25％＝7.5（万元）

在 A 国缴纳的所得税为 10 万元，低于扣除限额 12.5 万元，可全额扣除。

在 B 国缴纳的所得税为 9 万元，高于扣除限额 7.5 万元，其超过扣除限额的部分 1.5 万元当年不能扣除。

(3) 汇总时在我国应缴纳的所得税＝45－10－7.5＝27.5（万元）

三、居民企业核定征收应纳税额的计算

(一) 核定应纳税额的适用范围

纳税人具有下列情形之一的，核定征收企业所得税：

(1) 依照法律、行政法规的规定可以不设置账簿的；

(2) 依照法律、行政法规的规定应当设置但未设置账簿的；

(3) 擅自销毁账簿或者拒不提供纳税资料的；

(4) 虽设置账簿，但账目混乱或者成本资料、收入凭证、费用凭证残缺不全，难以查账的；

(5) 发生纳税义务，未按照规定的期限办理纳税申报，经税务机关责令限期申报，逾期仍不申报的；

(6) 申报的计税依据明显偏低，又无正当理由的。

(二) 核定应纳税额的计算方法

税务机关应根据纳税人的具体情况，对核定征收企业所得税的纳税人，核定应税所得率或者核定应纳所得税额。采用应税所得率方式核定征收企业所得税的，应纳所得税额计算公式如下：

应纳所得税额＝应纳税所得额×适用税率

应纳税所得额＝应税收入额×应税所得率

或 应纳税所得额＝成本（费用）支出额÷(1－应税所得率)×应税所得率

【例题 6－13】某小型零售企业 2008 年度自行申报收入总额 250 万元、成本费用 258 万元，经营亏损 8 万元。经主管税务机关审核，发现其发生的成本费用真实，实现的收入无法确认，依据规定对其进行核定征收。假定应税所得率为 9％，计算该小型零售企业 2008 年度应缴纳的企业所得税。

应纳税所得额＝成本（费用）支出额÷(1－应税所得率)×应税所得率
＝258÷(1－9％)×9％×25％＝6.38（万元）

四、非居民企业应纳税额的计算

为行使收入来源地管辖权，税法对非居民企业来源于境内的所得应纳税额的计算也作出了相应的规定：对在中国境内未设立机构、场所，或者虽设

立机构、场所但取得的所得与其所设机构、场所没有实际联系的非居民企业，其来源于中国境内的所得，按照下列方法计算其应纳税所得额。

(1) 股息、红利等权益性投资收益和利息、租金、特许权使用费所得，以收入全额为应纳税所得额。

(2) 转让财产所得，以收入全额减除财产净值后的余额为应纳税所得额。

(3) 其他所得，参照前两项规定的方法计算应纳税所得额。

【例 6—14】 A 公司是依照日本法律在日本注册成立的企业，在中国境内未设立机构、场所。2008 年度，A 公司将其专利权授权中国境内的 B 公司使用，B 公司支付专利权使用费 600 万元，相关的图纸资料费和技术服务费 100 万元，人员培训费 60 万元，请计算 A 公司转让该项专利权应当向中国缴纳的企业所得税，B 公司实际应当向 A 公司支付多少货币？

由于 A 公司是非居民企业，但是取得来源于中国境内的所得，税法规定，该项所得属于特许权使用费收入，应按收入全额纳税，由支付人作为扣缴义务人，在支付时代扣代缴。

A 公司转让该项专利权的应纳税额＝(600＋100＋50)×20％＝150 (万元)

B 公司应当向 A 公司支付的货币＝(600＋100＋50)－152＝598 (万元)

第六节　企业所得税的征收管理

一、税收优惠政策

税收优惠，是指国家运用税收政策在税收法律、行政法规中规定对某一部分特定企业和课税对象给予减轻或免除税收负担的一种措施。税法规定的企业所得税的税收优惠方式包括免税、减税、加计扣除、加速折旧、减计收入、税额抵免等。

(一) 免征与减征优惠

(1) 从事农、林、牧、渔业项目的所得，包括蔬菜、谷物、薯类、油料、豆类、棉花、麻类、糖料、水果、坚果的种植；农作物新品种的选育；中药材的种植；林木的培育和种植；牲畜、家禽的饲养；林产品的采集；灌溉、农产品初加工、兽医、农技推广、农机作业和维修等农、林、牧、渔服务业项目；远洋捕捞等免征企业所得税。

(2) 企业从事花卉、茶及其他饮料作物和香料作物的种植；海水养殖、内陆养殖等项目的所得，减半征收企业所得税；

（3）从事国家重点扶持的公共基础设施项目投资经营的所得，包括《公共基础设施项目企业所得税优惠目录》规定的港口码头、机场、铁路、公路、城市公共交通、电力、水利等项目。企业从事税法规定的国家重点扶持的公共基础设施项目的投资经营的所得，自项目取得第一笔生产经营收入所属纳税年度起，第 1 年至第 3 年免征企业所得税，第 4 年至第 6 年减半征收企业所得税。

（4）从事符合条件的环境保护、节能节水项目的所得，包括公共污水处理、公共垃圾处理、沼气综合开发利用、节能减排技术改造、海水淡化等。企业从事税法规定的符合条件的环境保护、节能节水项目的所得，自项目取得第一笔生产经营收入所属纳税年度起，第 1 年至第 3 年免征企业所得税，第 4 年至第 6 年减半征收企业所得税。

（5）符合条件的技术转让所得。企业所得税法所称符合条件的技术转让所得免征、减征企业所得税，是指一个纳税年度内，居民企业转让技术所有权所得不超过 500 万元的部分，免征企业所得税；超过 500 万元的部分，减半征收企业所得税。

（二）高新技术企业优惠

国家需要重点扶持的高新技术企业减按 15% 的所得税税率征收企业所得税。国家需要重点扶持的高新技术企业，是指拥有核心自主知识产权，并同时符合下列条件的企业：

（1）产品（服务）属于《国家重点支持的高新技术领域》规定的范围。

（2）研究开发费用占销售收入的比例不低于规定比例。

（3）高新技术产品（服务）收入占企业总收入的比例不低于规定比例。

（4）科技人员占企业职工总数的比例不低于规定比例。

（5）高新技术企业认定管理办法规定的其他条件。

《国家重点支持的高新技术领域》和高新技术企业认定管理办法由国务院科技、财政、税务主管部门同国务院有关部门制定，报国务院批准后公布施行。

（三）小型微利企业优惠

小型微利企业减按 20% 的所得税税率征收企业所得税。小型微利企业的条件如下：

（1）工业企业，年度应纳税所得额不超过 30 万元，从业人数不超过 100 人，资产总额不超过 3000 万元。

（2）其他企业，年度应纳税所得额不超过 30 万元，从业人数不超过 80 人，资产总额不超过 1000 万元。

（四）创投企业优惠

创投企业优惠，是指创业投资企业采取股权投资方式投资于未上市的中小高新技术企业 2 年以上的，可以按照其投资额的 70％在股权持有满 2 年的当年抵扣该创业投资企业的应纳税所得额，当然不足抵扣的，可以在以后纳税年度结转抵扣。

例如，甲企业 2008 年 1 月 1 日向乙企业（未上市的中小高新技术企业）投资 200 万元、股权持有到 2009 年 12 月 31 日。甲企业 2009 年度可抵扣的应纳税所得额为 140 万元。

（五）加速折旧优惠

企业的固定资产由于技术进步等原因，确需加速折旧的，可以缩短折旧年限或者采取加速折旧的方法。采取缩短折旧年限方法的，最低折旧年限不得低于规定折旧年限的 60％；采取加速折旧方法的，可以采取双倍余额递减法或者年数总和法。可采用以上折旧方法的固定资产是指：

（1）由于技术进步，产品更新换代较快的固定资产。

（2）常年处于强震动、高腐蚀状态的固定资产。

（六）减计收入优惠

减计收入优惠，是指企业以《资源综合利用企业所得税优惠目录》规定的资源作为主要原材料，生产国家非限制和禁止并符合国家和行业相关标准的产品取得的收入，减按 90％计入收入总额。

（七）税额抵免优惠

税额抵免，是指企业购置并实际使用《环境保护专用设备企业所得税优惠目录》、《节能节水专用设备企业所得税优惠目录》和《安全生产专用设备企业所得税优惠目录》规定的环境保护、节能节水、安全生产等专用设备的，该专用设备的投资额的 10％可以从企业当年的应纳税额中抵免；当年不足抵免的，可以在以后 5 个纳税年度结转抵免。

享受前款规定的企业所得税优惠的企业，应当实际购置并自身实际投入使用前款规定的专用设备；企业购置上述专用设备在 5 年内转让、出租的，应当停止享受企业所得税优惠，并补缴已经抵免的企业所得税税款。

（八）加计扣除优惠

（1）研究开发费，是指企业为开发新技术、新产品、新工艺发生的研究开发费用，未形成无形资产计入当期损益的，在按照规定据实扣除的基础上，按照研究开发费用的 50％加计扣除；形成无形资产的，按照无形资产成本的

150%摊销。

（2）企业安置残疾人员所支付的工资，是指企业安置残疾人员的，在按照支付给残疾职工工资据实扣除的基础上，按照支付给残疾职工工资的100%加计扣除。残疾人员的范围适用《中华人民共和国残疾人保障法》的有关规定。企业安置国家鼓励安置的其他就业人员所支付的工资的加计扣除办法，由国务院另行规定。

（九）民族自治地方的优惠

民族自治地方的自治机关对本民族自治地方的企业应缴纳的企业所得税中属于地方分享的部分，可以决定减征或者免征。自治州、自治县决定减征或者免征的，须报省、自治区、直辖市人民政府批准。

企业所得税法所称民族自治地方，是指依照《中华人民共和国民族区域自治法》的规定，实行民族区域自治的自治区、自治州、自治县。

对民族自治地方内国家限制和禁止行业的企业，不得减征或者免征企业所得税。

（十）非居民企业优惠

非居民企业减按10%的所得税税率征收企业所得税。这里的非居民企业，是指在中国境内未设立机构、场所的，或者虽设立机构、场所但取得的所得与其所设机构、场所没有实际联系的企业。该类非居民企业取得下列所得免征企业所得税。

（1）外国政府向中国政府提供贷款取得的利息所得。

（2）国际金融组织向中国政府和居民企业提供优惠贷款取得的利息所得。

（3）经国务院批准的其他所得。

（十一）其他优惠

为了新、旧企业所得税法规的顺利衔接，新企业所得税法规作了明确的过渡规定，即企业所得税法公布前（2007年3月16日）已经批准设立（已经完成工商登记注册）的企业，依照当时的税收法律、行政法规规定，享受抵税率优惠的，按照国务院规定，可以在企业所得税法施行后5年内，逐步过渡到新企业所得税法规定的税率；享受定期减免税优惠的，按照国务院规定，可以在企业所得税法施行后继续享受到期满为止，但因款获利而尚未享受优惠的，优惠期限从企业所得税法施行年度起计算。具体规定如下。

1. 低税率优惠过渡政策

自2008年1月1日起，原享受低税率优惠政策的企业，在新税法施行后

5年内逐步过渡到法定税率。其中：享受企业所得税15％税率的企业，2008年按18％税率执行；2009年按20％税率执行；2010年按22％税率执行；2011年按24％税率执行；2012年按25％税率执行。原执行24％税率的企业，2008年起按25％税率执行。

2. "两免三减半"、"五免五减半"过渡政策

自2008年1月1日起，原享受企业所得税"两免三减半"、"五免五减半"等定期减免税优惠的企业。新税法施行后继续按原税收法律、行政法规及相关文件规定的优惠办法及年限享受至期满为止。

但因未获利而尚未享受税收优惠的，其优惠期限从2008年度起计算。

3. 西部大开发税收优惠

根据国务院实施西部大开发有关文件精神，财政部、税务总局和海关总署联合下发的《财政部、国家税务总局、海关总署关于西部大开发税收优惠政策问题的通知》（财税〔2001〕202号）中规定的西部大开发企业所得税优惠政策继续执行。

二、企业所得税的征收

（一）纳税期限

企业所得税按年计征，分月或者分季预缴，年终汇算清缴，多退少补。

企业所得税的纳税年度，自公历每年1月1日起至12月31日止。企业在一个纳税年度的中间开业，或者由于合并、关闭等原因终止经营活动，使该纳税年度的实际经营期不足12个月的，应当以其实际经营期为一个纳税年度。企业清算时，应当以清算期间作为一个纳税年度。

自年度终了之日起5个月内，向税务机关报送年度企业所得税纳税申报表，并汇算清缴，结清应缴应退税款。

企业在年度中间终止经营活动的，应当自实际经营终止之日起60日内，向税务机关办理当期企业所得税汇算清缴。

（二）纳税申报

按月或按季预缴的，应当自月份或者季度终了之日起15日内，向税务机关报送预缴企业所得税纳税申报表，预缴税款。

企业在报送企业所得税纳税申报表时，应当按照规定附送财务会计报告和其他有关资料。

企业应当在办理注销登记前，就期清算所得向税务机关申报并依法缴纳企业所得税。

依照企业所得税法缴纳的企业所得税，以人民币计算。所得以人民币以外的货币计算的，应当折合成人民币计算并缴纳税款。

企业在纳税年度内无论盈利或者亏损，都应当依照企业所得税法第五十四条规定的期限，向税务机关报送预缴企业所得税纳税申报表、年度企业所得税纳税申报表、财务会计报告和税务机关规定应当报送的其他有关资料。

（三）纳税地点

（1）除税收法律、行政法规另有规定外，居民企业以企业登记注册地为纳税地点；但登记注册地在境外的，以实际管理机构所在地为纳税地点。企业注册登记地，是指企业依照国家有关规定登记注册的住所地。

（2）居民企业在中国境内设立不具有法人资格的营业机构的，应当汇总计算并缴纳企业所得税。企业汇总计算并缴纳企业所得税时，应当统一核算应纳税所得额，具体办法由国务院财政、税务主管部门另行制定。

（3）非居民企业在中国境内设立机构、场所的，应当就其所设机构、场所取得的来源于中国境内的所得，以及发生在中国境外但与其所设机构、场所有实际联系的所得，以机构、场所所在地为纳税地点。非居民企业在中国境内设立两个或者两个以上机构、场所的，经税务机关审核批准，可以选择由其主要机构、场所汇总缴纳企业所得税。非居民企业经批准汇总缴纳企业所得税后，需要增设、合并、迁移、关闭机构、场所或者停止机构、场所业务的，应当事先由负责汇总申报缴纳企业所得税的主要机构、场所向其所在地税务机关报告；需要变更汇总缴纳企业所得税的主要机构、场所的，依照前款规定办理。

（4）非居民企业在中国境内未设立机构、场所的，或者虽设立机构、场所但取得的所得与其所设机构、场所没有实际联系的所得，以扣缴义务人所在地为纳税地点。

（5）除国务院另有规定外，企业之间不得合并缴纳企业所得税。

（四）合伙企业所得税的征收管理

自 2008 年 1 月 1 日起，合伙企业缴纳的所得税按下列规定处理，此前规定与下列规定有抵触的，以下列规定为准：

（1）合伙企业以每一个合伙人为纳税义务人。合伙企业合伙人是自然人的，缴纳个人所得税；合伙人是法人和其他组织的，缴纳企业所得税。

（2）合伙企业生产经营所得和其他所得采取"先分后税"的原则。具体应纳税所得额的计算按照《关于个人独资企业和合伙企业投资者征收个人所得税的规定》（财税〔2000〕91 号）及《财政部国家税务总局关于调整个体工商户个人独资企业和合伙企业个人所得税税前扣除标准有关问题的通知》（财税〔2008〕65号）的有关规定执行。

前款所称生产经营所得和其他所得，包括合伙企业分配给所有合伙人的所得和企业当年留存的所得（利润）。

（3）合伙企业的合伙人按照下列原则确定应纳税所得额：

① 合伙企业的合伙人以合伙企业的生产经营所得和其他所得，按照合伙协议约定的分配比例确定应纳税所得额。

② 合伙协议未约定或者约定不明确的，以全部生产经营所得和其他所得，按照合伙人协商决定的分配比例确定应纳税所得额。

③ 协商不成的，以全部生产经营所得和其他所得，按照合伙人实缴出资比例确定应纳税所得额。

④ 无法确定出资比例的，以全部生产经营所得和其他所得，按照合伙人数量平均计算每个合伙人的应纳税所得额。

合伙协议不得约定将全部利润分配给部分合伙人。

（4）合伙企业的合伙人是法人和其他组织的，合伙人在计算其缴纳企业所得税时，不得用合伙企业的亏损抵减其盈利。

（五）新增企业所得税征管范围调整

自2009年1月1日起，新增企业所得税纳税人中，应缴纳增值税的企业，其企业所得税由国税局管理；应缴纳营业税的企业，其企业所得税由地税局管理。以2008年为基年，2008年年底之前国税局、地税局各自管理的企业所得税纳税人不作调整。

从2009年起，企业所得税全额为中央收入的企业和在国税局缴纳营业税的企业，其企业所得税由国税局管理。银行（信用社）、保险公司的企业所得税由国税局管理。除前述规定外的其他各类金融企业的企业所得税由地税局管理。外商投资企业和外国企业常驻代表机构的企业所得税仍由国税局管理。

如2008年年底之前已成立跨区经营汇总纳税企业，从2009年起新设立的分支机构，其企业所得税的征管部门应与总机构企业所得税征管部门相一致；从2009年起新增跨区经营汇总纳税企业，总机构按基本规定确定的原则划分征管归属，其分支机构企业所得税的管理部门也应与总机构企业所得税管理部门相一致。按税法规定免缴流转税的企业，按其免缴的流转税税种确定企业所得税征管归属；既不缴纳增值税，也不缴纳营业税的企业，其企业所得税暂由地税局管理。既缴纳增值税又缴纳营业税的企业，原则上按照其税务登记时自行申报的主营业务应缴纳的流转税税种确定征管归属；企业税务登记时无法确定主营业务的，一般以工商登记注明的第一项业务为准；一经确定，原则上不再调整。

练习题

一、单项选择题

1. 根据企业所得税法的规定，企业的下列各项支出，在计算应纳税所得额时，准予从收入总额中直接扣除的是（   ）。

    A. 公益性捐赠支出

    B. 转让固定资产发生的费用

    C. 未经核定的准备金支出

    D. 向投资者支付的股息、红利等权益性投资收益款项

2. 某居民企业 2009 年实际支出的工资、薪金总额为 150 万元，福利费本期发生 30 万元，拨缴的工会经费 3 万元，已经取得工会拨缴收据，实际发生职工教育经费 4.50 万元，该企业在计算 2009 年应纳税所得额时，应调整的应纳税所得额为（   ）万元。

    A. 0   B. 7.75   C. 9.75   D. 35.50

3. 2011 年某食品生产企业实现销售收入 1000 万元，当年发生计入销售费用中的广告费 120 万元，企业上年还有 35 万元的广告费没有在税前扣除，则该企业当年可以税前扣除的广告费是（   ）万元。

    A. 150   B. 120   C. 75   D. 95

4. 企业 2010 年度境内所得应纳税所得额为 200 万元，在全年已预缴税款 50 万元，来源于境外某国税前所得 100 万元，境外实纳税款 20 万元，该企业当年汇算清缴应补（退）的税款为（   ）万元。

    A. 10   B. 12   C. 5   D. 79

5. 某企业 2009 年对通过政府向灾区捐赠自产货物一批，成本 80 万元，同类产品售价 100 万元，增值税率 17%，企业当年按照会计准则计算的会计利润是 500 万元，无其他纳税调整事项，所得税税率 25%，企业当年应缴纳的所得税是（   ）万元。

    A. 125   B. 134.25   C. 139.25   D. 145

6. 某美国企业未在中国设立机构场所，2009 年年初为境内企业提供一项专利使用权，合同约定使用期限为两年并分两年支付。境内企业需要支付费用 200 万元，则境内企业 2009 年应扣缴的所得税为（   ）万元。

    A. 10   B. 20   C. 9.5   D. 19

7. 某居民企业，职工 200 人，2008 年会计利润 800 万元，计入成本、费用的实发工资总额为 400 万元，拨缴职工工会经费 8 万元，支出职工福利费 68 万元、职工教育经费 15 万元，该企业 2008 年度应纳所得税额是（　　）万元。

A. 200　　　　　　B. 200.13　　　　　　C. 203　　　　　　D. 204.25

8. 某企业 2008 年利润总额为 200 万元，当年开发新产品研发费用实际支出为 40 万元。则该企业 2008 年计算应纳税所得额时可以扣除的开发费用为（　　）万元。

A. 40　　　　　　B. 50　　　　　　C. 60　　　　　　D. 70

9. 某工业企业 2008 年度全年销售收入为 1000 万元，房屋出租收入 100 万元，提供加工劳务收入 50 万元，变卖固定资产收入 30 万元，视同销售收入 100 万元，当年发生业务招待费 10 万元。则该企业 2008 年度所得税前可以扣除的业务招待费用为（　　）万元。

A. 6　　　　　　B. 6.25　　　　　　C. 4.75　　　　　　D. 3.75

10. 某小型零售企业 2010 年度自行申报收入总额 250 万元、成本费用 258 万元，经营亏损 8 万元。经主管税务机关审核，发现其发生的成本费用真实，实现的收入无法确认，依据规定对其进行核定征收。假定应税所得率为 9%，则该小型零售企业 2010 年度应缴纳的企业所得税为（　　）万元。

A. 5.10　　　　　　B. 5.63　　　　　　C. 5.81　　　　　　D. 6.38

二、多项选择题

1. 甲企业 2009 年 6 月接受捐赠设备一台，收到的增值税专用发票上注明价款 10 万元，增值税款 1.7 万元，甲企业另支付运输费用 0.8 万元。下列说法正确的是（　　）。

A. 甲企业可以抵扣的增值税进项税为 0 万元

B. 该项受赠资产会计入账固定资产原值为 10.74 万元

C. 该项受赠资产会计入账固定资产原值为 12.5 万元

D. 甲企业应调增的应纳税所得税额为 11.7 万元

2. 根据企业所得税法的规定，下列收入的确认正确的是（　　）。

A. 权益性投资收益，按照投资方取得投资收益的日期确认收入的实现

B. 利息收入，按照合同约定的债务人应付利息的日期确认收入的实现

C. 租金收入，按照实际收取租金的日期确认收入的实现

D. 特许权使用费收入，按照合同约定的特许权使用人应付特许权使用费的日期确认收入的实现

3. 根据企业所得税法规定，下列保险费可以税前扣除的是（　　）。

　　A. 企业参加财产保险，按规定缴纳的保险费

　　B. 企业为投资者支付的商业保险费

　　C. 企业为职工支付的商业保险费

　　D. 企业依照有关规定为特殊工种职工支付的人身安全保险费

4. 下列关于企业所得税的优惠政策中，说法错误的有（　　　　　）。

　　A. 企业购置并实际使用规定的环境保护、节能节水、安全生产等专用设备的，该专用设备的投资额的 40% 可以从企业当年的应纳税额中抵免

　　B. 创投企业从事国家需要重点扶持和鼓励的创业投资，可以按投资额的 70% 在投资当年抵扣应纳税所得额

　　C. 企业综合利用资源，生产符合国家产业政策规定的产品所取得的收入，可以在计算应纳税所得额时减计收入 10%

　　D. 对投资者从证券投资基金分配中取得的收入，暂不征收企业所得税

5. 在中国境内未设立机构、场所的非居民企业从中国境内取得的下列所得，应按收入全额计算征收企业所得税的有（　　　　　）。

　　A. 股息　　　　　　　　　　　　　B. 转让财产所得

　　C. 租金　　　　　　　　　　　　　D. 特许权使用费

6. 下列项目属于不得在计算所得税时扣除的是（　　　　　）。

　　A. 向股东分配的利润

　　B. 税收滞纳金

　　C. 企业向银行取得经营性借款发生的利息

　　D. 企业支付的违约金

三、判断题

1. 企业发生的存货盘亏、毁损、报废等所相关的增值税进项税金，应视为企业的财产损失，在计算企业所得税应纳税所得额时准许扣除。　　　（　　）

2. 企业发生的与生产经营活动有关的业务招待费支出，不超过当年销售（营业）收入 5‰ 的部分，准予扣除；超过部分当年和以后年度均不得扣除。

　　　　　　　　　　　　　　　　　　　　　　　　　　　　　　（　　）

3. 采取产品分成方式取得收入的，按照企业分得产品的日期确认收入的实现，其收入额按照产品的公允价值确定。　　　　　　　　　　　　　（　　）

4. 纳税人用于公益性捐赠支出的扣除比例，不得超过年度应纳税所得额的 12%。　　　　　　　　　　　　　　　　　　　　　　　　　　　（　　）

5. 某创业投资企业 2008 年 6 月 1 日向乙企业（未上市的中小高新技术企业）投资 150 万元，股权持有至 2010 年 5 月 31 日。该创业投资企业 2008—2011 年利润总额均为 100 万元，假定不存在其他纳税调整因素，该企业

2011 年应纳税所得额为 95 万元。　　　　　　　　　　（　　）

6. 居民企业技术转让所得不超过 500 万元的部分，免征企业所得税；超过 500 万元的部分，全额征收企业所得税。　　　　　　　　（　　）

7. 企业固定资产采取缩短折旧年限方法的，最低折旧年限不得低于规定折旧年限的 50%；采取加速折旧方法的，可以采取双倍余额递减法或者年数总和法。　　　　　　　　　　　　　　　　　　　　（　　）

8. 企业安置残疾人员所支付的工资，是指企业安置残疾人员的，在按照支付给残疾职工工资据实扣除的基础上，按照支付给残疾职工工资的 100% 加计扣除。　　　　　　　　　　　　　　　　　　　（　　）

9. 企业发生的职工福利费支出，不超过工资薪金总额 14% 的部分准予扣除，超过部分准予结转以后纳税年度扣除。　　　　　　　　（　　）

四、计算题

1. 经济特区某食品生产企业属于外商投资企业，2005 年开业。2010 年企业有关生产、经营情况如下：

(1) 取得产品销售收入 2300 万元、购买国库券利息收入 50 万元、从境内投资公司分回税后利润 180 万元（于 2008 年投资）；

(2) 发生产品销售成本 1100 万元；发生销售费用 380 万元，其中广告费 50 万元、业务宣传费 30 万元；发生产品销售税金及附加 50 万元；

(3) 发生财务费用 220 万元，其中：1 月 1 日以集资方式筹集生产经营性资金 300 万元，期限 1 年，支付利息费用 30 万元（同期银行贷款年利率 6%）；

(4) 发生管理费用 260 万元，其中含业务招待费 190 万元；

(5) "营业外支出"账户记载金额 53.52 万元。其中：合同违约金 4 万元；通过民政局对灾区捐赠现金 49.52 万元。

(6) 其他相关资料：该企业 2007 年属于减半政策执行第一年，本年预缴所得税 18.43 万元。

要求：根据上述资料，按下列序号计算回答问题，每问需计算出合计数（以万元为单位）：

①计算 2010 年企业所得税前准予扣除的财务费用；

②计算 2010 年企业所得税前准予扣除的管理费用和销售费用；

③计算 2010 年企业所得税前准予扣除的营业外支出；

④计算 2010 年应纳税所得额；

⑤计算 2010 年度企业应纳所得税总额；

⑥计算 2010 年度企业应补缴纳企业所得税。

2. 某生产企业，2009 年成立，职工共 30 人，企业的资产总额为 300 万元，计算出的亏损为 80 万元，后经税务机关认定的亏损为 52 万元，2010 年企业有关生产、经营资料如下：

(1) 取得产品销售收入 230 万元、国债利息收入 23 万元，金融债券利息收入 39 万元；

(2) 发生产品销售成本 100 万元；发生产品销售税金及附加 5.6 万元；

(3) 发生销售费用 38 万元，全部为广告费；

(4) 发生财务费用 40 万元，其中：1 月 1 日以集资方式筹集生产性资金 300 万元，期限 1 年，支付利息费用 30 万元（同期银行贷款年利率 6%）；

(5) 发生管理费用 26 万元，其中含业务招待费 10 万元，为股东支付的商业保险费 5 万元；

(6) "营业外支出"账户记载金额 33.52 万元。其中：合同违约金 4 万元；通过民政局对灾区捐赠现金 29.52 万元。

要求：根据上述资料，按下列序号计算回答问题，每问需计算出合计数：

①计算 2010 年企业所得税前准予扣除的销售费用；

②计算 2010 年企业所得税前准予扣除的财务费用；

③计算 2010 年企业所得税前准予扣除的管理费用；

④计算 2010 年企业所得税前准予扣除的营业外支出；

⑤计算 2010 年应纳税所得额；

⑥计算 2010 年度企业应纳所得税。

3. 某市一中外合资企业为增值税一般纳税人，主要业务为生产化妆品，于 2004 年在海南经济特区成立，2007 年获利，按当时政策适用 15% 税率，并享受获利年度起两三年减半的税收优惠，2011 年有关生产经营情况如下：

(1) 本期外购原材料取得增值税专用发票，支付价款 2400 元，增值税额 408 万元，发票已通过认证；

(2) 批发销售自产成套化妆品 25 万件，开具增值税专用发票，取得不含税销售收入 6000 万元；

(3) 7 月份转让商标权的使用权，取得收入 1000 万元；

(4) 产品销售成本为 2000 万元，销售费用 1020 万元（其中广告费用 800 万元、业务宣传费用 150 万元），财务费用 270 万元，管理费用 940 万元；

(5) 8 月份发生意外事故损失的外购原材料 30 万元（不含增值税），10 月

　　份取得保险公司赔款 5 万元。

（6）向另一居民企业投资取得投资收益 32.3 万元。

　　要求：根据上述资料以及税法的有关规定，回答下列问题：

　　　　①计算该企业 2011 年应缴纳的增值税；

　　　　②计算该企业 2011 年所得税前准予扣除的税金及附加；

　　　　③计算该企业 2011 年所得税前准予扣除的广告费以及业务宣传费；

　　　　④计算该企业 2011 年应纳税所得额；

　　　　⑤计算该企业 2011 年应缴纳的企业所得税。

4. 某国有企业 2008 年度应纳税所得额为 1000 万元，已累计预缴企业所得税 250 万元，年终汇算清缴时，发现如下问题：

（1）向遭受自然灾害的地区直接捐款 40 万元，已列入营业外支出中；

（2）缴纳的房产税、城镇土地使用税、车船税、印花税等税金 65 万元已在管理费用中列支，但在计算应纳税所得额时又重复扣除；

（3）将违法经营罚款 20 万元、税收滞纳金 0.2 万元列入营业外支出中；

（4）9 月 1 日以经营租赁方式租入 1 台机器设备，合同约定租赁期 10 个月，租赁费 10 万元，该企业未分期摊销这笔租赁费，而是一次性列入 2008 年度管理费用中扣除；

（5）"应付职工薪酬"科目借方发生额中有向残疾人支付的工资 12 万元。

（6）从境外取得税后利润 20 万元（境外缴纳所得税时适用的税率为 20%），未补缴企业所得税。

　　要求：

　　　　①计算该企业 2008 年度境内所得应缴纳的所得税税额；

　　　　②计算该企业 2008 年度境外所得税应补缴的所得税税额。

　　　　③计算该企业 2008 年应补交的所得税额。

第七章　个人所得税

学习目标

◆ 了解个人所得税的概念、特点及其征收模式；
◆ 理解个人所得税的纳税义务人、扣缴义务人、应税所得项目、税率、税收优惠及其征收管理等基本法律规定；
◆ 掌握应纳税所得额的计算及应纳税额的计算。

第一节　个人所得税概述

一、个人所得税的概念及特点

（一）概念

个人所得税是以自然人取得的各类应税所得为征税对象而征收的一种所得税，是政府利用税收对个人收入进行调节的一种手段。个人所得税的征税对象不仅包括个人还包括具有自然人性质的企业。

个人所得税是目前世界各国都普遍征收的一种税收。作为征税对象的所得，有狭义和广义之分。狭义的个人所得，仅限于每年经常、反复发生的所得。广义的个人所得，是个人通过各种来源获得的一切利益，而不论这种利益是偶然的，还是长期的；是货币形式的，还是实物形式的。目前，包括我国在内的世界各国实行的个人所得税，都是针对广义上的所得而征收。

（二）特点

1. 分类征收

个人所得划分为 11 类，分别适用不同的费用减除、不同的税率和不同的计税方法。实行分类课征制度，广泛采用源泉扣缴办法，加强源泉控管，简化纳税手续，方便征纳双方。

2. 累进税率、比例税率并用

个人所得税法对工薪所得、个体户的生产经营所得以及对企事业单位的承包、承租经营所得，采用累进税率。对劳务报酬所得、稿酬等其他所得，采用比例税率。

3. 费用扣除较宽

个人所得税采用费用定额扣除和定率扣除两种方法。对工资、薪金所得每月减除3500元，并对外籍纳税人和中国境内有住所而又来源于境外工资、薪金所得的纳税人实行附加减除费用；对稿酬、劳务报酬特许权使用费等所得，每次收入不超过4000元的减除费用 800 元，每次收入超过4000元的减除费用的 20%。

4. 计算简便

个人所得税的费用扣除采取总额扣除法，符合税制简便原则。

5. 课源制和申报制征纳方法

支付单位源泉扣缴和纳税人自行申报两种方法。凡是可以在应税所得的支付环节扣缴个人所得税的，均由扣缴义务人履行代扣代缴义务；没有扣缴义务人的，以及个人在两处以上取得工资、薪金所得的等其他符合自行申报条件的由纳税人自行申报。

二、个人所得税的立法原则

我国个人所得税的立法原则是：内外一致、适当调节、合理负担。

内外一致是指不分国籍，只要构成我国个人所得税的纳税人，就要遵守我国个人所得税税法的规定缴纳个人所得税。

适当调节是指在保证人们基本生活费用支出不受影响的情况下，本着高收入者多纳税，中等收入者少纳税，低收入者不纳税的原则，对个人所得税只就收入超过一定标准的纳税人征收，体现社会公平。

合理负担是指个人所得税采用超额累进税率和比例税率相结合，根据纳税人的所得性质划分项目，分别适用不同的税率，收入项目不同税收负担也不同。

三、个人所得税的计税原理

个人所得税以个人的纯所得为计税依据。因此计税时以纳税人的收入或报酬扣除有关费用以后的余额为计税依据。有关费用一方面是指与获取收入和报酬有关的经营费用；另一方面是指维持纳税人自身及家庭生活需要的费用。具体分为三类：第一，与应税收入相配比的经营成本和费用；第二，与个人总体能力相匹配的免税扣除和家庭生计扣除；第三，为了体现特定社会目标而鼓励的支出，称为"特别费用扣除"，如慈善捐赠等。

四、个人所得税的征收模式

一般说来，个人所得税的征收模式有三种：分类征收制、综合征收制和混合征收制。分类征收制，就是将纳税人不同来源、性质的所得项目，分别规定不同的税率征税；综合征收制，是对纳税人全年的各项所得加以汇总，就其总额进行征税；混合征收制，是对纳税人不同来源、性质的所得先分别按照不同的税率征税，然后将全年的各项所得进行汇总征税。三种不同的征收模式各有其优缺点。就第一种征收模式而言，其优点是对纳税人全部所得区分性质进行区别征税，能够体现国家的政治、经济与社会政策。缺点是对纳税人整体所得把握得不一定全向，容易导致实际税负的不公平。就第二种方式而言，可以对纳税人的全部所得征税，从收入的角度体现税收公平的原则，但它既不利于针对不同收入进行调节，也不利于体现国家的有关社会、经济政策。就第三种方式而言，集中了前面两种的优点，既可实现税收的政策性调节功能，也可体现税收的公平原则。

目前，我国个人所得税的征收采用的是第一种模式，即分类征收制。在我国开征个人所得税之初，居民个人的收入水平比较低，收入来源比较单一，政府征税的目的主要在于对一部分居民畸高的收入进行调节。二十多年后的今天，我国居民个人的收入水平有了很大提高，而且收入的来源种类呈日益多样化趋势。在这样的情况下，仅仅按照居民收入的类型进行个人所得税的征收就不能达到调节收入分配的目的了。因为，在现行税制下，不同收入种类所得的税率是不完全相同的，这样就会出现两种情况：一是纳税人有意把自己的收入在不同类型收入间进行转换，以达到不缴税或少缴税的目的；二是纳税人就其单个来源的收入可能不用纳税或者纳税不多，但如果把其全年收入加总起来考虑，则是一笔不小的收入。从结果上看，就不可能完全达到对收入进行公平调节的目的。因而对我国现行个人所得税制模式进行改革是一个方向，我国也初步确定把个人所得税制由分类征收制向分类与综合相结合的模式转变。

五、我国个人所得税的发展

1980 年 9 月 10 日第五届全国人民代表大会第三次会议审议通过了《中华

人民共和国个人所得税法》（以下简称《个人所得税法》），确定了个人所得税每月 800 元的起征点。同年 12 月 14 日，财政部颁布了《个人所得税实施细则》，但当时中国本国国民的月收入能够达到 800 元起征点的可以说是屈指可数的，包括当时参与制定这部法律的全体人员中都没有一人的收入可以达到起征点。因此，个人所得税法的起草基点完全是针对外籍人士，这也造成在以后很长一段时间内我国建立的个人所得税制度采用了分类所得税制。之后为了适应国内个体经济发展需要，调节个体工商户的收入分配差距，1986 年 1 月国务院发布了《中华人民共和国城乡个体工商户所得税暂行条例》，适用于城乡个体工商户。为了适应我国经济体制改革后国内个人收入发生重大变化的情况，1986 年 9 月国务院发布了《中华人民共和国个人收入调节税暂行条例》，对个人收入达到应税标准的中国公民征收个人收入调节税，这也就意味着原个人所得税法从 1987 年 1 月 1 日起只适用于外籍个人了。至此个人所得税、个人收入调节税、个体工商户所得税等三项税收法律、法规制度共同构建起极具中国特色的个人所得税制。

1992 年我国当时税种达到了 34 个，许多人大代表、政协委员都针对税种繁多、税收混乱的情况发出合并税种的呼声。《个人所得税法》的第一次修订也在此背景下应运而生了，1993 年 10 月 31 第八届全国人民代表大会第四次会议将原先的个人所得税、个人收入调节税、个体工商户所得税三税合一，统一开征个人所得税。1994 年 1 月 1 日起修订后的新《个人所得税法》施行。

1999 年 8 月 30 日第九届全国人民代表大会常务委员会第十一次会议对《个人所得税法》进行了第二次修订，恢复对储蓄存款利息所得征收个人所得税。

2000 年 9 月，财政部、国家税务总局根据《国务院关于个人独资企业和合伙企业征收所得税问题的通知》有关"对个人独资企业和合伙企业停征企业所得税，只对其投资者的经营所得征收个人所得税"的规定，制定了《关于个人独资企业和合伙企业投资者征收个人所得税的规定》（以下简称《规定》）。《规定》明确从 2000 年 1 月 1 日起，个人独资企业和合伙企业投资者将依法缴纳个人所得税。

2005 年 10 月 27 日第十届全国人民代表大会常务委员会第十八次会议对《个人所得税法》进行了第三次修订，将工资、薪金所得的费用扣除标准由每月 800 元提高至每月1600元，并从 2006 年 1 月起施行。

2007 年 6 月 29 日第十届全国人民代表大会常务委员会第二十八次会议对《个人所得税法》进行了第四次修订，明确规定"对储蓄存款利息所得开征、减征、停征个人所得税及其具体办法，由国务院规定"。

2007 年 12 月 29 日第十届全国人民代表大会常务委员会第三十一次会议对《个人所得税法》进行了第五次修订，将个人所得税的工资、薪金所得减除费用标准由每月1600元提高至每月2000元；个体工商户、个人独资企业和合伙企业的个人投资者，费用扣除标准统一为每年24 000元，并从 2008 年 3 月 1 日起正式施行。

2011 年 6 月 30 日第十一届全国人民代表大会常务委员会第二十一次会议对《中华人民共和国个人所得税法》进行了第六次修正，从 2011 年 9 月 1 日起，将工资薪金所得个人所得税费用减除标准进一步提高到3500元/月，个体工商户、个人独资企业和合伙企业的个人投资者，费用扣除标准统一为每年42 000元，同时将工资薪金所得税率改为 3%～45%，并适当扩大最高税率45%的覆盖范围，加大了对高收入者的调节力度。

第二节 个人所得税的基本法律规定

一、征税对象

个人所得税的征税对象是个人取得的应税所得，税法列举的有以下11 项。

（一）工资、薪金所得

工资、薪金所得是指个人因任职或者受雇而取得的工资、薪金、奖金、年终加薪、劳动分红、津贴、补贴以及与任职或受雇有关的其他所得。

不属于工资、薪金性质的补贴、津贴或者不属于纳税人本人工资、薪金所得项目的收入，不予征税。这些项目包括：

（1）独生子女津贴；

（2）执行公务员工资制度，未纳入基本工资总额的补贴、津贴差额和家属成员的副食品补贴；

（3）托儿补助费；

（4）差旅费津贴、误餐补助（单位以误餐的名义发放的补助除外）。

关于企业减员增效和行政、事业单位、社会团体在机构改革过程中实行内部退养办法人员取得收入如何征税问题，现行规定如下：

（1）实行内部退养的个人在其办理内部退养手续后至法定离退休年龄之间从原任职单位取得的工资、薪金，不属于离退休工资，应按"工资、薪金所得"项目计征个人所得税。

（2）个人在办理内部退养手续后从原任职单位取得的一次性收入，应按办理内部退养手续后至法定离退休年龄之间的所属月份进行平均，并与领取当月的"工资、薪金"所得合并后减除当月费用扣除标准，以余额为基数确定适用税率，再将当月工资、薪金加上取得的一次性收入，减去费用扣除标准，按适用税率计征个人所得税。

（3）个人在办理内部退养手续后至法定离退休年龄之间重新就业取得的"工资、薪金"所得，应与其从原任职单位取得的同一月份的"工资、薪金"所得合并，并依法自行向主管税务机关申报缴纳个人所得税。

参照 2001 年 11 月 9 日国税函〔2001〕832 号批复的规定，公司职工取得的用于购买企业国有股权的劳动分红，按"工资、薪金所得"项目计征个人所得税。

出租汽车经营单位对出租车驾驶员采取单车承包或承租方式运营，出租车驾驶员从事客货营运取得的收入，按工资、薪金所得征税。

（二）个体工商户的生产经营所得

（1）个体工商户从事工业、手工业、建筑业、交通运输业、商业、饮食业、服务业、修理业以及其他行业生产经营取得的所得。

（2）个人经政府批准，取得执照，从事办学、医疗咨询及其他有偿服务的所得。如私人诊所的医生、医师、律师及会计师的独立活动。

（3）其他个人从事个体工商业生产、经营取得的所得。

（4）上述个体工商户和个人取得的与生产经营有关的各项应税所得。

（5）个人因从事彩票代销业务而取得所得，应按照"个体工商户的生产、经营所得"项目计征个人所得税。

（6）个人独资企业和合伙企业的个人投资者以企业资金为本人家庭、成员及其相关人员支付与企业生产经营无关的消费性支出及购买汽车、住房等财产性支出视为企业对个人投资者利润分配，并入投资者个人的生产经营所得，依照"个体工商户的生产经营所得"项目计征个人所得税。

（7）从事个体出租车运营的出租车驾驶员取得的收入，按个体工商户的生产、经营所得项目缴纳个人所得税。

出租车属个人所有，但挂靠出租汽车经营单位或企事业单位，驾驶员向挂靠单位缴纳管理费的，或出租汽车经营单位将出租车所有权转移给驾驶员的，出租车驾驶员从事客货运营取得的收入，比照个体工商户的生产、经营所得项目征税。

（8）个体工商户和从事生产、经营的个人，取得与生产、经营活动无关的其他各项应税所得，应分别按照其他应税项目的有关规定，计算征收个人所得税。如取得银行存款的利息所得、对外投资取得的股息所得，应按"股息、利息、红利"税目的规定单独计征个人所得税。

(三) 对企事业单位的承包、承租经营所得

对企事业单位的承包、承租经营所得是指个人承包、承租经营以及转包、转租取得的所得，包括个人按月或者按次取得的工资、薪金性质的所得。个人对企事业单位的承包、承租经营形式大体可分为两类：

(1) 个人对企事业单位承包、承租经营后，工商登记改为个体工商户的，应按个体户的经营所得项目征收个人所得税，不再征收企业所得税。

(2) 个人对企事业单位承包、承租经营后，工商登记仍为企业的，不管其分配方式如何，均应先按规定征收企业所得税，然后对承包、承租经营者按合同规定取得的所得，依法缴纳个人所得税。具体为：

① 承包、承租人对经营成果不拥有所有权，仅按合同或协议取得一定所得的，其所得应按工资、薪金所得项目征税；

② 承包、承租人按合同规定只向发包方、出租方交纳一定费用后，企业经营成果归承包、承租人所有的，按企事业单位承包经营、承租经营所得项目征收个人所得税。

(四) 劳务报酬所得

劳务报酬所得是指个人从事设计、装潢、安装、制图、化验、测试、医疗、法律、会计、咨询、讲学、新闻、广播、翻译、审稿、书画、雕刻、影视、录音、录像、演出、表演、广告、展览、技术服务、介绍服务、经济服务、代办服务及其他劳务报酬的所得。

个人担任董事职务所取得的董事费收入，按劳务报酬所得征税。

自2004年1月20日起，对商品营销活动中，企业和单位对其营销业绩突出的非雇员以培训班、研讨会、工作考察等名义组织旅游活动，通过免收差旅费、旅游费对个人实行的营销业绩奖励（包括实物、有价证券等），应根据所发生费用的全额作为该营销人员当期的劳务收入，按照"劳务报酬所得"项目征收个人所得税，并由提供上述费用的企业和单位代扣代缴。

在实际操作过程中，还可能出现难以判定一项所得是属于工资、薪金所得，还是属于劳务报酬所得的情况。这两者的区别在于：工资、薪金所得是属于非独立个人劳务活动，即在机关、团体、学校、部队、企业、事业单位及其他组织中任职、受雇而得到的报酬；而劳务报酬所得，则是个人独立从事各种技艺、提供各项劳务取得的报酬。

（五）稿酬所得

稿酬所得是指个人因其作品以图书、报刊形式出版、发行而取得的所得。作者去世后，财产继承人取得的一定稿酬，亦应征收个人所得税。

对不以图书、报刊形式出版、发表的翻译、审稿、书画所得按劳务报酬所得征收个人所得税。

（六）特许权使用费所得

特许权使用费所得是指个人提供专利权、商标权、著作权、非专利技术以及其他特许的使用权取得的所得。提供著作权的使用权取得的所得。不包括稿酬所得。

对于作者将自己的文字作品手稿原件或复印件公开拍卖取得的所得，应按特许权使用费所得征收个人所得税。

（七）利息、股息、红利所得

利息、股息、红利所得是指个人拥有债券、股权而取得的利息、股息、红利所得。

除个人独资企业、合伙企业以外的其他企业的个人投资者，以企业资金为本人、家庭成员及其相关人员支付与企业生产经营无关的消费性支出及购买汽车、住房等财产性支出，视为企业对个人投资者的红利分配，依照"利息、股息、红利所得"项目计征个人所得税。企业的上述支出不允许在所得税前扣除。

纳税年度内个人投资者从其投资企业（个人独资企业、合伙企业除外）借款，在该纳税年度终了后既不归还又未用于企业生产经营的，其未归还的借款可视为企业对个人投资者的红利分配，依照"利息、股息、红利所得"项目计征个人所得税。

个人在个人银行结算账户的存款自 2003 年 9 月 1 日起孳生的利息，应按"利息、股息、红利所得"项目计征个人所得税，税款由办理个人银行结算账户业务的储蓄机构在结付利息时代扣代缴。

（八）财产租赁所得

财产租赁所得是指个人出租建筑物、土地使用权、机器设备、车船以及其他财产取得的所得。

个人取得的财产转租收入属于"财产租赁所得"的征税范围，由财产转租人缴纳个人所得税。在确认纳税义务人时，应以产权凭证为依据；对无产权凭证的，由主管税务机关根据实际情况确定。产权所有人死亡，在未办理产权继承手续期间，该财产出租而有租金收入的，以领取租金的个人为纳税义务人。

（九）财产转让所得

财产转让所得是指个人转让有价证券、股权、建筑物、土地使用权、机器设备、车船以及其他财产取得的所得。对个人取得的各项财产转让所得，除股票转让所得外，都要征收个人所得税。此外对个人转让自用 5 年以上并且是家庭唯一生活用房取得的所得，继续免征个人所得税。

（十）偶然所得

各种有奖竞赛活动，取得名次获得的奖金；中奖、中彩，是指参加各种有奖活动，如有奖销售、有奖储蓄或购买彩票，抽中、摇中号码而取得的奖金。

（十一）经国务院财政部门批准的其他所得

二、纳税义务人

个人所得税的纳税义务人是指在中国境内有住所，或者虽无住所但在境内居住满 1 年，以及无住所又不居住或居住不满 1 年但有从中国境内取得所得的个人。包括中国公民、个体工商户、外籍个人、中国香港、澳门、台湾同胞等。

上述纳税义务人依据住所和时间两个标准分为居民和非居民，分别承担不同的纳税义务。

（一）居民纳税义务人

居民纳税义务人是指在中国境内有住所，或者无住所而在中国境内居住满 1 年的个人。居民纳税义务人承担无限纳税义务，应就其来源于中国境内和境外的应纳税所得缴纳个人所得税。

所谓在中国境内有住所的个人，是指因户籍、家庭、经济利益关系而在中国境内习惯性居住的个人。所谓习惯性居住是判定居民和非居民的一个税收法律意义上的标准。它不是指实际居住或在某一个特定时期内的居住地，而是指个人因学习、工作、探亲等原因消除后，没有理由在其他地方继续居留时所要回到的地方。例如，一个纳税人因某种原因在中国境外居住，但是在这些原因消除之后，如果必须回到中国境内居住，则即使该人并未在中国境内居住，中国仍为该人的习惯性居住地。

所谓在境内居住满 1 年，是指在一个纳税年度（即公历 1 月 1 日起至 12 月 31 日止，下同）内，在中国境内居住满 365 日。在计算居住天数时，对临时离境应视同在华居住，不扣减其在华居住的天数。这里所说的临时离境，是指在一个纳税年度内，一次不超过 30 日或者多次累计不超过 90 日的离境。综上可知个人所得税的居民纳税义务人包括有以下两类：

（1）在中国境内定居的中国公民和外国侨民。但不包括虽具有中国国籍，却并没有在中国大陆定居，而是侨居海外的华侨和居住在中国香港、澳门、台湾的同胞。

（2）从公历 1 月 1 日起至 12 月 31 日止，居住在中国境内的外国人、海外侨胞和香港、澳门、台湾同胞。这些人如果在一个纳税年度内，一次离境不超过 30 日，或者多次离境累计不超过 90 日的，仍应被视为全年在中国境内居住，从而判定为居民纳税义务人。例如，一个外籍人员从 1997 年 10 月起到中国境内的公司任职，在 1998 纳税年度内，曾于 3 月 7～12 日离境回国，向其总公司述职，12 月 23 日又离境回国欢度圣诞节和元旦。这两次离境时间相加，没有超过 90 日的标准，应视作临时离境，不扣减其在华居住天数。因此，该纳税义务人应为居民纳税人。

现行税法中关于"中国境内"的概念，是指中国大陆地区，目前还不包括香港、澳门和台湾地区。

（二）非居民纳税义务人

非居民纳税义务人是指在中国境内无住所又不居住或者无住所而在境内居住不满 1 年的个人。也就是说，非居民纳税人，是指习惯性居住地不在中国境内，而且不在中国居住，或者在一个纳税年度内，在中国境内居住不满 1 年的个人。非居民纳税人承担有限纳税义务，应就其来源于中国境内的所得，向中国缴纳个人所得税。在现实生活中，习惯性居住地不在中国境内的个人，只有外籍人员、华侨或中国香港、澳门、台湾同胞。因此，非居民纳税人其实很明确，就是指在一个纳税年度中，没有在中国境内居住，或者在中国境内居住不满 1 年的外籍人员、华侨或中国香港、澳门、台湾同胞。

自 2004 年 7 月 1 日起，对境内居住的天数和境内实际工作期间按以下规定为准：

（1）判定纳税义务及计算在中国境内居住的天数。对在中国境内无住所的个人，需要计算确定其在中国境内居住天数，以便依照税法和协定或安排的规定判定其在华负有何种纳税义务时，均应以该个人实际在华逗留天数计算。上述个人入境、离境、往返或多次往返境内外的当日，均按 1 天计算其在华实际逗留天数。

（2）对个人入、离境当日及计算在中国境内实际工作期间。对在中国境内、境外机构同时担任职务或仅在境外机构任职的境内无住所个人，在按《国家税务总局关于在中国境内无住所的个人计算缴纳个人所得税若干具体问题的通知》（国税函发［1995］125号）第一条的规定计算其境内工作期间时，对其入境、离境、往返或多次往返境内外的当日，均按半天计算为在华实际工作天数。

自2000年1月1日起，个人独资企业和合伙企业投资者也为个人所得税的纳税义务人。

（三）所得来源的确定

一般说来，居民纳税人要承担无限纳税义务，应就其来源于中国境内、境外的所得缴纳个人所得税；非居民纳税义务人仅就其来源于中国境内的所得缴纳个人所得税。因此对非居民纳税义务人来说，判断其所得来源地就显得至关重要。

税法规定，下列所得不论其支付地点是否在中国境内，均为来源于中国境内的所得：

（1）在中国境内的公司、企业、事业单位、机关、社会团体、部队、学校等单位或经济组织中任职、受雇而取得的工资、薪金所得。

（2）在中国境内提供各种劳务而取得的劳务报酬所得。

（3）在中国境内从事生产、经营活动而取得的生产、经营所得。

（4）个人出租的财产，被承租人在中国境内使用而取得的财产租赁所得。

（5）转让中国境内的房屋、建筑物、土地使用权，以及在中国境内转让其他财产而取得的财产转让所得。

（6）提供在中国境内使用的专利权、专有技术、商标权、著作权，以及其他各种特许权利而取得的特许权使用费所得。

（7）因持有中国的各种债券、股票、股权而从中国境内的公司、企业或其他经济组织以及个人取得的利息、股息、红利所得。

（8）在中国境内参加各种竞赛活动取得名次的奖金所得；参加中国境内有关部门和单位组织的有奖活动而取得的中奖所得；购买中国境内有关部门和单位发行的彩票取得的中彩所得。

（9）在中国境内以图书、报刊方式出版、发表作品取得的稿酬所得。

（四）扣缴义务人

我国个人所得税实行代扣代缴和个人申报纳税相结合的征收管理制度。个人所得税之所以采取代扣代缴的方法，是因为这样有利于从源头控制税源，保证税收收入，简化征纳手续，加强个人所得税管理。

税法规定,凡支付应纳税所得的单位或个人,都是个人所得税的扣缴义务人。扣缴义务人在向纳税人支付各项应纳税所得(个体工商户的生产经营所得除外)时,必须履行代扣代缴税款的义务。

三、税率

根据我国国情,个人所得税税率采用了分类所得税制设计,按收入来源的不同,规定了累进税率和比例税率两种税率,其中累进税率是基本形式。

(一)超额累进税率

(1)七级超额累进税率。按税法规定,工资薪金所得,按月征收,适用七级超额累进税率,税率为3%~45%,具体见表7—1。

表7—1　工资、薪金所得税率表

级数	全月应纳税所得额		税率(%)	速算扣除数
	含税级距	不含税级距		
1	不超过1500元的	不超过1455元的	3	0
2	超过1500元至4500元的部分	超过1455元至4155元的部分	10	105
3	超过4500元至9000元的部分	超过4155元至7755元的部分	20	555
4	超过9000元至35 000元的部分	超过7755元至27 255元的部分	25	1005
5	超过35 000元至55 000元的部分	超过27 255元至41 255元的部分	30	2755
6	超过55 000元至80 000元的部分	超过41 255元至57 505元的部分	35	5505
7	超过80 000元的部分	超过57 505元的部分	45	13 505

注:①本表所列含税级距与不含税级距,均为按照税法规定减除有关费用后的所得额;
　　②含税级距适用于由纳税人负担税款的工资、薪金所得;不含税级距适用于由他人(单位)代付税款的工资、薪金所得。

(2)个体工商户的生产、经营所得和对企事业单位的承包经营、承租经营所得,适用5%~35%的超额累进税率,具体见表7—2。

表7—2　个体工商户的生产、经营所得和对企事业单位的承包经营、承租经营所得所得税率表

级数	全年应纳税所得额		税率(%)	速算扣除数
	含税级距	不含税级距		
1	不超过15 000元的	不超过14 250元的	5	0
2	超过15 000元至30 000元的部分	超过14 250元至27 750元的部分	10	750
3	超过30 000元至60 000元的部分	超过27 750元至51 750元的部分	20	3750
4	超过60 000元至100 000元的部分	超过51 750元至79 750元的部分	30	9750
5	超过100 000元的部分	超过79 750元的部分	35	14 750

注:①本表所列含税级距与不含税级距,均为按照税法规定以每一纳税年度的收入总额减

除成本、费用以及损失后的所得额；

②含税级距适用于个体工商户的生产、经营所得和由纳税人负担税款的对企事业单位的承包经营、承租经营所得；不含税级距适用于由他人（单位）代付税款的对企事业单位的承包经营、承租经营所得。

（二）比例税率

1.劳务报酬所得

劳务报酬所得，适用比例税率，税率为 20%。对劳务报酬所得一次收入畸高的，可以实行加成征收，具体办法由国务院规定。

根据《个人所得税法实施条例》规定。"劳务报酬所得一次收入畸高"，是指个人一次取得劳务报酬，其应纳税所得额超过 20 000 元。对应纳税所得额超过 20 000～50 000 元的部分，依照税法规定计算应纳税额后再按照应纳税额加征五成；超过 50 000 元的部分，加征十成。因此，劳务报酬所得实际上适用 20%、30%、40% 的三级超额累进税率，具体见表 7—3。

表 7—3　劳务报酬所得个人所得税税率表

级　数	每次应纳税所得额	税率（%）
1	不超过 20 000 元的部分	20
2	超过 20 000～50 000 元的部分	30
3	超过 50 000 元的部分	40

注：本表所称每次应纳税所得额。是指每次收入额减除费用 800 元（每次收入额不超过 4000 元时）或者减除 20% 的费用（每次收入额超过 4000 元时）后的余额。

2.稿酬所得

稿酬所得，适用比例税率，税率为 20%，并按应纳税额减征 30%。故其实际税率为 14%。

3.特许权使用费所得，利息、股息、红利所得，财产租赁所得，财产转让所得，偶然所得和其他所得

特许权使用费所得，利息、股息、红利所得，财产租赁所得，财产转让所得，偶然所得和其他所得，适用比例税率，税率为 20%。

从 2007 年 8 月 15 日起，居民储蓄利息税率调为 5%。自 2008 年 10 月 9 日起暂免征收储蓄存款利息的个人所得税。

对个人出租住房所得减按 10% 的税率征收个人所得税。

应当注意的是，由于目前实行承包（租）经营的形式较多，分配方式也不相同，因此，承包、承租人按照承包、承租经营合同（协议）规定取得所得的适用税率也不一致。根据国家税务总局 1994 年 8 月 1 日发出的《关于个人对企事业单位实行承包经营、承租经营取得所得征税问题的通知》规定，

其适用税率分为以下两种情况：

（1）承包、承租人对企业经营成果不拥有所有权，仅是按合同（协议）规定取得一定所得的，其所得按"工资、薪金"所得项目征税，适用5％～45％的九级超额累进税率。

（2）承包、承租人按合同（协议）的规定只向发包、出租方交纳一定费用后，企业经营成果归其所有的，承包、承租人取得的所得，按对企事业单位的承包经营、承租经营所得项目，适用5％～35％的五级超额累进税率征税。

第三节　个人所得税应纳税额的计算

一、应纳税所得额的计算

个人所得税的计税依据为个人取得的各项所得减去按规定标准扣除费用后的余额，即应纳税所得额。

由于个人所得税的应税项目不同，并且取得某项所得所需费用也不相同，因此，计算个人应纳税所得额，需按不同应税项目分项计算，以某项应税项目的收入额减去税法规定的该项费用减除标准后的余额为该项应纳税所得额。

（一）应纳税所得额的确定

（1）工资、薪金所得，以每月收入额减除费用3500元（2008年3月1日前每月1600元，2008年3月1日起月扣除2000元，2011年9月1日起扣除3500元），或者减除附加减除费用4800元后的余额，为应纳税所得额。

（2）个体工商户的生产、经营所得，以每一纳税年度的收入总额，减除成本、费用以及损失后的余额，为应纳税所得额。

个人独资企业的投资者以全部生产经营所得为应纳税所得额。合伙企业的投资者按照合伙企业的全部生产经营所得和合伙协议约定的分配比例确定应纳税所得额；合伙协议没有约定分配比例的，以全部生产经营所得和合伙人数量平均计算每个投资者的应纳税所得额。生产经营所得，包括企业分配给投资者个人的所得和企业当年留存的所得（利润）。

（3）对企事业单位承包经营、承租经营所得，以每一纳税年度的收入总额，减除必要费用后的余额，为应纳税所得额。每一纳税年度的收入总额，是指纳税义务人按照承包经营、承租经营合同规定分得的经营利润和工资、薪金性质的所得；所说的减除必要费用，是指按月减除2000元，但自2011年9月1日起每月3500元。

（4）劳务报酬所得、稿酬所得、特许权使用费所得、财产租赁所得，每次收入不超过4000元的，减除费用800元；而4000元以上的，减除20％的费用，其余额为应纳税所得额。

（5）财产转让所得，以转让财产的收入额减除财产原值和合理费用后的余额，为应纳税所得额。

（6）利息、股息、红利所得，偶然所得和其他所得，以每次收入额为应纳税所得额。个人将其所得对教育事业和其他公益事业捐赠的部分，按照国务院有关规定从应纳税所得中扣除。

对在中国境内无住所而在中国境内取得工资、薪金所得的纳税义务人和在中国境内有住所而在中国境外取得工资、薪金所得的纳税义务人，可以根据其平均收入水平、生活水平以及汇率变化情况确定附加减除费用。

（二）应纳税所得额的其他规定

（1）个人将其所得通过中国境内的社会团体、国家机关向教育和其他社会公益事业以及遭受严重自然灾害地区、贫困地区捐赠，捐赠额未超过纳税义务人申报的应纳税所得额30％的部分，可以从其应纳税所得额中扣除。

纳税人通过中国人口福利基金会、光华科技基金会的公益、救济性捐赠，可在应纳税所得额的30％内扣除。

个人通过非营利的社会团体和国家机关向农村义务教育的捐赠，准予在缴纳个人所得税前的所得额中全额扣除。

（2）个人的所得（不含偶然所得和经国务院财政部门确定征税的其他所得）用于资助非关联的科研机构和高等学校研究开发新产品、新技术、新工艺所发生的研究开发经费，经主管税务机关确定，可以全额在下月（工资、薪金所得）或下次（按次计征的所得）或当年（按年计征的所得）计征个人所得税时，从应纳税所得额中扣除，不足抵扣的，不得结转抵扣。

（3）个人取得的应纳税所得，包括现金、实物和有价证券。所得为实物的，应当按照取得的凭证上所注明的价格计算应纳税所得额；无凭证的实物或者凭证上所注明的价格明显偏低的，由主管税务机关参照当地的市场价格核定应纳税所得额。所得为有价证券的，由主管税务机关根据票面价格和市场价格核定应纳税所得额。

二、应纳税额的计算

（一）工资、薪金所得应纳税额的计算

应纳税额＝应纳税所得额×适用税率－速算扣除数

$$=（每月收入额－符合规定的社会保险和公积金－3500元或$$
$$附加减除费用4800元）×适用税率－速算扣除数$$

适用附加减除费用的纳税人可归纳为以下三类：

（1）在中国境内的外商投资企业和外国企业中工作取得工资、薪金所得的外籍人员；

（2）在中国境内有住所而在中国境外任职或者受雇取得工资、薪金所得的个人；

（3）华侨、港澳台同胞。

【例题 7－1】某职工 2011 年 3 月应发工资4600元，交纳社会统筹的养老保险 100 元，失业保险 50 元（超过规定比例 5 元），单位代缴水电费 100 元，其每月应纳个人所得税为：

应纳个人所得税＝（4600－3500－100－50＋5）×3％＝28.65（元）

（二）个体工商户的生产、经营所得应纳税额的计算

应纳税额＝应纳税所得额×适用税率－速算扣除数
　　　　＝（全年收入总额－成本费用及损失）×适用税率－速算扣除数

对个人独资企业和合伙企业生产经营所得,个人所得税有两种计算办法。

1. 查账征税

对个体工商户个人所得税查账征税征收的有关规定。

（1）自 2008 年 3 月 1 日起，个体工商户业主的费用扣除标准统一确定为24 000元/年，即2000元/月。2011 年 9 月 1 日起扣3500元。投资者的工资不得在税前扣除。

（2）个体工商户向其从业人员实际支付的合理的工资、薪金支出，允许在税前据实扣除。

（3）个体工商户拨缴的工会经费、发生的职工福利费、职工教育经费支出分别在工资薪金总额2％、14％、2.5％的标准内据实扣除。

（4）个体工商户每一纳税年度发生的广告费和业务宣传费用不超过当年销售（营业）收入 15％的部分，可据实扣除；超过部分，准予在以后纳税年度结转扣除。

（5）个体工商户每一纳税年度发生的与其生产经营业务直接相关的业务招待费支出，按照发生额的 60％扣除，但最高不得超过当年销售（营业）收入的 5‰。

上述第 2、3、4、5 条规定，从 2008 年 1 月 1 日起执行。

（6）个体工商户在生产、经营期间借款利息支出，凡有合法证明的，不

高于按金融机构同类、同期贷款利率计算的数额的部分，准予扣除。

（7）个体工商户或个人专营种植业、养殖业、饲养业、捕捞业，应对其所得计征个人所得税。兼营上述四业并且四业的所得单独核算的，对属于征收个人所得税的，应与其他行业的生产、经营所得合并计征个人所得税；对于上述四业的所得不能单独核算的，应就其全部所得计征个人所得税。

（8）个体工商户和从事生产、经营的个人，取得与生产、经营活动无关的各项应税所得，应分别适用各应税项目的规定计算征收个人所得税。

（9）企业计提的各种准备金不得扣除。

（10）投资者及其家庭发生的生活费用不允许在税前扣除。投资者及其家庭发生的生活费用与企业生产经营费用混合在一起，并且难以划分的，全部视为投资者个人及其家庭发生的生活费用，不允许在税前扣除。

（11）企业生产经营和投资者及其家庭生活共用的固定资产，难以划分的，由主管税务机关根据企业的生产经营类型、规模等具体情况，核定准予在税前扣除的折旧费用的数额或比例。

（12）个体工商户、个人独资企业和合伙企业的投资者（合伙人）2011年9月1日（含）以后的生产经营所得，应适用税法修改后的减除费用标准和税率表。按照税收法律、法规和文件规定，先计算全年应纳税所得额，再计算全年应纳税额。其2011年度应纳税额的计算方法如下：

前8个月应纳税额＝（全年应纳税所得额×税法修改前的对应税率－速算扣除数）×8/12

后4个月应纳税额＝（全年应纳税所得额×税法修改后的对应税率－速算扣除数）×4/12

全年应纳税额＝前8个月应纳税额＋后4个月应纳税额

纳税人应在年度终了后的3个月内，按照上述方法计算2011年度应纳税额，进行汇算清缴。

对企事业单位的承包经营、承租经营所得应纳税额的计算比照执行。

【例题7-2】某个人独资企业按照税法相关规定计算出全年应纳税所得额为45 000元（其中，个人独资企业投资者本人的减除费用标准，前8个月按2000元/月计算，后4个月按3500元/月计算），则其全年应纳税额计算如下：

前8个月应纳税额＝（45 000×30％－4250）×8/12＝6 166.67（元）

后4个月应纳税额＝（45 000×20％－3750）×4/12＝1750（元）

全年应纳税额＝6 166.67＋1750＝7 916.67（元）

（13）投资者兴办两个或两个以上企业，并且企业性质全部是独资的，年度终了后，汇算清缴时，应纳税款的计算按以下方法进行：汇总其投资兴办的所有企业的经营所得作为应纳税所得额，以此确定适用税率，计算出全年经营所得的应纳税额，再根据每个企业的经营所得占所有企业经营所得的比例，分别计算出每个企业的应纳税额和应补缴税额。计算公式如下：

① 应纳税所得额＝∑各个企业的经营所得

② 应纳税额＝应纳税所得额×税率－速算扣除数

③ 本企业应纳税额＝应纳税额×本企业的经营所得÷∑各企业的经营所得

④ 本企业应补缴的税额＝本企业应纳税额－本企业预缴的税额

2. 核定征收

核定征收方式，包括定额征收、核定应税所得率征收以及其他合理的征收方式。

实行核定应税所得率征收方式的，应纳所得税额的计算公式如下：

（1）应纳所得税额＝应纳税所得额×适用税率

（2）应纳税所得额＝收入总额×应税所得率

或　　　　　　　　　＝成本费用支出额÷（1－应税所得率）×应税所得率

应税所得率应按表7—4规定的标准执行。

表7—4　个人所得税应税所得率表

行　业	应税所得率（％）
工业、交通运输业、商业	5～20
建筑业、房地产开发业	7～20
饮食服务业	7～25
娱乐业	20～40
其他行业	10～30

企业经营多业的，无论其经营项目是否单独核算，均应根据其主营项目确定其适用的应税所得率。

实行核定征税的投资者，不能享受个人所得税的优惠政策。

实行查账征税方式的个人独资企业和合伙企业改为核定征税方式后，在查账征税方式下认定的年度经营亏损未弥补完的部分，不得再继续弥补。

【例题7—3】某个人独资企业，2012年全年销售收入为1000万元，销售成本及期间费用760万元，其中业务招待费10万元、广告费15万元、业务宣传费8万元，增值税以外的各种税费150万元，没有其他涉税调整事项。计算该独资企业应缴纳的个人所得税。

业务招待费扣除限额＝1000×5‰＝5（万元），

实际发生 10 万元的 60％＝6 万元，税前准予扣除 5 万元，应调增 5 万元。

广告费和业务宣传费用扣除限额＝1000×15％＝150（万元），

实际发生 15＋8＝23（万元），可以全额扣除。

该个人独资企业应缴纳个人所得税＝(1000－760－150＋10－5－3500×12/10 000)×35％－14750/10000＝30.305（万元）

（三）对企事业单位承包经营、承租经营所得应纳税额的计算

对企事业单位的承包经营、承租经营所得，其个人所得税应纳税额的计算公式为：

应纳税额＝应纳税所得额×适用税率－速算扣除数

或 ＝(纳税年度收入总额－必要费用)×适用税率－速算扣除数

＝[税后利润＋承包人在承包企业领取的工资－每月2000元的生计费

（2011 年 9 月 1 日起每月3500元）×12]×适用税率－速算扣除数

（四）劳务报酬所得应纳税额的计算

1. 定额或定率扣除

劳务报酬所得每次收入不超过4000元的，减除费用 800 元；4000元以上的，减除 20％的费用，其余额为应纳税所得额。

2. 次的规定

（1）只有一次性收入的，以取得该项收入为一次。

（2）属于同一事项连续取得收入的，以一个月内取得的收入为一次。不能以每天取得的收入为一次。

3. 税率20％，但有加成征收（具体见表7－3）

4. 计算公式

（1）每次收入不足4000元的：

应纳税额＝应纳税所得额×适用税率

或 ＝(每次收入额－800)×20％

（2）每次收入在4000元以上的：

应纳税额＝应纳税所得额×适用税率

＝每次收入额×(1－20％)×20％

（3）每次收入的应纳税所得额超过20 000元的：

应纳税额＝应纳税所得额×适用税率－速算扣除数

或 ＝每次收入额×(1－20％)×适用税率－速算扣除数

【例题 7－4】歌星刘某一次取得表演收入40 000元，计算其应纳个人所得税税额。

应纳税额＝每次收入额×（1－20％）×适用税率－速算扣除数

＝40 000×（1－20％）×30％－2000＝7600（元）

5. 为纳税人代付税款的计算方法

如果单位或个人为纳税人代付税款的，应当将单位或个人支付给纳税人的不含税支付额（或称纳税人取得的不含税收入额）换算为应纳税所得额，然后按规定计算应代付的个人所得税款。计算公式为：

（1）不含税收入额不超过 3360 元的：

① 应纳税所得额＝（不含税收入额－800）÷（1－税率）

② 应纳税额＝应纳税所得额×适用税率

（2）不含税收入额超过 3360 元的：

① 应纳税所得额＝[（不含税收入额－速算扣除数）×（1－20％）]÷[1－税率×（1－20％）]

或　　　　　　＝[（不含税收入额－速算扣除数）×（1－20％）]÷当级换算系数

② 应纳税额＝应纳税所得额×适用税率－速算扣除数

其中 A：不含税收入额超过超过 3360－21 000 元的部分的：

① 应纳税所得额＝[不含税收入额×（1－20％）]÷84％

② 应纳税额＝应纳税所得额×20％

B：超过 21 000－49 500 元的部分，

① 应纳税所得额＝[（不含税收入额－2000）×（1－20％）]÷76％

② 应纳税额＝应纳税所得额×30％－2000

C：超过 49 500 元的部分

① 应纳税所得额＝[（不含税收入额－7000）×（1－20％）]÷68％

② 应纳税额＝应纳税所得额×40％－7000

上述（1）中的公式①和（2）中的公式①中的税率，是指不含税劳务报酬收入所对应的税率；（1）中的公式②和（2）中的公式②中的税率，是指应纳税所得额按含税级距所对应的税率，具体见表7—5。

表7—5　不含税劳务报酬收入适用税率表

级 数	不含税劳务报酬收入额	税率（％）	速算扣除数（元）	换算系数（％）
1	未超过 3360 元的部分	20	0	无
2	超过 3360～21 000 元的部分	20	0	84
3	超过 21 000～49 500 元的部分	30	2000	76
4	超过 49 500 元的部分	40	7000	68

【例题7-5】高级工程师赵某为泰华公司进行一项工程设计，按照合同规定，公司应支付赵某的劳务报酬48 000元，与其报酬相关的个人所得税由公司代付。不考虑其他税收的情况下，计算公司应代付的个人所得税税额。

(1) 代付个人所得税的应纳税所得额＝[(48 000－2000)×(1－20%)]÷76%＝48 421.05 (元)

(2) 应代付个人所得税＝48 421.05×30%－2000＝12 526.32 (元)

(五) 稿酬所得应纳税额的计算

1. 定额或定率扣除

稿酬所得每次收入不超过4000元的，减除费用800元；4000元以上的，减除20%的费用，其余额为应纳税所得额。

2. 次的规定

稿酬所得，以每次出版、发表取得的收入为一次，具体可分为：

(1) 同一作品再版取得的所得，应视为另一次稿酬所得计征个人所得税；

(2) 同一作品先在报刊上连载，然后再出版，或者先出版，再在报刊上连载的，应视为两次稿酬所得征税，即连载作为一次，出版作为另一次；

(3) 同一作品在报刊上连载取得收入的，以连载完成后取得的所有收入合并为一次，计征个人所得税；

(4) 同一作品在出版和发表时，以预付稿酬或分次支付稿酬等形式取得的稿酬收入，应合并计算为一次；

(5) 同一作品出版、发表后，因添加印数而追加稿酬的，应与以前出版、发表时取得的稿酬合并计算为一次，计征个人所得税。

3. 税率20%，但减征30%，实际税率14%

4. 计算公式

(1) 每次收入不足4000元的：

应纳税额＝应纳税所得额×适用税率×(1－30%)

＝(每次收入额－800)×20%×(1－30%)

＝(每次收入额－800)×14%

(2) 每次收入在4000元以上的：

应纳税额＝应纳税所得额×适用税率×(1－30%)

＝每次收入额×(1－20%)×20%×(1－30%)

＝每次收入额×(1－20%)×14%

【例题7-6】作家马某2007年2月初在杂志上发表一篇小说，取得稿酬3800元，自2月15日起又将该小说在晚报上连载10天，每天稿酬450元。

计算马某当月需缴纳个人所得税。

出版再连载视为两次稿酬，所以

应纳税额＝(3800－800)×20％×70％＋450×10×(1－20％)×14％＝924（元）

5. 关于合作出书问题应该先分钱，后扣费用，再缴税

【例题7-7】居住在市区的中国居民李某，为一中外合资企业的职员，7月份，与同事杰克（外籍）合作出版了一本中外文化差异的书籍，共获得稿酬56 000元，李某与杰克事先约定按6∶4比例分配稿酬。

李某稿酬所得应缴纳的个人所得税＝56 000×60％×(1－20％)×14％＝3 763.2（元）

（六）特许权使用费所得应纳税额的计算

1. 定额或定率扣除

特许权使用费所得每次收入不超过4000元的，减除费用800元；4000元以上的，减除20％的费用，其余额为应纳税所得额。

2. 次的规定

以某项使用权的一次转让所取得的收入为一次。如果该次转让取得的收入是分笔支付的，则应将各笔收入相加为一次的收入，计征个人所得税。

3. 税率20％

4. 计算公式

（1）每次收入不足4000元的

应纳税额＝应纳税所得额×适用税率＝(每次收入额－800)×20％

（2）每次收入在4000元以上的

应纳税额＝应纳税所得额×适用的税率＝每次收入额×(1－20％)×20％

（七）利息、股息、红利所得应纳税额的计算

应纳税额＝应纳税所得额×适用的税率＝每次收入额×20％

储蓄存款在1999年10月31日前孳生的利息所得，不征收个人所得税；储蓄存款在1999年11月1日后孳生的利息所得，征收个人所得税，税率20％，自2007年8月15日起为5％，2008年10月9日起，对储蓄存款利息所得暂免征收个人所得税。

2005年6月13日起，对个人从上市公司取得的股息、红利所得暂减按50％计入应纳税所得额，计征个人所得税。对证券投资基金从上市公司分配取得的股息、红利所得，按照财税〔2005〕102号文件规定，扣缴义务人在代扣代缴个人所得税时，减按50％计算应纳税所得额。

【例题7—8】某居民2007年1月1日存入银行1年期定期存款100 000元。假定年平均利率为4.745%，存款到期日即2007年12月31日把存款全部取出。请计算其应缴纳的个人所得税。

$$每天利息收入=100\ 000\times4.745\%\div365=13（元）$$

$$应缴纳个人所得税=226\times13\times20\%+139\times13\times5\%=677.95（元）$$

【例题7—9】王某持有某上市公司的股票10 000股，该上市公司2007年度的利润方案为每10股送3股，并于2008年6月份实施，该股票的面值为每股1元。计算上市公司应扣缴王某的个人所得税。

$$个人所得税=10\ 000\div10\times3\times1\times20\%\times50\%=300（元）$$

（八）财产租赁所得应纳税额的计算

1. 应纳税所得额

个人出租房产，在计算缴纳所得税时从收入中依次扣除的费用包括财产租赁过程中缴纳的税费（营业税、城建税、教育费附加、房产税、印花税）；由纳税人负担的该出租财产实际开支的修缮费用（每次800元为限，一次扣不完的下次继续扣除，直到扣完为止）；税法规定的费用扣除标准（800元或20%）。

应纳税所得额的计算公式为：

（1）每次（月）收入不超过4000元的：

应纳税所得额＝每次（月）收入额－准予扣除项目－修缮费用（800元为限）－800元

（2）每次（月）收入超过4000元的：

应纳税所得额＝[每次（月）收入额－准予扣除项目－修缮费用（800元为限）]×（1－20%）

2. 税率

财产租赁所得适用20%的比例税率。但对个人按市场价格出租的居民住房取得的所得，自2001年1月1日起暂减按10%的税率征收个人所得税。

3. 应纳税额的计算

应纳税额＝应纳税所得额×适用税率

【例题7—10】某市丁某1~6月每月取得出租居民住房租金收入5000元（按市场价出租，当期未发生修缮费用）。计算丁某1~6月应缴纳营业税、城建税、教育费附加、房产税、个人所得税。

（1）按市场价格出租的居民住房，营业税减按3%征收。

1~6月租金收入应缴纳的营业税＝5000×3%×6＝900（元）

（2）1～6月租金收入应缴纳的城市维护建设税＝900×7％＝63（元）

（3）1～6月租金收入应缴纳的教育费附加＝900×3％＝27（元）

（4）1～6月租金收入应缴纳的房产税＝5000×4％×6＝1200（元）

（5）1～6月租金收入应缴纳的个人所得税＝〔5000－5000×3％×（1＋7％＋3％）－5000×4％〕×（1－20％）×10％×6＝2224.8（元）

（九）财产转让所得应纳税额的计算

1. 一般情况下财产转让所得应纳税额的计算

应纳税额＝应纳税所得额×适用的税率＝（收入总额－财产原值－合理税费）×20％

2. 特殊情况

（1）国家对股票转让所得。

（2）对个人转让自用5年以上并且是家庭唯一生活用房取得的所得，免征个人所得税。

（3）个人销售无偿受赠不动产应纳税额的计算。

个人将受赠不动产对外销售征收个人所得税的具体规定如下：

受赠人取得赠与人无偿赠与的不动产后，再次转让该项不动产的，在缴纳个人所得税时，以财产转让收入减除受赠、转让住房过程中缴纳的税金及有关合理费用后的余额为应纳税所得额，不能扣除原值，按20％的适用税率计算缴纳个人所得税。

【例题7－11】居住在市区的中国居民李某，为一中外合资企业的职员，11月份，以每份218元的价格转让2006年的企业债券500份，发生相关税费870元，债券申购价每份200元，申购时共支付相关税费350元；转让A股股票取得所得24 000元；计算李某应缴纳的个税。

转让股票暂不征收个人所得税，所以

有价证券所得应缴纳的个人所得税＝〔（218－200）×500－870－350〕×20％＝1556（元）

（十）偶然所得应纳税额的计算

应纳税额＝应纳税所得额×适用的税率＝每次收入额×20％

【例题7－12】王某在参加商场的有奖销售过程中，中奖所得共计价值10 000元。王某领奖时告知商场，从中奖收入中拿出4000元通过教育部门向某希望小学捐赠。按照规定，计算商场代扣代缴个人所得税后，王某实际可得中奖金额。

（1）根据税法有关规定，王某的可以扣除的捐赠额限额为10 000×30％

＝3000，实际捐赠4000，大于捐赠扣除比例30％，所以只能扣除3000。

（2）应纳税所得额＝偶然所得－捐赠额＝10 000－3000＝7000（元）

（3）应纳税额（即商场代扣税款）应纳税所得额×适用税率＝7000×20％＝1400（元）

（4）王某实际可得金额＝10 000－4000－1400＝4600（元）

（十一）其他所得应纳税额的计算

应纳税额＝应纳税所得额×适用税率＝每次收入额×20％

三、应纳税额计算中的特殊问题

（一）个人取得全年一次性奖金计税方法

全年一次性奖金是指行政机关、企事业单位等扣缴义务人根据其全年经济效益和对雇员全年工作业绩的综合考核情况，向雇员发放的一次性奖金。一次性奖金也包括年终加薪、实行年薪制和绩效工资办法的单位根据考核情况兑现的年薪和绩效工资。

纳税人取得全年一次性奖金，单独作为1个月工资、薪金所得计算纳税，自2005年1月1日起按以下计税办法，由扣缴义务人发放时代扣代缴：

（1）先将当月取得的全年一次性奖金，除以12个月，按其商数确定适用税率和速算扣除数。

（2）将雇员个人当月内取得的全年一次性奖金，按上述适用税率和速算扣除数计算征税。

① 如果雇员当月工资薪金所得高于（或等于）税法规定的费用扣除额的，适用公式为：

应纳税额＝雇员当月取得全年一次性奖金×适用税率－速算扣除数

【例题7－13】某中国公民2011年12月取得全年一次性奖金24 000元，当月工资超过扣除标准，计算奖金收入应缴纳的个人所得税。

24 000÷12＝2000，找税率为10％、25，应纳税额＝24 000×10％－105＝2295（元）

② 如果雇员当月工资薪金所得低于税法规定的费用扣除额的，适用公式为：

应纳税额＝（雇员当月取得全年一次性奖金－雇员当月工资薪金所得与费用扣除额的差额）×适用税率－速算扣除数

【例题7－14】我国公民刘先生在某一公司工作，2011年12月31日取得工资收入3 400元，当月还一次取得年终奖金24 100元，其应缴纳多少个人所得税?

刘先生因当月工资不足3500元，可用其取得的奖金收入24 100元补足其差额部分100元，剩余24 000元除以12个月，得出月均收入2000元，其对应的税率和速算扣除数分别为10％和105元。

$$应纳税额＝（24\ 100－100）×10\%－105＝2295\ 元$$

（3）全年一次性奖金的计算办法每年只能使用一次，不能重复使用。

（4）雇员取得除全年一次性奖金以外的其他各种名目奖金，如半年奖、季度奖、加班奖、先进奖、考勤奖等，一律与当月工资、薪金收入合并，按税法规定缴纳个人所得税。

【例题7-15】中国公民王某为某文艺团体演员，2011年9月取得工薪收入6000元，第三季度的奖金4000元；

$$工薪收入应缴纳个人所得税＝（6000＋4000－3500）×20\%－555＝1045（元）$$

（5）实行年薪制和绩效工资的单位。个人取得年终兑现的年薪和绩效工资按上述第2条、第3条规定执行。

（6）六个应关注的"盲区"。由于个人所得税税率有七档，因此每个临界点与平衡点之间形成了6个"盲区"。因此，找出每一级税率对应的"盲区"，就能有效地避开"多发少得"的情况，经计算，这6个"盲区"分别为：

［18 001～19 283.33 元］

［54 001～60 187.50 元］

［108 001～114 600 元］

［420 001～447 500 元］

［660 001～706 538.46 元］

［960 001～1 120 000 元］

假设一位白领能拿到18 000元的年终奖，那么其应纳的税为540元，到手17 460元，若多拿1元年终奖的话，其应纳个人所得税为1 695.1元，其所得是16 305.9，年终奖多了，反而实际到手的奖金缩水了1 155.1元。

（二）取得不含税全年一次性奖金收入计征个人所得税问题

（1）按照不含税的全年一次性奖金收入除以12的商数，查找相应适用税率A和速算扣除数A。

（2）含税的全年一次性奖金收入＝（不含税的全年一次性奖金收入－速算扣除数A)÷（1－适用税率A）。

（3）按含税的全年一次性奖金收入除以 12 的商数，重新查找适用税率 B和速算扣除数 B。

（4）应纳税额＝含税的全年一次性奖金收入×适用税率 B－速算扣除数 B。

如果纳税人取得不含税全年一次性奖金收入的当月工资薪金所得，低于税法规定的费用扣除额，应先将不含税全年一次性奖金减去当月工资薪金所得低于税法规定费用扣除额的差额部分后，再按照上述第 1 条规定处理。

根据企业所得税和个人所得税的现行规定，企业所得税的纳税人、个人独资和合伙企业、个体工商户为个人支付的个人所得税款，不得在所得税前扣除。

【例题 7－16】张某为中国公民，在某单位任职，月工资超过费用扣除标准，2011 年 12 月取得 2011 年不含税全年一次性奖金收入 22 800 元。请计算单位为张某代付的个人所得税。

（1）由于月的工资超过扣除费用标准，可直接用不含税奖金除以 12 的商来确定适用税率和速算扣除数。

每月的不含税奖金＝22 800÷12＝1900（元），查找不含税税率级次，适用税率和速算扣除数分别为 10％和 105 元。

（2）含税的全年一次性奖金收入＝（22 800－105）÷（1－10％）＝25 216.67（元）

（3）含税的全年一次性奖金收入除以 12 的商来确定适用税率和速算扣除数。

每月的含税奖金＝25 216.67÷12＝2 101.38（元），适用税率和速算扣除数分别为 10％和 105 元。

（4）单位为张某代付的个人所得税＝25 216.67×10％－105＝2 416.67（元）

（三）在外商投资企业、外国企业和外国驻华机构工作的中方人员取得工资、薪金所得的征税问题

（1）凡是由雇佣单位和派遣单位分别支付的，只由雇佣单位一方在支付工资、薪金时，按税法规定减除费用，计算扣缴个人所得税；派遣单位支付的工资、薪金不再减除费用，以支付金额直接确定适用税率，计算扣缴个人所得税。

（2）对可以提供有效合同或有关凭证，能够证明中方工作人员工资、薪金所得的一部分按照有关规定上缴派遣（介绍）单位的，可扣除其实际上缴

的部分，按其余额计征个人所得税。

（3）上述纳税义务人，应持两处支付单位提供的原始明细工资、薪金单（书）和完税凭证原件，选择并固定到一地税务机关申报每月工资、薪金收入，汇算清缴其工资、薪金收入的个人所得税，多退少补。具体申报期限，由各省、自治区、直辖市税务机关确定。

【**例题 7-17**】王某为外商投资企业雇佣的中方人员，假定 2011 年 10 月，该外商投资企业支付给王某的薪金为7200元，同月，王某还受到其所在的派遣单位发给的工资1900元。请问：该外商投资企业、派遣单位应如何扣缴个人所得税？王某实际应交的个人所得税为多少？

（1）外商投资企业应为王某扣缴的个人所得税为：

扣缴税额＝（每月收入额－3500）×适用税率－速算扣除数

＝（7200－3500）×10％－105＝265（元）

（2）派遣单位应为王某扣缴的个人所得税为：

扣缴税额＝每月收入额×适用税率－速算扣除数

＝1900×10％－105＝85（元）

（3）王某实际应交的个人所得税为：

应纳税额＝（每月收入额－2000）×适用税率－速算扣除数

＝（7200＋1900－3500）×20％－555＝565（元）

因此，在王某到某税务机关申报时，还应补缴 215 元（565－265－85）。

四、境外所得的税额扣除

在对纳税人的境外所得征税时，会存在其境外所得已在来源国家或者地区缴税的实际情况。基于国家之间对同一所得应避免双重征税的原则，我国税法规定，纳税义务人从中国境外取得的所得，准予其在应纳税额中扣除已在境外缴纳的个人所得税税额。但扣除额不得超过该纳税义务人境外所得依照我国税法规定计算的应纳税额。

（1）税法所说的已在境外缴纳的个人所得税税额，是指纳税义务人从中国境外取得的所得，依照该所得来源国家或者地区的法律应当缴纳并且实际已经缴纳的税额。

（2）税法所说的依照本法规定计算的应纳税额，是指纳税义务人从中国境外取得的所得。区别不同国家或者地区和不同应税项目，依照我国税法规定的费用减除标准和适用税率计算的应纳税额；同一国家或者地区内不同应税项目，依照我国税法计算的应纳税额之和，为该国家或者地区的扣除限额。

（3）纳税义务人在中国境外一个国家或者地区实际已经缴纳的个人所得税税额，低于依照上述规定计算出的该国家或者地区扣除限额的，应当在中国缴纳差额部分的税款；超过该国家或者地区扣除限额的。其超过部分不得在本纳税年度的应纳税额中扣除，但是可以在以后纳税年度的该国家或者地区扣除限额的余额中补扣，补扣期限最长不得超过5年。

（4）纳税义务人依照税法的规定申请扣除已在境外缴纳的个人所得税税额时，应当提供境外税务机关填发的完税凭证原件。

（5）为了保证正确计算扣除限额及合理扣除境外已纳税额，税法要求：在中国境内有住所，或者无住所而在境内居住满1年的个人，从中国境内和境外取得的所得，应当分别计算应纳税额。

【例题7－18】 某纳税人在2012年度，从A、B两国取得应税收入，其中：在A国一公司任职，取得工资、薪金收入120 000元（平均每月10 000元），因提供一项专利技术使用权，一次取得特许权使用费收入30 000元，该两项收入在A国缴纳个人所得税5200元；因在B国出版著作获得稿酬收入15 000元，并在B国缴纳该项收入的个人所得税1720元。

计算其抵免限额，及需要在我国补交的个税。

其抵扣计算方法如下：

（1）A国所纳个人所得税的抵免限额按照我国税法规定的费用减除标准和税率，计算该纳税义务人从A国取得的应税所得应纳税额，该应纳税额即为抵免限额。

① 工资、薪金所得。

（10 000－4800）×20%（税率）－555（速算扣除数）＝485（元）

全年应纳税额为：485×12（月份数）＝5820（元）

② 特许权使用费所得。

应纳税额：30 000×（1－20%）×20%（税率）＝4800（元）

在A国缴纳的个人所得税额的抵免限额为10 620元（5820＋4800）。其A国实际缴纳个人所得税5200元，低于抵免限额可以全额抵扣，并需在中国补缴差额部分的税款，计5420元（106 200－5200）。

（2）B国所纳个人所得税的抵免限额

按照我国税法的规定，该纳税义务人从B国取得的稿酬收入，应减除20%的费用，就其余额按20%的税率计算应纳税额并减征30%，计算结果为：[15 000×（1－20%）×20%（税率）]×（1－30%）＝1680（元）

即其抵免限额为1680元。该纳税义务人的稿酬所得在B国实际缴纳个人所得税1720元，超出抵免限额40元，不能在本年度扣减，但可在以后5个纳税年度的该国减除限额的余额中补减。

第四节 个人所得税的征收管理

一、税收优惠

(一) 免税项目

(1) 省级人民政府、国务院部委和中国人民解放军军以上单位,以及外国组织颁发的科学、教育、技术、文化、卫生、体育、环境保护等方面的奖金。

(2) 国债和国家发行的金融债券利息。这里所说的国债利息,是指个人持有中华人民共和国财政部发行的债券而取得的利息所得;所说的国家发行的金融债券利息,是指个人持有经国务院批准发行的金融债券而取得的利息所得。

(3) 按照国家统一规定发给的补贴、津贴。这里所说的按照国家统一规定发给的补贴、津贴,是指按照国务院规定发给的政府特殊津贴和国务院规定免纳个人所得税的补贴、津贴。

发给中国科学院资深院士和中国工程院资深院士每人每年1万元的资深院士津贴免予征收个人所得税。

(4) 福利费、抚恤金、救济金。这里所说的福利费,是指根据国家有关规定,从企业、事业单位、国家机关、社会团体提留的福利费或者工会经费中支付给个人的生活补助费;所说的救济金,是指国家民政部门支付给个人的生活困难补助费。

(5) 保险赔款。

(6) 军人的转业费、复员费。

(7) 按照国家统一规定发给干部、职工的安家费、退职费、退休工资、离休工资、离休生活补助费。

(8) 依照我国有关法律规定应予免税的各国驻华使馆、领事馆的外交代表、领事官员和其他人员的所得。

上述"所得",是指依照《中华人民共和国外交特权与豁免条例》和《中华人民共和国领事特权与豁免条例》规定免税的所得。

(9) 中国政府参加的国际公约以及签订的协议中规定免税的所得。

(10) 关于发给见义勇为者的奖金问题。对乡、镇(含乡、镇)以上人民政府或经县（含县）以上人民政府主管部门批准成立的有机构、有章程的见义勇为基金或者类似性质组织，奖励见义勇为者的奖金或奖品，经主管税务机关核准，免征个人所得税。

（11）企业和个人按照省级以上人民政府规定的比例提取并缴付的住房公积金、医疗保险金、基本养老保险金、失业保险金，不计入个人当期的工资、薪金收入，免予征收个人所得税。超过规定的比例缴付的部分计征个人所得税。

个人领取原提存的住房公积金、医疗保险金、基本养老保险金时。免予征收个人所得税。

（12）对个人取得的教育储蓄存款利息所得以及国务院财政部门确定的其他专项储蓄存款或者储蓄性专项基金存款的利息所得，免征个人所得税。

（13）储蓄机构内从事代扣代缴工作的办税人员取得的扣缴利息税手续费所得，免征个人所得税。

（14）对第三届高等学校教学名师奖奖金，免予征收个人所得税。

（15）生育妇女按照县级以上人民政府根据国家有关规定制定的生育保险办法，取得的生育津贴、生育医疗费或其他属于生育保险性质的津贴、补贴，免征个人所得税。

（16）对第二届全国职工技术创新成果获奖者所得奖金，免予征收个人所得税。

（17）对延长离休退休年龄的高级专家从其劳动人事关系所在单位取得的，学位按国家有关规定向职工统一发放的工资、薪金、奖金、津贴、补贴等收入，视同离休、退休工资，免征个人所得税。

从其劳动人事关系所存单位之外的其他地方取得的培训费、讲课费、顾问费、稿酬等各种收入，依法计征个人所得税。

延长离休退休年龄的高级专家是指：

① 享受国家发放的政府特殊津贴的专家、学者。

② 中国科学院、中国工程院院士。

（18）个人通过扣缴单位统一向灾区的捐赠，山扣缴单位凭政府机关或非营利组织开具的汇总捐赠凭据、扣缴单位记载的个人捐赠明细表等，由扣缴单位在代扣代缴税款时，依法据实扣除。

个人直接通过政府机关、非营利组织向灾区的捐赠，采取扣缴方式纳税的，捐赠人应及时向扣缴单位出示政府机关、非营利组织开具的捐赠凭据，由扣缴单位在代扣代缴税款时，依法据实扣除；个人自行申报纳税的，税务机关凭政府机关、非营利组织开具的接受捐赠凭据，依法据实扣除。

扣缴单位在向税务机关进行个人所得税全员全额扣缴申报时，应一并报送由政府机关或非营利组织开具的汇总接受捐赠凭据（复印件）、所在单位每个纳税人的捐赠总额和当期扣除的捐赠额。

(19) 经国务院财政部门批准免税的所得。

（二）减征项目

(1) 残疾、孤老人员和烈属的所得。

(2) 因严重自然灾害造成重大损失的。

(3) 其他经国务院财政部门批准减税的。

（三）暂免征收项目

(1) 外籍个人以非现金形式或实报实销形式取得的住房补贴、伙食补贴、搬迁费、洗衣费。

(2) 外籍个人按合理标准取得的境内、外出差补贴。

(3) 外籍个人取得的探亲费、语言训练费、子女教育费等，经当地税务机关审核批准为合理的部分。可以享受免征个人所得税优惠的探亲费，仅限于外籍个人在我国的受雇地与其家庭所在地（包括配偶或父母居住地）之间搭乘交通工具，且每年不超过两次的费用。

(4) 个人举报、协查各种违法、犯罪行为而获得的奖金。

(5) 个人办理代扣代缴税款手续，按规定取得的扣缴手续费。

(6) 个人转让自用达 5 年以上并且是唯一的家庭居住用房取得的所得。

(7) 对按《国务院关于高级专家离休退休若干问题的暂行规定》和《国务院办公厅关于杰出高级专家暂缓离休审批问题的通知》精神，达到离休、退休年龄，但确因工作需要，适当延长离休、退休年龄的高级专家（指享受国家发放的政府特殊津贴的专家、学者），其在延长离休、退休期间的工资、薪金所得，视同退休工资、离休工资免征个人所得税。

(8) 外籍个人从外商投资企业取得的股息、红利所得。

(9) 凡符合下列条件之一的外籍专家取得的工资、薪金所得可免征个人所得税：

① 根据世界银行专项贷款协议由世界银行直接派往我国工作的外国专家。

② 联合国组织直接派往我国工作的专家。

③ 为联合国援助项目来华工作的专家。

④ 援助国派往我国专为该国无偿援助项目工作的专家。

⑤ 根据两国政府签订文化交流项目来华工作 2 年以内的文教专家，其工资、薪金所得由该国负担的。

⑥ 根据我国大专院校国际交流项目来华工作 2 年以内的文教专家，其工资、薪金所得由该国负担的。

⑦ 通过民间科研协定来华工作的专家，其工资、薪金所得由该国政府机构负担的。

（10）股权分置改革中非流通股股东通过对价方式向流通股股东支付的股份、现金等收入，暂免征收流通股股东应缴纳的个人所得税。

（11）对被拆迁人按照国家有关城镇房屋拆迁管理办法规定的标准取得的拆迁补偿款，免征个人所得税。

（12）个人取得单张有奖发票奖金所得不超过 800 元（含 800 元）的，暂免征收个人所得税；个人取得单张有奖发票奖金所得超过 800 元的，应全额按照个人所得税法规定的"偶然所得"项目征收个人所得税。

（13）自 2006 年 6 月 1 日起，对保险营销员佣金中的展业成本，免征个人所得税；对佣金中的劳务报酬部分，扣除实际缴纳的营业税及附加后，依照税法有关规定计算征收个人所得税。保险营销员的佣金由展业成本和劳务报酬构成，所谓"展业成本"即营销费。根据目前保险营销员展业的实际情况，佣金中展业成本的比例暂定为 40%。

（14）第二届高等学校教学名师奖奖金，免予征收个人所得税；第二届高等学校教学名师奖获奖人数为 100 人，每人奖金 2 万元。

二、个人所得税的申报与征收

个人所得税的纳税办法，主要有自行申报纳税和代扣代缴两种。对无法查账征收的纳税人采用核定征收。本节主要介绍自行申报纳税和代扣代缴。

（一）自行申报纳税

1. 自行申报纳税义务人

自行申报纳税，是由纳税人自行在税法规定的纳税期限内，向税务机关申报取得的应税所得项目和数额，如实填写个人所得税纳税申报表，并按照税法规定计算应纳税额，据此缴纳个人所得税的一种方法。自行申报纳税的纳税义务人有以下几种：

（1）自 2006 年 1 月 1 日起，年所得 12 万元以上的；

（2）从中国境内两处或者两处以上取得工资、薪金所得的；

（3）从中国境外取得所得的；

（4）取得应税所得，没有扣缴义务人的；

（5）国务院规定的其他情形。

年所得 12 万元以上的纳税人，不包括在中国境内无住所，且在一个纳税年度中在中国境内居住不满 1 年的个人；从中国境外取得所得的纳税人，是指在中国境内有住所，或者无住所而在一个纳税年度中在中国境内居住满 1 年的个人。

2. 自行申报纳税的申报期限

（1）年所得 12 万元以上的纳税人，在纳税年度终了后 3 个月内向主管税务机关办理纳税申报。

（2）个体工商户和个人独资、合伙企业投资者取得的生产、经营所得应纳的税款，分月预缴的，纳税人在每月终了后 7 日内办理纳税申报；分季预缴的，纳税人在每个季度终了后 7 日内办理纳税申报；纳税年度终了后，纳税人在 3 个月内进行汇算清缴。

（3）纳税人年终一次性取得对企事业单位的承包经营、承租经营所得的，自取得所得之日起 30 日内办理纳税申报；在 1 个纳税年度内分次取得承包经营、承租经营所得的，在每次取得所得后的次月 7 日内申报预缴；纳税年度终了后 3 个月内汇算清缴。

（4）从中国境外取得所得的纳税人，在纳税年度终了后 30 日内向中国境内主管税务机关办理纳税申报。

（5）除以上规定的情形外，纳税人取得其他各项所得须申报纳税的，在取得所得的次月 7 日内向主管税务机关办理纳税申报。

（6）纳税人不能按照规定的期限办理纳税申报，需要延期的，按照《税收征管法》第二十七条和《税收征管法实施细则》第三十七条的规定办理。

3. 自行申报纳税的申报方式

纳税人可以采取数据电文、邮寄等方式申报，也可以直接到主管税务机关申报，或者采取符合主管税务机关规定的其他方式申报。纳税人采取邮寄方式申报的，以邮政部门挂号信函收据作为申报凭据，以寄出的邮戳日期为实际申报日期。

纳税人也可以委托有税务代理资质的中介机构或者他人代为办理纳税申报。

（二）代扣代缴

代扣代缴，是指按照税法规定负有扣缴税款义务的单位或者个人，在向个人支付应纳税所得时，应计算应纳税额，从其所得中扣出并缴入国库，同时向税务机关报送扣缴个人所得税报告表。这种方法，有利于控制税源、防止漏税和逃税。

1. 扣缴义务人

凡支付个人应纳税所得的企业（公司）、事业单位、机关、社团组织、军队、驻华机构、个体户等单位或者个人，为个人所得税的扣缴义务人。

这里所说的驻华机构，不包括外国驻华使领馆和联合国及其他依法享有外交特权和豁免的国际组织驻华机构。

2. 代扣代缴的范围

扣缴义务人向个人支付的下列所得，应代扣代缴个人所得税：

（1）工资、薪金所得。

（2）对企事业单位的承包经营、承租经营所得。

（3）劳务报酬所得。

（4）稿酬所得。

（5）特许权使用费所得。

（6）利息、股息、红利所得。

（7）财产租赁所得。

（8）财产转让所得。

（9）偶然所得。

（10）经国务院财政部门确定征税的其他所得。

扣缴义务人向个人支付应纳税所得（包括现金、实物和有价证券）时，不论纳税人是否属于本单位人员，均应代扣代缴其应纳的个人所得税税款。

这里所说支付，包括现金支付、汇拨支付、转账支付和以有价证券、实物以及其他形式的支付。

3. 扣缴义务人的义务及应承担的责任

（1）扣缴义务人应指定支付应纳税所得的财务会计部门或其他有关部门的人员为办税人员，由办税人员具体办理个人所得税的代扣代缴工作。

代扣代缴义务人的有关领导要对代扣代缴工作提供便利，支持办税人员履行义务；确定办税人员或办税人员发生变动时，应将名单及时报告主管税务机关。

（2）扣缴义务人的法人代表（或单位主要负责人）、财会部门的负责人及具体办理代扣代缴税款的有关人员，共同对依法履行代扣代缴义务负法律责任。

（3）同一扣缴义务人的不同部门支付应纳税所得时，应报办税人员汇总。

（4）扣缴义务人在代扣税款时，必须向纳税人开具税务机关统一印制的代扣代收税款凭证，并详细注明纳税人姓名、工作单位、家庭住址和居民身份证或护照号码（无上述证件的，可用其他能有效证明身份的证件）等个人情况。对工资、奖金所得和利息、股息、红利所得等，因纳税人数众多、不便——开具代扣代收税款凭证的，经主管税务机关同意，可不开具代扣代收税款凭证，但应通过一定形式告知纳税人已扣缴税款。纳税人为持有完税依据而向扣缴义务人索取代扣代收税款凭证的，扣缴义务人不得拒绝。

扣缴义务人应主动向税务机关申领代扣代收税款凭证，据以向纳税人扣税。非正式扣税凭证，纳税人可以拒收。

（5）扣缴义务人对纳税人的应扣未扣的税款，其应纳税款仍然由纳税人缴纳，扣缴义务人应承担应扣未扣税款50％以上至3倍的罚款。

（6）扣缴义务人应设立代扣代缴税款账簿，正确反映个人所得税的扣缴情况，并如实填写《扣缴个人所得税报告表》及其他有关资料。

（7）关于行政机关、事业单位工资发放方式改革后扣缴个人所得税问题。

① 行政机关、事业单位改革工资发放方式后，随着支付工资所得单位的变化，其扣缴义务人也有所变化。根据《个人所得税法》第八条规定，凡是有向个人支付工薪所得行为的财政部门（或机关事务管理、人事等部门）、行政机关、事业单位均为个人所得税的扣缴义务人。

② 财政部门（或机关事务管理、人事等部门）向行政机关、事业单位工作人员发放工资时应依法代扣代缴个人所得税。行政机关、事业单位在向个人支付与其任职、受雇有关的其他所得时，应将个人的这部分所得与财政部门（或机关事务管理、人事等部门）发放的工资合并计算应纳税额，并就应纳税额与财政部门（或机关事务管理、人事等部门）已扣缴税款的差额部分代扣代缴个人所得税。

4. 代扣代缴期限

扣缴义务人每月所扣的税款，应当在次月7日内缴入国库，并向主管税务机关报送《扣缴个人所得税报告表》、代扣代收税款凭证和包括每一纳税人姓名、单位、职务、收入、税款等内容的支付个人收入明细表以及税务机关要求报送的其他有关资料。

扣缴义务人违反上述规定不报送或者报送虚假纳税资料的，一经查实，其未在支付个人收入明细表中反映的向个人支付的款项，在计算扣缴义务人应纳税所得额时不得作为成本费用扣除。

扣缴义务人因有特殊困难不能按期报送《扣缴个人所得税报告表》及其他有关资料的，经县级税务机关批准，可以延期申报。

练习题

一、单项选择题

1. 李先生通过拍卖行将一幅珍藏多年的字画拍卖，取得收入500 000元，主管税务机关核定李某收藏该字画发生的费用为100 000元，拍卖时支付相关税费50 000元。拍卖字画所得应缴纳个人所得税（　　）元。

   A. 50 000　　　B. 70 000　　　C. 90 000　　　D. 100 000

2. 张某是A公司职工，由于张某所在的A公司比较清闲，张某同时在B公司兼职，每月从A公司取得工资2000元，从B公司取得收入1500元，则张某就这些收入的个税处理正确的是（　　）。

   A. 张某应就A、B公司合并按照工资、薪金计算个税

   B. 张某分别就A、B公司的收入单独按照工资薪金计算个税

   C. 张某只是就A公司的收入缴纳个税，B公司的不需要缴纳个税

   D. 张某就A公司的收入按照工资、薪金计算个税，B公司收入按照劳务报酬计算个税

3. 歌星容某应邀参加某大学2009年毕业典礼，对方支付出场费20 000元，该歌星决定把其中10 000元通过当地教育局捐赠给该大学用于贫困生的补助，则容某应就出场费缴纳个人所得税（　　）元。

   A. 1600　　　B. 1200　　　C. 2240　　　D. 2000

4. 2009年8月，李某出版小说一本取得稿酬80 000元，从中拿出20 000元通过国家机关捐赠给受灾地区。李某8月份应缴纳个人所得税（　　）。

   A. 6160元　　　B. 6272元　　　C. 8400元　　　D. 8960元

5. 某工程师（中国公民）2011年10月被派遣到某外资企业提供业务指导，当月外资企业支付其工资10 000元（需上交派遣单位40%，有合同证明），原派遣单位支付其工资1500元，已知派遣单位和雇佣单位均扣缴了个人所得税，则当月该工程师应补缴个人所得税是（　　）元。

   A. 337　　　B. 105　　　C. 145　　　D. 110

6. 中国公民丁先生2011年12月份取得工薪收入4000元，同时12月份取得年终奖金36 000元。丁先生12月份应纳个人所得税是（　　）元。

   A. 2100　　　B. 3510　　　C. 7495　　　D. 7939

7. 王某持有某上市公司的股票10 000股，该上市公司2008年度的利润方案为每10股送3股，并于2009年6月份实施，该股票的面值为每股2元。上市公司应扣缴王某的个人所得税（　　）元。

　　A. 300　　　　　B. 600　　　　　C. 1500　　　　D. 3000

8. 北京市海淀区市民邓某将其自有的住房 2009 年 1 月按照市场价格出租给他人用于居住，租期为 2 年，每月租金2500元，一次性收取了两年的租金，2009 年 1 月邓某对其房屋进行了修缮，修缮费用2000元，则邓某 2009 年应该缴纳的个人所得税是(　　　)元。(不考虑其他税费及其附加)

　　A. 1840　　　　B. 2800　　　　C. 3680　　　　D. 4640

9. 下列各项中对稿酬所得"次"表述不正确的是(　　　)。

　　A. 同一作品再版所得，视为另一次稿酬所得征税

　　B. 同一作品先在报刊连载后出版（或相反），视为两次稿酬所得征税

　　C. 同一作品在报刊上连载取得的收入，以连载完所有收入合并为一次征税

　　D. 预付或分次支付稿酬，应分次计算征税

10. 作家马某 2007 年 2 月初在杂志上发表一篇小说，取得稿酬3800元，自 2 月 15 日起又将该小说在晚报上连载 10 天，每天稿酬 450 元。马某当月需缴纳个人所得税(　　　)。

　　A. 420 元　　　B. 924 元　　　　C. 929.6 元　　　D. 1320 元

二、多项选择题

1. 以下有关个人所得税的所得来源说法正确的有(　　　　)。

　　A. 工资、薪金所得以纳税人任职的单位所在地作为所得来源地

　　B. 生产、经营所得，以纳税人生产、经营活动实现地，作为所得来源地

　　C. 不动产转让所得，以不动产坐落地为所得来源地

　　D. 特许权使用费所得，以特许权的使用地作为所得来源地

2. 以下各项所得中适用 20% 个人所得税税率的有(　　　　)。

　　A. 偶然所得

　　B. 对企事业单位的承包经营、承租经营所得

　　C. 特许权使用费所得

　　D. 财产转让所得

3. 在个人所得税法中，下列关于"次"的规定，说法正确的有(　　　　)。

　　A. 同一事项连续取得收入的，以全部取得的收入为一次

　　B. 同一作品再版取得的稿酬，应当单独看做一次所得征税

　　C. 同一作品出版社分三次支付的稿酬，应当看做一次所得征税

　　D. 出租房屋所得，以一个月作一次所得征税

4. 关于个人所得税计税依据的确定，下列说法正确的有(　　　　)。

　　A. 财产转让所得，以收入减去财产原值、相关的税费后的余额确定应纳税所得额

B. 财产租赁所得，以取得的全部收入减除准予扣除项目后的余额确定费用的扣除标准

C. 劳务报酬所得，直接以全部收入全额作为应纳税所得额

D. 偶然所得不扣除任何费用，直接以收入作为应纳税所得额

三、判断题

1. 某外籍人员 2005 年 12 月 1 日开始来华在中国境内的一外商投资企业工作，2006 年 5 月 5 日离境回母公司述职一直到 6 月 7 日才回来一直工作到 12 月底，对 2006 年来说该外籍人员是居民纳税义务人。　　　　　（　　）

2. 个人独资企业和合伙企业每一纳税年度发生的广告和业务宣传费用不超过当年销售（营业）收入 15% 的部分，可据实扣除；超过部分不得在当年扣除，也不能结转到以后年度扣除。　　　　　　　　　　　　（　　）

3. 王某取得不含税劳务报酬4000元，公司应付其个人所得税 761.9 元。

（　　）

4. 个人取得应纳税所得，没有扣缴义务人的或者扣缴义务人未按规定扣缴税款的，均应自行申报缴纳个人所得税。　　　　　　　　　（　　）

5. 某在我国无住所的外籍人员 2004 年 9 月 1 日来华工作，预计工作 2 年，2005 年期间，该外籍人员于 5 月 23 日回国述职，6 月 15 日返回中国，2005 年 12 月 20 日回国度假，2006 年 1 月 15 日返回中国，2006 年 9 月 30 日结束工作回国，则该外籍人员是我国的居民纳税人。　　　（　　）

6. 对企业为员工支付的各项保险金，应在企业向保险公司缴付时（即该保险落到被保险人的保险账户）并入员工当期的工资收入，按"工资、薪金所得"项目计征个人所得税，税款由企业负责代扣代缴。　　　　（　　）

7. 对个人投资者从上市公司取得股息红利所得，属于股息、利息红利所得，计入个人应纳税所得额，依照现行税法规定全额计征个人所得税。（　　）

8. 财产租赁所得和财产转让所得，以每次收入减除费用 800 元的余额为应纳税所得额。　　　　　　　　　　　　　　　　　　　　　（　　）

四、计算题

1. 中国公民王某为某文艺团体演员，2011 年 12 月收入情况如下：

（1）取得工薪收入6000元，年终奖金12 000元；

（2）自编剧本取得某文工团给予的剧本使用费10 000元；

（3）录制个人专辑取得劳务报酬45 000元，与报酬相关的个人所得税由支付单位代付；

（4）在乙国出版自传作品一部，取得稿酬160 000元，已按乙国税法规定在该国缴纳了个人所得税16 000元。

要求：根据上述资料回答下列问题：

①计算 12 月份工资和奖金收入应缴纳的个人所得税；

②计算取得的剧本使用费应缴纳的个人所得税；

③计算录制个人专辑公司应代付的个人所得税；

④计算在乙国出版自传作品收入在我国应缴纳的个人所得税。

2. 中国公民李某为某外资公司的职员，2011 年的收入情况如下：

（1）单位每月支付工资、薪金 10 000 元；

（2）业余撰写中篇财经小说，在北京晚报上连载，3 个月的稿酬收入分别为 20 000 元、40 000 元和 20 000 元；

（3）参加某厂家有奖促销，中奖所得共计 30 000 元；

（4）购买某基金公司的基金，该基金公司投资方向为股票市场，年终分配上市公司的股息，该个人税前获利（股息）5.3 万元；

（5）从国外一次取得特许权使用费收入折合人民币 18 000 元，并提供了来源国纳税凭证，纳税折合人民币 1800 元。

要求：根据上述资料，按下列序号计算回答问题，每问需计算出合计数：

①计算全年工资薪金应纳个人所得税额；

②计算李某取得稿酬收入应缴纳的个人所得税额；

③计算李某参加促销中奖所得应缴纳的个人所得税额；

④计算基金公司应代扣李某股息的个人所得税额；

⑤计算李某从国外一次取得特许权使用费收入应补缴的个人所得税。

3. 李某为一高校教师，2011 年收入情况如下：

（1）3 月份出版一本书，取得稿酬 5000 元。该书 6 月至 8 月被某晚报连载，6 月份取得稿费 1000 元，7 月份取得稿费 1000 元，8 月份取得稿费 1500 元。因该书畅销，9 月份出版社增加印数，又取得追加稿酬 4000 元。

（2）6 月份，购买社会福利彩票中奖 20 000 元，从中拿出 8000 元通过当地教育部门捐给希望小学。

（3）当年向两家单位提供专利权使用，一次取得收入为 3000 元，另一次收入为 4500 元。

（4）10 月份工资 3300 元，当月发放第一季度考核奖金 4000 元。

（5）为某公司进行一项设计，按照合同规定，公司应支付的劳务报酬 60 000 元，与其报酬相关的个人所得税由公司代付。

要求：按下列顺序回答问题，每问均为共计金额：

①计算李某当年稿酬收入应纳的个人所得税；

②计算李某当年社会福利彩票中奖收入应纳的个人所得税；

③计算李某提供专利权应纳的个人所得税；

④计算李某 10 月份工资和所获第一季度考核奖金应缴纳的个人所得税；

⑤不考虑其他税收的情况下，计算公司应代付的个人所得税税额。

4. 张某为一企业法定代表人，2011 年取得以下收入：

(1) 2011 年 9 月 1 日起开始承包企业 B，并拥有所有权，承包经营期限 4 个月。当年取得承包所得40 000元，另外张某每月还从该企业领取工资4000元；

(2) 10 月为某公司进行一项设计，按照合同规定，公司应支付的劳务报酬 60 000 元，与其报酬相关的个人所得税由公司代付。

(3) 11 月份购入某种债券1000份，每份买入价 15 元，支付相关税费共计 200 元。6 月份将买入的债券一次性卖出，每份卖出价 18 元，支付卖出债券的税费共计 150 元；

(4) 11 月份有两篇论文在相关专业期刊上发表，分别取得稿酬3200元和4500元；

(5) 在 A 国讲学取得报酬折合人民币60 000元，已在 A 国缴纳个人所得税 10 000元；从 B 国取得全年财产租赁所得（税前）人民币60 000元，已在 B 国缴纳个人所得税18 000元（不考虑相关税费）。

要求：根据上述资料，按下列序号计算回答问题，每问需计算出合计数：

①计算张某承包企业 B 所得应缴纳的个人所得税；

②计算公司应代付的个人所得税；

③计算转让债券应缴纳的个人所得税；

④计算稿酬所得应纳个人所得税；

⑤计算从 A 国、B 国取得的所得分别应当补缴的个人所得税。

第八章 资源类税法

学习目标

◆ 了解资源税、土地增值税、城镇土地使用税的概念；
◆ 理解资源税、土地增值税、城镇土地使用税纳税义务人、征税对象、税率、税收优惠及其征收管理等基本法律规定；
◆ 掌握资源税、土地增值税、城镇土地使用税的计税依据、应纳税额的计算。

第一节 资 源 税

一、概念

资源税是对在我国境内从事应税矿产品开采和生产盐的单位和个人课征的一种税，属于对自然资源占用课税的范畴。

二、纳税人

资源税的纳税人是指在中华人民共和国境内开采应税矿产品或者生产盐的单位和个人。

中外合作开采石油、天然气，按照现行规定只征收矿区使用费，暂不征收资源税。因此，中外合作开采石油、天然气的企业不是资源税的纳税人。

独立矿山、联合企业及其他收购未税矿产品的单位（包括个体户）为资源税的扣缴义务人。独立矿山是指只有采矿或只有采矿和选矿、独立核算、自负盈亏的单位，其生产的原矿和精矿主要用于对外销售；联合企业是指采矿、选矿、冶炼（或加工）连续生产的企业或采矿、冶炼（或加工）连续生产的企业，其采矿单位一般是该企业的二级或二级以下核算单位；其他收购未税矿产品的单位，是指自己并不生产应税矿产品，而从事矿产品原矿收购自用或卖给其他使用单位的矿产品收购单位。

三、税目和税率

资源税只对矿产品和盐征收，税目包括 7 大类：

资源税税目、税额包括 7 大类，在 7 个税目下面又设有若干个子目。现行资源税的税目及子目主要是根据资源税应税产品和纳税人开采资源的行业特点设置的。

（1）原油。开采的天然原油征税；人造石油不征税。税额为 8～30 元/吨。

（2）天然气。专门开采的天然气和与原油同时开采的天然气征税；煤矿生产的天然气暂不征税。税额为 2～15 元/千立方米。

（3）煤炭。原煤征税；洗煤、选煤和其他煤炭制品不征税。税额为 0.3～8 元/吨。

（4）其他非金属矿原矿。是指原油、天然气、煤炭和井矿盐以外的非金属矿原矿，包括宝石、金刚石、自然硫、磷铁矿等。税额为 0.5～20 元/吨、克拉或者立方米。

（5）黑色金属矿原矿。是指纳税人开采后自用、销售的，用于直接入炉冶炼或作为主产品先入选精矿、制造人工矿，再最终入炉冶炼的黑色金属矿石原矿，包括铁矿石、锰矿石和铬矿石。税额为 2～30 元/吨。

（6）有色金属矿原矿。包括铜矿石、铅锌矿石、铝土矿石、钨矿石、锡矿石、锑矿石、铝矿石、镍矿石、黄金矿石、钒矿石（含石煤钒）等。税额为 0.4～30 元/吨或立方米挖出量。

（7）盐。一是固体盐，包括海盐原盐、湖盐原盐和井矿盐，税率为 10～60 元/吨；二是液体盐（卤水），是指氯化钠含量达到一定浓度的溶液，是用于生产碱和其他产品的原料，税额为 2～10 元/吨。

自 2010 年 6 月 1 日起，在新疆开采原油、天然气缴纳资源税的纳税人，原油、天然气资源税实行从价计征，税率为 5%。其他情况，则采用定额税率（固定税额）。纳税人在开采主矿产品的过程中伴采的其他应税矿产品，凡未单独规定适用税额的，一律按主矿产品或视同主矿产品税目征收资源税。

未列举名称的其他非金属矿原矿和其他有色金属矿原矿，由省、自治区、直辖市人民政府决定征收或暂缓征收资源税，并报财政部和国家税务总局备案。

纳税人开采或者生产不同税目应税产品的，应当分别核算不同税目应税产品的课税数量；未分别核算或者不能准确提供不同税目应税产品的课税数量的，从高适用税额。

独立矿山、联合企业收购未税矿产品的单位，按照本单位应税产品的税额标准，依据收购数量代扣代缴资源税。

其他收购单位收购的未税矿产品，按税务机关核定的应税产品税额标准，依据收购的数量代扣代缴资源税。

四、计税依据

(一) 资源税的课税数量——销售数量、自用数量

(1) 纳税人开采或生产应税产品销售的，以销售数量为课税数量。

(2) 纳税人开采或生产应税产品自用的，以移送使用（非生产用）数量为课税数量。

(3) 纳税人不能准确提供应税产品销售数量或移送使用数量的，以应税产品的产量或主管税务机关确定的折算比，换算成的数量为课税数量。

(4) 原油中的稠油、高凝油与稀油划分不清或不易划分的，一律按原油的数量课税。

(5) 对于连续加工前无法正确计算原煤移送使用量的煤炭，可按加工产品的综合回收率，将加工产品实际销量和自用量折算成原煤数量，以此作为课税数量。

(6) 金属和非金属矿产品原矿，因无法准确掌握纳税人移送使用原矿数量的，可将其精矿按选矿比折算成原矿数量，以此作为课税数量，其计算公式为：

选矿比＝精矿数量÷耗用原矿数量

(7) 纳税人以自产的液体盐加工固体盐，按固体盐税额征税，以加工的固体盐数量为课税数量。纳税人以外购的液体盐加工成固体盐；其加工固体盐所耗用液体盐的已纳税额准予抵扣。

对于纳税人开采或者生产不同税目应税产品的，应当分别核算；不能准确提供不同税目应税产品的课税数量的，从高适用税额。

(二) 资源税的销售额

自 2010 年 6 月 1 日起，在新疆开采原油、天然气缴纳资源税的纳税人，原油、天然气资源税实行从价计征，计税依据为其销售额。

五、应纳税额的计算

资源税采用从量定额征收办法，根据应税产品的课税数量和适用的单位税额可以计算应纳的资源税。

(1) 纳税人开采或生产应税产品销售的，计算公式为：

应纳税额＝销售数量×单位税额

(2) 纳税人开采或生产应税产品自用或捐赠的，计算公式为：

应纳税额＝自用数量或捐赠数量×单位税额

(3) 收购未完税产品，于收购环节代扣代缴资源税，计算公式为：

应代扣代缴资源税＝收购数量×单位税额

(4) 从价定率（在新疆开采石油、天然气）：

应纳税额＝销售额×税率（5%）

【例题8—1】某铅锌矿2008年销售铅锌矿原矿80 000吨，另外移送入选精矿30 000吨，选矿比为30%。当地适用的单位税额为2元/吨，计算该矿当年应缴纳资源税。

该锌矿应缴纳资源税＝(80 000＋30 000÷30%)×2＝360 000（元）

【例题8—2】某纳税人本期以自产液体盐80 000吨和外购液体盐18 000吨（每吨已缴纳资源税2元）加工固体盐15 000吨对外销售，取得销售收入800万元。已知固体盐税额为每吨15元，计算该纳税人本期应缴纳的资源税。

应纳资源税＝15 000×15－18 000×2＝189 000（元）。

六、税收优惠

(一) 减税、免税项目

资源税贯彻普遍征收、级差调节的原则思想，因此规定的减免税项目比较少。

(1) 开采原油过程中用于加热、修井的原油，免税。

(2) 纳税人开采或者生产应税产品过程中，因意外事故或者自然灾害等原因遭受重大损失的，由省、自治区、直辖市人民政府酌情决定减税或者免税。

(3) 自2007年2月1日起，北方海盐资源税暂减按每吨15元征收，南方海盐、湖盐、井矿盐资源税暂减按每吨10元征收，液体盐资源税暂减按每吨2元征收。

【例题8—3】某油田2007年12月生产原油6 400吨，当月销售6 100吨，自用 5 吨，另有 2 吨在采油过程中用于加热、修井。原油单位税额为每吨 8 元，计算该油田当月应缴纳资源税。

开采原油过程中用于加热、修井的原油，免征资源税。

当月应缴纳资源税＝（6100＋5）×8＝48 840 元

（4）国务院规定的其他减税、免税项目。纳税人的减税、免税项目，应当单独核算课税数量；未单独核算或者不能准确提供课税数量的，不予减税或者免税。

（5）从 2007 年 1 月 1 日起，对地面抽采煤层气暂不征收资源税。煤层气是指赋存于煤层及其围岩中与煤炭资源伴生的非常规天然气，也称煤矿瓦斯。

（二）出口应税产品不退（免）资源税的规定

资源税规定仅对在中国境内开采或生产应税产品的单位和个人征收，进口的矿产品和盐不征收资源税。由于对进口应税产品不征收资源税，相应的，对出口应税产品也不免征或退还已纳资源税。

七、征收管理

（一）纳税义务发生时间

（1）纳税人销售应税产品，其纳税义务发生时间为：

① 纳税人采取分期收款结算方式的，其纳税义务发生时间，为销售合同规定的收款日期的当天。

② 纳税人采取预收货款结算方式的，其纳税义务发生时间，为发出应税产品的当天。

③ 纳税人采取其他结算方式的，其纳税义务发生时间，为收讫销售款或者取得索取销售款凭据的当天。

（2）纳税人自产自用应税产品的纳税义务发生时间，为移送使用应税产品的当天。

（3）扣缴义务人代扣代缴税款的纳税义务发生时间，为支付首笔货款或者开具应支付货款凭据的当天。

（二）纳税期限

纳税期限是纳税人发生纳税义务后缴纳税款的期限。资源税的纳税期限为 1 日、3 日、5 日、10 日、15 日或者 1 个月，纳税人的纳税期限由主管税务机关根据实际情况具体核定。不能按固定期限计算纳税的，可以按次计算纳税。

纳税人以 1 个月为一期纳税的，自期满之日起 10 日内申报纳税；以 1 日、3 日、5 日、10 日或者 15 日为一期纳税的，自期满之日起 5 日内预缴税款，于次月 1 日起 10 日内申报纳税并结清上月税款。

（三）纳税地点

（1）凡是缴纳资源税的纳税人，都应当向应税产品的开采或者生产所在地主管税务机关缴纳税款。

（2）如果纳税人在本省、自治区、直辖市范围内开采或者生产应税产品，其纳税地点需要调整的，由所在地省、自治区、直辖市税务机关决定。

（3）如果纳税人应纳的资源税属于跨省开采，其下属生产单位与核算单位不在同一省、自治区、直辖市的，对其开采的矿产品一律在开采地纳税，其应纳税款由独立核算、自负盈亏的单位，按照开采地的实际销售量（或者自用量）及适用的单位税额计算划拨。

（4）扣缴义务人代扣代缴的资源税，也应当向收购地主管税务机关缴纳。

第二节　土地增值税

一、概念

土地增值税是对转让国有土地使用权、地上建筑物及其附着物（以下称为转让房地产）并取得收入的单位和个人，就其转让房地产所取得的增值额征收的一种税。它是我国为了规范土地、房地产交易秩序，对转让房地产的过高收益进行调节，以抑制投机牟取暴利的行为，维护国家权益，保护正常从事房地产开发的经营者的合法权益，促进房地产市场健康发展，同时也是为了规范国家参与土地增值收益的分配方式，增加国家财政收入，于 1994 年 1 月 1 日新开征的一个税种。现行土地增值税的基本规范是 1993 年 12 月 13 日国务院颁布的《中华人民共和国土地增值税暂行条例》（简称《土地增值税暂行条例》）。

二、征税对象和范围

土地增值税的征税对象是有偿转让国有土地使用权、地上建筑物及其附着物产权所取得的增值额。土地增值税的征税范围包括：

（1）转让国有土地使用权。这里所说的"国有土地"，是指按国家法律规定属于国家所有的土地。

（2）地上的建筑物及其附着物连同国有土地使用权一并转让。这里所说的"地上的建筑物"，是指建于土地上的一切建筑物，包括地上地下的各种附属设施。这里所说的"附着物"，是指附着于土地上的不能移动或一经移动即遭损坏的物品。

三、纳税人

土地增值税的纳税人是指转让国有土地使用权、地上建筑物及其附着物并取得收入的单位和个人，具体包括国家机关、社会团体、部队、企事业单位、个体工商业户、个人，以及外商投资企业、外国企业、外国驻华机构、华侨、港澳台同胞和外籍个人等。

四、土地增值税的税率

土地增值税的税率采用四级超率累进税率，见表8—1。

表8—1   土地增值税四级超率累进税率表

级数	增值额与扣除项目金额的比率	税率（％）	速算扣除系数（％）
1	不超过50％的部分	30	0
2	超过50％～100％的部分	40	5
3	超过100％～200％的部分	50	15
4	超过200％的部分	60	35

五、应税收入

企业转让房地产的应税收入是指其转让房地产所取得的全部价款和有关经济利益，包括货币收入、实物收入和其他收入。对于货币收入之外的收入项目，由于其价值不太容易确定，一般要进行评估估价。

六、扣除项目

由于土地增值税并不是对转让房地产所取得的收入征税，而是对增值额计税，即应税收入减除税法规定的各项扣除项目的金额。税法准予纳税人从转让收入额中减除的扣除项目包括如下几项：

（一）取得土地使用权所支付的金额

取得土地使用权所支付的金额包括两方面的内容：

（1）纳税人为取得土地使用权所支付的地价款。如果是以协议、招标、拍卖等出让方式取得土地使用权的，地价款为纳税人所支付的土地出让金；如果是以行政划拨方式取得土地使用权的，地价款为按照国家有关规定补交的土地出让金；如果是以转让方式取得土地使用权的，地价款为向原土地使用权人实际支付的地价款。

（2）纳税人在取得土地使用权时按国家统一规定缴纳的有关费用。这是指纳税人在取得土地使用权过程中为办理有关手续，按国家统一规定缴纳的有关登记、过户手续费。

（二）房地产开发成本

房地产开发成本是指纳税人房地产开发项目实际发生的成本，包括土地的征用及拆迁补偿费、前期工程费、建筑安装工程费、基础设施费、公共配套设施费、开发间接费用等。

（1）土地征用及拆迁补偿费。包括土地征用费、耕地占用税、劳动力安置费及有关地上、地下附着物拆迁补偿的净支出、安置动迁用房支出等。

（2）前期工程费。包括规划、设计、项目可行性研究和水文、地质、勘察、测绘、"三通一平"等支出。

（3）建筑安装工程费。指以出包方式支付给承包单位的建筑安装工程费，以自营方式发生的建筑安装工程费。

（4）基础设施费。包括开发小区内道路、供水、供电、供气、排污、排洪、通信、照明、环卫、绿化等工程发生的支出。

（5）公共配套设施费。包括不能有偿转让的开发小区内公共配套设施发生的支出。

（6）开发间接费用。指直接组织、管理开发项目发生的费用，包括工资、职工福利费、折旧费、修理费、办公费、水电费、劳动保护费、周转房摊销等。

（三）房地产开发费用

房地产开发费用是指与房地产开发项目有关的销售费用、管理费用和财务费用。根据现行财务会计制度的规定，这三项费用作为期间费用，直接计入当期损益。不按成本核算对象进行分摊。故作为土地增值税扣除项目的房地产开发费用，不按纳税人房地产开发项目实际发生的费用进行扣除，而按《实施细则》的标准进行扣除。

《实施细则》规定，财务费用中的利息支出，凡能够按转让房地产项目计算分摊并提供金融机构证明的，允许据实扣除，但最高不能超过按商业银行同类同期贷款利率计算的金额。其他房地产开发费用，按《实施细则》第七条（一）、（二）项规定（即取得土地使用权所支付的金额和房地产开发成本，下同）计算的金额之和的5％以内计算扣除。凡不能按转让房地产项目计算分摊利息支出或不能提供金融机构证明的，房地产开发费用按《实施细则》第七条（一）、（二）项规定计算的金额之和的10％以内计算扣除。计算扣除的具体比例，由各省、自治区、直辖市人民政府规定。

上述规定的具体含义是：

（1）纳税人能够按转让房地产项目计算分摊利息支出，并能提供金融机构的贷款证明的，其允许扣除的房地产开发费用为：利息＋（取得土地使用权所支付的金额＋房地产开发成本）×5％以内（注：利息最高不能超过按商业银行同类同期贷款利率计算的金额）。

（2）纳税人不能按转让房地产项目计算分摊利息支出或不能提供金融机构贷款证明的，其允许扣除的房地产开发费用为：（取得土地使用权所支付的金额＋房地产开发成本）×10％以内。

此外，财政部、国家税务总局还对扣除项目金额中利息支出的计算问题做了两点专门规定：一是利息的上浮幅度按国家的有关规定执行，超过上浮幅度的部分不允许扣除；二是对于超过贷款期限的利息部分和加罚的利息不允许扣除。

（3）全部使用自有资金，没有利息支出的，按照以上方法扣除。

（4）房地产开发企业既向金融机构借款，又有其他借款的，其房地产开发费用计算扣除时不能同时适用上述第（1）、（2）项所述两种办法。土地增值税清算时，已经计入房地产开发成本的利息支出，应调整至"财务费用"中计算扣除。

（四）与转让房地产有关的税金

与转让房地产有关的税金是指在转让房地产时缴纳的营业税、城市维护建设税、印花税。因转让房地产缴纳的教育费附加，也可视同税金予以扣除。

需要明确的是，房地产开发企业按照《施工、房地产开发企业财务制度》有关规定，其在转让时缴纳的印花税因列入管理费用中，故在此不允许单独再扣除。其他纳税人缴纳的印花税按产权转移书据所载金额的0.5‰（贴花）允许在此扣除。

（五）其他扣除项目

对从事房地产开发的纳税人可按《实施细则》第七条（一）、（二）项规定计算的金额之和，加计20％的扣除。在此，应特别指出的是：此条优惠只适用于从事房地产开发的纳税人，除此之外的其他纳税人不适用。这样规定，目的是为了抑制炒买炒卖房地产的投机行为，保护正常开发投资者的积极性。

（六）旧房及建筑物的评估价格

（1）旧房及建筑物的评估价格是指在转让已使用的房屋及建筑物时，由政府批准设立的房地产评估机构评定的重置成本价乘以成新度折扣率后的价格，计算公式为：

评估价格＝重置成本价×成新度折扣率

评估价格须经当地税务机关确认。

重置成本价的含义是：对旧房及建筑物，按转让时的建材价格及人工费用计算，建造同样面积、同样层次、同样结构、同样建设标准的新房及建筑物所需花费的成本费用。成新度折扣率的含义是：按旧房的新旧程度做一定比例的折扣。例如，一幢房屋已使用近5年，建造时的造价为2000万元，按转让时的建材及人工费用计算，建同样的新房需花费5000万元，该房有五成新，则该房的评估价格为：5000×50％＝2500（万元）。

（2）不能取得评估价格，但能提供购房发票的，经当地税务部门确认，可按发票所载金额并从购买年度起至转让年度止每年加计5％计算扣除。"每年"：按购房发票所载日期起至售房发票开具之日止，每满12个月计1年；超过1年，未满12个月但超过6个月的，可以视同为1年。

（3）对纳税人购房时缴纳的契税，凡能提供契税完税凭证的，准予作为"与转让房地产有关的税金"予以扣除，但不作为加计5％的基数。

（4）既没有评估价格，又不能提供购房发票的，地方税务机关可以核定征收。

此外，转让旧房的，应按房屋及建筑物的评估价格、取得土地使用权所支付的地价款和按国家统一规定缴纳的有关费用及在转让环节缴纳的税金作为扣除项目金额计征土地增值税。对取得土地使用权时未支付地价款或不能提供已支付的地价款凭据的，在计征土地增值税时不允许扣除。

七、应纳税额

（一）增值额的确定

土地增值税纳税人转让房地产所取得的收入减除规定的扣除项目金额后的余额，为增值额，计算公式为：

土地增值额＝转让房地产的收入－扣除项目金额

在实际的房地产交易过程中，纳税人有下列情形之一的，则按照房地产评估价格计算征收土地增值额：①隐瞒、虚报房地产成交价格的。②提供扣除项目金额不实的。③转让房地产的成交价格低于房地产评估价格，又无正当理由的。

【例题 8－4】 某国有企业 2006 年 5 月在市区购置一栋办公楼，支付价款 8000 万元。2008 年 5 月，该企业将办公楼转让，取得收入 10 000 万元，签订产权转移书据。办公楼经税务机关认定的重置成本价为 12 000 万元，成新率 70％。计算该企业在缴纳土地增值税时计算的增值额。

转让旧房及建筑物时，计算土地增值额可以扣除的项目有 3 项：①取得土地使用权所支付的地价款和缴纳的有关费用，本题没有涉及；②房屋及建筑物的评估价格＝重置成本价×成新度折扣率＝12 000×70％＝8400（万元）；③转让环节缴纳的税金＝（10 000－8000）×5％×（1＋7％＋3％）＋10 000×0.05％＝115（万元）。增值额＝转让收入－扣除项目金额＝10 000－8400－115＝1485（万元）。

（二）应纳税额的计算

土地增值税按照纳税人转让房地产所取得的增值额和规定的税率计算征收。土地增值税的计算公式是：

应纳税额＝∑（每级距的土地增值额×适用税率）

但在实际工作中，分步计算比较烦琐，一般可以采用速算扣除法计算，计算公式为：

应纳税额＝增值额×适用税率－扣除项目金额×速算扣除系数

【例题 8－5】 2004 年某房地产开发公司销售其新建商品房一幢，取得销售收入 1.4 亿元，已知该公司支付与商品房相关的土地使用权费 2000 万元，开发成本为 2800 万元；该公司没有按房地产项目计算分摊银行借款利息；该商品房所在地的省政府规定计征土地增值税时房地产开发费用扣除比例为 10％；销售商品房缴纳的有关税金 770 万元。计算该公司销售该商品房应缴纳的土地增值税。

计算扣除金额＝（2000＋2800）＋（2000＋2800）×10％＋770＋（2000＋2800）×20％＝7010（万元）

计算土地增值额＝14 000－7010＝6990（万元）

计算增值率＝6990÷7010×100％＝99.7％，确定适用税率为 40％、扣除系数 5％。

应纳土地增值税＝6990×40％－7010×5％＝2445.5（万元）

八、税收优惠

（一）建造普通标准住宅的税收优惠

纳税人建造普通标准住宅出售，增值额未超过扣除项目金额 20％的，免征土地增值税，增值额超过扣除项目金额 20% 的，应就其全部增值额按规定计税。

对于纳税人既建普通标准住宅又搞其他房地产开发的，应分别核算增值额。不分别核算增值额或不能准确核算增值额的，其建造的普通标准住宅不能适用这一免税规定。

（二）国家征用收回的房地产的税收优惠

因国家建设需要依法征用、收回的房地产，免征土地增值税。

（三）因城市实施规划、国家建设需要的搬迁的税收优惠

因城市实施规划、国家建设需要而搬迁，由纳税人自行转让原房地产的免征土地增值税。

（四）个人转让房地产的税收优惠

个人因工作调动或改善居住条件而转让原自用住房，经向税务机关申报核准，凡居住满 5 年或 5 年以上的，免予征收土地增值税；居住满 3 年未满 5 年的，减半征收土地增值税。居住未满 3 年的，按规定计征土地增值税。

九、纳税申报

（一）申报时间

土地增值税的纳税申报时间为纳税人签订房地产转让合同后 7 日内。

（二）纳税地点

土地增值税的纳税地点为房地产所在地主管税务机关。如果纳税人转让的房地产坐落在两个或两个以上地区的，应按房地产所在地分别申报纳税。

第三节　城镇土地使用税

一、概念

城镇土地使用税是以城镇土地为征税对象，对拥有土地使用权的单位和个人征收的一种税。所称单位，包括国有企业、集体企业、私营企业、股份制企业、外商投资企业、外国企业、其他企事业单位、社会团体、国家机关、军队及其他单位；所称个人，包括个体工商户及其他个人。现行城镇土地使用税的基本规范是《中华人民共和国城镇土地使用税暂行条例》。

二、纳税义务人

城镇土地使用税的纳税义务人,是指在我国境内使用城镇土地的单位和个人,具体包括以下几类:

(1) 拥有土地使用权的单位和个人。

(2) 拥有土地使用权的单位和个人不在土地所在地,以土地的实际使用人和代管人为纳税人。

(3) 土地使用权未确定或权属纠纷未解决的,以实际使用人为纳税人。

(4) 土地使用权共有的,由共有各方以实际使用土地面积和占总面积的比例,分别计缴税款。

三、征税范围

城镇土地使用税务的征收税范围包括城市、县城、建制镇、工矿区等区域的土地,不包括农村集体所有的土地。

自 2009 年 1 月 1 日起,公园、名胜古迹内的索道公司经营用地,应按规定缴纳城镇土地使用税。

四、税率

城镇土地使用税采用定额税率,即采用有幅度的差别税额,按大、中、小城市和县城、建制镇、工矿区分别规定每平方米土地使用税年应纳税额。具体见下表 8—2。

表 8—2　城镇土地使用税定额税率表

级 别	人口(人)	每平方米税额(元)
大城市	50 万以上	1.5~30
中等城市	20 万~50 万	1.2~24
小城市	20 万以下	0.9~18
县城、建制镇、工矿区		0.6~12

各省、自治区、直辖市人民政府可根据市政建设情况和经济繁荣程度在规定税额幅度内,确定所辖地区的适用税额幅度。经济落后地区,土地使用税的适用税额标准可适当降低,但降低额不得超过上述规定最低税额的 30%。经济发达地区的适用税额标准可以适当提高,但须报财政部批准。

五、税收优惠

(一)《暂行条例》或其他法规中规定的统一免税项目

(1) 国家机关、人民团体、军队自用的土地。

(2) 由国家财政部门拨付事业经费的单位自用的土地。

(3) 宗教寺庙、公园、名胜古迹自用的土地。

(4) 市政街道、广场、绿化地带等公共用地。

(5) 直接用于农、林、牧、渔业的生产用地。

(6) 经批准开山填海整治的土地和改造的废弃土地，从使用的月份起免缴土地使用税 5～10 年。

(7) 对非营利性医疗机构、疾病控制机构和妇幼保健机构等卫生机构自用的土地，免征城镇土地使用税。

(8) 企业办的学校、医院、托儿所、幼儿园，其用地能与企业其他用地明确区分的，免征城镇土地使用税。

(9) 免税单位无偿使用纳税单位的土地，免征城镇土地使用税。纳税单位无偿使用免税单位的土地，纳税单位应照章缴纳城镇土地使用税。纳税单位与免税单位共同使用、共有使用权土地上的多层建筑，对纳税单位可按其占用的建筑面积占建筑总面积的比例计征城镇土地使用税。

(10) 对行使国家行政管理职能的中国人民银行总行（含国家外汇管理局）所属分支机构自用的土地，免征城镇土地使用税。

(11) 对石油、电力、煤炭等能源用地，民用港口、铁路等交通用地和水利设施用地，三线调整企业、盐业、采石场、邮电等一些特殊用地划分了征免税界限和给予政策性减免税照顾。

(12) 建材行业的石灰厂、水泥厂、大理石厂、砂石厂等企业的采石场、排土场地，炸药库的安全区用地以及采区运岩公路。

在城镇土地使用税征收范围内，利用林场土地兴建度假村等休闲娱乐场所的其经营、办公和生活用地，应按规定征收城镇土地使用税。

(13) 对林业系统所属林区的育林地、运材道、防火道、防火设施用地，免城镇土地使用税。林业系统的森林公园、自然保护区，可以比照公园免征土地用税。

(14) 自 2006 年 1 月 1 日起至 2008 年 12 月 31 日，对从原高校后勤管理部剥离出来而成立的进行独立核算并有法人资格的高校后勤经济实体自用的土地，征城镇土地使用税。

(15) 自 2007 年 1 月 1 日起，在城镇土地使用税征收范围内经营采摘、观光业的单位和个人，其直接用于采摘、观光的种植、养殖、饲养的土地，根据《中华人民共和国城镇土地使用税暂行条例》第六条中"直接用于农、林、牧、渔的生产用地"的规定，免征城镇土地使用税。

（16）从 2007 年 9 月 10 日起，对核电站的核岛、常规岛、辅助厂房和通信设施用地（不包括地下线路用地），生活、办公用地按规定征收城镇土地使用税，其他用地免征城镇土地使用税。对核电站应税土地在基建期内减半征收城镇土地使用税。

（二）由省、自治区、直辖市地方税务局确定的减免税项目

（1）个人所有的居住房屋及院落用地。

（2）房产管理部门在房租调整改革前经租的居民住房用地。

（3）免税单位职工家属的宿舍用地。

（4）民政部门举办的安置残疾人占一定比例的福利工厂用地。

（5）集体和个人办的各类学校、医院、托儿所、幼儿园用地。

（6）对基建项目在建期间使用的土地，原则上应照章征收城镇土地使用税。但对有些基建项目，特别是国家产业政策扶持发展的大型基建项目，其占地面积大，建设周期长，在建期间又没有经营收入，为照顾其实际情况，对纳税人纳税确有困难的，可由各省、自治区、直辖市地方税务局根据具体情况予以免征或减征土地使用税。

（7）城镇内的集贸市场（农贸市场）用地，按规定应征收城镇土地使用税。为促进集贸市场的发展及照顾各地的不同情况，各省、自治区、直辖市地方税务局根据具体情况自行确定对集贸市场用地征收或者免征城镇土地使用税。

（8）房地产开发公司建造商品房的用地，原则上应按规定计征城镇土地使用税。

但在商品房出售之前纳税确有困难的，其用地是否给予缓征或减征、免征照顾，可由各省、自治区、直辖市地方税务局根据从严的原则结合具体情况确定。

（9）原房管部门代管的私房，落实政策后，有些私房产权已归还给房主，但由于各种原因，房屋仍由原住户居住，并且住户仍是按照房管部门在房租调整改革之前确定的租金标准向房主缴纳租金。对这类房屋用地，房主缴纳土地使用税确有困难的，可由各省、自治区、直辖市地方税务局根据实际情况，给予定期减征或免征城镇土地使用税的照顾。

（10）对于各类危险品仓库、厂房所需的防火、防爆、防毒等安全防范用

地，可各省、自治区、直辖市地方税务局确定，暂免征收城镇土地使用税。

(11) 企业搬迁后原场地不使用的、企业范围内荒山等尚未利用的土地，免征城镇土地使用税。免征税额由企业在申报缴纳城镇土地使用税时自行计算扣除，并在申报表附表或备注栏中作相应说明。

(12) 经贸仓库、冷库均属于征税范围，因此不宜一律免征城镇土地使用税。对纳税确有困难的企业，可根据《城镇土地使用税暂行条例》第七条的规定，向企生地的地方税务机关提出减免税申请，由省、自治区、直辖市地方税务局审核报国家税务总局批准，享受减免城镇土地使用税的照顾。

(13) 房地产开发公司建造商品房的用地，原则上应按规定计征城镇土地使用税。但在商品房出售之前纳税确有困难的，其用地是否给予缓征或减征、免征照顾，可由各省、自治区、直辖市地方税务局根据从严的原则结合具体情况确定。

(14) 向居民供热并向居民收取采暖费的供热企业暂免征收土地使用税。对既向居民供热，又向非居民供热的企业，可按向居民供热收取的收入占其总供热收入的比例划分征免税界限；对于兼营供热的企业，可按向居民供热收取的收入占其生产经营总收入的比例划分征免税界限。

六、应纳税额的计算

全年应纳税额＝实际占用应税土地面积×适用税额

【例题8－6】某企业在某城市拥有一块土地的使用权，面积为10 000平方米，经税务机关核定以每平方米年税额为6元，计算其全年应纳的土地使用税额。

全年应纳土地使用税税额＝10 000×6＝60 000（元）

七、纳税申报

(一) 纳税期限

城镇土地使用税实行按年计算、分期缴纳的征收方法，具体纳税期限由省、自治区、直辖市人民政府确定。

(二) 纳税义务发生时间

(1) 纳税人购置新建商品房，自房屋交付使用之次月起，缴纳城镇土地使用税。

(2) 纳税人购置存量房，自办理房屋权属转移、变更登记手续，房地产权属登记机关签发房屋权属证书之次月起，缴纳城镇土地使用税。

（3）纳税人出租、出借房产，自交付出租、出借房产之次月起，缴纳城镇土地使用税。

（4）以出让或转让方式有偿取得土地使用权的，应由受让方从合同约定交水地时间的次月起缴纳城镇土地使用税；合同未约定交付时间的，由受让方从合同签订的次月起缴纳城镇土地使用税。

（5）纳税人新征用的耕地，自批准征用之日起满 1 年时开始缴纳土地使用税。

（6）纳税人新征用的非耕地，自批准征用次月起缴纳土地使用税。

（7）自 2009 年 1 月 1 日起，纳税人因土地的权利发生变化而依法终止城镇使用税纳税义务的，其应纳税款的计算应截止到土地权利发生变化的当月末。

（三）纳税地点和征收机构

城镇土地使用税在土地所在地缴纳，由土地所在地的地方税务机关征收，收入纳入地方财政预算管理。

纳税人使用的土地不属于同一省、自治区、直辖市管辖的，由纳税人分别向土地所在地的税务机关缴纳土地使用税；在同一省、自治区、直辖市管辖范围内，税人跨地区使用的土地，其纳税地点由各省、自治区、直辖市地方税务局确定。

土地使用税由土地所在地的地方税务机关征收，其收入纳入地方财政预管理。土地使用税征收工作涉及面广，政策性较强，在税务机关负责征收的同时，还必须注意加强同国土管理、测绘等有关部门的联系，及时取得土地的权属资料，沟通情况，共同协作把征收管理工作做好。

练 习 题

一、单项选择题

1. 某纳税人本期以自产液体盐60 000吨和外购液体盐10 000吨（每吨已缴纳资源税 2 元）加工固体盐12 000吨对外销售，取得销售收入 600 万元。已知固体盐税额为每吨 10 元，该纳税人本期应缴纳资源税（　　）万元。
   A. 10　　　　　　　　B. 12　　　　　　　　C. 16　　　　　　　　D. 20
2. 山东某油田 1 月生产原油 22 万吨，当月销售 19 万吨，加热、修井及福利部门共耗用 0.5 万吨，但未能分开各自数量；开采天然气1000万立方米，当月销售 900 万立方米，待售 100 万立方米。若原油、天然气的单位税额分别为 30 元/吨和 15 元/千立方米，则该油田本月应纳资源税（　　）万元。

A. 598.5　　　　　　B. 600　　　　　　C. 613.5　　　　　　D. 615

3. 新疆某油田 2010 年 9 月份开采销售原油 1.2 万吨，销售油田开采天然气 250 万立方米。原油的单位不含税售价为每吨5000元，天然气的单位不含税售价为每万立方米1800元，该油田 9 月份应纳资源税为（　　）元。

A. 2 400 000　　　B. 3 200 000　　　C. 3 022 500　　　D. 4 800 000

4. 计算土地增值税时，下列说法正确的有（　　）。

A. 房地产开发企业可以按地价款与开发成本加扣 20% 的费用

B. 旧房销售按重置价值扣除费用计算的价格扣除

C. 所有与转让有关的税金均可作为税金扣除

D. 土地增值税的纳税人不包括个体经营者

5. 某中外合资化工企业 2009 年 12 月转让一幢新建办公楼，取得收入6000万元，已知该单位为取得土地使用权而支付的地价款和有关费用为1000万元，投入的房地产建造成本3000万元，其利息支出不能取得金融机构的合法证明，其转让办公楼相关的税金已经全部付清，已知该企业所在地政府规定的其他房地产开发费用的计算扣除比例为 10%。该化工企业当期应缴纳土地增值税额为（　　）万元。

A. 380.1　　　　　　B. 381　　　　　　C. 389.1　　　　　　D. 390

6. 某工业企业 2009 年转让一幢使用两年的办公楼取得收入5000万元，该办公楼建造成本和相关费用3700万元，经房地产评估机构评定其重置成本是4000万元，成新度七成，缴纳与转让办公楼相关的税金 277.5 万元（其中印花税金 2.50 万元）。该企业应缴纳土地增值税（　　）万元。

A. 696.75　　　　B. 615.13　　　　C. 506.75　　　　D. 507.50

7. 某供热企业 2010 年结算向居民供热收入 200 万元，向非居民供热收入 100 万元，其供热厂房占地3000平方米，当地城镇土地使用税每平方米年税额 4 元，则当年该公司应缴纳城镇土地使用税（　　）。

A. 12 000元　　　B. 8000元　　　C. 4000元　　　D. 0 元

二、多项选择题

1. 下列各项中，符合资源税法政策相关规定的有（　　）。

A. 资源税采取从量定额计征方式

B. 进口的矿产品和盐征收资源税

C. 纳税人采取预收货款结算方式的，其资源税纳税义务发生时间，为发出

应税产品的当天

　　D. 自 2010 年 6 月 1 日起，在新疆开采原油、天然气缴纳资源税的纳税人，原油、天然气资源税实行从价计征，税率为 5%

2. 以下属于土地增值税纳税义务人的有（　　　　　）。

　　A. 外商投资企业　　　　　　　　B. 国家机关

　　C. 外国人　　　　　　　　　　　D. 国有企业

3. 转让旧房的，以下项目（　　　　　）可作为土地增值税扣除项目金额。

　　A. 房屋及建筑物的评估价格

　　B. 取得土地使用权支付的地价款

　　C. 转让时缴纳的税金

　　D. 转让时缴纳的费用

4. 下列项目属于房地产开发成本的有（　　　　　）。

　　A. 土地征用及拆迁补偿费　　　　B. 建筑安装工程费

　　C. 公共配套设施费　　　　　　　D. 前期工程费

5. 纳税人发生下列情形之一的，土地增值税以房地产评估价格为依据计算征收的有（　　　　　）。

　　A. 隐瞒、虚报房地产成交价格

　　B. 提供扣除项目金额不实

　　C. 纳税人新建普通标准住宅出售的

　　D. 转让房地产成交价格低于评估价格，又无正当理由

三、判断题

1. 港澳台同胞、海外华侨、外国公民不是土地增值税的纳税义务人。（　　）

2. 根据土地增值税的有关规定，转让旧房的，取得土地使用权所支付的地价款可以作为扣除项目之一，对取得土地使用权时未支付地价款或不能提供已支付的地价款凭据的，按照土地评估价格确定。（　　）

3. 纳税人不能按转让房地产项目计算分摊利息支出或不能提供金融机构证明的，房地产开发费用按取得使用权所支付的金额与房地产开发成本之和的 10% 以内计算扣除，计算扣除的具体比例，由各省、自治区、直辖市地方税务局根据当地实际情况确定。（　　）

4. 扣除项目一定时，土地增值额越大，增值额占扣除项目比率越高，计算土地增值税适用税率越高。（　　）

5. 对于纳税人既建普通标准住宅又搞其他房地产开发的，应分别核算增值额，未分别核算增值额的，对其建造的普通标准住宅不适用《土地增值税暂行条例》中规定的有关免税条款。（　　）

四、计算题

1. 2004 年某房地产开发公司销售其新建商品房一幢，取得销售收入 1.4 亿元，已知该公司支付与商品房相关的土地使用权费及开发成本合计为4800万元；该公司没有按房地产项目计算分摊银行借款利息；该商品房所在地的省政府规定计征土地增值税时房地产开发费用扣除比例为 10%；销售商品房缴纳的有关税金 770 万元。该公司销售该商品房应缴纳的土地增值税为多少？

2. 某市房地产开发公司 2006 年建造一幢普通标准住宅出售，取得销售收入 800 万元，并按税法规定缴纳了有关税费。该公司为建此标准住宅而支付的地价款为 120 万元，投入的建楼成本为 350 万元，所借银行贷款利息支出无法按项目分摊，房地产开发费用计算比例适用 10%；计算应纳税额。

第九章　财　产　税

学习目标

◆ 了解房产税、契税和车船税的概念；
◆ 理解房产税、契税和车船税的纳税义务人、征税对象、税率、税收优惠及征收管理等基本法律规定；
◆ 掌握房产税、契税和车船税的计税依据、应纳税额的计算。

第一节　房　产　税

一、概念

房产税是以房屋为征税对象，按照房屋的计税余值或租金收入，向产权所有人征收的一种财产税。现行房产税法的基本规范，是 1986 年 9 月 15 日国务院颁布的《中华人民共和国房产税暂行条例》。

二、纳税义务人

房产税以在征税范围内的房屋产权所有人为纳税人。其中：

(1) 产权属国家所有的，由经营管理单位纳税；产权属集体和个人所有的，由集体单位和个人纳税。

(2) 产权出典的，由承典人依照房产余值缴纳房产税。

(3) 产权所有人、承典人不在房屋所在地的，由房产代管人或者使用人纳税。

(4) 产权未确定及租典纠纷未解决的，亦由房产代管人或者使用人纳税。

(5) 无租使用其他单位房产的问题。无租使用其他单位房产的应税单位和个人，依照房产余值代缴纳房产税。

　　自 2009 年 1 月 1 日起，外商投资企业、外国企业和组织以及外籍个人，依照《中华人民共和国房产税暂行条例》缴纳房产税。

三、征税对象

　　房产税的征税对象是房产。所谓房产，是指有屋面和围护结构（有墙或两边有柱），能够遮风避雨，可供人们在其中生产、学习、工作、娱乐、居住或贮藏物资的场所。

　　房地产开发企业建造的商品房，在出售前，不征收房产税；但对出售前房地产开发企业已使用或出租、出借的商品房应按规定征收房产税。

四、征税范围

　　房产税的征税范围为：城市、县城、建制镇和工矿区。房产税的征税范围不包括农村。

五、计税依据与税率

（一）计税依据

　　房产税的计税依据是房产的计税价值或房产的租金收入。按照房产计税价值征税的，称为从价计征；按照房产租金收入计征的，称为从租计征。

　　1. 从价计征

　　《房产税暂行条例》规定，房产税依照房产原值一次减除 10％～30％后的余值计算缴纳。各地扣除比例由当地省、自治区、直辖市人民政府确定。

　　（1）房产原值是指纳税人按照会计制度规定，在账簿"固定资产"科目中记载的房屋原价。

　　自 2009 年 1 月 1 日起，对依照房产原值计税的房产，不论是否记载在会计账簿固定资产科目中，均应按照房屋原价计算缴纳房产税。

　　（2）房产原值应包括与房屋不可分割的各种附属设备或一般不单独计算价值的配套设施。

　　（3）纳税人对原有房屋进行改建、扩建的，要相应增加房屋的原值。

　　房产余值是房产的原值减除规定比例后的剩余价值。

　　此外，还应注意以下三个问题：

　　① 对投资联营的房产，在计征房产税时应予以区别对待。对于以房产投资联营，投资者参与投资利润分红，共担风险的，按房产余值作为计税依据

计征房产税；对以房产投资，收取固定收入，不承担联营风险的，实际是以联营名义取得房产租金，应根据《房产税暂行条例》的有关规定由出租方按租金收入计缴房产税。

② 自 2009 年 12 月 1 日起，融资租赁的房产，由承租人自融资租赁合同约定开始日的次月起依照房产余值缴纳房产税。合同未约定开始日的，由承租人自合同签订的次月起依照房产余值缴纳房产税。

(4) 房屋附属设备和配套设施的计税规定。

从 2006 年 1 月 1 日起，房屋附属设备和配套设施计征房产税按以下规定执行：

① 凡以房屋为载体，不可随意移动的附属设备和配套设施，如给排水、采暖、消防、中央空调、电气及智能化楼宇设备等，无论在会计核算中是否单独记账与核算，都应计入房产原值，计征房产税。

② 对于更换房屋附属设备和配套设施的，在将其价值计入房产原值时，可扣减原来相应设备和设施的价值；对附属设备和配套设施中易损坏、需要经常更换的零配件，更新后不再计入房产原值。

(5) 居民住宅区内业主共有的经营性房产缴纳房产税。

从 2007 年 1 月 1 日起，对居民住宅区内业主共有的经营性房产，由实际经营（包括自营和出租）的代管人或使用人缴纳房产税。其中自营的，依照房产原值减除 10%~30%后的余值计征，没有房产原值或不能将业主共有房产与其他房产的原值准确划分开的，由房产所在地方税务机关参照同类房产核定房产原值；出租的，依照租金收入计征。

(6) 对按照房产原值计税的房产，无论会计上如何核算，房产原值均应包含地价，包括为取得土地使用权支付的价款、开发土地发生的成本费用等。宗地容积率低于 0.5 的，按房产建筑面积的 2 倍计算土地面积并据此确定计入房产原值的地价。

2. 从租计征

《房产税暂行条例》规定，房产出租的，以房产租金收入为房产税的计税依据。

所谓房产的租金收入，是房屋产权所有人出租房产使用权所得的报酬，包括货币收入和实物收入。

如果是以劳务或者其他形式为报酬抵付房租收入的，应根据当地同类房产的租金水平，确定一个标准租金额从租计征。

对出租房产，租赁双方签订的租赁合同约定有免收租金期限的，免收租金期间由产权所有人按照房产原值缴纳房产税。

（二）税率

我国现行房产税采用的是比例税率。由于房产税的计税依据分为从价计征和从租计征两种形式，所以房产税的税率也有两种：一种是按房产原值一次减除 10%～30% 后的余值计征的，税率为 1.2%；另一种是按房产出租的租金收入计征的，税率为 12%。从 2001 年 1 月 1 日起，对个人按市场价格出租的居民住房，用于居住的，可暂减按 4% 的税率征收房产税。

六、应纳税额的计算

房产税的计税依据有两种，与之相适应的应纳税额计算也分为两种：一是从价计征的计算；二是从租计征的计算。

（一）从价计征的计算

从价计征是按房产的原值减除一定比例后的余值计征，其计算公式为：

应纳税额＝应税房产原值×（1－扣除比例）× 1.2%

（二）从租计征的计算

从租计征是按房产的租金收入计征，其计算公式为：

应纳税额＝租金收入×12%（或 4%）

【例题 9－1】某公司 2008 年购进一处房产，2009 年 5 月 1 日用于投资联营（收取固定收入，不承担联营风险），投资期 3 年，当年取得固定收入 160 万元。该房产原值3000万元，当地政府规定的减除幅度为 30%，计算该公司 2009 年应缴纳的房产税。

应缴纳的房产税＝160×12%＋3 000×（1－30%）×4/12×1.2%＝27.6（万元）

七、税收优惠

（1）国家机关、人民团体、军队自用的房产免征房产税。但上述免税单位的出租房产以及非自身业务使用的生产、营业用房，不属于免税范围。

（2）由国家财政部门拨付事业经费（全额或差额）的单位所有的，本身业务范围内使用的房产免征房产税。

上述单位所属的附属工厂、商店、招待所等不属于单位公务、业务的用房，应照章纳税。

（3）宗教寺庙、公园、名胜古迹自用的房产免征房产税。

（4）个人所有非营业用的房产免征房产税。

对个人拥有的营业用房或者出租的房产，应照章纳税。

（5）对行使国家行政管理职能的中国人民银行总行（含国家外汇管理局）所属分支机构自用的房产，免征房产税。

（6）经财政部批准免税的其他房产

①损坏不堪使用的房屋和危险房屋，经有关部门鉴定，在停止使用后，可免征房产税。

②纳税人因房屋大修导致连续停用半年以上的，在房屋大修期间免征房产税。

③在基建工地为基建工程服务的各种工棚、材料棚等临时性房屋，在施工期间一律免征房产税；当施工结束后，施工企业将这种临时性房屋交还或估价转让给基建单位的，应从基建单位接受的次月起照章纳税。

④地下人防设施，暂不征收房产税。

⑤对非营利性医疗机构、疾病控制机构和妇幼保健机构等卫生机构自用的房产，免征房产税。

⑥老年服务机构自用的房产。

⑦对按政府规定价格出租的公有住房和廉租住房，暂免征收房产税。

⑧对邮政部门坐落在征税范围内的房产需交房产税，反之，则不交房产税，需在单位财务账中划分清楚。

⑨向居民供热并向居民收取采暖费的供热企业暂免征收房产税。不包括从事热力生产但不直接向居民供热的企业。

对既向居民供热，又向非居民供热的企业，可按向居民供热收取的收入占其总供热收入的比例划分征免税界限；对于兼营供热的企业，可按向居民供热收取的收入占其生产经营总收入的比例划分征免税界限。

⑩自2006年1月1日起至2011年12月31日，对为高校学生提供住宿服务并按高教系统收费标准收取租金的学生公寓，免征房产税。

对从原高校后勤管理部门剥离出来而成立的进行独立核算并有法人资格的高校后勤经济实体自用的房产，免征房产税。

八、征收管理

（一）纳税义务发生时间

（1）纳税人将原有房产用于生产经营，从生产经营之月起缴纳房产税。

（2）纳税人自行新建房屋用于生产经营，从建成之次月起缴纳房产税。

（3）纳税人委托施工企业建设的房屋，从办理验收手续之次月起缴纳房产税。

（4）纳税人购置新建商品房，自房屋交付使用之次月起缴纳房产税。

（5）纳税人购置存量房，自办理房屋权属转移、变更登记手续，房地产权属登记机关签发房屋权属证书之次月起，缴纳房产税。

（6）纳税人出租、出借房产，自交付出租、出借房产之次月起，缴纳房产税。

（7）房地产开发企业自用、出租、出借本企业建造的商品房，自房屋使用或交付之次月起，缴纳房产税。

（8）自2009年1月1日起，纳税人因房产的实物或权利状态发生变化而依法终止房产税纳税义务的，其应纳税款的计算应截止到房产的实物或权利状态发生变化的当月末。

（二）纳税期限

房产税实行按年计算、分期缴纳的征收方法，具体纳税期限由省、自治区、直辖市人民政府确定。

（三）纳税地点

房产税在房产所在地缴纳。房产不在同一地方的纳税人，应按房产的坐落地点分别向房产所在地的税务机关纳税。

第二节 契 税

一、概念

契税是以在中华人民共和国境内转移土地、房屋权属为征税对象，向产权承受人征收的一种财产税。现行契税法的基本规范，是1997年7月7日国务院颁布并于1997年10月1日起施行的《中华人民共和国契税暂行条例》。

二、征税对象

契税的征税对象是境内转移的土地、房屋权属。具体包括以下六项内容。

（一）国有土地使用权出让

国有土地使用权出让是指土地使用者向国家交付土地使用权出让费用，国家将国有土地使用权在一定年限内让与土地使用者的行为。

（二）土地使用权的转让

土地使用权的转让是指土地使用者以出售、赠与、交换或者其他方式将土地使用权转移给其他单位和个人的行为。土地使用权的转让不包括农村集体土地承包经营权的转移。

（三）房屋买卖

即以货币为媒介，出卖者向购买者过渡房产所有权的交易行为。以下几种特殊情况，视同买卖房屋：

1. 以房产抵债或实物交换房屋

经当地政府和有关部门批准，以房抵债和实物交换房屋，均视同房屋买卖，应由产权承受人，按房屋现值缴纳契税，其中，以房产抵债，按房产折价款缴纳契税。

2. 以房产作投资或作股权转让

视同房屋买卖，由产权承受方按契税税率计算缴纳契税。

以自有房产作股投入本人独资经营的企业，免纳契税。

3. 买房拆料或翻建新房，应照章征收契税

（四）房屋赠与

房屋的赠与是指房屋产权所有人将房屋无偿转让给他人所有。由征收机关参照房屋买卖的市场价格核定。房屋的受赠人要按规定缴纳契税。

（五）房屋交换

房屋交换是指房屋所有者之间互相交换房屋的行为。

以土地、房屋权属作价投资、入股；以土地、房屋权属抵债；以获奖方式承受土地、房屋权属；以预购方式或者预付集资建房款方式承受土地、房屋权属也将视同土地使用权转让、房屋买卖或者房屋赠与。

（六）承受国有土地使用权支付的土地出让金

对承受国有土地使用权所应支付的土地出让金，要计征契税。不得因减免土地出让金而减免契税。

三、纳税义务人与税率

（一）纳税义务人

契税的纳税义务人是境内转移土地、房屋权属，承受的单位和个人。

（二）税率

契税实行3％～5％的幅度税率。各省、自治区、直辖市人民政府可以在3％～5％的幅度税率规定范围内，按照本地区的实际情况决定。

四、应纳税额的计算

（一）计税依据

契税的计税依据为不动产的价格。由于土地、房屋权属转移方式不同，定价方法不同，因而具体计税依据视不同情况而决定。

（1）国有土地使用权出让、土地使用权出售、房屋买卖，以成交价格为计税依据。成交价格是指土地、房屋权属转移合同确定的价格，包括承受者应交付的货币、实物、无形资产或者其他经济利益。

（2）土地使用权赠与、房屋赠与，由征收机关参照土地使用权出售、房屋买卖的市场价格核定。

（3）土地使用权交换、房屋交换，为所交换的土地使用权、房屋的价格差额。也就是说，交换价格相等时，免征契税；交换价格不等时，由多交付的货币、实物、无形资产或者其他经济利益的一方缴纳契税。

（4）以划拨方式取得土地使用权，经批准转让房地产时，由房地产转让者补交契税。计税依据为补交的土地使用权出让费用或者土地收益。

（5）房屋附属设施征收契税的依据。

① 采取分期付款方式购买房屋附属设施土地使用权、房屋所有权的，应按合同规定的总价款计征契税。

② 承受的房屋附属设施权属如为单独计价的，按照当地确定的适用税率征收契税；如与房屋统一计价的，适用与房屋相同的契税税率。

（6）个人无偿赠与不动产行为（法定继承人除外），应对受赠人全额征收契税。

（7）出让国有土地使用权，契税计税价格为承受人为取得该土地使用权而支付的全部经济利益。对通过"招、拍、挂"程序承受国有土地使用权的，应按照土地成交总价款计征契税，其中的土地前期开发成本不得扣除。

（二）应纳税额的计算方法

契税采用比例税率。当计税依据确定以后，应纳税额的计算比较简单。应纳税额的计算公式为：

$$应纳税额＝计税依据×税率$$

【例题9-2】居民甲某有四套住房，将一套价值120万元的别墅折价给乙某抵偿了100万元的债务；用市场价值70万元的第二、三两套两室住房与丙某交换一套四室住房，另取得丙某赠送价值 12 万元的小轿车一辆；将第四套市场价值 50 万元的公寓房折成股份投入本人独资经营的企业。当地确定的契税税率为 3％，分析甲、乙、丙纳税契税的情况。

甲：以自有房产作股投入本人独资经营的企业，免纳契税，因此不用缴纳契税；

乙：以房产抵债，按房产折价款缴纳契税，乙应纳契税＝100×3％＝3（万元）；

丙：房屋交换价格不等时，由多交付货币、货物、无形资产或其他经济利益的一方缴纳契税，丙应纳契税＝12×3％＝0.36（万元）。

五、税收优惠

(一) 契税优惠的一般规定

(1) 国家机关、事业单位、社会团体、军事单位承受土地、房屋用于办公、教学、医疗、科研和军事设施的，免征契税。

(2) 城镇职工按规定第一次购买公有住房，免征契税。

对个人购买普通住房，且该住房属于家庭（成员范围包括购房人、配偶以及未成年子女，下同）唯一住房的，减半征收契税。对个人购买 90 平方米及以下普通住房，且该住房属于家庭唯一住房的，减按 1％征收契税。

(3) 因不可抗力灭失住房而重新购买住房的，酌情减免。不可抗力是指自然灾害、战争等不能预见、不可避免，并不能克服的客观情况。

(4) 土地、房屋被县级以上人民政府征用、占用后，重新承受土地、房屋权属的，由省级人民政府确定是否减免。

(5) 承受荒山、荒沟、荒丘、荒滩土地使用权，并用于农、林、牧、渔业生产的，免征契税。

(6) 经外交部确认，依照我国有关法律规定以及我国缔结或参加的双边和多边条约或协定，应当予以免税的外国驻华使馆、领事馆、联合国驻华机构及其外交代表、领事官员和其他外交人员承受土地、房屋权属。

(二) 契税优惠的特殊规定

1. 企业公司制改造

非公司制企业，按照《中华人民共和国公司法》的规定，整体改建为有限责任公司（含国有独资公司）或股份有限公司，或者有限责任公司整体改建为股份有限公司的，对改建后的公司承受原企业土地、房屋权属，免征契税。

非公司制国有独资企业或国有独资有限责任公司，以其部分资产与他人组建新公司，且该国有独资企业（公司）在新设公司中所占股份超过50％的，对新设公司承受该国有独资企业（公司）的土地、房屋权属，免征契税。

2. 企业股权重组

在股权转让中，单位、个人承受企业股权，企业土地、房屋权属不发生转移，不征收契税。

国有、集体企业实施"企业股份合作制改造"，由职工买断企业产权，或向其职工转让部分产权，或者通过其职工投资增资扩股，将原企业改造为股份合作制企业的，对改造后的股份合作制企业承受原企业的土地、房屋权属，免征契税。

为进一步支持国有企业改制重组，国有控股公司投资组建新公司有关契税政策规定如下：

（1）对国有控股公司以部分资产投资组建新公司，且该国有控股公司占新公司股份85％以上的，对新公司承受该国有控股公司土地、房屋权属免征契税。上述所称国有控股公司，是指国家出资额占有限责任公司资本总额50％以上，或国有股份占股份有限公司股本总额50％以上的国有控股公司。

（2）以出让方式承受原国有控股公司土地使用权的，不属于本规定的范围。

3. 企业合并

两个或两个以上的企业，依据法律规定、合同约定，合并改建为一个企业，对其合并后的企业承受原合并各方的土地、房屋权属，免征契税。

4. 企业分立

企业依照法律规定、合同约定分设为两个或两个以上投资主体相同的企业，对派生方、新设方承受原企业土地、房屋权属，不征收契税。

5. 企业出售

国有、集体企业出售，被出售企业法人予以注销，并且买受人依法妥善安置原企业全部职工：其中与原企业30％以上职工签订服务年限不少于三年的劳动用工合同的，对其承受所购企业的土地、房屋权属，减半征收契税，与原企业全部职工签订服务年限不少于三年的劳动用工合同的，免征契税。

6. 企业注销、破产

企业依法破产、注销后，债权人（包括注销、破产企业职工）承受注销、破产企业土地、房屋权属以抵偿债务的免征契税；对非债权人承受注销、破产企业土地、房屋权属，凡依法妥善安置原企业全部职工，与原企业30％以上职工签订服务年限不少于三年的劳动用工合同的，对其承受所购企业的土地、房屋权属，减半征契税；与原企业全部职工签订服务年限不少于三年的劳动用工合同的，免征契税。

7. 房屋的附属设施

对于承受与房屋相关的附属设施（包括停车位、汽车库、自行车库、顶层阁楼以及储藏室，下同）所有权或土地使用权的行为，按照契税法律、法规的规定征收契税；对于不涉及土地使用权和房屋所有权转移变动的，不征收契税。

8. 继承土地、房屋权属

对于《中华人民共和国继承法》规定的法定继承人（包括配偶、子女、父母、兄弟姐妹、祖父母、外祖父母）继承土地、房屋权属，不征契税。

按照《中华人民共和国继承法》规定，非法定继承人根据遗嘱承受死者生前的土地、房屋权属，属于赠与行为，应征收契税。

9. 事业单位按规定改制为企业的过程中，投资主体没有发生变化的，对改制后企业承受原事业单位土地、房屋权属，免征契税

投资主体发生变化的，改制后企业依法妥善安置原事业单位全部职工：与原事业单位30％以上职工签订服务年限不少于三年的劳动用工合同的，对其承受原事业单位的土地、房屋权属，减半征收契税；与原事业单位全部职工签订服务年限不少于三年的劳动用工合同的，免征契税。

10. 事业单位改制过程中，改制后的企业以出让或国家作价投资（入股）方式取得原国有划拨土地使用权的，应照章缴纳契税

11. 其他

（1）经国务院批准实施债权转股权的企业，对债权转股权后新设立的公司承受原企业的土地、房屋权属，免征契税。

（2）政府主管部门对国有资产进行行政性调整和划转过程中发生的土地、房屋权属转移，不征收契税。

（3）企业改制重组过程中，同一投资主体内部所属企业之间土地、房屋权属的无偿划转，包括母公司与其全资子公司之间，同一公司所属全资子公司之间，同一自然人与其设立的个人独资企业、一人有限公司之间土地、房屋权属的无偿划转，不征收契税。

（4）对拆迁居民因拆迁重新购置住房的，对购房成交价格中相当于拆迁补偿款的部分免征契税，成交价格超过拆迁补偿款的，对超过部分征收契税。

（5）公司制企业在重组过程中，以名下土地、房屋权属对其全资子公司进行增资，属同一投资主体内部资产划转，对全资子公司承受母公司土地、房屋权属的行为，不征收契税。

六、征收管理

1. 纳税义务发生时间

契税的纳税义务发生时间是纳税人签订土地、房屋权属转移合同的当天，或者纳税人取得其他具有土地、房屋权属转移合同性质凭证的当天。

2. 纳税期限

纳税人应当自纳税义务发生之日起 10 日内，向土地、房屋所在地的契税征收机关办理纳税申报，并在契税征收机关核定的期限内缴纳税款。

3. 纳税地点

契税在土地、房屋所在地的征收机关缴纳。

第三节 车 船 税

一、概念

车船税是以车船为征税对象，向拥有车船的单位和个人征收的一种税。现行车船税法的基本规范，是 2006 年 12 月 29 日国务院颁布并于 2007 年 1 月 1 日实施的《中华人民共和国车船税暂行条例》。

二、纳税义务人

车船税的纳税义务人，是指在中华人民共和国境内，车辆、船舶（以下简称车船）的所有人或者管理人，应当依照《中华人民共和国车船税暂行条例》的规定缴纳车船税。

三、征税范围

车船税的征收范围，是指依法应当在我国车船管理部门登记的车船（除规定减免的车船外）。

（一）车辆

车辆，包括机动车辆和非机动车辆。机动车辆，指依靠燃油、电力等能源作为动力运行的车辆，如汽车、拖拉机、无轨电车等；非机动车辆，指依靠人力、畜力运行的车辆，如三轮车、自行车、畜力驾驶车等。

（二）船舶

船舶，包括机动船舶和非机动船舶。机动船舶，指依靠燃料等能源作为动力运行的船舶，如客轮、货船、气垫船等；非机动船舶，指依靠人力或者其他力量运行的船舶，如木船、帆船、舢板等。

四、税目与税率

车船税实行定额税率。具体情况见表9—1。

表9—1　车船税税目税额表

税目	计税单位	每年税额（元）	备注
载客汽车	每辆	60～660	包括电车
载货汽车	按自重每吨	16～120	包括半挂牵引车、挂车
三轮汽车、低速货车	按自重每吨	24～120	
摩托车	每辆	36～180	
船舶	按净吨位每吨	3～6	拖船和非机动驳船分别按船舶税额的50％计算

《中华人民共和国车船税暂行条例》对应税车船实行有幅度的定额税率，同时授权国务院财政部门、税务主管部门，可以根据实际情况，在规定的税目范围和税额幅度内划分子税目，并明确具体税额。车船的具体适用税额由省级人民政府在规定的子税目税额幅度内确定。

五、应纳税额的计算

（一）计税标准

车船使用税根据车船的种类、性能、大小等，分别以辆、净吨位或载重吨位为计税标准，实行从量计征。乘人汽（电）车、摩托车、自行车、人力车、畜力车等，以辆为计税标准；载重汽车、机动船、以净吨位为计税标准，一般按额定载重量计算；非机动船以载重吨位为计量标准，载重吨位是船的实际载重量。具体规定如下。

（1）车辆净吨位尾数在半吨以下的，按半吨计算；超过半吨的按1吨计算。

（2）船舶不论净吨位或载重吨位，其尾数在半吨以下的免算；超过半吨的按1吨计算；不及1吨的小型船只，一律按1吨计算。

（3）拖轮是动力的船只，本身不能载货，无法以吨位计税，计税标准可按马力折算，1 马力折合 0.5 净吨位。

（4）1 吨以下的小型车船，一律按照 1 吨计算。

（5）拖船和非机动驳船分别按船舶税额的 50％计算（在税额表里）。

（6）客货两用汽车按照载货汽车的计税单位和税额标准计征车船税。

（二）车船使用税应纳税额的计算公式

（1）载客汽车、摩托车＝车辆数×单位税额

（2）载货汽车（包括客货两用车）、专项作业车、三轮汽车、低速货车＝自重吨位×单位税额

（3）船舶＝净吨位×单位税额

（4）拖船和非机动驳船＝净吨位×单位税额×50％

车船使用税按年计算，不满一年的，应按实际月份（纳税义务发生当月起）占全年月份的比例计算，即应纳税额＝年应纳税额÷12×应纳税月份数

【例题 9－3】 某企业在 2009 年初拥有 10 吨载货汽车 6 辆和小轿车 4 辆，2009 年 4 月购入 8 吨载货汽车挂车 3 辆，当月办理完登记手续；11 月，1 辆小轿车被盗，出具了公安机关证明，如当地载货汽车每吨年税额 60 元，小轿车每辆年税额 360 元，计算该企业 2009 年共缴纳车船税。

应纳税额＝6×10×60＋4×360＋3×8×60×9/12－360×2/12＝6060（元）

六、税收优惠

（一）法定减免

（1）非机动车船（不包括非机动驳船）。非机动车是指以人力或者畜力驱动的车辆，以及符合国家有关标准的残疾人机动轮椅车、电动自行车等车辆；非机动船是指自身没有动力装置，依靠外力驱动的船舶；非机动驳船是指在船舶管理部门登记为驳船的非机动船。

（2）拖拉机。拖拉机是指在农业（农业机械）部门登记为拖拉机的车辆。

（3）捕捞、养殖渔船。捕捞、养殖渔船是指在渔业船舶管理部门登记为捕捞船或者养殖船的渔业船舶。不包括在渔业船舶管理部门登记为捕捞船或者养殖船以外类型的渔业船舶。

（4）军队、武警专用的车船。军队、武警专用的车船是指按照规定在军队、武警车船管理部门登记，并领取军用牌照、武警牌照的车船。

（5）警用车船。警用车船，是指公安机关、国家安全机关、监狱、劳动教养管理机关和人民法院、人民检察院领取警用牌照的车辆和执行警务的专用船舶。

(6) 按照有关规定已经缴纳船舶吨税的船舶。

(7) 依照我国有关法律和我国缔结或者参加的国际条约的规定应当予以免税的外国驻华使馆、领事馆和国际组织驻华机构及其有关人员的车船。我国有关法律是指《中华人民共和国外交特权与豁免条例》、《中华人民共和国领事特权与豁免条例》。

外国驻华使馆、领事馆和国际组织驻华机构及其有关人员在办理免税事项时，应当向主管地方税务机关出具本机构或个人身份的证明文件和车船所有权证明文件，并申明免税的依据和理由。

（二）特定减免

(1) 对尚未在车辆管理部门办理登记、属于应减免税的新购置车辆，车辆所有人或管理人可提出减免税申请，并提供机构或个人身份证明文件和车辆权属证明文件以及地方税务机关要求的其他相关资料。经税务机关审验符合车船税减免条件的，税务机关可为纳税人出具该纳税年度的减免税证明，以方便纳税人购买机动车交通事故责任强制保险。

新购置应予减免税的车辆所有人或管理人在购买机动车交通事故责任强制保险时已缴纳车船税的，在办理车辆登记手续后可向税务机关提出该免税申请，经税务机关审验符合车船税减免条件的，税务机关应退还纳税人多缴的税款。

(2) 省、自治区、直辖市人民政府可以根据当地实际情况，对城市、农村公共交通车船给予定期减税、免税。

七、征收管理

（一）纳税期限

车船税的纳税义务发生时间，为车船管理部门核发的车船登记证书或者行驶证书所记载日期的当月。纳税人未按照规定到车船管理部门办理应税车船登记手续的，以车船购置发票所载开具时间的当月作为车船税的纳税义务发生时间。对未办理车船登记手续且无法提供车船购置发票的，由主管地方税务机关核定纳税义务发生时间。

车船税按年申报缴纳。纳税年度，自公历1月1日起至12月31日止。具体申报纳税期限由省、自治区、直辖市人民政府确定。

（二）纳税地点

车船税由地方税务机关负责征收。纳税地点，由省、自治区、直辖市人民政府根据当地实际情况确定。跨省、自治区、直辖市使用的车船，纳税地点为车船的登记地。

练习题

一、单项选择题

1. 2006 年，王某将市区住房出租给柳某用于居住，取得租金 2 万元，该房产原值 40 万元，房产税的扣除比例为 20%，则王某缴纳的房产税是（　　）元。

  A. 4800　　　　　B. 3840　　　　　C. 2400　　　　　D. 800

2. 某企业有一处房产，原值1000万元，2006 年 6 月 1 日用于投资联营（收取固定收入，不承担联营风险），投资期为 5 年。已知该企业当年取得固定收入 40 万元，已知当地政府统一规定计算房产余值时的减除幅度为 20%。该企业 2006 年应缴纳房产税（　　）。

  A. 8.8 万元　　　B. 9.6 万元　　　C. 10.8 万元　　D. 15.6 万元

3. 某企业有房产原值1600万元，2006 年 6 月 1 日将其中的 40% 用于对外投资，不承担投资风险，投资期限为 5 年，当年取得固定利润分红 80 万元。已知当地政府规定的扣除比例为 20%，对此投资业务该企业 2006 年度应缴纳的房产税为（　　）万元。

  A. 15.36　　　　B. 11.52　　　　C. 9.6　　　　　D. 4

4. 某企业有原值为5000万元的房产，2009 年 1 月 1 日将其中的 40% 用于对外投资联营，投资期限 10 年，每年固定利润分红 200 万元，不承担投资风险。已知当地政府规定的扣除比例为 20%，该企业 2009 年度应纳房产税（　　）万元。

  A. 24　　　　　　B. 3.8　　　　　C. 4.25　　　　　D. 52.8

5. 甲自有住房三处，2006 年将其中一处以 20 万元的价格销售给乙，将一处住房无偿赠送给其侄儿丙，将一处 50 万元的住房与丁 45 万元的住房进行交换，丁支付补价 5 万元。以下说法正确的是（　　）。

  A. 甲应以 20 万元为计税依据计算缴纳契税
  B. 将房产赠送给其侄儿丙，甲与丙均不用缴纳契税
  C. 交换住房的双方均应按换入房产价值缴纳契税
  D. 丁应当以 5 万元作为计税依据计算缴纳契税

6. 某航运公司 2007 年拥有机动船 4 艘，每艘净吨位为3000吨；拖船 1 艘，发动机功率为1800马力。其所在省车船税计税标准为净吨位 2000 吨以下的，每吨 4 元；2001～10 000 吨的，每吨 5 元。该航运公司 2007 年应缴纳车船

税（　　）。

　　A. 60 000元　　　B. 61 800元　　　　C. 63 600元　　　D. 65 400元

7. 某小型运输公司拥有以下车辆：(1) 从事运输用的自重吨位为 2 吨的机动车挂车 5 辆；(2) 自重吨位为 5 吨载货卡车 10 辆。当地政府规定，载货汽车的车辆税额为 60 元/吨，该公司当年应纳税为（　　）。

　　A. 3600 元　　　B. 4020 元　　　　C. 4140 元　　　D. 4260 元

8. 华联商厦有一客货两用汽车，为顾客送货，乘客座位 4 人，载货自重吨位 2 吨。当地省政府规定，乘座 4 人客车税额为 200 元/辆，载货汽车为 40 元/吨，该车每年应缴纳车船税为（　　）。

　　A. 80 元　　　B. 180 元　　　　C. 200 元　　　D. 280 元

二、多项选择题

1. 房产税的计税依据有（　　）。

　　A. 房产原值　　B. 房产净值　　　C. 房产余值　　D. 租金收入

2. 下列契税计税依据的确定正确的是（　　）。

　　A. 土地使用权转让、房屋买卖，计税依据为成交价格

　　B. 土地使用权交换，计税依据为交换双方确定的价格

　　C. 土地使用权赠与、房屋赠与，计税依据由征税机关按市场价格核定

　　D. 承受的房屋附属设施权属如为单独计价的，按照当地确定的适用税率征收契税；如与房屋统一计价的，按房屋适用税率的 50% 征税。

三、计算题

1. 某企业 2002 年 1 月 1 日的房产原值为3000万元，4 月 1 日将其中原值为1000万元的临街房出租给某连锁商店，月租金 5 万元。当地政府规定允许按房产原值减除 20% 后的余值计税。计算该企业当年应缴纳房产税。

2. 刘某 2006 年将本年 2 月购入并居住的一套住房（购入价格 50 万元）以 52 万元的价格转让给他人；将一套已居住 3 年的二居室住房（市场价格为 30 万元）与他人交换一套三居室住房（市场价格 50 万元），支付差价 20 万元；继承其父的房产价值 45 万元；参加一项有奖竞赛活动，获得奖励商品房一套（市场价格为 22 万元）。计算张某在 2006 年应该缴纳的契税。（假定税率为 3%）

第十章 行为目的税

学习目标

◆ 了解城建税、印花税、车辆购置税和耕地占用税的概念；
◆ 理解城建税、印花税、车辆购置税和耕地占用税的纳税义务人、征税对象、税率、税收优惠及征收管理等基本法律规定；
◆ 掌握城建税、印花税、车辆购置税和耕地占用税的计税依据、应纳税额的计算。

第一节 城市维护建设税

一、城市维护建设税的概念

城市维护建设税是对从事工商经营，缴纳增值税、消费税、营业税的单位和个人征收的一种税。城建税属于特定目的税，是国家为加强城市的维护建设，扩大和稳定城市维护建设资金的来源而采取的一项税收措施；同时也属于一种附加税，它以纳税人实际缴纳的增值税、消费税、营业税税额为计税依据，随"三税"同时征收，其本身没有特定的课税对象，其征管方法也完全比照"三税"的有关规定办理。现行城市维护建设税的基本规范，是1985 年 2 月 8 日国务院发布并于同年 1 月 1 日实施的《中华人民共和国城市维护建设税暂行条例》。

二、纳税义务人

城建税的纳税义务人，是指负有缴纳增值税、消费税和营业税"三税"义务的单位和个人，也就是说，只要缴纳了"三税"，就必须缴纳城建税。自 2010 年

12月1日起，对外商投资企业、外国企业及外籍个人征收城市维护建设税。

三、税率

城建税的税率，是指纳税人应缴纳的城建税税额与纳税人实际缴纳的"三税"税额之间的比率。城建税按纳税人所在地的不同，设置了三档地区差别比例税率，即：

(1) 纳税人所在地为市区的，税率为7%。

(2) 纳税人所在地为县城、镇的，税率为5%。

(3) 纳税人所在地不在市区、县城或者镇的，税率为1%。

城建税的适用税率，应当按纳税人所在地的规定税率执行。但是，对下列两种情况，可按缴纳"三税"所在地的规定税率就地缴纳城建税。

第一种情况：由受托方代扣代缴、代收代缴"三税"的单位和个人，其代扣代缴、代收代缴的城建税按受托方所在地适用税率执行。

第二种情况：流动经营等无固定纳税地点的单位和个人，在经营地缴纳"三税"的，其城建税的缴纳按经营地适用税率执行。

四、计税依据

城建税的计税依据，是指纳税人实际缴纳的"三税"税额。纳税人违反"三税"有关税法而加收的滞纳金和罚款，是税务机关对纳税人违法行为的经济制裁，不作为城建税的计税依据，但纳税人在被查补"三税"和被处以罚款时，应同时对其偷漏的城建税进行朴税、征收滞纳金和罚款。

城建税以"三税"税额为计税依据并同时征收，如果要免征或者减征"三税"，也就要同时免征或者减征城建税。

自1997年1月1日起，供货企业向出口企业和市县外贸企业销售出口产品时，以增值税当期销项税额抵扣进项税额后的余额，计算缴纳城建税。

但对出口产品退还增值税、消费税的，不退还已缴纳的城建税。

自2005年1月1日起，经国家税务总局正式审核批准的当期免抵的增值税税额应纳入城市维护建设税和教育费附加的计征范围，分别按规定的税（费）率征收城市维护建设税和教育费附加。2005年1月1日前，已按免抵的增值税税额征收的城市维护建设税和教育费附加不再退还，未征的不再补征。

五、应纳税额的计算

城建税纳税人的应纳税额大小是由纳税人实际缴纳的"三税"税额决定

的，其计算公式为：

应交城建税＝纳税人实际缴纳的（增值税＋消费税＋营业税）×适用税率

由于城建税法实行纳税人所在地差别比例税率，所以在计算应纳税额时，应十分注意根据纳税人所在地来确定适用税率。

【例题 10—1】某城市一卷烟厂委托某县城一卷烟厂加工一批雪茄烟，委托方提供原材料 40 000 元，支付加工费 5000 元（不含增值税），雪茄烟消费税税率为 36%，这批雪茄烟无同类产品市场价格。受托方代收代缴消费税时，计算应代收代缴的城市维护建设税。

受托方代收代缴的城市维护建设税＝（40 000＋5000）÷（1－36%）× 36%×5%＝1 265.63（元）

【例题 10—2】位于市区的某内资生产企业为增值税一般纳税人，经营内销与出口业务。2010 年 4 月份实际缴纳增值税 40 万元，出口货物免抵税额 5 万元。另外，进口货物缴纳增值税 17 万元、消费税 30 万元。计算该企业 4 月份应缴纳的城市维护建设税。

城建税是进口不征、出口不退的。经国家税务总局正式审核批准的当期免抵的增值税税额应作为城建税和教育费附加的依据。

应纳城建税＝（40＋5）×7%＝3.15（万元）

六、税收优惠

城建税原则上不单独减免，但因城建税又具附加税性质，当主税发生减免时，城建税相应发生税收减免。城建税的税收减免具体有以下几种情况：

（1）城建税按减免后实际缴纳的"三税"税额计征，即随"三税"的减免而减免。

（2）对于因减免税而需进行"三税"退库的，城建税也可同时退库。

（3）海关对进口产品代征的增值税、消费税，不征收城建税。

（4）为支持三峡工程建设，对三峡工程建设基金，自 2004 年 1 月 1 日至 2009 年 12 月 31 日期间，免征城市维护建设税和教育费附加。

（5）对"三税"实行先征后返、先征后退、即征即退办法的，除另有规定外；对随"三税"附征的城市维护建设税和教育费附加，一律不予退（返）还。

七、征收管理

纳税义务发生时间、纳税环节、纳税期限与"三税"一致。

（1）代扣代缴、代收代缴"三税"的单位和个人，同时也是城市维护建设税的代扣代缴、代收代缴义务人，其城建税的纳税地点在代扣代收地。

（2）跨省开采的油田——在油井所在地缴纳增值税，同时一并缴纳城建税。

（3）对管道局输油部分的收入，由取得收入的各管道局于所在地缴纳营业税，城建税也一并缴纳。

（4）对流动经营等无固定纳税地点的单位和个人，应随同"三税"在经营地按适用税率缴纳。

　　附：

教育费附加的有关规定

一、教育费附加概述

教育费附加是对缴纳增值税、消费税、营业税的单位和个人，就其实际缴纳的税额为计算依据征收的一种附加费。教育费附加是为加快地方教育事业、扩大地方教育经费的资金而征收的一项专用基金。现行的《征收教育费附加的暂行规定》，是国务院于 1986 年 4 月 28 日颁布并于同年 7 月 1 日起开始实行的。

二、教育费附加的征收范围及计征依据

教育费附加对缴纳增值税、消费税、营业税的单位和个人征收，以其实际缴纳的增值税、消费税和营业税为计征依据，分别与增值税、消费税和营业税同时缴纳。

三、教育费附加计征比率

教育费附加征收比率为 3%。

四、教育费附加的计算

教育费附加的计算公式为：

应纳教育费附加＝（实际缴纳的增值税＋消费税＋营业税）×征收比率

【例题 10－3】某县城一加工企业 2004 年 8 月份因进口半成品缴纳增值税 120 万元，销售产品缴纳增值税 280 万元，本月又出租门面房收到租金 40 万元。计算该企业本月应缴纳的城市维护建设税和教育费附加。

应纳的城建税和教育费附加＝（280＋40×5%）×（5%＋3%）＝22.56（万元）。

五、教育费附加的减免规定

1. 对海关进口的产品征收的增值税、消费税，不征收教育费附加。

2. 对由于减免增值税、消费税和营业税而发生退税的，可同时退还已征收的教育费附加。但对出口产品退还增值税、消费税的，不退还已征的教育费附加。

第二节 印 花 税

一、概念

印花税是以经济活动和经济交往中，书立、领受应税凭证的行为为征收对象征收的一种税。印花税因其采用在应税凭证上粘贴印花税票的方法缴纳税款而得名。现行印花税法的基本规范，是 1988 年 8 月 6 日国务院发布并于同年 10 月 1 日实施的《中华人民共和国印花税暂行条例》。

二、印花税的特点

1. 征税范围广

印花税的征税对象是经济活动和经济交往中书立、领受应税凭证的行为，其征税范围十分广泛，包括书立和领受应税凭证的行为，和各类经济合同、营业账簿、权利许可证照等。

2. 税负从轻

印花税税负较轻，主要表现在其税率或税额明显低于其他税种，最低比例税率为应税凭证所载金额的万分之零点五，一般都为万分之几或千分之几；定额税率是每件应税凭证 5 元。

3. 自行贴花纳税

印花税的纳税方法完全不同于其他税种，它采取纳税人自行计算应纳税额、自行购买印花税票、自行贴花、自行在每枚税票的骑缝处盖戳注销或画销的纳税方法。

4. 多缴不退不抵

印花税条例规定，凡多贴印花税票者，不得申请退税或者抵用。这与其他税种多缴税款可以申请退税或抵缴的规定也不相同。

三、纳税义务人

印花税的纳税义务人，是在中国境内书立、使用、领受印花税法所列举的凭证并应依法履行纳税义务的单位和个人。

印花税的纳税义务人按照书立、使用、领受应税凭证的不同，可以分别确定为立合同人、立据人、立账簿人、领受人和使用人 5 种。

纳税人	备注
立合同人	合同的当事人，不包括合同的担保人、证人、鉴定人
立据人	土地、房屋权属转移过程中买卖双方的当事人
立账簿人	营业账簿的纳税人
领受人	权利、许可证照的纳税人
使用人	在国外书立、领受，但在国内使用的应税凭证
各类电子应税凭证的签订人	

值得注意的是，对应税凭证，凡由两方或两方以上当事人共同书立的，其当事人各方都是印花税的纳税人，应各就其所持凭证的计税金额履行纳税义务。

四、税目与税率

（一）税目

印花税的税目，指印花税法明确规定的应当纳税的项目，它具体划定了印花税的征税范围。一般地说，列入税目的就要征税，未列入税目的就不征税。印花税共 5 大类。列举征税的凭证分为 5 类，即经济合同、产权转移书据，营业账簿，权利、许可证照和经财政部门确认征税的其他凭证。具体征税范围如下：

1. 经济合同

合同是指当事人之间为实现一定目的，经协商一致，明确当事人各方权利、义务关系，以经济业务活动作为内容的合同，通常称为经济合同。在税目税率表中列举了 10 大类合同，它们是：购销合同、加工承揽合同、建设工程勘察设计合同、建筑安装工程承包合同、财产租赁合同、货物运输合同、仓储保管合同、借款合同、财产保险合同和技术合同。

2. 产权转移书据

产权转移书据是在产权的买卖、交换、继承、赠与、分割等产权主体变更过程中，由产权出让人和受让人之间所订立的民事法律文书。

3. 营业账簿

印花税税目中的营业账簿归属于财务会计账簿，是按照财务会计制度的要求设置的反映生产经营活动的账册。按照营业账簿反映的内容不同，在税目中分为记载资金的账簿（简称资金账簿）和其他营业账簿两类，以便于分别采用按金额计税和按件计税两种计税方法。

4. 权利、许可证照

权利、许可证照是政府授予单位、个人某种法定权利和准予从事特定经济活动的各种证照的统称，包括政府部门发给的房屋产权证、工商营业执照、商标注册证、专利证和土地使用证等。

5. 经财政部门确定征税的其他凭证

如证券交易中的股权转让书据。

（二）税率

税率形式	应税项目	税率
比例税率	借款合同	0.05‰
	购销合同、建筑安装工程承包合同、技术合同	0.3‰
	加工承揽合同、建设工程勘察设计合同、货物运输合同、产权转移书据、记载资金的营业账簿	0.5‰
	财产租赁合同、仓储保管合同、财产保险合同、股权转让书据（2008 年 9 月 19 日起）	1‰
定额税率	其他营业账簿；权利、许可证照	每件 5 元

表 10－1　印花税税目、税率

税目	范围	税率	纳税人	说明
1. 购销合同	包括供应、预购、采购、购销结合及协作、调剂、补偿、易货等合同	按购销金额 0.3‰贴花	立合同人	
2. 加工承揽合同	包括加工、定做、修缮、修理、印刷、广告、测绘、测试等合同	按加工或承揽收入 0.5‰贴花	立合同人	
3. 建设工程勘察设计合同	包括勘察、设计合同	按收取费用 0.5‰贴花	立合同人	
4. 建筑安装工程承包合同	包括建筑、安装工程承包合同	按承包金额 0.3‰贴花	立合同人	
5. 财产租赁合同	包括租赁房屋、船舶、飞机、机动车辆、机械、器具、设备等合同	按租赁金额 1‰贴花。税额不足 1 元的，按 1 元贴花	立合同人	
6. 货物运输合同	包括民用航空运输、铁路运输、海上运输、内河运输、公路运输和联运合同	按运输收取的费用 0.5‰贴花	立合同人	单据作为合同使用的，按合同贴花

续表

税目	范围	税率	纳税人	说明
7. 仓储保管合同	包括仓储、保管合同	按仓储收取的保管费用1‰贴花	立合同人	仓单或栈单作为合同使用的按合同贴花
8. 借款合同	银行及其他金融组织和借款人（不包括银行同业拆借）所签订的借款合同	按借款金额0.05‰贴花	立合同人	单据作为合同使用的按合同贴花
9. 财产保险合同	包括财产、责任、保证、信用等保险合同	按收取的保险费收入1‰贴花	立合同人	单据作为合同使用的，按合同贴花
10. 技术合同	包括技术开发、转让、咨询、服务等合同	按所记载金额0.3‰贴花	立合同人	
11. 产权转移书据	包括财产所有权和版权、商标专用权、专利权、专有技术使用权等转移书据、土地使用权出让合同、土地使用权转让合同、商品房销售合同	按所记载金额0.5‰贴花	立据人	
12. 营业账簿	生产、经营用账册	记载资金的账簿。按实收资本和资本公积的合计金额0.5‰贴花。其他账簿按件贴花每件5元	立账簿人	
13. 权利、许可证照	包括政府部门发给的房屋产权证、工商营业执照、商标注册证、专利证、土地使用证	按件贴花每件5元	领受人	

五、应纳税额的计算

（一）计税依据的一般规定

印花税的计税依据为各种应税凭证上所记载的计税金额。具体规定为：

（1）购销合同的计税依据为合同记载的购销金额，如果是以物易物方式签订的购销合同，计税金额为合同所载的购、销金额合计数。

【例题10—4】A公司与B公司签订了以货易货合同，由A公司向B公司提供价值100 000元的钢材，B公司向A公司提供价值150 000元的机器设备，货物差价由 A 公司付款补足。计算 A、B 两公司共应缴纳印花税。

应纳税额＝(100 000＋150 000)×0.3‰×2＝150 （元）

（2）加工承揽合同的计税依据是加工或承揽收入的金额。具体规定：

① 对于由受托方提供原材料的加工、定做合同，凡在合同中分别记载加工费金额和原材料金额的，应分别按"加工承揽合同"、"购销合同"计税，两项税额相加数，即为合同应贴印花；若合同中未分别记载，则应就全部金额依照加工承揽合同计税贴花。

【例题 10－5】 某学校委托一服装加工企业为其定做一批校服，合同载明原材料金额为 80 万元由服装加工企业提供，学校另支付加工费 40 万元。计算服装加工企业的该项业务应缴纳印花税。

由于受托方提供原材料的加工、定做合同，凡在合同中分别记载加工费金额和原材料金额的，应分别按"加工承揽合同"、"购销合同"计税，两项税额相加数，即为合同应贴印花，因此

服装企业应该缴纳印花税＝800 000×0.3‰＋400 000×0.5‰＝440 （元）

② 对于由委托方提供主要材料或原料，受托方只提供辅助材料的加工合同，无论加工费和辅助材料金额是否分别记载，均以辅助材料与加工费的合计数，依照加工承揽合同计税贴花。对委托方提供的主要材料或原料金额不计税贴花。

【例题 10－6】 某公司受托加工制作广告牌，双方签订的加工承揽合同中分别注明加工费 40 000 元，委托方提供价值 60 000 元的主要材料，受托方提供价值 2000 元的辅助材料。计算该公司此项合同应缴纳印花税。

应该缴纳印花税＝(40 000＋2000)×0.5‰＝21 （元）

（3）建设工程勘察设计合同的计税依据为收取的费用。

（4）建筑安装工程承包合同的计税依据为承包金额，不得剔除任何费用。

施工单位将自己承包的建设项目分包或转包给其他施工单位所签订的分包合同或转包合同，应以新的分包合同或转包合同所载金额为依据计算应纳税额。

【例题 10－7】 地处县城的某建筑工程公司具备建筑业施工（安装）资质，2005 年发生经营业务如下：总承包一项工程，承包合同记载总承包额 9000 万元，其中建筑劳务费 3000 万元，建筑、装饰材料 6000 万元。又将总承包额的 1/3 转包给某安装公司，转包合同记载劳务费 1000 万元，建筑、装饰材料 2000 万元。建筑工程公司签订合同涉及的印花税是多少？

建筑工程公司签订合同应缴纳的印花税＝9000×0.3‰＋3000×0.3‰＝3.6 （万元）

（5）财产租赁合同的计税依据为租赁金额；经计算，税额不足 1 元的，按 1 元贴花。如果财产租赁合同，只是规定了月（天）租金标准而无租赁期限的。对这类合同，可在签订时先按定额 5 元贴花，以后结算时再按实际金额计税，补贴印花。

【例题 10-8】2010 年 1 月，甲公司将闲置厂房出租给乙公司，合同约定每月租金 3000 元，租期未定。签订合同时，预收租金 5000 元，双方已按定额贴花。5 月底合同解除，甲公司收到乙公司补交租金 10 000 元。计算甲公司 5 月份应补缴印花税。

应补缴印花税＝（5000＋10 000）×1‰－5＝10 （元）

（6）货物运输合同的计税依据为取得的运输费金额（即运费收入），不包括所运货物的金额、装卸费和保险费等。

【例题 10-9】某企业与货运公司签订运输合同，载明运输费用 9 万元（其中含装卸费 1.5 万元），货运合同应纳印花税为多少？

货运合同应纳印花税＝（9 万元－1.5 万元）×0.5‰×1 万元＝37.5 （元）

（7）仓储保管合同的计税依据为收取的仓储保管费用。

（8）借款合同的计税依据为借款金额。针对实际借贷活动中不同的借款形式，税法规定了不同的计税方法：

① 凡是一项信贷业务既签订借款合同，又一次或分次填开借据的，只以借款合同所载金额为计税依据计税贴花；凡是只填开借据并作为合同使用的，应以借据所载金额为计税依据计税贴花。

② 借贷双方签订的流动资金周转性借款合同，一般按年（期）签订，规定最高限额，借款人在规定的期限和最高限额内随借随还。为避免加重借贷双方的负担，对这类合同只以其规定的最高限额为计税依据，在签订时贴花一次，在限额内随借随还不签订新合同的，不再另贴印花。

③ 对借款方以财产作抵押，从贷款方取得一定数量抵押贷款的合同，应按借款合同贴花；在借款方因无力偿还借款而将抵押财产转移给贷款方时，应再就双方书立的产权书据，按产权转移书据的有关规定计税贴花。

④ 对银行及其他金融组织的融资租赁业务签订的融资租赁合同，应按合同所载租金总额，暂按借款合同计税。

⑤ 在贷款业务中，如果贷系由若干银行组成的银团，银团各方均承担一定的贷款数额。借款合同由借款方与银团各方共同书立，各执一份合同正本。对这类合同借款方与贷款银团各方应分别在所执的合同正本上，按各自的借款金额计税贴花。

⑥ 在基本建设贷款中，如果按年度用款计划分年签订借款合同，在最后

一年按总概算签订借款总合同，且总合同的借款金额包括各个分合同的借款金额的，对这类基建借款合同，应按分合同分别贴花，最后签订的总合同，只就借款总额扣除分合同借款金额后的余额计税贴花。

【例题10-10】某钢铁公司与机械进出口公司签订购买价值2000万元设备合同，为购买此设备向商业银行签订借款2000万元的借款合同。后因故购销合同作废，改签融资租赁合同，租赁费1000万元。根据上述情况，计算该厂一共应缴纳印花税为（　　）。

① 购销合同应纳税额＝2000万×0.3‰＝0.6（万元），产生纳税义务后合同作废不能免税；

② 借款合同应纳税额＝2000万×0.05‰＝0.1（万元）；

③ 融资租赁合同属于借款合同，应纳税额＝1000万×0.05‰＝0.05（万元）。

该厂应纳税额＝0.6＋0.1＋0.05＝0.75（万元）＝7500（元）。

（9）财产保险合同的计税依据为支付（收取）的保险费，不包括所保财产的金额。

（10）技术合同的计税依据为合同所载的价款、报酬或使用费。为了鼓励技术研究开发，对技术开发合同，只就合同所载的报酬金额计税，研究开发经费不作为计税依据。单对合同约定按研究开发经费一定比例作为报酬的，应按一定比例的报酬金额贴花。

【例题10-11】甲企业与乙企业签订一份技术开发合同，记载金额共计1800万元，其中研究开发经费为800万元。该合同甲、乙各持一份，计算甲乙共应缴纳的印花税。

应纳税额＝（1800－800）×0.3‰×2＝0.6（万元）

（11）产权转移书据的计税依据为所载金额。

（12）营业账簿税目中记载资金的账簿的计税依据为"实收资本"与"资本公积"两项的合计金额。实收资本包括现金、实物、无形资产和材料物资。现金按实际收到或存入纳税人开户银行的金额确定。实物，指房屋、机器等，按评估确认的价值或者合同、协议约定的价格确定。无形资产和材料物资，按评估确认的价值确定。

资本公积，包括接受捐赠、法定财产重估增值、资本折算差额、资本溢价等。如果是实物捐赠，则按同类资产的市场价格或有关凭据确定。

其他账簿的计税依据为应税凭证件数。

（13）权利、许可证照的计税依据为应税凭证件数。

（二）计税依据的特殊规定

（1）上述凭证以"金额"、"收入"、"费用"作为计税依据的，应当全额计税，不得作任何扣除。

（2）同一凭证，载有两个或两个以上经济事项而适用不同税目税率，如分别记载金额的，应分别计算应纳税额，相加后按合计税额贴花；如未分别记载金额的，按税率高的计税贴花。

（3）按金额比例贴花的应税凭证，未标明金额的，应按照凭证所载数量及国家牌价计算金额；没有国家牌价的，按市场价格计算金额，然后按规定税率计算应纳税额。

（4）应税凭证所载金额为外国货币的，应按照凭证书立当日国家外汇管理局公布的外汇牌价折合成人民币，然后计算应纳税额。

（5）应纳税额不足1角的，免纳印花税；1角以上的，其税额尾数不满5分的不计，满5分的按1角计算。

（6）有些合同，在签订时无法确定计税金额，如技术转让合同中的转让收入，是按销售收入的一定比例收取或是按实现利润分成的；财产租赁合同，只是规定了月（天）租金标准而无租赁期限的。对这类合同，可在签订时先按定额5元贴花，以后结算时再按实际金额计税，补贴印花。

（7）应税合同在签订时纳税义务即已产生，应计算应纳税额并贴花。所以，不论合同是否兑现或是否按期兑现，均应贴花。

对已履行并贴花的合同，所载金额与合同履行后实际结算金额不一致的，只要双方未修改合同金额，一般不再办理完税手续。

（8）对有经营收入的事业单位，凡属由国家财政拨付事业经费，实行差额预算管理的单位，其记载经营业务的账簿，按其他账簿定额贴花，不记载经营业务的账簿不贴花；凡属经费来源实行自收自支的单位，其营业账簿，应对记载资金的账簿和其他账簿分别计算应纳税额。

跨地区经营的分支机构使用的营业账簿，应由各分支机构于其所在地计算贴花。对上级单位核拨资金的分支机构，其记载资金的账簿按核拨的账面资金额计税贴花，其他账簿按定额贴花；对上级单位不核拨资金的分支机构，只就其他账簿按件定额贴花。为避免对同一资金重复计税贴花，上级单位记载资金的账簿，应按扣除拨给下属机构资金数额后的其余部分计税贴花。

（9）商品购销活动中，采用以货换货方式进行商品交易签订的合同，是反映既购又销双重经济行为的合同。对此，应按合同所载的购、销合计金额计税贴花。合同未列明金额的，应按合同所载购、销数量依照国家牌价或者市场价格计算应纳税额。

（10）施工单位将自己承包的建设项目，分包或者转包给其他施工单位所签订的分包合同或者转包合同，应按新的分包合同或转包合同所载金额计算应纳税额。这是因为印花税是一种具有行为税性质的凭证税，尽管总承包合同已依法计税贴花，但新的分包或转包合同是一种新的凭证，又发生了新的纳税义务。

（11）对股票交易征收印花税，始于深圳和上海两地证券交易的不断发展。现行印花税法规定，股份制试点企业向社会公开发行的股票，因购买、继承、赠与所书立的股权转让书据，均依书立时证券市场当日实际成交价格计算的金额，由立据双方当事人分别按1‰的税率缴纳印花税。

（12）对国内各种形式的货物联运，凡在起运地统一结算全程运费的，应以全程运费作为计税依据，由起运地运费结算双方缴纳印花税；凡分程结算运费的，应以分程的运费作为计税依据，分别由办理运费结算的各方缴纳印花税。

对国际货运，凡由我国运输企业运输的，不论在我国境内、境外起运或中转分程运输，我国运输企业所持的一份运费结算凭证，均按本程运费计算应纳税额；托运方所持的一份运费结算凭证，按全程运费计算应纳税额。由外国运输企业运输进出口货物的，外国运输企业所持的一份运费结算凭证免纳印花税；托运方所持的一份运费结算凭证应缴纳印花税。国际货运运费结算凭证在国外办理的，应在凭证转回我国境内时按规定缴纳印花税。

必须明确的是，印花税票为有价证券，其票面金额以人民币为单位，分为1角、2角、5角、1元、2元、5元、10元、50元、100元9种。

（三）应纳税额的计算方法

纳税人的应纳税额，根据应纳税凭证的性质，分别按比例税率或者定额税率计算，其计算公式为：

① 比例税率：应纳税额＝应税凭证计税金额×比例税率

② 定额税率：应纳税额＝应税凭证件数×固定税额（5元）

【例题10－12】京远公司于2006年成立，其2010年发生以下应税项目：

（1）年初启用新账簿8本。本年5月，资金账簿中登记本年增加实收资本500万元、资本公积100万元。

（2）与甲企业签订一份加工承揽合同，受托为其加工一批产品，双方约定由京远公司提供所需的原材料200万元、辅助材料10万元，另收取加工费20万元，各项金额均在加工承揽合同中分别记载。

（3）与乙企业签订一份建筑工程承包合同，记载金额 2000 万元，将其中的 500 万元转包给另一工程公司。

（4）与丙企业签订仓储合同一份，货物金额为 500 万元，仓储保额费为 10 万元。

（5）与丁企业签订一份运输保管合同，记载金额共计 500 万元，其中货物价值 400 万元、运输费 50 万元、装卸费 30 万元、仓储保管费 20 万元。

根据所给资料，依据印花税的有关规定回答下列相关问题：计算业务（1）、（2）、（3）、（4）应纳印花税。

（1）应纳定额税 $=8\times5=40$（元）

资金账簿应纳的比例税额 $=(5\,000\,000+1\,000\,000)\times0.5‰=3000$（元）

启用新账簿应纳税额 $=40+3000=3040$（元）

（2）与甲企业签订的加工承揽合同，由受托方提供主要材料的，应当按购销合同计缴印花税。

应缴纳的印花税 $=(2\,000\,000+100\,000)\times0.3‰+200\,000\times0.5‰$
$\qquad\qquad\quad=730$（元）

（3）与乙企业签订的建筑工程承包合同和转包合同应分别缴纳印花税。

应缴纳的印花税 $=(20\,000\,000+5\,000\,000)\times0.3‰=7500$（元）

（4）与丙企业签订的仓储合同，应按保管费计缴印花税。

应缴纳的印花税 $=100\,000\times1‰=100$（元）

（5）与丁企业签订的运输保管合同，应按所记载的运费金额按运输合同贴花，对仓储保管费应当按仓储保管合同计税。

应缴纳的印花税 $=500\,000\times0.5‰+200\,000\times0.1‰=450$（元）

六、税收优惠

（1）对已缴纳印花税凭证的副本或者抄本免税。

凭证的正式签署本已按规定缴纳了印花税，其副本或者抄本对外不发生权利义务关系，只是留存备查。但以副本或者抄本视同正本使用的，则应另贴印花。

（2）对财产所有人将财产赠给政府、社会福利单位、学校所立的书据免税。

所谓社会福利单位，是指扶养孤老伤残的社会福利单位。

对上述书据免税，旨在鼓励财产所有人这种有利于发展文化教育事业，造福社会的捐赠行为。

（3）对国家指定的收购部门与村民委员会、农民个人书立的农副产品收购合同免税。

（4）对无息、贴息贷款合同免税。

（5）对外国政府或者国际金融组织向我国政府及国家金融机构提供优惠贷款所书立的合同免税。

（6）对房地产管理部门与个人签订的用于生活居住的租赁合同免税。

（7）对农牧业保险合同免税。

（8）军事物资运输凭证、抢险救灾凭证、新建铁路的工程临管线运输凭证免税。

（9）企业改制过程中有关印花税征免规定。

1. 关于资金账簿的印花税

（1）实行公司制改造的企业在改制过程中成立的新企业（重新办理法人登记的），其新启用的资金账簿记载的资金或因企业建立资本纽带关系而增加的资金，凡原已贴花的部分可不再贴花，未贴花的部分和以后新增加的资金按规定贴花。

（2）以合并或分立方式成立的新企业，其新启用的资金账簿记载的资金，凡原已贴花的部分可不再贴花，未贴花的部分和以后新增加的资金按规定贴花。

（3）企业债权转股权新增加的资金按规定贴花。

（4）企业改制中经评估增加的资金按规定贴花。

（5）企业其他会计科目记载的资金转为实收资本或资本公积的资金按规定贴花。

2. 各类应税合同的印花税

企业改制前签订但尚未履行完的各类应税合同，改制后需要变更执行主体的，对仅改变执行主体、其余条款未做变动且改制前已贴花的，不再贴花。

3. 企业因改制签订的产权转移书据免予贴花

4. 股权分置试点改革转让的印花税

股权分置改革过程中因非流通股股东向流通股股东支付对价而发生的股权转让，暂免征收印花税。

七、征收管理

（一）纳税方法

印花税的纳税办法，根据税额大小、贴花次数以及税收征收管理的需要，分别采用自行贴花、汇贴或汇缴、委托代征三种纳税办法。

1. 自行贴花办法

一般适用于应税凭证较少或者贴花次数较少的纳税人。纳税人书立、领受或者使用印花税法列举的应税凭证的同时，纳税义务即已产生，应当根据应纳税凭证的性质和适用的税目税率，自行计算应纳税额，自行购买印花税票，自行一次贴足印花税票并加以注销或划销（"三自"纳税办法），纳税义务才算全部履行完毕。

对于已贴花的凭证，修改后所载金额增加的，其增加部分应当补贴印花税票，但多贴印花税票者，不得申请退税或者抵用。

2. 汇贴或汇缴办法

一般适用于应纳税额较大或者贴花次数频繁的纳税人。

汇贴：当一份凭证应纳税额超过 500 元时，应向税务机关申请填写缴款书或者完税凭证。

汇缴：同一种类应税凭证需要频繁贴花的，应向当地税务机关申请按期汇总缴纳印花税。汇总缴纳的期限，由当地税务机关确定，但最长不得超过 1 个月。

3. 委托代征法

税务机关委托，由发放或者办理应纳税凭证的单位代为征收印花税税款。

所谓发放或者办理应纳税凭证的单位，是指发放权利、许可证照的单位和办理凭证的鉴证、公证及其他有关事项的单位。如按照印花税法规定，工商行政管理机关核发各类营业执照和商标注册证的同时，负责代售印花税票，征收印花税税款，并监督领受单位或个人负责贴花。税务机关委托工商行政管理机关代售印花税票，按代售金额 5％的比例支付代售手续费。

（二）纳税环节

印花税应当在书立或领受时贴花。具体是指在合同签订时、账簿启用时和证照领受时贴花。如果合同是在国外签订，并且不便在国外贴花的，应在将合同带入境时办理贴花纳税手续。

（三）纳税地点

印花税一般实行就地纳税。对于全国性商品物资订货会（包括展销会、交易会等）上所签订合同应纳的印花税，由纳税人回其所在地后及时办理贴花完税手续；对地方主办、不涉及省际关系的订货会、展销会上所签合同的印花税，其纳税地点由各省、自治区、直辖市人民政府自行确定。

第三节 车辆购置税

一、概念

车辆购置税是以在中国境内购置规定车辆为课税对象、在特定的环节向车辆购置税者征收的一种税。车辆购置税是 2011 年 1 月 1 日在我国开征的新税种，是在原交通部门收取的车辆购置税附加费的基础上，通过"费改税"方式改革而来的。现行车辆购置税法的基本规范，是 2000 年 10 月 22 日国务院令第 294 号颁布并于 2011 年 1 月 1 日起施行的《中华人民共和国车辆购置税暂行条例》。

二、纳税义务人

车辆购置税的纳税人是指在我国境内购置应税车辆的单位和个人。其中购置是指购买使用行为、进口使用行为、受赠使用行为、自产自用行为、获奖使用行为以及以拍卖、抵债、走私、罚没等方式取得并使用的行为，这些行为都属于车辆购置税的应税行为。

车辆购置税的纳税人具体是指：

所称单位，包括国有企业、集体企业、私营企业、股份制企业、外商投资企业、外国企业以及其他企业，事业单位、社会团体、国家机关、部队以及其他单位。

所称个人，包括个体工商户及其他个人，既包括中国公民又包括外国公民。

三、征税对象

车辆购置税以列举的车辆作为征税对象，未列举的车辆不纳税。其征税范围包括汽车、摩托车、电车、挂车、农用运输车。

四、税率与计税依据

（一）税率

车辆购置税实行统一比例税率，税率为 10%。

（二）计税依据

车辆购置税以应税车辆为课税对象，实行从价定率、价外征收的方法计算应纳税额，应税车辆的价格即计税价格就成为车辆购置税的计税依据。

1. 购买自用应税车辆计税依据的确定

纳税人购买自用的应税车辆（包括购买自用的国产应税车辆和购买自用的进口应税车辆）的计税依据为纳税人购买应税车辆而支付给销售方的全部价款和价外费用（不含增值税）。

2. 进口自用应税车辆计税依据的确定

纳税人进口自用的应税车辆（指直接从境外进口或委托代理进口自用的应税车辆）以组成计税价格为计税依据，与进口环节代征的增值税和消费税计税依据相同，组成计税价格的计算公式为：

$$组成计税价格＝关税完税价格＋关税＋消费税$$

3. 其他自用应税车辆计税依据的确定

现行政策规定，纳税人自产、受赠、获奖和以其他方式取得并自用的应税车辆的计税依据，凡不能或不能准确提供车辆价格的，以国家税务总局核定的最低计税价格为计税依据。

4. 最低计税价格作为计税依据的确定

《车辆购置税条例规定》："纳税人购买自用或者进口自用应税车辆，申报的计税价格低于同类型应税车辆的最低计税价格，又无正当理由的，按照最低计税价格征收车辆购置税。"即当纳税人申报的计税价格等于或高于最低计税价格时，按申报的价格计税；当纳税人申报的计税价格低于最低计税价格时，按最低计税价格计税。

最低计税价格由国家税务总局依据全国市场的平均销售价格制定。根据纳税人购置应税车辆的不同情况，国家税务总局对以下几种特殊情形应税车辆的最低计税价格规定如下：

（1）对已缴纳并办理了登记注册手续的车辆，其底盘和发动机同时发生更换，其最低计税价格按同类型新车最低计税价格的70％计算。

（2）免税、减税条件消失的车辆，其最低计税价格的确定方法为：

最低计税价格＝同类型新车最低计税价格×[1－（已使用年限÷规定使用年限）]×100％

其中，规定使用年限为：国产车辆按 10 年计算；进口车辆按 15 年计算。超过使用年限的车辆，不再征收车辆购置税。

（3）非贸易渠道进口车辆的最低计税价格，为同类型新车最低计税价格。

车辆购置税的计税依据和应纳税额应使用统一货币单位计算。纳税人以外汇结算应税车辆价款的，按照申报纳税之日中国人民银行公布的人民币基准汇价，折合成人民币计算应纳税额。

五、车辆购置税应纳税额的计算

车辆购置税实行从价定率的方法计算应纳税额，计算公式为：

应纳税额＝计税依据×税率

由于应税车辆的来源、应税行为的发生以及计税依据组成的不同，因而，车辆购置税应纳税额的计算方法也有区别。

（一）购买自用应税车辆应纳税额的计算

在应纳税额的计算当中，应注意以下费用的计税规定：

（1）购买者随购买车辆支付的工具件和零部件价款应作为购车价款的一部分，并入计税依据中征收车辆购置税。

（2）支付的车辆装饰费应作为价外费用并入计税依据中计税。

（3）代收款项应区别征税。凡使用代收单位（受托方）票据收取的款项，应视作代收单位价外收费，购买者支付的价费款，应并入计税依据中一并征税；凡使用委托方票据收取，受托方只履行代收义务和收取代收手续费的款项，应按其他税收政策规定征税。

（4）销售单位开给购买者的各种发票金额中包含增值税税款，因此，计算车辆购置税时，应换算为不含增值税的计税价格。

（5）购买者支付的控购费，是政府部门的行政性收费，不属于销售者的价外费用范围，不应并入计税价格计税。

（6）销售单位开展优质销售活动所开票收取的有关费用，应属于经营性收入，企业在代理过程中按规定支付给有关部门的费用，企业已作经营性支出列支核算，其收取的各项费用并在一张发票上难以划分的，应作为价外收入计算征税。

【例题 10－13】宋某 2008 年 1 月份从某汽车有限公司购买一辆小汽车供自己使用，支付了含增值税税款在内的款项 234 000 元，另支付代收临时牌照费 550 元、代收保险费 1000 元，支付购买工具件和零配件价款 3000 元，车辆装饰费 1300 元。所支付的款项均由该汽车有限公司开具"机动车销售统一发票"和有关票据。请计算宋某应纳车辆购置税。

（1）计税依据＝（234 000＋550＋1000＋3000＋1300）÷（1＋17％）＝205 000（元）

（2）应纳税额＝205 000×10％＝20 500（元）

（二）纳税人进口自用的应税车辆应纳税额的计算

应纳税额＝（关税完税价格＋关税＋消费税）×税率

【例题 10—14】宏达公司进口轿车一部，到岸价为 50 000 美元，汇率为 1：7.5，进口关税税率为 25％，消费税税率为 8％，增值税税率为 17％。另在国内购买一部轿车，含税价格为 234 000 元。计算该公司的应交车辆购置税。

(1) 进口轿车的计税价格＝50 000× 7.5×(1＋25％)÷(1－8％)
　　　　　　　　　　　　＝509 510.87（元）

　　进口轿车应交车辆购置税＝509 510.87×10％＝50 951.09（元）

(2) 国内购车计税价格＝234 000÷(1＋17％)＝200 000（元）

　　国内购车应交车辆购置税＝200 000×10％＝20 000（元）

（三）其他自用应税车辆计税依据的确定

纳税人自产自用、受赠使用、获奖使用和以其他方式取得并自用应税车辆的，凡不能取得该型车辆的购置价格，或者低于最低计税价格的，以国家税务总局核定的最低计税价格作为计税依据计算征收车辆购置税：

　　应纳税额＝最低计税价格×税率

【例题 10—15】某客车制造厂将自产的一辆某型号的客车，用于本厂后勤服务，该厂在办理车辆上牌落籍前，出具该车的发票，注明金额 65 000 元，并按此金额向主管税务机关申报纳税。经审核，国家税务总局对该车同类型车辆核定的最低计税价格为 80 000 元。计算该车应纳车辆购置税。

　　应纳税额＝80 000×10 010 ＝8000（元）

（四）特殊情形下自用应税车辆应纳税额的计算

1. 减税、免税条件消失车辆应纳税额的计算

对减税、免税条件消失的车辆，纳税人应按现行规定，在办理车辆过户手续前或者办理变更车辆登记注册手续前向税务机关缴纳车辆购置税。

　　应纳税额＝同类型新车最低计税价格×[1－(已使用年限÷规定使用年限)]×100％×税率

2. 未按规定纳税车辆应补税额的计算

纳税人未按规定纳税的，应按现行政策规定的计税价格，区分情况分别确定征税。不能提供购车发票和有关购车证明资料的，检查地税务机关应按同类型应税车辆的最低计税价格征税；如果纳税人回落籍地后提供的购车发票金额与支付的价外费用之和高于核定的最低计税价格的，落籍地主管税务机关还应对其差额计算补税。

　　应纳税额＝最低计税价格×税率

六、税收优惠

（一）车辆购置税减免税规定

我国车辆购置税实行法定减免，减免税范围的具体规定是：

（1）外国驻华使馆、领事馆和国际组织驻华机构及其外交人员自用车辆免税。

（2）中国人民解放军和中国人民武装警察部队列入军队武器装备订货计划的车辆免税。

（3）设有固定装置的非运输车辆免税。

（4）下列情形，按照规定免税或减税：

① 防汛部门和森林消防部门用于指挥、检查、调度、报汛（警）、联络的设有固定装置的指定型号的车辆。

② 回国服务的留学人员用现汇购买1辆自用国产小汽车。

③ 长期来华定居专家1辆自用小汽车。

（5）从2011年1月1日起，对小排量车无税率优惠。

（二）车辆购置税的退税

纳税人已经缴纳车辆购置税但在办理车辆登记手续前，因下列原因需要办理退还车辆购置税的，由纳税人申请，征收机构审查后办理退还车辆购置税手续。

（1）公安机关车辆管理机构不予办理车辆登记注册手续的，凭公安机关车辆管理机构出具的证明办理退税手续。

（2）因质量等原因发生退回所购车辆的，凭经销商的退货证明办理退税手续。

七、征收管理

根据2006年1月1日开始试行的《车辆购置税征收管理办法》，车辆购置税的征收规定如下：

（一）纳税申报

车辆购置税实行一车一申报制度。纳税人在办理纳税申报时应如实填写《车辆购置税纳税申报表》，同时提供车主身份证明、车辆价格证明、车辆合格证明及税务机关要求提供的其他资料的原件和复印件，经车购办审核后，由税务机关保存有关复印件。

（二）纳税环节

车辆购置税的征税环节为使用环节，即最终消费环节。具体而言，纳税人应当在向公安机关等车辆管理机构办理车辆登记注册手续前，缴纳车辆购置税。

（三）纳税地点

纳税人购置应税车辆，应当向车辆登记注册地的主管税务机关申报纳税；购置不需办理车辆登记注册手续的应税车辆，应当向纳税人所在地主管税务机关申报纳税。车辆登记注册地是指车辆的上牌落籍地或落户地。

（四）纳税期限

纳税人购买自用的应税车辆，自购买之日起 60 日内申报纳税；进口自用的应税车辆，应当自进口之日起 60 日内申报纳税；自产、受赠、获奖和以其他方式取得并自用的应税车辆，应当自取得之日起 60 日内申报纳税。

这里的"购买之日"是指纳税人购车发票上注明的销售日期；"进口之日"是指纳税人报关进口的当天。

（五）车辆购置税的缴税管理

车辆购置税税款缴纳方法主要有以下几种：

（1）自报核缴。即由纳税人自行计算应纳税额、自行填报纳税申报表有关资料，向主管税务机关申报，经税务机关审核后，开具完税证明，由纳税人持完税凭证向当地金库或金库经收处缴纳税款。

（2）集中征收缴纳。包括两种情况：一是由纳税人集中向税务机关统一申报纳税。它适用于实行集中购置应税车辆的单位缴纳和经批准实行代理制经销商的缴纳。二是由税务机关集中报缴税款。即在纳税人向实行集中征收的主管税务机关申报缴纳税款，税务机关开具完税凭证后，由税务机关填写汇总缴款书，将税款集中缴入当地金库或金库经收处。

（3）代征、代扣、代收。即扣缴义务人按税法规定代扣代缴、代收代缴税款，税务机关委托征收单位代征税款的征收方式。它适用于税务机关委托征收或纳税人依法受托征收税款。

（六）车辆购置税的退税制度

（1）已经缴纳车辆购置税的车辆：发生下列情形之一的，纳税人应到车购办申请退税：

① 因质量原因，车辆被退回生产企业或者经销商的；

② 应当办理车辆登记注册的车辆，公安机关车辆管理机构不予办理车辆登记注册的。

（2）纳税人在车购办申请办理退税手续时，应如实填写《车辆购置税退税申请表》，并提供生产企业或经销商开具的退车证明和退车的发票以及完税证明的正本和副本、公安机关车辆管理机构出具的注销车辆号牌证明。

（3）退税款的计算。因质量原因，车辆被退回生产企业或者经销商的，自纳税人办理纳税申报之日起，按已缴税款每满一年扣减 10% 计算退税额，未满一年的按已缴纳税款额退税；对公安机关车辆管理机构不予办理车辆登记注册手续的车辆。退还全部已缴纳税款。

第四节　耕地占用税法

一、概念

耕地占用税是对占用耕地建房或从事其他非农业建设的单位和个人，就其实际占用的耕地面积征收的一种税，它属于对特定土地资源占用课税。现行耕地占用税法的基本规范，是 2007 年 12 月 1 日，国务院第 511 号令，重新颁布的《中华人民共和国耕地占用税暂行条例》。

二、纳税义务人

耕地占用税的纳税义务人，是占用耕地建房或从事非农业建设的单位和个人。

三、征税范围

建房或从事其他非农业建设所占用的国家所有和集体所有的耕地为耕地占用税的征税对象。所谓耕地，是指用于种植农作物的土地；占用鱼塘及其他农用土地建房或从事其他非农业建设，也视同占用耕地，必须依法征收耕地占用税；占用前 3 年内属于上述范围的耕地或农用土地，亦视为耕地。

四、应纳税额的计算

（一）计税依据

耕地占用税以纳税人占用耕地的面积为计税依据，以平方米为计量单位。

（二）税率

实行地区差别定额税率：每平方米 5～50 元。经济特区、经济技术开发区和经济发达、人均耕地特别少的地区，适用税额可以适当提高，但最多不得超过上述规定税额的 50%。

税率规定如下：

（1）人均耕地不超过 1 亩的地区（以县级行政区域为单位，下同），每平方米为 10～50 元；

（2）人均耕地超过 1 亩但不超过 2 亩的地区，每平方米为 8～40 元；

（3）人均耕地超过 2 亩但不超过 3 亩的地区，每平方米 6～30 元；

（4）人均耕地超过 3 亩以上的地区，每平方米 5～25 元。

经济特区、经济技术开发区和经济发达、人均耕地特别少的地区，适用税额可以适当提高，但最多不得超过上述规定税额的 50%。

（三）税额计算

耕地占用税以纳税人实际占用的耕地面积为计税依据，以每平方米土地为计税单位，按适用的定额税率计税。其计算公式为：

$$应纳税额＝实际占用耕地面积（平方米）×适用定额税率$$

【例题 10-16】假设某市一家企业新占用 10 000 平方米耕地用于工业建设，所占耕地适用的定额税率为 20 元/平方米。计算该企业应纳的耕地占用税。

$$应纳税额＝10\ 000×20＝200\ 000（元）$$

五、税收优惠

（一）免征耕地占用税

（1）军事设施占用耕地。

（2）学校、幼儿园、养老院、医院占用耕地。

（二）减征耕地占用税

（1）铁路线路、公路线路、飞机场跑道、停机坪、港口、航道占用耕地，减按每平方米 2 元的税额征收耕地占用税。

根据实际需要，国务院财政、税务主管部门商国务院有关部门并报国务院批准后，可以对前款规定的情形免征或者减征耕地占用税。

（2）农村居民占用耕地新建住宅，按照当地适用税额减半征收耕地占用税。

农村烈士家属、残疾军人、鳏寡孤独以及革命老根据地、少数民族聚居区和边远贫困山区生活困难的农村居民，在规定用地标准以内新建住宅缴纳耕地占用税确有困难的，经所在地乡（镇）人民政府审核，报经县级人民政府批准后，可以免征或者减征耕地占用税。

免征或者减征耕地占用税后，纳税人改变原占地用途，不再属于免征或者减征耕地占用税情形的，应当按照当地适用税额补缴耕地占用税。

六、征收管理

耕地占用税由地方税务机关负责征收。土地管理部门在通知单位或者个人办理占用耕地手续时，应当同时通知耕地所在地同级地方税务机关。获准占用耕地的单位或者个人应当在收到土地管理部门的通知之日起 30 日内缴纳耕地占用税。土地管理部门凭耕地占用税完税凭证或者免税凭证和其他有关文件发放建设用地批准书。

纳税人临时占用耕地，应当依照本条例的规定缴纳耕地占用税。纳税人在批准临时占用耕地的期限内恢复所占用耕地原状的，全额退还已经缴纳的耕地占用税。

占用林地、牧草地、农田水利用地、养殖水面以及渔业水域滩涂等其他农用地建房或者从事非农业建设的，比照本条例的规定征收耕地占用税。建设直接为农业生产服务的生产设施占用前款规定的农用地的，不征收耕地占用税。

练 习 题

一、单项选择题

1. 我国城市维护建设税的税率实行的是（　　）的方法。
   A. 纳税人所属行业差别比例税率　　B. 纳税人所在地差别比例税率
   C. 纳税人所属行业累进税率　　　　D. 纳税人所在地累进税率
2. 下列各个项目中，可以作为城市维护建设税计税依据的是（　　）。
   A. 补缴的消费税税款　　　　　　　B. 因漏缴营业税而缴纳的滞纳金
   C. 因漏缴营业税而缴纳的罚款　　　D. 进口货物缴纳的增值税税款
3. 某市区一企业 2009 年 6 月缴纳进口关税 6.5 万元，进口环节增值税 15 万元，进口环节消费税 26.47 万元；本月境内经营业务实际缴纳增值税 66 万元，消费税 85 万元，营业税 13 万元。在税务检查过程中，税务机关发现，该企业所属宾馆上月隐瞒餐饮服务收入 50 万元，本月被查补相关税金，收到上月报关出口自产货物应退增值税 35 万元。该企业 6 月应纳城市维护建设税税额（　　　）元。

　　A. 95 550　　　B. 116 550　　　C. 71 050　　　D. 122 829

4. 下列对城市维护建设税的表述不正确的是（　　　）。

　　A. 城建税是一种附加税

　　B. 税款专门用于城市的公用事业和公共设施的维护建设

　　C. 外商投资企业和外国企业不征收城建税

　　D. 海关对进口产品代征增值税、消费税、城建税

5. 位于市区的正华外贸有限公司本年被海关查出偷漏进口应税消费品消费税 14 万，海关下达了处罚决定书，处以偷漏税金的 1.5 倍罚款，则补交的城建税和罚款合计为（　　　）万元。

　　A. 21　　　　B. 21.98　　　　C. 21.7　　　　D. 21.14

6. 以下各个项目中，可以作为计算城市维护建设税的依据的是（　　　）。

　　A. 补缴的消费税税款　　　　B. 滞纳金

　　C. 因漏缴营业税而交纳的罚款　　D. 进口货物缴纳的增值税税款

7. 某建筑公司与甲企业签订一份建筑承包合同，合同金额 6000 万元。该建筑公司又将其中价值 2000 万元的安装工程转包给乙企业，并签订转包合同。该建筑公司共应缴纳印花税（　　　）。

　　A. 2.40 万元　　B. 1.80 万元　　C. 0.6 万元　　D. 0 万元

8. 甲公司与乙公司分别签订以货换货合同，甲公司的货物价值 300 万元，乙公司的货物价值 300 万元，双方不再支付补价。甲公司应缴纳印花税（　　　）。

　　A. 900 元　　　B. 1200 元　　　C. 1800 元　　　D. 2100 元

9. 某企业为新项目投产需购买设备，特向工商银行贷款，签订了借款 2000 万元的借款合同。后因新项目暂停，终止了贷款协议。该企业应缴纳印花税为（　　　）。

　　A. 0 元　　　B. 1000 元　　　C. 6000 元　　　D. 10 000 元

10. 甲公司和乙公司签订一份加工合同，甲公司提供价值 50 万元的辅料并收取加工费 20 万元，代乙公司购买加工用原材料 100 万元。该笔加工业务，甲公司应缴纳的印花税（　　　）元。

　　A. 400　　　B. 850　　　C. 350　　　D. 550

11. 2009 年 1 月，甲公司将闲置厂房出租给乙公司，合同约定每月租金 2500 元，租期未定。签订合同时，预收租金 5000 元，双方已按定额贴花。5

月底合同解除，甲公司收到乙公司补交租金 7500 元。甲公司 5 月份应补缴印花税（　　　）元。

A. 7.5　　　　　B. 8　　　　　C. 9.5　　　　　D. 12.5

12. 某汽车贸易公司 2008 年 10 月进口 11 辆小轿车，海关审定的关税完税价格为 25 万元/辆，当月销售 8 辆，取得含税销售收入 240 万元；2 辆企业自用，1 辆用于抵偿债务。合同约定的含税价格为 30 万元。该公司应纳车辆购置税（　　　）万元。（小轿车关税税率 28%、消费税税率 9%）

A. 7.03　　　　B. 5.00　　　　C. 7.50　　　　D. 10.55

二、多项选择题

1. 张某 2009 年 1 月 1 日将市内自有商业房对外出租，一次性收取全年租金 14 400 元。则其 2009 年当月应纳的流转税金及附加为（　　　）。

A. 应纳营业税为 420 元　　　　B. 应纳营业税为 720 元

C. 应纳流转税金及附加 792 元　　　　D. 应纳流转税金及附加 462 元

2. 某县城一家食品加工企业，为增值税小规模纳税人，2009 年 2 月购进原材料，取得普通发票的购进价款合计 50 000 元，销售货物开具普通发票销售额合计 87 000 元，出租设备取得收入 10 000 元。本月应纳城市维护建设税和教育费附加分别为（　　　）。

A. 城市维护建设税 151.70 元　　　　B. 城市维护建设税 223.11 元

C. 教育费附加 91.02 元　　　　D. 教育费附加 133.87 元

3. 北京大德经贸有限公司在上海转让位于上海市区的一处房产，购进价格 52 万元，转让价格 65 万元，则关于城建税，下列说法正确的有（　　　）。

A. 城建税应在上海缴纳　　　　B. 城建税应在北京缴纳

C. 城建税的计算适用 7% 的税率　　　　D. 城建税为 0.0325 万元

4. 下列关于印花税的计税依据说法错误的有（　　　）。

A. 财产租赁合同的计税依据为租赁金额，经计算税额不足 1 元的，不贴花

B. 货物运输合同的计税依据为运费收入，包括运输保险费

C. 仓储保管合同的计税依据为仓储保管费用

D. 营业账簿税目中记载资金的账簿的计税依据为"实收资本"与"盈余公积"两项的合计金额。

5. 加工承揽合同中未划分受托方收取的加工费金额和提供原材料金额的，应按（　　　）计税贴花。

A. 受托方收取的加工费金额

B. 按受托方收取的加工费和委托方提供的原材料合计金额

C. 按加工承揽合同适用税率

    D. 按受托方收取的加工费和提供原材料合计金额

6. 下列行为中，属于车辆购置税应税行为的有（　　　　　）。

    A. 销售应税车辆的行为　　　　　　B. 购买使用应税车辆的行为

    C. 自产自用应税车辆的行为　　　　D. 进口使用应税车辆的行为

三、判断题

1. 生产企业自营出口或委托外贸企业代理出口的自产货物在出口产品退还增值税、消费税时，一并退还已缴纳的城建税；有出口经营权的外贸企业收购后直接出口或委托其他外贸企业代理出口的货物在出口产品退还增值税、消费税时，不退还已缴纳的城建税。　　　　　　　　　　　　　（　　　）

2. 对"三税"实行先征后返、先征后退、即征即退办法的，除另有规定外，对随"三税"附征的城市维护建设税和教育费附加，应该一并予以退（返）还。　　　　　　　　　　　　　　　　　　　　　　　（　　　）

3. A 企业与 B 企业签订货物购销合同，所载购销金额 150 万元，后因不可抗力的影响未能履行，恢复正常生产经营后，又另行签订 180 万元的货物购销合同，可以向税务机关申请只按 30 万元计征印花税。　　　　　（　　　）

4. 个人转让股票，应按成交价格的 2‰交纳印花税。　　　　　　　（　　　）

四、计算题

1. 某企业于 2009 年成立，领取了营业执照、房产产权证、土地使用证、商标注册证各一件，资金账簿记载其注册资金为 1350 万元，并设有 8 本其他账簿。当年发生如下经济业务：

  （1）订立借款合同一份，所载金额为 40 万元，另订立财产抵押合同一份，拟将一辆小汽车作为上述借款的抵押物，小汽车评估价 50 万元。

  （2）向某汽车运输公司租入 2 辆载重汽车，租期为 5 个月，租金合计为 7.2 万元。同时签订了运输合同，约定运输费用为 5 万元，其中包含装卸费用8000元。

  （3）与乙公司签订委托加工合同，由本单位提供 7 万元的原材料，并支付加工费 1.5 万元。

  （4）以融资租赁的方式租入一套机器设备，租赁期为 15 个月，每月租赁费用为 5 万元，租赁期满该企业取得该套机器设备。

  要求：按下列顺序回答问题，每问均为共计金额：

    ①计算领受权利许可证照和账簿应缴纳的印花税；

    ②计算借款以及抵押事项应该缴纳的印花税；

    ③计算财产租赁合同和货物运输合同应缴纳的印花税；

    ④计算加工承揽合同应缴纳的印花税；

⑤计算融资租赁合同应缴纳的印花税。

2. 2008 年 3 月，王某从销售公司购买轿车一辆供自己使用，支付含增值税的价款 221 000 元，另支付购置工具件和零配件价款 1000 元，车辆装饰费 4000元，另外加装车载卫星导航仪一台，价款 4700 元，销售公司代收保险费等 8000 元，支付的各项价款均由销售公司开具统一发票。计算王某应纳车辆购置税税额。

第十一章　税收征收管理法

学习目标

◆ 了解税收征管法的概念、适用范围；
◆ 熟悉、理解税务登记、账簿管理、纳税申报、税款征收、税务检查和法律责任等相关规定。

第一节　税收征收管理法概述

一、税收征收管理法的概念

税收征收管理法是有关税收征收管理法律规范的总称，包括税收征收管理法及税收征收管理的有关法律、法规和规章。

现行的《中华人民共和国税收征收管理法》是 2001 年 4 月 28 日在第九届全国人民代表大会常务委员会第二十一次会议通过的经过修订后的《中华人民共和国税收征收管理法》（以下简称《征管法》），并于 2001 年 5 月 1 日起施行的。

二、税收征收管理法的立法目的

《征管法》第一条规定"为了加强税收征收管理，规范税收征收和缴纳行为，保障国家税收收入，保护纳税人的合法权益，促进经济和社会发展，制定本法。"此条规定对《征管法》的立法目的作了高度概括。

三、税收征收管理法的适用范围

《征管法》第二条规定："凡依法由税务机关征收的各种税收的征收管理，

均适用本法。"这就明确界定了《征管法》的适用范围。

我国税收的征收机关有税务、海关、财政等部门，税务机关征收各种工商税收，海关征收关税。《征管法》只适用于由税务机关征收的各种税收的征收管理。

农税征收机关负责征收的耕地占用税、契税的征收管理，由国务院另行规定；海关征收的关税及代征的增值税、消费税，适用其他法律、法规的规定。

值得注意的是，目前还有一部分费由税务机关征收，如教育费附加。这些费不适用《征管法》，不能采取《征管法》规定的措施，其具体管理办法由各种费的条例和规章决定。

四、税收征收管理法的遵守主体

（一）税务行政主体——税务机关

根据《征管法》第五条的规定，国务院税务主管部门主管全国税收征收管理工作。各地国家税务局和地方税务局应当按照国务院规定的税收征收管理范围分别进行征收管理。上述规定既明确了税收征收管理的行政主体（即执法主体），也明确了《征管法》的遵守主体。

（二）税务行政管理相对人——纳税人、扣缴义务人和其他有关单位

根据《征管法》第四条的规定，法律、行政法规规定负有纳税义务的单位和个人为纳税人，法律、行政法规规定负有代扣代缴、代收代缴税款义务的单位和个人为扣缴义务人。纳税人、扣缴义务人必须依照法律、行政法规的规定缴纳税款、代扣代缴、代收代缴税款。第六条第二款规定：纳税人、扣缴义务人和其他有关单位应当按照国家有关规定如实向税务机关提供与纳税和代扣代缴、代收代缴税款有关的信息。根据上述规定，纳税人、扣缴义务人和其他有关单位是税务行政管理的相对人，是《征管法》的遵守主体，必须按照《征管法》的有关规定接受税务管理，享受合法权益。

（三）有关单位和部门

根据《征管法》第五条的规定，地方各级人民政府应当依法加强对本行政区域内税收管理工作的领导或者协调，支持税务机关依法执行职务，依照法定税率计算税额，依法征收税款。各有关部门和单位应当支持、协助税务

机关依法执行职务。这说明包括地方各级人民政府在内的有关单位和部门同样是《征管法》的遵守主体，必须遵守《征管法》的有关规定。

第二节　税务登记

　　税务登记又称纳税登记，是税务机关对纳税人的生产、经营活动进行登记并据此对纳税人实施税务管理的一种法定制度。

　　税务登记管理包括：开业税务登记、变更税务登记、注销税务登记、停业复业登记、外出经营报验登记。

一、开业税务登记

　　根据《实施细则》第十二条的规定，从事生产、经营的纳税人应当自领取营业执照之日起30日内，向生产、经营地或者纳税义务发生地的主管税务机关申报办理税务登记，如实填写税务登记表，并按照税务机关的要求提供有关证件、资料。除此以外的纳税人，除国家机关和个人外，应当自纳税义务发生之日起30日内，持有关证件向所在地的主管税务机关申报办理税务登记。个人所得税的纳税人办理税务登记的办法由国务院另行规定。税务登记证件的式样，由国家税务总局制定。

　　根据《实施细则》第十三条的规定，扣缴义务人应当自扣缴义务发生之日起30日内，向所在地的主管税务机关申报办理扣缴税款登记，领取扣缴税款登记证件；税务机关对已办理税务登记的扣缴义务人，可以只在其税务登记证件上登记扣缴税款事项，不再发给扣缴税款登记证件。

二、变更、注销税务登记

　　变更税务登记，是纳税人税务登记内容发生重要变化时向税务机关申报办理的税务登记手续；注销税务登记，则是指纳税人税务登记内容发生了根本性变化，需终止履行纳税义务时向税务机关申报办理的税务登记手续。

　　纳税人办理税务登记后，如发生下列情形之一，应当办理变更税务登记：发生改变名称、改变法定代表人、改变经济性质或经济类型、改变住所和经营地点（不涉及主管税务机关变动的）、改变生产经营或经营方式、增减注册资金（资本）、改变隶属关系、改变生产经营期限、改变或增减银行账号、改变生产经营权属以及改变其他税务登记内容的。

根据《实施细则》第十四条的规定，纳税人税务登记内容发生变化的，应当自工商行政管理机关或者其他机关办理变更登记之日起 30 日内，持有关证件向原税务登记机关申报办理变更税务登记。

纳税人税务登记内容发生变化，不需要到工商行政管理机关或者其他机关办理变更登记的，应当自发生变化之日起 30 日内，持有关证件向原税务登记机关申报办理变更税务登记。

三、注销税务登记

根据《实施细则》第十五条的规定，纳税人发生解散、破产、撤销以及其他情形，依法终止纳税义务的，应当在向工商行政管理机关办理注销登记前，持有关证件向原税务登记管理机关申报办理注销税务登记；按照规定不需要在工商管理机关办理注销登记的，应当自有关机关批准或者宣告终止之日起 15 日内，持有关证件向原税务登记管理机关申报办理注销税务登记。

纳税人因住所、经营地点变动，涉及改变税务登记机关的，应当在向工商行政管理机关或者其他机关申请办理变更或者注销登记前或者住所、经营地点变动前，向原税务登记机关申报办理注销税务登记，并在 30 日内向迁达地税务机关申报办理税务登记。

纳税人被工商行政管理机关吊销营业执照或者被其他机关予以撤销登记的，应当自营业执照被吊销或者被撤销登记之日起 15 日内，向原税务登记机关申报办理注销税务登记。

根据《实施细则》第十五条的规定，纳税人在办理注销税务登记前，应当向税务机关结清应纳税款、滞纳金、罚款，缴销发票、税务登记证件和其他税务证件。

四、停业、复业登记

实行定期定额征收方式的纳税人，在营业执照核准的经营期限内需要停业的，应当向税务机关提出停业登记，说明停业的理由、时间、停业前的纳税情况和发票的领、用、存情况，并如实填写申请停业登记表。税务机关经过审核（必要时可实地审查），应当责成申请停业的纳税人结清税款并收回税务登记证件、发票领购簿和发票，办理停业登记。纳税人停业期间发生纳税义务，应当及时向主管税务机关申报，依法补缴应纳税款。

纳税人应当于恢复生产、经营之前，向税务机关提出复业登记申请，经确认后，办理复业登记，领回或启用税务登记证件和发票领购簿及其领购的发票，纳入正常管理。

纳税人停业期满不能及时恢复生产、经营的，应当在停业期满前向税务机关提出延长停业登记。纳税人停业期满未按期复业又不申请延长停业的，税务机关应当视为已恢复营业，实施正常的税收征收管理。

五、外出经营报验登记

从事生产、经营的纳税人到外县（市）临时从事生产、经营活动的，应当持税务登记证副本和所在地税务机关填开的外出经营活动税收管理证明，向营业地税务机关报验登记，接受税务管理。

从事生产、经营的纳税人外出经营，在同一地累计超过 180 天的，应当在营业地办理税务登记手续。

六、税务登记证的作用和管理

（一）税务登记证的作用

除按照规定不需要发给税务登记证件的外，纳税人办理下列事项时，必须持以下税务登记证件：

（1）开立银行账户。

（2）申请减税、免税、退税。

（3）申请办理延期申报、延期缴纳税款。

（4）领购发票。

（5）申请开具外出经营活动税收管理证明。

（6）办理停业、歇业。

（7）其他有关税务事项。

（二）税务登记证管理

（1）税务机关对税务登记证件实行定期验证和换证制度。纳税人应当在规定的期限内持有关证件到主管税务机关办理验证或者换证手续。

（2）纳税人应当将税务登记证件正本在其生产、经营场所或者办公场所公开悬挂，接受税务机关检查。

（3）纳税人遗失税务登记证件的，应当在 15 日内书面报告主管税务机关，并登报声明作废。同时，凭报刊上刊登的遗失声明向主管税务机关申请补办税务登记证件。

第三节　账簿、凭证管理

一、账簿、凭证管理

(一) 账簿、凭证设置的管理

根据《实施细则》第二十二条规定，从事生产、经营的纳税人应当自领取营业执照或者发生纳税义务之日起 15 日内设置账簿。账簿是指总账、明细账、日记账以及其他辅助性账簿。总账、日记账应当采用订本式。

根据《实施细则》第二十三条规定，生产、经营规模小又确无建账能力的纳税人，可以聘请经批准从事会计代理记账业务的专业机构或者经税务机关认可的财会人员代为建账和办理账务；聘请上述机构或者人员有实际困难的，经县以上税务机关批准，可以按照税务机关的规定，建立收支凭证粘贴簿、进货销货登记簿或者使用税控装置。

(二) 对会计核算的要求

根据《征管法》第十九条规定，纳税人、扣缴义务人按照有关法律、行政法规和国务院财政、税务主管部门的规定设置账簿，根据合法、有效凭证记账，进行核算。

根据《实施细则》第二十四条规定，从事生产、经营的纳税人应当自领取税务登记证件之日起 15 日内，将其财务、会计制度或者财务、会计处理办法报送主管税务机关备案。

纳税人使用计算机记账的，应当在使用前将会计电算化系统的会计核算软件、使用说明书及有关资料报送主管税务机关备案。

纳税人建立的会计电算化系统应当符合国家有关规定，并能正确、完整核算其收入或者所得。

根据《实施细则》第二十六条规定，纳税人、扣缴义务人会计制度健全，能够通过计算机正确、完整计算其收入和所得或者代扣代缴、代收代缴税款情况的，其计算机输出的完整的书面会计记录，可视同会计账簿。纳税人、扣缴义务人会计制度不健全，不能通过计算机正确、完整计算其收入和所得或者代扣代缴、代收代缴税款情况的，应当建立总账及与纳税或者代扣代缴、代收代缴税款有关的其他账簿。

根据《实施细则》第二十七条规定，账簿、会计凭证和报表，应当使用中文。民族自治地方可以同时使用当地通用的一种民族文字。外商投资企业和外国企业可以同时使用一种外国文字。如外商投资企业、外国企业的会计记录不使用中文的，应按照《征管法》第六十三条第二款"未按照规定设置、保管账簿或者保管记账凭证和有关资料"的规定处理。

（三）对财务会计制度的管理

1. 备案制度

根据《征管法》第二十条和《实施细则》第二十四条的有关规定从事生产、经营的纳税人应当自领取税务登记证件之日起 15 日内，将其财务、会计制度或者财务、会计处理办法报送主管税务机关备案。

2. 关于账簿、凭证的保管

根据《征管法》第二十四条的有关规定："从事生产经营的纳税人、扣缴义务人必须按照国务院财政、税务主管部门规定的保管期限保管账簿、记账凭证、完税凭证及其他有关资料。账簿、记账凭证、报表、完税凭证、发票、出口凭证以及其他有关涉税资料不得伪造、变造或者擅自损毁。"

账簿、记账凭证、报表、完税凭证、发票、出口凭证以及其他有关涉税资料的保管期限，根据《实施细则》第二十九条，除另有规定者外，应当保存 10 年。

3. 财会制度、办法与税收规定相抵触的处理办法

根据《征管法》第二十条的规定，从事生产、经营的纳税人的财务、会计制度或者财务、会计处理办法和会计核算软件，应当报送税务机关备案。纳税人、扣缴义务人的财务、会计制度或者财务、会计处理办法与国务院或者国务院财政、税务主管部门有关税收的规定抵触的，依照国务院或者国务院财政、税务主管部门有关税收的规定计算应纳税款、代扣代缴和代收代缴税款。

二、发票管理

根据《征管法》第二十一条的规定，税务机关是发票的主管机关，负责发票的印制、领购、开具、取得、保管、缴销的管理和监督。

1. 发票印制管理

根据《征管法》第二十二条的规定，增值税专用发票由国务院税务主管部门指定的企业印制；其他发票按照国务院税务主管部门的规定，分别由省、自治区、直辖市国家税务局、地方税务局指定企业印制。

2. 发票领购管理

依法办理税务登记的单位和个人，在领取税务登记证后，向主管税务机关申请领购发票。对无固定经营场地或者财务制度不健全的纳税人申请领购发票，主管税务机关有权要求其提供担保人，不能提供担保人的，可以视其情况，要求其提供保证金，并限期缴销发票。对发票保证金应设专户储存，不得挪作他用。纳税人可以根据自己的需要申请领购普通发票。增值税专用发票只限于增值税一般纳税人领购使用。

3. 发票开具、使用、取得的管理

根据《征管法》第二十一条的规定，单位、个人在购销商品、提供或者接受经营服务以及从事其他经营活动中，应当按照规定开具、使用、取得发票。

4. 发票保管管理

根据发票管理的要求，发票保管分为税务机关保管和用票单位、个人保管两个层次，都必须建立严格的发票保管制度。包括：专人保管制度；专库保管制度；专账登记制度；保管交接制度；定期盘点制度。

5. 发票缴销管理

发票缴销包括发票收缴和发票销毁。发票收缴是指用票单位和个人按照规定向税务机关上缴已经使用或者未使用的发票；发票销毁是指由税务机关统一将自己或者他人已使用或者未使用的发票进行销毁。发票收缴与发票销毁既有联系又有区别，发票销毁首先必须收缴；但收缴的发票不一定都要销毁，一般都要按照法律法规保存一定时期后才能销毁。

三、税控管理

根据《征管法》第二十三条规定，国家根据税收征收管理的需要，积极推广使用税控装置。纳税人应当按照规定安装、使用税控装置，不得损毁或者擅自改变税控装置。同时还在第六十条中增加了一款，规定：不能按照规定安装、使用税控装置，或者损毁或者擅自改动税控装置的，由税务机关责令限期改正，可以处以 2000 元以下的罚款；情节严重的，处 2000 元以上 1 万元以下的罚款。

第四节　纳税申报管理

纳税申报是纳税人按照税法规定的期限和内容，向税务机关提交有关纳税事项书面报告的法律行为，是纳税人履行纳税义务、界定纳税人法律责任的主要依据,是税务机关税收管理信息的主要来源和税务管理的重要制度。

一、纳税申报的对象

根据《征管法》第二十五条和《实施细则》第三十二条的规定,纳税申报的对象为纳税人和扣缴义务人。纳税人在纳税期内没有应纳税款的,也应当按照规定办理纳税申报。纳税人享受减税、免税待遇的,在减税、免税期间应当按照规定办理纳税申报。

二、纳税申报的内容

纳税申报的内容,主要在各税种的纳税申报表和代扣代缴、代收代缴税款报告表中体现,还有的是随纳税申报表附报的财务报表和有关纳税资料中体现。纳税人和扣缴义务人的纳税申报和代扣代缴、代收代缴税款报告的主要内容包括:税种、税目,应纳税项目或者应代扣代缴、代收代缴税款项目,计税依据,扣除项目及标准,适用税率或者单位税额,应退税项目及税额、应减免税项目及税额,应纳税额或者应代扣代缴、代收代缴税额,税款所属期限、延期缴纳税款、欠税、滞纳金等。

三、纳税申报的方式

《征管法》第二十六条规定,纳税人、扣缴义务人可以直接到税务机关办理纳税申报或者报送代扣代缴、代收代缴税款报告表,也可以按照规定采取邮寄、数据电文或者其他方式办理上述申报、报送事项。目前,纳税申报的形式主要有以下三种:

1. 直接申报

直接申报,是指纳税人自行到税务机关办理纳税申报。这是一种传统申报方式。

2. 邮寄申报

邮寄申报,是指经税务机关批准的纳税人使用统一规定的纳税申报特快专递专用信封,通过邮政部门办理交寄手续,并向邮政部门索取收据作为申报凭据的方式。

根据《实施细则》第三十一条规定,纳税人采取邮寄方式办理纳税申报的,应当使用统一的纳税申报专用信封,并以邮政部门收据作为申报凭据。邮寄申报以寄出的邮戳日期为实际申报日期。

3. 数据电文

数据电文方式，是指税务机关确定的电话语音、电子数据交换和网络传输等电子方式。

纳税人采取电子方式办理纳税申报的，应当按照税务机关规定的期限和要求保存有关资料，并定期书面报送主管税务机关。纳税人、扣缴义务人采取数据电文方式办理纳税申报的，其申报日期以税务机关计算机网络系统收到该数据电文的时间为准。

除上述方式外，实行定期定额缴纳税款的纳税人，可以实行简易申报、简并征期等申报纳税方式。"简易申报"是指实行定期定额缴纳税款的纳税人在法律、行政法规规定的期限内或税务机关依据法规的规定确定的期限内缴纳税款的，税务机关可以视同申报；"简并征期"是指实行定期定额缴纳税款的纳税人，经税务机关批准，可以采取将纳税期限合并为按季、半年、年的方式缴纳税款。

四、纳税申报的期限

《征管法》规定纳税人和扣缴义务人都必须按照法定的期限办理纳税申报。申报期限有两种：一种是法律、行政法规明确规定的；另一种是税务机关按照法律、行政法规的原则规定，结合纳税人生产经营的实际情况及其所应缴纳的税种等相关问题予以确定的。两种期限具有同等的法律效力。

五、纳税申报的要求

根据《实施细则》第三十四条规定，纳税人办理纳税申报时，应当如实填写纳税申报表，并根据不同的情况相应报送下列有关证件、资料：

（1）财务会计报表及其说明材料。

（2）与纳税有关的合同、协议书及凭证。

（3）税控装置的电子报税资料。

（4）外出经营活动税收管理证明和异地完税凭证。

（5）境内或者境外公证机构出具的有关证明文件。

（6）税务机关规定应当报送的其他有关证件、资料。

扣缴义务人办理代扣代缴、代收代缴税款报告时，应当如实填写代扣代缴、代收代缴税款报告表，并报送代扣代缴、代收代缴税款的合法凭证以及税务机关规定的其他有关证件、资料。

六、延期申报管理

延期申报是指纳税人、扣缴义务人不能按照税法规定的期限办理纳税申报或扣缴税款报告。

根据《征管法》第二十七条和《实施细则》第三十七条及有关法规的规定，纳税人因有特殊情况，不能按期进行纳税申报的，经县以上税务机关核准，可以延期申报。但应当在规定的期限内向税务机关提出书面延期申请，经税务机关核准，在核准的期限内办理。如纳税人、扣缴义务人因不可抗力，不能按期办理纳税申报或者报送代扣代缴、代收代缴税款报告表的，可以延期办理，但应当在不可抗力情形消除后立即向税务机关报告。

经核准延期办理纳税申报的，应当在纳税期内按照上期实际缴纳的税额或者税务机关核定的税额预缴税款，并在核准的延期内办理纳税结算。

第五节 税 款 征 收

一、税款征收的方式

税款征收方式是指税务机关根据各税种的不同特点、征纳双方的具体条件而确定的计算征收税款的方法和形式。税款征收的方式如下。

1. 查账征收

查账征收是指税务机关按照纳税人提供的账表所反映的经营情况，依照适用税率计算缴纳税款的方式。这种方式一般适用于财务会计制度较为健全，能够认真履行纳税义务的纳税单位。

2. 查定征收

查定征收是指税务机关根据纳税人的从业人员、生产设备、采用原材料等因素，对其产制的应税产品查实核定产量、销售额并据以征收税款的方式。这种方式一般适用于账册不够健全，但是能够控制原材料或进销货的纳税单位。

3. 查验征收

查验征收是指税务机关对纳税人应税商品，通过查验数量，按市场一般销售单价计算其销售收入并据以征税的方式。这种方式一般适用于经营品种比较单一，经营地点、时间和商品来源不固定的纳税单位。

4. 定期定额征收

定期定额征收是指税务机关通过典型调查，逐户确定营业额和所得额并据以征税的方式。这种方式一般适用于无完整考核依据的小型纳税单位。

5. 委托代征税款

委托代征税款是指税务机关委托代征人以税务机关的名义征收税款，并将税款缴入国库的方式。这种方式一般适用于小额、零散税源的征收。

6. 邮寄纳税

邮寄纳税是一种新的纳税方式。这种方式主要适用于那些有能力按期纳税，但采用其他方式纳税又不方便的纳税人。

7. 其他方式

如利用网络申报、用 IC 卡纳税等方式。

二、税款征收制度

（一）代扣代缴、代收代缴税款制度

（1）对法律、行政法规没有规定负有代扣、代收税款义务的单位和个人，税务机关不得要求其履行代扣、代收税款义务。

（2）税法规定的扣缴义务人必须依法履行代扣、代收税款义务。如果不履行义务，就要承担法律责任。除按征管法及实施细则的规定给予处罚外，应当责成扣缴义务人限期将应扣未扣、应收未收的税款补扣或补收。

（3）扣缴义务人依法履行代扣、代收税款义务时，纳税人不得拒绝。纳税人拒绝的，扣缴义务人应当在一日之内报告主管税务机关处理。不及时向主管税务机关报告的，扣缴义务人应承担应扣未扣、应收未收税款的责任。

（4）扣缴义务人代扣、代收税款，只限于法律、行政法规规定的范围，并依照法律、行政法规规定的征收标准执行。对法律、法规没有规定代扣、代收的，扣缴义务人不能超越范围代扣、代收税款，扣缴义务人也不得提高或降低标准代扣、代收税款。

（5）税务机关按照规定付给扣缴义务人代扣、代收手续费。代扣、代收税款手续费只能由县（市）以上税务机关统一办理退库手续，不得在征收税款过程中坐支。

（二）延期缴纳税款制度

纳税人和扣缴义务人必须在税法规定的期限内缴纳、解缴税款。但考虑到纳税人在履行纳税义务的过程中，可能会遇到特殊困难的客观情况，为了

保护纳税人的合法权益，《征管法》第三十一条第二款规定："纳税人因有特殊困难，不能按期缴纳税款的，经省、自治区、直辖市国家税务局、地方税务局批准，可以延期缴纳税款，但最长不得超过 3 个月。"

（三）税收滞纳金征收制度

《征管法》第三十二条规定："纳税人未按照规定期限缴纳税款的，扣缴义务人未按照规定期限解缴税款的，税务机关除责令限期缴纳外，从滞纳税款之日起，按日加收滞纳税款万分之五的滞纳金。"

$$滞纳金＝滞纳税款×滞纳天数×0.5‰$$

加收滞纳金的起止时间为法律、行政法规规定或者税务机关依照法律、行政法规的规定确定的税款缴纳期限届满次日起至纳税人、扣缴义务人实际缴纳或者解缴税款之日止。

（四）税额核定制度

根据《征管法》第三十五条的规定，纳税人（包括单位纳税人和个人纳税人）有下列情形之一的，税务机关有权核定其应纳税额：

（1）依照法律、行政法规的规定可以不设置账簿的。

（2）依照法律、行政法规的规定应当设置但未设置账簿的。

（3）擅自销毁账簿或者拒不提供纳税资料的。

（4）虽设置账簿，但账目混乱或者成本资料、收入凭证、费用凭证残缺不全，难以查账的。

（5）发生纳税义务，未按照规定的期限办理纳税申报，经税务机关责令限期申报，逾期仍不申报的。

（6）纳税人申报的计税依据明显偏低，又无正当理由的。

根据《实施细则》第四十五条的规定，纳税人有税收征管法第三十五条所列情形之一的，税务机关有权采用下列任何一种方法核定其应纳税额：

（1）参照当地同类行业或者类似行业中，经营规模和收入水平相近的纳税人的收入额和利润率核定。

（2）按照成本加合理费用和利润的方法核定。

（3）按照耗用的原材料、燃料、动力等推算或者测算核定。

（4）按照其他合理的方法核定。

采用以上一种方法不足以正确核定应纳税额时，可以同时采用两种以上的方法核定。

纳税人对税务机关采取规定的方法核定的应纳税额有异议的，应当提供相关证据，经税务机关认定后，调整应纳税额。

（五）税收调整制度

税收调整制度主要指的是关联企业的税收调整制度。

《征管法》第三十六条规定："企业或者外国企业在中国境内设立的从事生产、经营的机构、场所与其关联企业之间的业务往来，应当按照独立企业之间的业务往来收取或者支付价款、费用；不按照独立企业之间的业务往来收取或者支付价款、费用，而减少其应纳税的收入或者所得额的，税务机关有权进行合理调整。"

根据《实施细则》第五十一条的规定，所称关联企业，是指有下列关系之一的公司、企业和其他经济组织：

（1）在资金、经营、购销等方面，存在直接或者间接的拥有或者控制关系。

（2）直接或者间接地同为第三者所拥有或者控制。

（3）在利益上具有相关联的其他关系。

根据《实施细则》第五十四条的规定，纳税人与其关联企业之间的业务往来有下列情形之一的，税务机关可以调整其应纳税额：

（1）购销业务未按照独立企业之间的业务往来作价。

（2）融通资金所支付或者收取的利息超过或者低于没有关联关系的企业之间所能同意的数额，或者利率超过或者低于同类业务的正常利率。

（3）提供劳务，未按照独立企业之间的业务往来收取或者支付劳务费用。

（4）转让财产、提供财产使用权等业务往来，未按照独立企业之间的业务往来作价或者收取、支付费用。

（5）未按照独立企业之间业务往来作价的其他情形。

根据《实施细则》第五十五条的规定，纳税人有上述所列情形之一的，税务机关可以按照下列方法调整计税收入额或者所得额：

（1）按照独立企业之间进行的相同或者类似业务活动的价格。

（2）按照再销售给无关联关系的第三者的价格所应取得的收入和利润水平。

（3）按照成本加合理的费用和利润。

（4）按照其他合理的方法。

调整期限：纳税人与其关联企业未按照独立企业之间的业务往来支付价款、费用的，税务机关自该业务往来发生的纳税年度起 3 年内进行调整；有特殊情况的，可以自该业务往来发生的纳税年度起 10 年内进行调整。

（六）减免税收制度

根据《征管法》第三十三条的有关规定，纳税人可以依照法律、行政法规的规定书面申请减税、免税。减税、免税的申请须经法律、行政法规规定的减税、免税审查批准机关审批。地方各级人民政府、各级人民政府主管部门、单位和个人违反法律、行政法规规定，擅自作出的减税、免税决定无效，税务机关不得执行，并向上级税务机关报告。

根据《实施细则》第四十三条规定，法律、行政法规规定或者经法定的审批机关批准减税、免税的纳税人，应当持有关文件到主管税务机关办理减税、免税手续。减税、免税期满，应当自期满次日起恢复纳税。

享受减税、免税优惠的纳税人，减税、免税条件发生变化的，应当自发生变化之日起 15 日内向税务机关报告；不再符合减税、免税条件的，应当依法履行纳税义务；未依法纳税的，税务机关应当予以追缴。

纳税人同时从事减免项目与非减免项目的，应分别核算，独立计算减免项目的计税依据以及减免税额度。不能分别核算的，不能享受减免税；核算不清的，由税务机关按合理方法核定。

纳税人依法可以享受减免税待遇，但未享受而多缴税款的，根据《征管法》第五十一条规定，纳税人超过应纳税额缴纳的税款，税务机关发现后应当立即退还；纳税人自结算缴纳税款之日起三年内发现的，可以向税务机关要求退还多缴的税款并加算银行同期存款利息，税务机关及时查实后应当立即退还；涉及从国库中退库的，依照法律、行政法规有关国库管理的规定退还。

（七）未办理税务登记的从事生产、经营的纳税人，以及临时从事经营纳税人的税款征收制度

《征管法》第三十七条规定："对未按照规定办理税务登记的从事生产、经营的纳税人以及临时从事生产、经营的纳税人，由税务机关核定其应纳税额，责令缴纳；不缴纳的，税务机关可以扣押其价值相当于应纳税款的商品、货物。扣押后缴纳应纳税款的，税务机关必须立即解除扣押，并归还所扣押的商品、货物；扣押后仍不缴纳应纳税款的，经县以上税务局（分局）局长批准，依法拍卖或者变卖所扣押的商品、货物，以拍卖或者变卖所得抵缴税款。"

（八）税收保全措施和税收强制执行措施

1. 税收保全措施

税收保全措施，是指税务机关对可能由于纳税人的行为或者某种客观原因，致使以后税款的征收不能保证或难以保证的案件，采取限制纳税人处理或转移商品、货物或其他财产的措施。

《征管法》第三十八条规定：税务机关有根据认为从事生产、经营的纳税人有逃避纳税义务行为的，可以在规定的纳税期之前，责令限期缴纳税款；在限期内发现纳税人有明显的转移、隐匿其应纳税的商品、货物以及其他财产迹象的，税务机关应责令其提供纳税担保。如果纳税人不能提供纳税担保，经县以上税务局（分局）局长批准，税务机关可以采取下列税收保全措施：

（1）书面通知纳税人开户银行或者其他金融机构冻结纳税人的金额相当于应纳税款的存款。

（2）扣押、查封纳税人的价值相当于应纳税款的商品、货物或者其他财产。其他财产包括纳税人的房地产、现金、有价证券等不动产和动产。

纳税人在上款规定的限期内缴纳税款的，税务机关必须立即解除税收保全措施；限期期满仍未缴纳税款的，经县以上税务局（分局）局长批准，税务机关可以书面通知纳税人开户银行或者其他金融机构，从其冻结的存款中扣缴税款，或者依法拍卖或者变卖所扣押、查封的商品、货物或者其他财产，以拍卖或者变卖所得抵缴税款。

2. 税收强制执行措施

税收强制执行措施，是指当事人不履行法律、行政法规规定的义务，有关国家机关采用法定的强制手段，强迫当事人履行义务的行为。

《征管法》第四十条规定：从事生产、经营的纳税人、扣缴义务人未按照规定的期限缴纳或者解缴税款，纳税担保人未按照规定的期限缴纳所担保的税款，由税务机关责令限期缴纳，逾期仍未缴纳的，经县以上税务局（分局）局长批准，税务机关可以采取下列强制执行措施：① 书面通知其开户银行或其他金融机构从其存款中扣缴税款；② 扣押、查封、拍卖其价值相当于应纳税款商品、货物或其他财产，以拍卖所得抵缴税款。税务机关采取强制执行措施时，对前款所列纳税人、扣缴义务人、纳税担保人未缴纳的滞纳金同时强制执行。

税收保全措施、强制执行措施的权力，不得由法定的税务机关以外的单位和个人行使。

税务机关采取税收保全措施和强制执行措施必须依照法定权限和法定程序，不得查封、扣押纳税人个人及其所扶养家属维持生活必需的住房和用品。

税务机关滥用职权违法采取税收保全措施、强制执行措施，或者采取税收保全措施、强制执行措施不当，使纳税人、扣缴义务人或者纳税担保人的合法权益遭受损失的，应当依法承担赔偿责任。

（九）欠税清缴制度

欠税，是指纳税人未按照规定期限缴纳税款，扣缴义务人未按照规定期限解缴税款的行为。

《征管法》在欠税清缴方面主要采取了以下措施：

（1）严格控制欠缴税款的审批权限。根据《征管法》第三十一条的规定，缓缴税款的审批权限集中在省、自治区、直辖市国家税务局、地方税务局。这样规定，一方面能帮助纳税人渡过暂时的难关，另一方面也体现了严格控制欠税的精神，保证国家税收免遭损失。

（2）限期缴税时限。从事生产、经营的纳税人、扣缴义务人未按照规定的期限缴纳或者解缴税款的，纳税担保人未按照规定的期限缴纳所担保的税款的，由税务机关发出限期缴纳税款通知书，责令缴纳或者解缴税款的最长期限不得超过 15 日。

（十）税款的退还和追征制度

1. 税款的退还

根据《征管法》第五十一条规定，纳税人超过应纳税额缴纳的税款，税务机关发现后应当立即退还；纳税人自结算缴纳税款之日起 3 年内发现的：可以向税务机关要求退还多缴的税款并加算银行同期存款利息，税务机关及时查实后应当立即退还；涉及从国库中退库的，依照法律、行政法规中有关国库管理的规定退还。

根据《实施细则》第七十八条规定："税务机关发现纳税人多缴税款的，应当自发现之日起 10 日内办理退还手续；纳税人发现多缴税款，要求退还的，税务机关应当自接到纳税人退还申请之日起 30 日内查实并办理退还手续。"

税收征管法第五十一条规定的加算银行同期存款利息的多缴税款退税，不包括依法预缴税款形成的结算退税、出口退税和各种减免退税。

退税利息按照税务机关办理退税手续当天中国人民银行规定的活期存款利率计算。

根据《实施细则》第七十九条规定，当纳税人既有应退税款又有欠缴税款的，税务机关可以将应退税款和利息先抵扣欠缴税款；抵扣后有余额的，退还纳税人。

2. 税款的追征

根据《征管法》第五十二条规定，因税务机关责任，致使纳税人、扣缴义务人未缴或者少缴税款的，税务机关在 3 年内可要求纳税人、扣缴义务人补缴税款，但是不得加收滞纳金。

因纳税人、扣缴义务人计算等失误，未缴或者少缴税款的，税务机关在 3

年内可以追征税款、滞纳金；有特殊情况的追征期可以延长到 5 年。

所称特殊情况，是指纳税人或者扣缴义务人因计算错误等失误，未缴或者少缴、未扣或者少扣、未收或者少收税款，累计数额在 10 万元以上的。

对偷税、抗税、骗税的，税务机关追征其未缴或者少缴的税款、滞纳金或者所骗取的税款，不受前款规定期限的限制。

（十一）税款入库制度

（1）审计机关、财政机关依法进行审计、检查时，对税务机关的税收违法行为作出的决定，税务机关应当执行；发现被审计、检查单位有税收违法行为的，向被审计、检查单位下达决定、意见书，责成被审计、检查单位向税务机关缴纳应当缴纳的税款、滞纳金。税务机关应当根据有关机关的决定、意见书，依照税收法律、行政法规的规定，将应收的税款、滞纳金按照国家规定的税收征收管理范围和税款入库预算级次缴入国库。

（2）税务机关应当自收到审计机关、财政机关的决定、意见书之日起 30日内将执行情况书面回复审计机关、财政机关。

有关机关不得将其履行职责过程中发现的税款、滞纳金自行征收入库或者以其他款项的名义自行处理、占压。

第六节　税务检查

税务检查的职责：

（1）根据税收《征管法》第五十四条的规定，税务机关有权进行下列税务检查：

① 检查纳税人的账簿、记账凭证、报表和有关资料，检查扣缴义务人代扣代缴、代收代缴税款账簿、记账凭证和有关资料。

因检查需要时，经县以上税务局（分局）局长批准，可以将纳税人、扣缴义务人以前会计年度的账簿、记账凭证、报表和其他有关资料调回税务机关检查，但是税务机关必须向纳税人、扣缴义务人开付清单，并在 3 个月内完整退还；有特殊情况的，经设区的市、自治州以上税务局局长批准，税务机关可以将纳税人、扣缴义务人当年的账簿、记账凭证、报表和其他有关资料调回检查，但是税务机关必须在 30 日内退还。

② 到纳税人的生产、经营场所和货物存放地检查纳税人应纳税的商品、货物或者其他财产，检查扣缴义务人与代扣代缴、代收代缴税款有关的经营

情况。

③ 责成纳税人、扣缴义务人提供与纳税或者代扣代缴、代收代缴税款有关的文件、证明材料和有关资料。

④ 询问纳税人、扣缴义务人与纳税或者代扣代缴、代收代缴税款有关的问题和情况。

⑤ 到车站、码头、机场、邮政企业及其分支机构检查纳税人托运、邮寄、应税商品、货物或者其他财产的有关单据凭证和资料。

⑥ 经县以上税务局（分局）局长批准，凭全国统一格式的检查存款账户许可证明，查询从事生产、经营的纳税人、扣缴义务人在银行或者其他金融机构的存款账户。税务机关在调查税收违法案件时，经设区的市、自治州以上税务局（分局）局长批准，可以查询案件涉嫌人员的储蓄存款。税务机关查询所获得的资料，不得用于税收以外的用途。

上述所称的"经设区的市、自治州以上税务局局长"包括地（市）一级（含直辖市下设区）的税务局局长。

税务机关查询的内容，包括纳税人存款账户余额和资金往来情况。查询时应当指定专人负责，凭全国统一格式的检查存款账户许可证明进行，并有责任为被检查人保守秘密。

（2）税务机关对纳税人以前纳税期的纳税情况依法进行税务检查时，发现纳税人有逃避纳税义务的行为，并有明显的转移、隐匿其应纳税的商品、货物、其他财产或者应纳税收入的迹象的，可以按照批准权限采取税收保全措施或者强制执行措施。这里的批准权限是指县级以上税务局（分局）局长批准。

税务机关采取税收保全措施的期限一般不得超过6个月；重大案件需要延长的，应当报国家税务总局批准。

（3）纳税人、扣缴义务人必须接受税务机关依法进行的税务检查，如实反映情况，提供有关资料，不得拒绝、隐瞒。

（4）税务机关依法进行税务检查时，有权向有关单位和个人调查纳税人、扣缴义务人和其他当事人与纳税或者代扣代缴、代收代缴税款有关的情况，有关单位和个人有义务向税务机关如实提供有关资料及证明材料。

（5）税务机关调查税务违法案件时，对与案件有关的情况和资料，可以记录、录音、录像、照相和复制。

（6）税务人员进行税务检查时，应当出示税务检查证和税务检查通知书；无税务检查证和税务检查通知书的，纳税人、扣缴义务人及其他当事人有权拒绝检查。税务机关对集贸市场及集中经营业户进行检查时，可以使用统一的税务检查通知书。

税务机关对纳税人、扣缴义务人及其他当事人处以罚款或者没收违法所得时，应当开付罚没凭证；未开付罚没凭证的，纳税人、扣缴义务人以及其他当事人有权拒绝给付。

对采用电算化会计系统的纳税人，税务机关有权对其会计电算化系统进行检查，并可复制与纳税有关的电子数据作为证据。

税务机关进入纳税人电算化系统进行检查时，有责任保证纳税人会计电算化系统的安全性，并保守纳税人的商业秘密。

第七节　法律责任

一、违反税务管理基本规定行为的处罚

（1）根据《征管法》第六十条和《细则》第九十条规定：纳税人有下列行为之一的，由税务机关责令限期改正，可以处 2000 元以下的罚款；情节严重的，处 2000 元以上 1 万元以下的罚款。

① 未按照规定的期限申报办理税务登记、变更或者注销登记的。

② 未按照规定设置、保管账簿或者保管记账凭证和有关资料的。

③ 未按照规定将财务、会计制度或者财务、会计处理办法和会计核算软件报送税务机关备查的。

④ 未按照规定将其全部银行账号向税务机关报告的。

⑤ 未按照规定安装、使用税控装置，或者损毁或擅自改动税控装置的。

⑥ 纳税人未按照规定办理税务登记证件验证或者换证手续的。

（2）纳税人不办理税务登记的，由税务机关责令限期改正；逾期不改正的，由工商行政管理机关吊销其营业执照。

（3）纳税人未按照规定使用税务登记证件，或者转借、涂改、损毁、买卖、伪造税务登记证件的，处 2000 元以上 1 万元以下的罚款；情节严重的，处 1 万元以上 5 万元以下的罚款。

二、扣缴义务人违反账簿、凭证管理的处罚

《征管法》第六十一条规定："扣缴义务人未按照规定设置、保管代扣代缴、代收代缴税款账簿或者保管代扣代缴、代收代缴税款记账凭证及有关资料的，由税务机关责令限期改正，可以处 2000 元以下的罚款；情节严重的，

处 2000 元以上 5000 元以下的罚款。"

三、扣缴义务人不履行扣缴义务的法律责任

《征管法》第六十九条规定："扣缴义务人应扣未扣、应收而不收税款的，由税务机关向纳税人追缴税款，对扣缴义务人处应扣未扣、应收未收税款 50％以上 3 倍以下的罚款。"

四、纳税人、扣缴义务人未按规定进行纳税申报的法律责任

《征管法》第六十二条规定："纳税人未按照规定的期限办理纳税申报和报送纳税资料的，或者扣缴义务人未按照规定的期限向税务机关报送代扣代缴、代收代缴税款报告表和有关资料的，由税务机关责令限期改正，可以处 2000元以下的罚款；情节严重的，可以处 2000 元以上 1 万元以下的罚款。"

五、进行虚假申报或不进行申报行为的法律责任

《征管法》第六十四条规定："纳税人、扣缴义务人编造虚假计税依据的，由税务机关责令限期改正，并处 5 万元以下的罚款。

纳税人不进行纳税申报，不缴或者少缴应纳税款的，由税务机关追缴其不缴或者少缴的税款、滞纳金，并处不缴或者少缴税款 50％以上 5 倍以下的罚款。"

六、骗取出口退税的法律责任

《征管法》第六十六条规定："以假报出口或者其他欺骗手段，骗取国家出口退税款的，由税务机关追缴其骗取的退税款，并处骗取税款 1 倍以上 5 倍以下的罚款；构成犯罪的，依法追究刑事责任。"

对骗取国家出口退税款的，税务机关可以在规定期间内停止为其办理出口退税。

《刑法》第二百零四条规定："以假报出口或者其他欺骗手段，骗取国家出口退税款，数额较大的，处 5 年以下有期徒刑或者拘役，并处骗取税款 1 倍以上 5 倍以下罚金；数额巨大或者有其他严重情节的，处 5 年以上 10 年以下有期徒刑，并处骗取税款 1 倍以上 5 倍以下罚金；数额特别巨大或者有其他特别严重情节的，处 10 年以上有期徒刑或者无期徒刑，并处骗取税款 1 倍以上 5 倍以下罚金或者没收财产。"

七、在规定期限内不缴或者少缴税款的法律责任

《征管法》第六十八条规定："纳税人、扣缴义务人在规定期限内不缴或者少缴应纳或者应解缴的税款，经税务机关责令限期缴纳，逾期仍未缴纳的，税务机关除依照本法第四十条规定采取强制执行措施追缴其不缴或者少缴的税款外，可以处不缴或者少缴税款50%以上5倍以下的罚款。"

八、对偷税的认定及其法律责任

（1）《征管法》第六十三条规定："纳税人伪造、变造、隐匿、擅自销毁账簿、记账凭证，或者在账簿上多列支出或者不列、少列收入，或者经税务机关通知申报而拒不申报或者进行虚假的纳税申报，不缴或者少缴应纳税款的，是偷税。对纳税人偷税的，由税务机关追缴其不缴或者少缴的税款、滞纳金，并处不缴或者少缴的税款50%以上5倍以下的罚款；构成犯罪的，依法追究刑事责任。

扣缴义务人采取前款所列手段，不缴或者少缴已扣、已收税款，由税务机关追缴其不缴或者少缴的税款、滞纳金，并处不缴或者少缴的税款50%以上5倍以下的罚款；构成犯罪的，依法追究刑事责任。"

（2）《中华人民共和国刑法》（以下简称《刑法》）第二百零一条规定："纳税人采取伪造、变造、隐匿、擅自销毁账簿、记账凭证，在账簿上多列支出或者不列、少列收入，经税务机关通知申报而拒不申报或者进行虚假的纳税申报的手段，不缴或者少缴应纳税款，偷税数额占应纳税额的10%以上不满30%并且偷税数额在1万元以上不满10万元的，或者因偷税被税务机关给予二次行政处罚又偷税的，处3年以下有期徒刑或者拘役，并处偷税数额1倍以上5倍以下罚金；偷税数额占应纳税额的30%以上并且偷税数额在10万元以上的，处3年以上7年以下有期徒刑，并处偷税数额1倍以上5倍以下罚金。

扣缴义务人采取前款所列手段，不缴或者少缴已扣、已收税款，数额占应缴税额的10%以上并且数额在1万元以上的，依照前款的规定处罚。对多次犯有前两款行为，未经处理的，按照累计数额计算。"

九、逃避追缴欠税的法律责任

《征管法》第六十五条规定："纳税人欠缴应纳税款，采取转移或者隐匿财产的手段，妨碍税务机关追缴欠缴的税款的，由税务机关追缴欠缴的税款、滞纳金，并处欠缴税款50%以上5倍以下的罚款；构成犯罪的，依法追究刑

事责任。"

《刑法》第二百零三条规定："纳税人欠缴应纳税款，采取转移或者隐匿财产的手段，致使税务机关无法追缴欠缴的税款，数额在 1 万元以上不满 10 万元的，处 3 年以下有期徒刑或者拘役，并处或者单处欠缴税款 1 倍以上 5 倍以下罚金；数额在 10 万元以上的，处 3 年以上 7 年以下有期徒刑，并处欠缴税款 1 倍以上 5 倍以下罚金。"

十、抗税的法律责任

《征管法》第六十七条规定："以暴力、威胁方法拒不缴纳税款的，是抗税，除由税务机关追缴其拒缴的税款、滞纳金外，依法追究刑事责任。情节轻微，未构成犯罪的，由税务机关追缴其拒缴的税款、滞纳金，并处拒缴税款 1 倍以上 5 倍以下的罚款。"

《刑法》第二百零二条规定："以暴力、威胁方法拒不缴纳税款的，处 3 年以下有期徒刑或者拘役，并处拒缴税款 1 倍以上 5 倍以下罚金；情节严重的，处 3 年以上 7 年以下有期徒刑，并处拒缴税款 1 倍以上 5 倍以下罚金。"

十一、不配合税务机关依法检查的法律责任

(1)《征管法》第七十条规定："纳税人、扣缴义务人逃避、拒绝或者以其他方式阻挠税务机关检查的，由税务机关责令改正，可以处 1 万元以下的罚款；情节严重的，处 1 万元以上 5 万元以下的罚款。"

逃避、拒绝或者以其他方式阻挠税务机关检查的情形：

① 提供虚假资料，不如实反映情况，或者拒绝提供有关资料的。

② 拒绝或者阻止税务机关记录、录音、录像、照相和复制与案件有关的情况和资料的。

③ 在检查期间，纳税人、扣缴义务人转移、隐匿、销毁有关资料的。

④ 有不依法接受税务检查的其他情形的。

(2) 税务机关依照《征管法》第五十四条第（五）项的规定，到车站、码头、机场、邮政企业及其分支机构检查纳税人有关情况时，有关单位拒绝的，由税务机关责令改正，可以处 1 万元以下的罚款；情节严重的，处 1 万元以上 5 万元以下的罚款。

十二、非法印制发票的法律责任

(1)《征管法》第七十一条规定："违反本法第二十二条规定，非法印制

发票的，由税务机关销毁非法印制的发票，没收违法所得和作案工具，并处 1 万元以上 5 万元以下的罚款；构成犯罪的，依法追究刑事责任。"

（2）《刑法》第二百零六条规定："伪造或者出售伪造的增值税专用发票的，处 3 年以下有期徒刑、拘役或者管制，并处 2 万元以上 20 万元以下罚金；数量较大或者有其他严重情节的，处 3 年以上 10 年以下有期徒刑，并处 5 万元以上 50 万元以下罚金；数量巨大或者有其他特别严重情节的，处 10 年以上有期徒刑或者无期徒刑，并处 5 万元以上 50 万元以下罚金或者没收财产。

伪造并出售伪造的增值税专用发票，数量特别巨大，情节特别严重，严重破坏经济秩序的，处无期徒刑或者死刑，并处没收财产。

单位犯本条规定之罪的，对单位判处罚金，并对其直接负责的主管人员和其他直接责任人员，处 3 年以下有期徒刑、拘役或者管制；数量较大或者有其他严重情节的，处 3 年以上 10 年以下有期徒刑；数量巨大或者有其他特别严重情节的，处 10 年以上有期徒刑或者无期徒刑。"

（3）《刑法》第二百零九条规定："伪造、擅自制造或者出售伪造、擅自制造的可以用于骗取出口退税、抵扣税款的其他发票的，处 3 年以下有期徒刑、拘役或者管制，并处 2 万元以上 20 万元以下罚金；数量巨大的，处 3 年以上 7 年以下有期徒刑，并处 5 万元以上 50 万元以下罚金；数量特别巨大的，处 7 年以上有期徒刑，并处 5 万元以上 50 万元以下罚金或者没收财产。

伪造、擅自制造或者出售伪造、擅自制造的前款规定以外的其他发票的，处 2 年以下有期徒刑、拘役或者管制，并处或者单处 1 万元以上 5 万元以下罚金；情节严重的，处 2 年以上 7 年以下有期徒刑，并处 5 万元以上 50 万元以下罚金。"

（4）非法印制、转借、倒卖、变造或者伪造完税凭证的，由税务机关责令改正，处 2000 元以上 1 万元以下的罚款；情节严重的，处 1 万元以上 5 万元以下的罚款；构成犯罪的，依法追究刑事责任。

十三、有税收违法行为而拒不接受税务机关处理的法律责任

从事生产、经营的纳税人、扣缴义务人有本法规定的税收违法行为，拒不接受税务机关处理的，税务机关可以收缴其发票或者停止向其发售发票。

十四、违反税务代理的法律责任

税务代理人违反税收法律、行政法规，造成纳税人未缴或者少缴税款的，

除由纳税人缴纳或者补缴应纳税款、滞纳金外，对税务代理人处纳税人未缴或者少缴税款 50% 以上 3 倍以下的罚款。

十五、擅自改变税收征收管理范围的法律责任

《征管法》第七十六条规定："税务机关违反规定擅自改变税收征收管理范围和税款入库预算级次的，责令限期改正，对直接负责的主管人员和其他直接责任人员依法给予降级或者撤职的行政处分。"

十六、不移送的法律责任

《征管法》第七十七条规定："纳税人、扣缴义务人有本法规定的第六十三条、第六十五条、第六十六条、第六十七条、第七十一条规定的行为涉嫌犯罪的，税务机关应当依法移送司法机关追究刑事责任。

税务人员徇私舞弊，对依法应当移送司法机关追究刑事责任的不移送，情节严重的，依法追究刑事责任。"

十七、税务人员不依法行政的法律责任

《征管法》第八十条规定："税务人员与纳税人、扣缴义务人勾结，唆使或者协助纳税人、扣缴义务人有本法第六十三条、第六十五条、第六十六条规定的行为，构成犯罪的，按照《刑法》关于共同犯罪的规定处罚；尚不构成犯罪的，依法给予行政处分。

税务人员私分扣押、查封的商品、货物或者其他财产，情节严重，构成犯罪的，依法追究刑事责任；尚不构成犯罪的，依法给予行政处分。"

十八、渎职行为的法律责任

(1)《征管法》第八十一条规定："税务人员利用职务上的便利，收受或者索取纳税人、扣缴义务人财物或者谋取其他不正当利益，构成犯罪的，依法追究刑事责任；尚不构成犯罪的，依法给予行政处分。"

(2)《征管法》第八十二条规定："税务人员徇私舞弊或者玩忽职守，不征收或者少征应征税款，致使国家税收遭受重大损失，构成犯罪的，依法追究刑事责任；尚不构成犯罪的，依法给予行政处分。

税务人员滥用职权，故意刁难纳税人、扣缴义务人的，调离税收工作岗位，并依法给予行政处分。

税务人员对控告、检举税收违法违纪行为的纳税人、扣缴义务人以及其

他检举人进行打击报复，依法给予行政处分；构成犯罪的，依法追究刑事责任。"

（3）《刑法》第四百零四条规定："税务机关的工作人员徇私舞弊，不征或者少征应征税款，致使国家税收遭受重大损失的，处 5 年以下有期徒刑或者拘役；造成特别重大损失的，处 5 年以上有期徒刑。"

（4）《刑法》第四百零五条规定："税务机关的工作人员违反法律、行政法规的规定，在办理发售发票、抵扣税款、出口退税工作中，徇私舞弊，致使国家利益遭受重大损失的，处 5 年以下有期徒刑或者拘役；致使国家利益遭受特别重大损失的，处 5 年以上有期徒刑。"

十九、不按规定征收税款的法律责任

《征管法》第八十三条规定："违反法律、行政法规的规定提前征收、延缓征收或者摊派税款的，由其上级机关或者行政监察机关责令改正，对直接负责的主管人员和其他直接责任人员依法给予行政处分。"

《征管法》第八十四条规定："违反法律、行政法规的规定，擅自作出税收的开征、停征或者减税、免税、退税、补税以及其他同税收法律、行政法规相抵触的决定的，除依照本法规定撤销其擅自作出的决定外，补征应征未征税款，退还不用征收而征收的税款，并由上级机关追究直接负责的主管人员和其他直接责任人员的行政责任；构成犯罪的，依法追究刑事责任。"

此外，《征管法》第七十四条还对行政处罚的权限作出了规定，指出："罚款额在 2000 元以下的，可以由税务所决定。"

二十、银行及其他金融机构拒绝配合税务机关依法执行职务的法律责任

（1）银行和其他金融机构未依照税收征管法的规定在从事生产、经营的纳税人的账户中登录税务登记证件号码，或者未按规定在税务登记证件中登录从事生产、经营的纳税人的账户账号的，由税务机关责令其限期改正，处 2000 元以上 2 万元以下的罚款；情节严重的，处 2 万元以上 5 万元以下的罚款。

（2）为纳税人、扣缴义务人非法提供银行账户、发票、证明或者其他方便，导致未缴、少缴税款或者骗取国家出口退税款的，税务机关除没收其违法所得外，可以处未缴、少缴或者骗取的税款 1 倍以下的罚款。

（3）《征管法》第七十三条规定："纳税人、扣缴义务人的开户银行或者

其他金融机构拒绝接受税务机关依法检查纳税人、扣缴义务人存款账户，或者拒绝执行税务机关做出的冻结存款或者扣缴税款的决定，或者在接到税务机关的书面通知后帮助纳税人、扣缴义务人转移存款，造成税款流失的，由税务机关处 10 万元以上 50 万元以下的罚款，对直接负责的主管人员和其他直接责任人员处 1000 元以上 1 万元以下的罚款。"

练 习 题

案例分析

2002 年第一季度，我公司缴纳企业所得税 36 万元，此后的三个季度我公司一直亏损，到 2002 年底，公司仍亏损 100 余万元。今年 6 月，我公司向税务机关申请退还多缴的 36 万元企业所得税，税务机关审核认定，应给予退还。但在办理退税时，税务机关却没有加算银行利息。请问：我公司这笔退税是否应加算银行利息？

练习题参考答案

第一章

一、单项选择题

题号	1	2	3	4	5	6
答案	D	A	B	D	B	B

二、多项选择题

题号	1	2	3
答案	ABC	BD	ABC

第二章

一、单项选择题

题号	1	2	3	4	5	6	7	8	9	10	11
答案	C	B	A	C	C	C	C	C	D	C	B

二、多项选择题

题号	1	2	3	4	5	6	7
答案	ABD	BD	BCD	ACD	ABCD	ACD	BCD

三、判断题

题号	1	2	3	4	5	6	7
答案	×	×	×	√	×	×	×

四、计算题

1.

①由买方负担的购货佣金不需要计入完税价格中。

进口环节应缴纳关税＝（220＋4＋20＋11）×20％＝51（万元）

进口环节应缴纳消费税＝（220＋4＋20＋11＋51）÷（1－30％）×30％＝131.14（万元）

进口环节应缴纳增值税＝（220＋4＋20＋11＋51＋131.14）×17％＝74.31（万元）

②计算销项税额的时候需要将含税的收入换算为不含税的收入。题目中提示了受托加工收取的加工费和辅助材料费是含税的；直接销售给个人的收入是含税的；取得的逾期包装物押金这不需要提示也是应作为含税的处理。国内销售环节实现的销项税额＝［46.8÷（1＋17％）＋650＋70.2÷（1＋17％）＋300＋14.04÷（1＋17％）］×17％＝180.54（万元）

③将购入的免税产品的30％用于公司的饮食部，属于将购进的货物用于职工福利，这部分购进货物负担的进项税额不可以抵扣；非正常损失的购进货物所负担的进项税额也是不可以抵扣的。所以国内销售环节准予抵扣的进项税额＝74.31＋8×7％＋（70×13％＋10×7％）×（1－30％）＋（34＋20×7％）×（1－5％）＝74.31＋0.56＋6.86＋33.63＝115.36（万元）

④国内销售环节应缴纳增值税＝180.54－115.36＝65.18（万元）

2.

①卷烟厂收购烟叶业务中准予抵扣的进项税额

＝［烟叶收购价款×（1＋10％）＋烟叶税］×13％＋运输费×7％＝［30 000×（1＋10％）＋30 000×（1＋10％）×20％］×13％＋1000×7％＝5218（元）

②某卷烟厂本月准予抵扣的增值税进项税税额

收购烟叶的进项税合计＝5218（元）

加工费进项税＝5000×17％＝850（元）

某卷烟厂本月应缴纳的增值税进项税＝5218＋850＝6068（元）

③转出进项税＝30 000×17％＋1860÷（1－7％）×7％＝5240（元）

④某卷烟厂本月应纳增值税＝销项税额－进项税额＝（416 500＋35 000）×17％－6068＋5240＝75 927（元）

3.

①计算该企业当期的销项税额：

当期的销项税额＝42×17％＝7.14（万元）

②计算该企业当期允许抵扣的进项税额：

当期允许抵扣的进项税额＝3.91＋3×7％＋1.36＋42×13％－1.36×2

＝3.91＋0.21＋1.36＋5.46－2.72

＝8.22（万元）

③计算当期该企业应纳增值税税额：

当期应纳增值税＝7.14－8.22＝－1.08（万元）

因为是负数，所以本期不缴纳增值税，－1.08万元为期末留抵的进项税额。

第三章

一、单项选择题

题号	1	2	3	4	5	6	7	8	9	10	11	12	13
答案	C	A	D	C	A	C	A	B	A	D	C	A	A

二、多项选择题

题号	1	2	3	4	5	6	7
答案	BD	BC	ABC	BCD	AC	AC	ABCDE

三、判断题

题号	1	2	3	4	5	6	7	8	9	10	11	12
答案	×	√	×	√	√	×	√	×	×	×	×	√

四、计算题

1.

①酒厂应代收代缴的消费税＝{［12×（1－13％）＋1.5＋3］÷（1－10％）}×10％＝1.66（万元）

②计算本企业应缴纳的增值税

销项税额＝260 000×17％＝44 200（元）

进项税额＝120 000×13％＋7650＋12 000×7％＝24 090（元）

当月应纳税额＝44 200－24 090＝20 110（元）

2.

①增值税

外购、加工烟丝进项税额＝68＋1.36＝69.36（万元）

外购烟叶进项税额＝42×（1＋10％）×（1＋20％）×13％＋3×7％＝7.42（万元）

销售卷烟销项税额＝36 000×17％＝6120（万元）

应缴纳增值税＝6120－7.42－69.36＝6 043.22（万元）

②消费税

收回加工烟丝应纳消费税 $= [42 \times (1+10\%) \times (1+20\%) - 7.42 + 3+8] \div (1-30\%) \times 30\% = 25.29$ （万元）

销售卷烟消费税额 $= 36\,000 \times 56\% + 18\,000 \times 0.015 = 20\,430$ （万元）

生产领用外购已税烟丝应抵扣消费税 $= 150 \times 2 \times 30\% = 90$ （万元）

应缴纳消费税 $= 25.29 + 16\,470 - 90 = 20\,365.29$ （万元）

3.

①进口化妆品的应缴纳关税 $= 60\,000 \times 6\% = 3600$ （元）

②进口化妆品应缴纳的增值税 $= (60\,000 + 3600) \div (1-30\%) \times 17\% = 15\,445.71$ （元）

③进口化妆品应缴纳的消费税 $= (60\,000 + 3600) \div (1-30\%) \times 30\% = 27\,257.14$ （元）

④销项税 $= (350 \times 250 + 6000 \times 360 + 5000 \times 60) \times 17\% = 433\,075$ （元）

进项税 $= (350 \times 250 + 70\,000) \times 17\% + 15\,445.71 + 150\,000 \times 13\% + 18\,000 \times 7\% + (25\,800 + 19\,800) \times (1-15\%) = 100\,480.71$ （元）

应纳增值税 $= 433\,075 - 100\,480.71 = 332\,594.29$ （元）

⑤以物易物，是特殊方式的销售，增值税按均价计算，消费税按最高价计税。

应纳消费税 $= (350 \times 295 + 6000 \times 360) \times 30\% - 27\,257.14 \times 80\% = 657\,169.29$ （元）

4.

①计算本月甲企业向专卖店销售白酒应缴纳消费税 $= (200 + 50 + 20) \div 1.17 \times 20\% + 20 \times 2000 \times 0.5 \div 10\,000 = 48.15$ （万元）

②计算乙企业已代收代缴消费税 $= (10+1) \div (1-10\%) \times 10\% = 1.22$ （万元）

③计算本月甲企业销售瓶装药酒应缴纳消费税 $= 1800 \times 100 \div 10\,000 \times 10\% = 1.8$ （万元）

④甲企业分给职工散装药酒不缴纳消费税。

第四章

一、单项选择题

题号	1	2	3	4
答案	C	D	A	B

二、多项选择题

题号	1	2	3
答案	AC	AB	AB

三、判断题

题号	1	2	3	4	5	6	7	8
答案	√	×	√	×	×	×	×	√

四、计算题

①计算受托安排劳动力业务应缴纳的营业税＝（50－40－2）×5%＝0.4（万元）

②计算提供人力资源咨询服务应缴纳的营业税＝40×5%＝2（万元）

③计算提供会议服务应缴纳的营业税＝30×5%＝1.5（万元）

④计算接受境外企业远程业务指导所付费用应代扣代缴的营业税＝20×5%＝1（万元）

⑤计算收取的资金占用费应缴纳的营业税＝10×5%＝0.5（万元）

⑥计算转让房产应缴纳的营业税＝（800－500）×5%＝15（万元）

第五章

一、单项选择题

题号	1	2	3	4	5	6	7
答案	C	A	C	A	A	D	D

二、多项选择题

题号	1	2	3	4	5	6
答案	ABD	ABD	AB	AD	ABD	AB

三、判断题

题号	1	2	3
答案	×	√	×

四、计算题

1.

（1）计算应纳关税

关税完税价格＝1430－30＋65＋35＝1500（万元）

关税＝关税完税价格×关税税率＝1500×20％＝300（万元）

（2）计算应纳消费税

组成计税价格＝（关税完税价格＋关税）÷（1－消费税税率）＝（1500＋300)÷(1—10％)＝2000（万元）

消费税＝组成计税价格×税率＝2000×10％＝200（万元）

（3）计算应纳增值税

组成计税价格＝关税完税价格＋关税＋消费税＝1500＋300＋200＝2000（万元）

增值税＝组成计税价格×税率＝2000×17％＝340（万元）

2.

（1）关税完税价格＝9000－60－50＋180＋90＝9160（万元）

（2）进口关税＝9160×100％＝9160（万元）

（3）进口消费税＝（9160＋9160）÷（1－5％）×5％＝964.21（万元）

（4）进口增值税＝（9160＋9160＋964.21)×17％＝3278.32（万元）

关税滞纳金＝9160×（20－15）×0.5‰＝22.9（万元）

3.

①进口小轿车关税完税价格＝400 000＋30 000＋40 000＋20 000＝490 000（元）

进口小轿车应缴纳的关税＝490 000×20％＝98 000（元）

修理设备应缴纳的关税＝（50 000＋100 000)×20％＝30 000（元）

②小轿车进口环节应缴纳的消费税＝（490 000＋98 000）/(1－8％)×8％＝51 130.43（元）

③小轿车进口环节应缴纳的增值税＝（490 000＋98 000）/(1－8％)×17％＝108 652.17（元）

修理设备进口环节应缴纳的增值税＝（50 000＋100 000)×(1＋20％)×17％＝30 600（元）

第六章

一、单项选择题

题号	1	2	3	4	5	6	7	8	9	10
答案	B	C	A	C	C	A	D	C	A	D

二、多项选择题

题号	1	2	3	4	5	6
答案	BD	BD	AD	AB	ACD	AB

三、判断题

题号	1	2	3	4	5	6	7	8	9
答案	√	×	√	×	√	×	×	√	×

四、计算题

1.

①2010 年企业所得税前准予扣除的财务费用＝220－30＋300×6％＝208（万元）

②2010 年企业所得税前准予扣除的管理费用

业务招待费扣除限额＝190×60％＝114（万元）

扣除最高限额＝2300×0.5％＝11.5（万元）

本期业务招待费的扣除为 11.5 万元。

广告费与业务宣传费限额＝2300×15％＝345（万元），实际发生 80 万（50＋30），没有超支，可以全扣。

所以本期管理费用和销售费用可以税前扣除额＝260－（190－11.5）＋380＝461.5（万元）

③本期会计利润＝2300＋50＋180－1100－380－50－220－260－53.52＝466.48（万元）

捐赠的扣除限额＝466.48×12％＝55.98（万元），实际捐赠额 49.52 万元，可以据实扣除，不作调整。合同违约金不属于行政罚款，可以税前扣除。

企业所得税前准予扣除的营业外支出 53.52 万元。

④2010 年应纳税所得额＝466.48＋220－208＋380＋260－461.5－50－180＝426.98（万元）

⑤经济特区，原适用低税率 15％政策，同时，享受 2 免 3 减半，根据规定，2010 年按 22％税率执行，同时，2 免 3 减半政策执行完毕。所以，税率为 22％

2010 年应纳所得税＝426.98×22％＝93.94（万元）

⑥2010 年企业应补缴纳企业所得税＝93.94－18.43＝75.51（万元）

2.

①2010 年企业所得税前准予扣除的销售费用

广告费扣除限额＝230×15％＝34.5（万元），实际发生38万元，准予扣除 34.5 万元。

②2010 年企业所得税前准予扣除的财务费用＝40－30＋300×6％＝28（万元）

③2010 年企业所得税前准予扣除的管理费用

业务招待费扣除限额＝10×60％＝6（万元）

扣除最高限额＝230×0.5％＝1.15（万元）

业务招待费的扣除为 1.15 万元。

为股东支付的商业保险费不得扣除。

所以管理费用可以税前扣除额

＝26－（10－1.15）－5＝12.15（万元）

④本期会计利润

＝230＋23＋39－100－5.6－38－40－26－33.52＝48.88（万元）

捐赠的扣除限额＝48.88×12％＝5.87（万元），实际捐赠额 29.52 万元，按照限额扣除。

合同违约金不属于行政罚款，可以税前扣除。

企业所得税前准予扣除的营业外支出 33.52－29.52＋5.87＝9.87（万元）。

⑤2010 年应纳税所得额

＝48.88＋（38－34.5）＋（40－28）＋（26－12.15）＋（33.52－9.87）－23－52＝26.88（万元）

⑥工业企业，年度应纳税所得额不超过 30 万元，从业人数不超过 100 人，资产总额不超过 3000 万元。符合小型微利企业条件，减按 20％的税率征收企业所得税。

2010 年应纳企业所得税＝26.88×20％＝5.38（万元）

3.

①2011 年应缴纳的增值税：

A. 销项税额＝6000×17％＝1020（万元）

B. 进项税额＝408－30×17％＝402.9（万元）

C. 应缴纳增值税额＝1020－402.9＝617.1（万元）

②2011 年应缴纳的消费税：6000×30％＝1800（万元）

2011 年应缴纳的营业税：1000×5％＝50（万元）

2011 年应缴纳的城建税及教育费附加为：（617.1＋1800＋50）×（7％＋3％）＝246.71

所得税前可以的税金及附加＝1800＋50＋246.71＝2096.71（万元）

③广告费用和业务宣传费用扣除限额＝（6000＋1000）×15％＝1050（万元）

实际发生广告费和业务宣传费用＝800＋150＝950（万元），准予扣除950万元。

④2011 年应纳税所得额＝（6000＋1000）－2000－1020－270－940－2096.71－（30＋30×17％－5）＝643.19（万元）

从居民企业投资取得的投资收益，免征企业所得税。

⑤该企业 2007 年前适用 15％税率，根据过渡性优惠，该企业 2011 年适用税率为 24％。另外该企业 2007 年获利，2007—2008 年免税，2009—2011 年减半，2011 年处于减半期，所以减半后税率为 12％。

2008 年应纳企业所得税＝643.19×12％＝77.18（万元）

4.

①调整后的应纳税所得额（不含境外所得）＝1000＋40＋65＋20＋0.2＋（10－10÷10×4）－12×100％＝1119.2（万元）

2008 年度境内所得应缴纳的所得税税额＝1119.2×25％＝282.8（万元）

向残疾人支付的工资可以加计 100％扣除。

②境外收入应纳税所得额＝20÷（1－20％）＝25（万元）

境外收入按照我国税法规定应缴纳的所得税（抵扣限额）＝25×25％＝6.25（万元）

境外所得已缴纳的所得税额＝20÷（1－20％）×20％＝5（万元）

境外所得应补缴所得税额＝6.25－5＝1.25（万元）

③该企业 2008 年应补交的所得税额＝282.8＋1.25－250＝34.05（万元）

第七章

一、单项选择题

题号	1	2	3	4	5	6	7	8	9	10
答案	B	D	C	B	B	B	B	A	D	B

二、多项选择题

题号	1	2	3	4
答案	ABCD	ACD	AD	AB

三、判断题

题号	1	2	3	4	5	6	7	8
答案	×	×	√	√	√	×	×	×

四、计算题

1.

①工薪收入应缴纳个人所得税

(6000－3500)×10％－105＝145（元）

12 000÷12＝1000（元）

确定的适用税率是3％

年终一次性奖金应纳个人所得税＝12 000×3％＝360（元）

工资和奖金收入应缴纳个人所得税＝145＋360＝505（元）

②剧本使用费按照特许权使用费所得缴纳个人所得税

应缴纳个人所得税＝10 000×(1－20％)×20％＝1600（元）

③录制个人专辑代付个人所得税：

应纳税所得额＝[(45 000－2000)×(1－20％)]÷[1－30％×(1－20％)]

　　　　　　＝45 263.16（元）

应代付个人所得税＝45 263.16×30％－2000＝11 578.95（元）

④稿酬所得税扣除限额＝160 000×(1－20％)×20％×(1－30％)

　　　　　　　　　＝17 920（元）

王某在乙国缴纳了16 000元，低于扣除额17 920元

应补缴个人所得税＝17 920－16 000＝1920（元）

2.

①李某2011年工资薪金应纳税额合计

＝[(10 000－3500)×20％－555]×12＝8940（元）

②稿酬收入应缴纳的个人所得税额

＝(20 000＋40 000＋20 000)×(1－20％)×(1－30％)×20％

＝8960（元）

③促销中奖所得应缴纳的个人所得税额

应纳个税＝30 000×20％＝6000（元）

④基金公司应代扣李某股息的个人所得税额：

应代扣个税＝53 000×20％×50％＝5300（元）

⑤特许权使用费所得应纳个人所得税＝18 000 ×(1－20％)×20％－1800

＝1080（元）

3.

①稿酬收入应缴纳个人所得税＝（5000＋4000）×（1－20％）×20％×（1－30％）＋（1000＋1000＋1500－800）×20％×（1－30％）＝1386（元）

②彩票中奖所得20 000元，捐赠扣除限额为20 000×30％＝6000，因此应纳税额为（20 000－6000）×20％＝2800元。

③特许权使用费收入应纳个税＝（3000－800）×20％＋4500×（1－20％）×20％＝1160（元）

④10月份工资和所获第一季度奖金应合并计算缴纳个人所得税＝［3300＋4000－3500］×10％－105＝275（元）

⑤代付个人所得税的应纳税所得额＝［（60 000－7000）×（1－20％）］÷68％＝62 352.94（元）

应代付个人所得税＝62 352.94×40％－7000＝17 941.17（元）

4.

①承包企业B拥有所有权，按照承包经营所得项目计征个人所得税，

2011年承包企业B应缴纳个人所得税＝（40 000＋4000×4－3500×4）×20％－3750＝4650（元）

②代付个人所得税的应纳税所得额＝［（60 000－7000）×（1－20％）］÷68％＝62 352.94

应代付个人所得税＝62 352.94×40％－7000＝17 941.17（元）

③一次卖出债券应缴纳的个人所得税＝［（18－15）×1000－200－150］×20％＝530（元）

④发表论文应缴纳个人所得税＝（3200－800）×20％×70％＋4500×（1－20％）×20％×70％＝840（元）

⑤A．来自A国所得抵免限额

＝60 000×（1－20％）×30％－2000＝12 400（元）

在A国实际缴纳个人所得税10 000元，应补缴个人所得税＝12 400－10 000＝2400（元）

B．来自B国所得的抵免限额＝60 000÷12×（1－20％）×20％×12＝9600（元），已在B国缴纳个人所得税18 000元，超过了抵免限额9600元，超限额部分不允许在应纳税额中抵扣，但可在以后纳税年度仍来自B国的所得已纳税额低于限额部分中补扣。

第八章

一、单项选择题

题号	1	2	3	4	5	6	7
答案	A	A	C	A	D	B	C

二、多项选择题

题号	1	2	3	4	5
答案	CD	ABCD	ABCD	ABD	AD

三、判断题

题号	1	2	3	4	5
答案	×	×	×	√	√

四、计算题

1.

计算扣除金额＝4800＋4800×10％＋770＋4800×20％＝7010（万元）；

计算土地增值额＝14 000－7010＝6990（万元）；

计算增值率＝6990÷7010×100％＝99.7％，适用税率为第二档，税率40％、扣除系数5％；

应纳土地增值税＝6990×40％－7010×5％＝2445.5（元）

2.

实现收入总额：800万元

扣除项目金额：

① 支付地价款：120万元

② 支付开发成本：350万元

③ 房地产开发费用：(120＋350)×10％＝47（万元）

④ 扣除的税金 800×5％×(1＋7％＋3％)＝44（万元）

⑤ 加计扣除费用：(120＋350)×20％＝94（万元）

⑥ 扣除费用的总额：120＋350＋47＋44＋94＝655（万元）

确定增值额：800－655＝145（万元）

确定增值比率：145÷655×100％≈22％

计算应纳税额：145×30％＝43.5（万元）

第九章

一、单项选择题

题号	1	2	3	4	5	6	7	8
答案	D	A	C	D	D	B	A	A

二、多项选择题

题号	1	2
答案	CD	AC

三、计算题

1.

自身经营用房的房产税按房产余值从价计征，临街房 4 月 1 日才出租，1月至 3 月仍从价计征，

自身经营用房应纳房产税＝$(3000-1000) \times (1-20\%) \times 1.2\% + 1000 \times (1-20\%) \times 1.2\% \div 12 \times 3 = 19.2 + 2.4 = 21.6$（万元）

出租的房产按本年租金从租计征＝5×9（月）$\times 12\% = 5.4$（万元）

企业当年应纳房产税＝$21.6 + 5.4 = 27$（万元）

2.

（1）2006 年 2 月购入住房时应缴纳契税；再将住房转让给他人时，应由受让方缴纳契税。

（2）差价换房按差价计税，由支付差价的一方缴纳契税。

（3）对于《中华人民共和国继承法》规定的法定继承人继承土地、房屋权属，不征契税。

（4）以获奖方式承受房屋应缴纳契税。

所以，应纳契税＝$500\,000 \times 3\% + 200\,000 \times 3\% + 220\,000 \times 3\% = 27\,600$（元）

第十章

一、单项选择题

题号	1	2	3	4	5	6	7	8	9	10	11	12
答案	B	A	B	D	A	A	A	C	B	D	A	A

二、多项选择题

题号	1	2	3	4	5	6
答案	BC	AC	AC	ABD	CD	BCD

三、判断题

题号	1	2	3	4
答案	×	×	×	×

四、计算题

1.

①领取营业执照、房产权证明、土地使用证、商标注册证应贴花＝4×5＝20（元）

8本营业账簿应贴花＝8×5＝40（元）

记载资金账簿应缴纳印花税＝1350×0.05％＝0.675（万元）＝6750（元）

合计应缴纳的印花税＝20＋40＋6750＝6810（元）

②订立的借款合同应缴纳印花税＝40×0.05‰×10 000＝20（元）

财产抵押合同不征印花税。

③财产租赁合同应按租金计征印花税＝72 000×0.1％＝72（元）

货物运输合同按运输费用扣除装卸费金额的0.05％贴花＝（50 000－8000）×0.05％＝21（元）

合计应缴纳的印花税＝72＋21＝93（元）

④委托加工合同应按加工费和提供的辅料金额合计计算印花税税额＝15 000×0.05％＝7.5（元）

⑤融资租赁合同属于借款合同，不属于财产租赁合同，因此，该租赁合同应纳印花税税额＝50 000×15×0.05‰＝37.5（元）

2.

王某应纳车辆购置税税额＝（221 000＋1000＋4000＋4700＋8000）÷（1＋17％）×10％＝20 401.71（元）

第十一章

案例分析

虽然《税收征管法》第五十一条规定："纳税人超过应纳税额缴纳的税款，税务机关发现后应当立即退还；纳税人自结算缴纳税款之日起三年内发现的，可以向税务机关要求退还多缴的税款并加算银行同期存款利息，税务机关及时查实后应当立即退还。"但《税收征管法实施细则》第七十八条规定:"《税收征管法》第五十一条规定的加算银行同期利息的多缴税款退税,不包括依法预缴税款形成的结算退税、出口退税和各种减免退税。"你公司缴纳的 36 万元企业所得税是依法预缴税款形成的多缴税款,属"结算退税",所以,你公司这笔退税不应加算银行利息。

参 考 文 献

1. 税法. 中国注册会计师协会. 北京：经济科学出版社，2011

2. 东奥会计在线. 税法轻松过关 1. 北京：北京大学出版社，2011

3. 苏春林. 纳税实务. 北京：清华大学出版社，2010

4. 全国注册税务师执业资格考试教材编写组. 税法（Ⅰ）. 北京：中国税务出版社，2012

5. 全国注册税务师执业资格考试教材编写组. 税法（Ⅱ）. 北京：中国税务出版社，2012

6. 成凤艳. 税务会计与税收筹划. 北京：北京理工大学出版社，2011